史林拾荒

HILIN SHIHUANG

贡发芹 著

时代出版传媒股份有限公司
安徽文艺出版社

图书在版编目（CIP）数据

史林拾荒/贡发芹著．—合肥：安徽文艺出版社，2021.3
ISBN 978-7-5396-7168-0

Ⅰ．①史⋯ Ⅱ．①贡⋯ Ⅲ．①文史资料－明光 Ⅳ．①K295.44

中国版本图书馆 CIP 数据核字（2021）第 030844 号

出 版 人：段晓静
责任编辑：张 磊　　　　　装帧设计：褚 琦

出版发行：时代出版传媒股份有限公司　www.press-mart.com
　　　　　安徽文艺出版社　　www.awpub.com
地　　址：合肥市翡翠路 1118 号　邮政编码：230071
营 销 部：(0551)63533889
印　　制：安徽联众印刷有限公司　(0551)65661327

开本：710×1010　1/16　印张：21.25　字数：340 千字
版次：2021 年 3 月第 1 版
印次：2021 年 3 月第 1 次印刷
定价：45.00 元

（如发现印装质量问题，影响阅读，请与出版社联系调换）
版权所有，侵权必究

贡发芹，笔名亚鲁、贡晖，大学文化，律师。安徽省文史研究馆特约研究员，明光市政协常委、文化文史和学习委员会主任，中国民间文艺家协会、散文学会、诗歌学会、纪实文学研究会、通俗文艺研究会会员，中华诗词学会、当代文学学会会员，安徽省作家协会、文艺评论家协会、历史学会、文史资料学术研究学会会员。中国近现代史史料学学会理事，安徽省民协理事、报告文学学会理事，安徽省散文家协会主席团成员兼副秘书长，滁州市散文家协会常务副主席，捻军研究学会特聘理事。

著有诗集《蹒跚学步》《浅唱低吟》《柔声细语》《轻描淡写》，散文集《帝乡散记》《帝乡散忆》《故园乡愁》《明光史话》，文艺评论集《管见孔识》，史学专著《吴棠史料》《史林拾荒》《明光人文概览》《明光历史人物》等作品360余万字；主编《明光政协史》、《嘉山县志》（手稿点校）、《明光出了个朱元璋》（主审）、《中国明光故事全书·安徽滁州·明光卷》、《明光历史文化集存》、《明光文史》（八、九、十辑）、《明光文史目录》等书10数本约600万字；参编《滁州风韵》《文言文学习手册》等书35本。

《史林拾荒》编委会

主　任：张言平

副主任：江家海　陈晓燕　郑　昕　吕锦宏
　　　　张德莉　刘胜田　贡发芹　朱永兵

委　员：詹步卫　蒋志新　王学奎　洪启良
　　　　储成明　蒋道付　范广金　王　燕
　　　　董维喜　李继峰　齐德刚　任亚弟
　　　　秦福标　邓安国　张广梅　李　军
　　　　何一凡　李永和　徐　毅

策　划：刘胜田

作　者：贡发芹

目　录

把文史工作做成明光政协的亮点（代序） ……………… 张言平 001

帝里流韵

大明帝乡日月明光 ……………………………………………… 003
《圣祖灵迹记》揆略 …………………………………………… 015
滁州文化瑰宝——《南滁会景编》 …………………………… 037
勤政清廉的晚清皖东唯一疆吏吴棠 …………………………… 042
吴棠与王茂荫的君子之交 ……………………………………… 057
李鸿章与吴棠唱和安徽明光 …………………………………… 062
雅故世交——薛时雨与吴棠父子 ……………………………… 083
吴棠与望三益斋文化 …………………………………………… 100
昙花一现的江淮省 ……………………………………………… 104
津浦铁路经过安徽的原因 ……………………………………… 108
重庆举子巧对大明君 …………………………………………… 112
"明文化"概念的提出及内涵 ………………………………… 114

淮右风云

吴棠滁州故居产权登记人吴公望及其家事 …………………… 119

父亲在儿子的引领下选择共产党

  ——汪道涵父亲汪雨相选择共产党的漫长历程 ……… 129

汪雨相与《盱眙县学田加租始末记》 139

明光人李絜非与文澜阁《四库全书》 147

新中国第一代红色教育家程今吾 153

毁家纾难赋采薇

  ——首任嘉山县抗日民主政府县长汪道涵抗战经历 ……… 160

皖境抗日重仗——明光阻击战 170

明光战役指挥者、安庆受降主持人

  ——抗日名将苏祖馨 189

凤阳与离蚌埠 207

著名中国古典文献学专家——杜宏春 213

年轻的文史大家窦忠如 219

一代学界大师、巨匠的心灵史

  ——皖籍作家窦忠如不同凡响的人物传记《奇士王世襄》… 225

他乡采石

隋唐大运河开辟中国古代高速时代 233

光耀叶赫那拉家族四个朝代门楣的女子们 240

清正廉直的大清"财长"王茂荫 243

王茂荫拒绝"奔竞" 250

曾国藩劝人熟读七部书 252

李鸿章人生的一大遗憾 254

再识民国"六不总理"段祺瑞 257

乐观谦逊古难求

  ——拜访中国古陶瓷大师耿宝昌先生散记 ……… 261

滁州也有"三家村" 266

丰乐亭公园浮雕内容辨正 271

滁州，我对你还有更高的期待 ……………………………… 275
清流河畔观清流 ……………………………………………… 279

故园抛砖

发掘地域脉蕴精髓　创建明光文化品牌 ………………… 287
查家渡上飞彩虹 ……………………………………………… 294
透析明酒 ……………………………………………………… 300
龙兴之地——明光北城 ……………………………………… 305
明光老城区改造刍议 ………………………………………… 309
关于明光明文化研究情况的调研报告 ……………………… 316
关于女山湖千年古镇申报工作情况的调研报告 …………… 321

后　记 ……………………………………………… 吕锦宏 325

把文史工作做成明光政协的亮点(代序)

安徽省明光市政协党组书记、主席 张言平

文史资料工作包含在人民政协三大基本职能之中,是人民政协的一项长期工作。近年来,明光市政协在文史工作方面坚持有益的探索和实践,陆续出版了《明光文史》、《明光政协史》(一、二卷)、《明光出了个朱元璋》等文史书籍18部600多万字,在各类报刊上刊发文史、理论和调研文章300余篇200多万字,平均每年近100万字。这些著述与文章很好地发挥了文史资料"存史、资政、团结、育人"的作用,在推进新时代中国特色社会主义文化建设、弘扬文化自信、提振明光精神、促进现代化美好新明光建设等方面,都起到了很好的文化影响与引领作用。

具体做法概括起来,主要有"三个一":

选对一个专人

"没有贡发芹,就没有明光政协文史的今天。"这是明光人对明光市政协常委、文化文史和学习委员会主任贡发芹的普遍认同。文史资料工作是一项比较特殊的工作,艰苦细碎,困难枯燥,专业性与技术性也不是一般文字工作者所能胜任。正是基于这样的认知与理解,明光市政协对历任文史委主任的选拔都十分重视而慎重,现任主任贡发芹同志是其中的优秀代表,因为他是一位热爱文史工作且近于痴迷的文史人。

贡发芹,原是一名中学语文教师,同时担任市政协委员、常委、文史委副主任。他长期坚持业余时间从事中国近代史和地方史志方面的研究,早在1998年就多次自费前往中国第一历史档案馆、国家图书馆、四川省图书馆、南京图书馆、安徽省图书馆等30多家单位,查阅拍摄影印了明光籍近代历史名人吴棠的大量史料,编著出版了多达35万字的《吴棠史料》一书,并依据这些权威史料着手撰写50万字的史学传记作品《吴棠评传》。也正因如此,他被破格选调进市政协文史委,专门从事文史资料工作。

贡发芹担任文史委主任后,便开展了一系列富有明光特色的文史工作,比如修订明光市唯一一部旧志——《嘉山县志》(嘉山县即今明光市)。当时,贡发芹发现的《嘉山县志》,是多达20本近4000页80余万字的手稿,虽然具有较高的史料参考价值,但是属于那种集采访、调查、记录与查阅、抄录而成的资料汇集,且手稿中的涂改、重复、增删、损益、补充、修订的地方随处可见。明光解放后,史志部门曾多次启动修订、点校程序,终因难度过大而不得不搁浅。为此,贡发芹毅然承担了此项工作,历时近9年的时间,克服重重困难,付出了常人无法感知的巨大劳动,终于完成《嘉山县志》的修订点校工作。

2018年3月,由贡发芹担纲主编的115万字《明光政协史》(全2册)由中国文史出版社出版发行,在当地文史界引起较大反响。该书尊重史实,内容丰富,结构完整,资料翔实,分类合理,主旨明确,具有现实的指导意义和深远的历史意义。此举不仅在安徽省县级政协中开创了先例,而且对明光市政协工作也起到了很好的指导和借鉴作用。同年,贡发芹主编的18万字《明光政协文史目录》一书顺利出版,同样开创了安徽省县级政协文史工作的一个先河。文史资料工作是人民政协的一项常规性、长期性工作,明光市政协也一贯重视文史工作。文史工作开展40年来,经过明光市政协的积极推动,以及明光市广大文史工作者与爱好者多年的辛勤努力,取得了丰硕的成果,收集、整理、研究、编纂、出版、发表了1000多万字的文史资料,为宣传推介明光,提升明光文化品位,提振明光人文精神,提增明光地方文化自信,做出了不可忘记的贡献。同年6月,贡发芹撰写的40万字的《明光史话》一书由安徽文艺出版社出版发行,内含人物传奇、史海拾贝、文苑漫谈、疑案探究四个部分。这是一部带你走进明光的专书,是明光政协工作的一项重要成果,也是明光整个文化事业的一项成果,特别是对当前正在打造明光"滨湖花园度假城,山水田园生态市",起到了积极的现实作用。

作为一名兼职律师,贡发芹面对繁重的文史工作,放弃资深的律师执业,一心扑在文史资料研究上,就连节假日和业余时间也都不愿浪费。可以想象,没有这样一种精神,明光诸多的文史专著很难一本接一本地顺利出版,也可以说,明光市政协的每一本文史专著都凝聚着贡发芹的心血、智慧和汗水。也正是因为有这样一种孜孜以求、甘于寂寞和无私奉献的品质支撑,明光政协文史工作才荣幸地得到了上级机关和领导的肯定,贡发芹本人也得到了中国近代史史料学会等多个部门的表彰。如今,贡发芹经滁州市政协的推荐,被聘为安徽省文史研究馆特约研究员,既是在职干部中的唯一一位,也是省文史馆研究员中最年轻的一位。

组建一支团队

政协文史工作线长量大,没有一支相对稳定的专业文史工作队伍不行。为此,明光市政协积极整合社会力量,组建了一支为我所用的文史工作团队。为了便于开展工作,由市政协文史委牵头,综合考量了明光市各界文史爱好者中文字能力强、知识面广、热爱文史且甘于奉献者,优先在政协委员中挑选了2名兼职文史委副主任,向社会选聘了17名文史委成员,组建了一支长期稳定从事文史工作的19人队伍。

经过几年的培养和实践,这支团队团结带领了一大批文史爱好者,涵盖新闻出版、文化广电、党史方志、档案图书、教育科技等多个领域,包括宣传、文化、教卫、史志档案、科技、文联、社科联、老年大学、历史文化研究会、地情人文研究会等部门,形成了独具特色又十分管用的政协文史工作触角。随着这支文史团队的不断壮大,工作合力不断增强,他们已比较全面地熟悉了政协文化文史工作。在征集文史资料工作中,他们能够始终遵循"三亲"(亲历、亲见、亲闻)原则,因为他们大多是政协委员和政协所联系的各界学有专长人士,且许多人就是明光当地重大历史事件的参与者或见证人。因此,由他们参与编写整理的文史资料,非常注重三个方面:一是亲历——撰写记述本人亲身经历和见过的人和事的回忆文章;二是亲闻——向有亲身经历人士调查、访问、了解后所做的记录;三是查证——查阅图书档案文献资料后,再根据本人学识对这些资料进行整理、甄别、考证、订正或增补、充实,做到了所述资料多是鲜为人知的第一手资料,涵盖面广泛,具有综合性;翔实可靠,具有资料性;具体生动,具有可读性。这在很大程度上弥补了历史记载的不足,也对明光近现代地方史研究做了有益且有力的补充。

广大文史工作者在文史编撰出版工作中,发挥了积极而重要的作用。近年来,他们先后在《纵横》《江淮文史》《江淮时报》等30余家报刊上发表文史稿件200余篇;同时,还积极开展政协调研和政协理论研究工作,在《江淮时报》《安徽政协》等报刊上发表了《政协文史资料在近现代史研究中的地位和作用》《对开展政协资政会活动的初步探析》等调研、理论文章80余篇。这些文史资料的挖掘与发表,较好地展示了明光厚重的历史文化底蕴和经济社会各项事业取得的辉煌成就。

完善一套机制

明光政协文史工作,在不断健全完善工作机制中稳步前行,主要体现在三个方面:

一、党委政府牵动。明光市政协文史工作始终得到明光市委、市政府的高度重视和大力支持。市委、市政府定期听取政协工作汇报时,文史工作就是其中的一项重点内容,并由此为我们开展文史工作指明方向、提出要求;市委、市政府为政协文史研究提供人才保障和智力支持,使得文史队伍得到不断壮大;市委、市政府为政协文史资料的征集与出版给予了充足的经费保障,如2018年出版的精装本《明光政协史》(全2册),市财政就拨出专项经费12万元;市委、市政府在开展对外交往与招商引资工作中,指定政协文史资料为必带书。这些,都对文史工作者持续投身文史工作形成正面激励和积极引领。

二、政协强力推动。一方面,市政协加强工作规划,整合文史资源,确定选题后,认真设计、精心编制,认真征集、精准实施,让政协文史工作发挥出应有的作用。在明光政协的工作计划中,至少每年出版一部文史图书,每年推出100篇文史文章,这成为明光文史队伍多年来坚持不懈的目标。另一方面,市政协精心组织实施,通过月度工作例会和专题研究,在选题策划与确立上,在文史资料征集、编写、出版、发行和宣传上,在文史人才的发现、挖掘与培养上,在文史工作的困难、矛盾解决和处理上,都给予全力支持。因此,明光市政协文史工作才得以顺利开展。

三、社会力量互动。在明光政协委员中,在广大文史爱好者中,在明光文化人中,在明光籍在外人士中,有一大批人对明光文史工作关心关注、参与其中,每一部文史资料的出版、每一篇文史文章的发表,都会引来关注和点评、热议和点赞,都会给文史人极大的温暖和鼓舞。当然,这也离不开明光市政协的大力助推,每当有新的文史文章的发表,我们都会第一时间通过政协委员微信群等平台进行推送宣传,相关文史专著也都会成为推介明光的普及读本,比如《明光史话》与明光文史旅游读本《故园乡愁》等,就分发到每位政协委员手中,这对于激励文史工作者更加勤奋地写作意义重大、作用明显。

明光文史工作虽然取得了一点成绩,但是与兄弟县市相比还有一定的差距。因此,我们会借助省政协召开履职经验交流会的东风,向先进学习,深入贯彻落实安徽省和滁州市的政协工作部署,认真践行"三心两进一流"(安徽省政协张昌尔主席基于新时代要有新作为,提出的工作理念,即坚决维护核心、围绕中心、凝聚人心;坚定省政协工作推进到哪里,专委会工作就跟进到哪里;坚持以"一流"的精神状态和工作标准,不断开创专委会工作新局面)的理念,扎实开展"四个质量提升年"(由滁州市政协提倡,即扎实开展好政协党建质量、提案办理质量、社情民意大讲堂质量、委员队伍管理质量活动,下大力气拿出切实可行的行动方案,以提升年活动为"着力点",推动政协工作全面提质增效)活动,奋力推动政协事业高质量发展,力争多出亮点,努力打造品牌。

2019 年 4 月

——发表于 2019 年 4 月 16 日《江淮时报》,收入 2019 年 9 月中国文史出版社出版、全国政协文化文史和学习委员会编《人民政协成立 70 周年纪事·地方政协卷(下)》一书。

帝里流韵

大明帝乡日月明光

日月之光合成明光,日月重辉铸就明光。明光是一个人文底蕴深厚的地方。

明光位于长淮下游,皖东北缘,横跨江淮分水岭,地处中国南北分界线,东临江苏盱眙县,南与来安县、滁州市南谯区、定远县接壤,西讫凤阳县,北与五河县交界,与江苏泗洪县隔淮河相望。其地理位置介于北纬32°27′—33°13′,东经117°56′—118°25′之间,南北长约88千米,东西宽约68千米,总面积2335平方千米。明光水陆交通便捷,距京沪高铁不足半小时车程,京沪铁路、南洛高速、明徐高速、104国道、307省道、309省道穿城而过,合(肥)青(岛)高铁、明(光)巢(湖)高速、明(光)盱(眙)高速、257省道均已立项勘察建设;千里淮河、九曲池河、浩浩女山湖、悠悠七里湖,通江达海。明光今为南北枢纽,苏皖通衢,现设1乡、12镇、4街道办事处,另有省属管店林业总场和潘村湖、白米山农场。市人民政府驻明光街道办事处。

一、明光名字稽考有据

公元1328年10月21日(元天历元年九月十八日),举家逃难至泗州盱眙县太平乡赵郢(明代凤阳府泗州盱眙县灵迹乡赵府,今明光市城北明光街道办事处赵府社区)的朱世珍妻子陈氏,在村边的二郎庙里诞下一名男婴,取名朱重八,后更名朱元璋。40年后他开创了大明王朝,登上了皇帝宝座,被尊为明太祖。

朱元璋诞生于赵郢,赵郢南面的山得名明光山,明光山下的小渔村得名明光集,后发展为明光镇、明光市,明光因此被称为帝乡。史料记载较为详细,现列举部分如下:

1."明光山,在县西南……太祖高皇帝生寓木场津里,出《天潢玉牒》。其五色旺气,常见此山……"

——明正德十三年李天畀修、陈惟渊纂《盱眙县志》卷上

2."明光山,在县西南(一百里灵迹乡内。我)太祖高皇帝生寓木场津里,出《天潢玉牒》。其五色旺气,常见此山,故人因以为山名。""盱眙唐兴乡耆老邹鎏、赵辅、驸马府舍人赵鸾佥言:自祖相传,本里原有二郎庙(按,历史上二郎庙遗址在今明光市明光街道办事处赵府村,下同)一所。当年仁祖淳皇帝寓居庙边,因生太祖。其夜,邻里遥望,火光烛天。至晓视之,而庙徙东北百余步。初生于西池河,取水澡浴,忽有红罗出水上,遂用衣之。因是乡人名其地为红罗幛。所生之地,至今不草。前有红庙今封为都土地。具有赵鎏之祖聪,时乃邻居,因得为驸马云。"

——明嘉靖七年袁淮修、侯廷训纂《泗志备遗》卷上自序

3.明万历李上元、丁士彦《帝里盱眙县志·圣迹图》(按,该图位于《帝里盱眙县志》首页,标明了朱元璋出生地周围沫山、末山寺、孕龙基、二郎庙、珠墩、赵府、明光山、明光集、都土地庙、红庙集、香花涧、红罗幛、古溪涧、池河、涧溪河、涧溪集、津里河、木场河、查家埠、鲁山、官山、大红山、小红山、土沛集等三四十个山川风物及建筑物的名称,且均在今天的明光市境内,与今天实际情况相吻合):"红庙即二郎庙,今集人以敕封都土地庙呼为红庙。孕龙基西至红庙集二里,西南至红罗幛三百步,北至古溪涧二里,又至沫山二里,北至查家渡十五里;南至明光山五里;东至津里二十里,东至官山三十里;东南至小红山三十里,东至鲁山三十里;西北至临淮、石门山二十里;西南至定远大红山三十里。古溪涧俗呼孤悽涧。""明光山,在县西南一百里灵迹乡内,今木场、津里之间。《泗州志》云:太祖高皇帝生寓之处。出《天潢玉牒》。其五色瑞气常见,故名。今其下明光集,民居甚众。"(按,以下关于红罗幛、红庙、孕龙基、都土地庙、香花涧、香花寺等记

述,略。)

——明万历李上元、丁士彦《帝里盱眙县志》圣迹志及序

4."仁祖年五十,始及淳皇后迁居盱眙之太平乡(按,历史上盱眙太平乡即今明光市明光街道办事处赵府村),以天历元年九月十八日未时笃生我太祖于所寓之二郎庙旁。其夜邻里远望火光烛天,至晓视之,而庙徙东北百余步。初生,取水洗浴于庙西之池河,忽红罗浮水上,遂取衣之。因是乡人名其地为红罗幛。自是室中常有神光,向晦入夜忽灼烁如焚,家人虑失火,亟视之,惟堂前供佛灯耳。生处方圆丈许,至今不生青草。前有明光山,后有红庙,旁有香花涧、香花寺。相传以为生后常有五色旺气,光明照耀。故以名山,名庙,浴后水香故以名涧名寺庙。或曰,后封庙神为都土地,今乡名亦自洪武后改称灵迹。云明光山在县西南一百里,又有明光集在县西南一百二里。红庙见在红庙集西北,红罗幛、香花涧、香花寺皆在红庙旁。""仁祖迁居,乃生太祖于盱眙之灵迹乡(按,历史上盱眙灵迹乡即今明光市明光街道办事处赵府村)。""太祖生钟离之东乡,即盱眙之唐兴、灵迹诸乡也。"

——明泗州知州曾惟诚《帝乡纪略》卷一

5."盱眙县唐兴、灵迹二乡,即《皇陵碑》所谓钟离之东乡也。前有明光山(因旧尝见五色旺气于上,故名),后有红庙(因获红罗故名),今封神为都土地,乃太祖龙飞之地。今方圆数丈不生草木,而凤阳一府,亦少人物,岂非山川秀气,皆已钟于前耶?"

——明郎瑛《七修类稿》

6."圣祖生矣,天时地理不诬矣。又言诞时,二郎神庙徙去路东数十步。携浴于河,忽水中浮起红罗一方,取为褓,今名红罗幛云。"

——明王文禄《龙兴慈记》

7."太祖高皇帝生于盱眙县灵迹乡土地庙。父老相传云,生时夜晦,惟庙有火。明日庙移置路东。至今所生地,方圆丈许不生草。"

——明文林《琅琊漫抄》

8."……太祖父乃移家于盱眙之灵迹乡而生太祖。……""明光集,西南一百二十里,明太祖诞生。""明光山,县西南一百里,《泗州志》云系明太

祖诞生之处。昔年常见五色云气,故名。"

——清康熙二十七年莫之翰《泗州志》

9."明光山,以明太祖诞生,常有云气,因名。""跃龙冈,即孕龙基,在二郎庙旁,明太祖诞生处。有红罗自上流飘来,取为褓,水名红罗幛,又名香花涧。治西八十里。"

——清同治十二年崔春秀《盱眙县志》卷一

10."明光山治西南一百里。《泗州志》:'明太祖生于此。昔年常见五色云气,故名。'其东北有跃龙冈,一曰孕龙基。康熙志:冈在二郎庙旁,明太祖生于此地,是夜,庙移避东北百余步。其址土石尽赤,不生草木。下有红罗幛。乾隆志:明太祖生时浴澡于此,有红罗一幅自上流浮来,取为褓袱,因名此水为红罗幛也。昔年水色常如霞,今改观矣。有香花涧。康熙志:在二郎庙旁。明太祖生时取水澡浴,涧水皆香。"

——清光绪十九年王锡元《盱眙县志稿》卷二《山川》

11."明光山,集之主山也。明太祖生时,此山有光灼天,因赐名。乡人建龙神祠于山巅,俗呼龙庙山。……明光在盱眙为灵迹乡,明太祖所生之地,名跃龙冈,在明光集北里。……"

——近代学人李泽同(1857—1918年)《明光十六景诗》(汪雨相《嘉山县志》手稿,明光档案馆藏)

12."窃考冈上有碑,刻'跃龙冈'三字,为明代万历年间立,非异代,应不敢附会取咎,一也;太祖之外祖扬王墓在津里山,长姊嫁津里汪清,次姊嫁明光李贞,其亲戚均在明光附近,二也;《凤志·烈女传》云:太祖从父自明光集徙居其里,三也;排序一线在明朝亦为汤沐邑,四也;冈旁附近为赵母后裔,犹享受勋祖之利益,五也。由此逐证太祖降生在此冈上,可无疑矣。"

——汪雨相《嘉山县志》手稿(1935年,明光档案馆藏)

13."大事记:元天历元年(1328年)九月十八日朱元璋诞生于钟离之东、盱眙县灵迹乡。至元五年(1339年),迁居于钟离县太平乡孤村庄。"

——凤阳县地方志编纂委员会《凤阳县志》(1999年9月方志出版社出版)

14."元朝文宗天历元年(1328年)九月十八日,朱元璋出生在濠州钟离东乡(今安徽嘉山县治明光镇北赵府村)一座破旧的二郎庙中。"

——许文继、陈时龙《正说明朝十六帝》(2005年1月中华书局出版)

……

以上列举的部分资料足以说明一个问题,大明王朝开国皇帝朱元璋出生于明光,明光市来源于明初明光集,明光集得名于明光山,明光山得名于朱元璋。当然,有人认为以上史料均是杜撰编造,出于个人目的。这里我不想赘言,相信读者自有判断。

二、明光历史悠久深远

明光历史上属于淮夷之地,远古时期,即有先民迁居这里,男耕女织,世代繁衍。先秦时期,夏、商、周分属扬州、徐州、青州,周代后期为徐国(治今江苏泗洪县)等方国领地。春秋时期为吴国善道地;战国时期,越灭吴,属越国;公元前306年楚灭越,属楚国,居于"吴头楚尾"。

秦始皇统一天下后,车同轨,书同文,行同伦;废分封,置郡县,始有盱眙县(治今盱眙县城北)、淮陵县(治今明光市女山湖镇境内邵岗),明光为盱眙、淮陵两县辖地,先后属泗水郡、东海郡。

汉初置县盱眙,武帝时在今女山湖镇及女山东南分别置赘其县和淮陵县,属临淮郡。公元320年(东晋大兴三年),侨置淮陵郡,属北徐州;北魏侨置济阴郡,在郡治设睢陵县;自此先后更名睢阳、阳城、昭义、池南、招义、化明、化州等名,均治今女山湖镇。公元976年(宋太平兴国元年),改招义县为招信县(境内也曾设盱眙军、天长军、招信军),仍属泗州,治今女山湖镇。公元1283年(元至元二十年)并招信入盱眙,同时在招信县治设立百户打捕所,后人称这里为旧县镇(集)。

明代盱眙县属凤阳府泗州直隶州,并在今女山湖镇设立"旧县巡检司"。公元1667年(清康熙六年)撤江南省,设江苏、安徽两省,盱眙属安徽省凤颍六泗道直隶泗州。公元1680年,泗州城沉没水中,泗州州治移至盱眙。公元1724年(雍正二年)升泗州为安徽省直隶州,隶安徽布政使司,盱眙为属县。

1932年11月析滁县6保、来安县3保、定远县6保、盱眙县17保,创设嘉山县,治老三界,属安徽省第五专区(专员驻滁县)。1937年12月,日军侵入嘉山县城老三界,国民嘉山县政府先后流亡于自来桥镇及全椒县古河镇等地。1938年2月中旬,日寇占领明光。次年,日寇在明光镇扶持汪伪成立了维持会,组建了汉奸政权,明光镇成了汪伪政权嘉山县驻地。7月12日,嘉山县伪政权先后改属"中华民国维新政府安徽省"(驻蚌埠)、"安徽省维新政府"、南京汪伪"中华民国国民政府安徽省第三专区"(专员及县政府均驻明光镇)。1940年3月中旬,中国共产党领导的嘉山县抗日民主政府在自来桥镇成立。

1945年8月15日,日寇无条件投降,国民党嘉山县政府接收了汪伪嘉山县政府,移驻明光镇。

1949年1月21日,刚刚结束淮海战役的华东野战军25军73师南下到达明光镇,次日进入嘉山县各乡镇,嘉山县宣告全县解放,先后成立嘉山县人民政府和明光市政府。4月,改明光市为明光区。4月15日,皖北人民行政公署公告,嘉山县改属皖北人民行政公署滁县专区。明光镇先后成立明光市、明光区、明光镇、明光乡、明光人民公社等,1984年4月,明光镇升格为副县级镇。

1956年1月12日,撤销滁县专区,嘉山县改属安徽省蚌埠专区。1961年4月7日,撤销蚌埠专区,恢复滁县专区,嘉山县属之。1968年8月12日,嘉山县革命委员会成立。1980年3月,嘉山县革命委员会改称嘉山县人民政府。1992年12月20日,嘉山县改属省辖地级滁州市。1994年5月31日,国务院撤销嘉山县,改设省直属行政区县级明光市,由省里委托滁州市代管,至今未变。

三、明光文化积淀厚实

明光境内文化遗址众多,最著名的是浮山堰遗址。浮山堰是南北朝时期在淮河上修建的拦河大坝,位于安徽省明光市、五河县及江苏省泗洪县三市县交界的淮河浮山峡内,是淮河历史上第一座用于军事水攻的大型拦河坝,也是当时世界上最高的土石坝工程。公元514年(梁天监十三年),梁武帝萧衍为与北魏争夺寿阳(今安徽省寿县),派康绚主持在浮山筑坝壅水以倒灌寿阳城逼魏军撤退。据史书记载,这次工程动用军民20万人。南起浮山,北抵巉石(今潼河山），从两端开始填筑土方，准备在中间合龙。由于种种波折，浮山堰历时两年才最终建成。这个水利工程对魏军的威胁确实很大。蓄水不久，寿阳城即被水围困，魏军被迫弃城上山。浮山堰筑成后淮河被切断，上游几百里内一片汪洋，水位还不断上涨，几乎与堰顶相平，于是开始威胁下游地区。梁军一方面为对付魏军的骚扰要设法防洪，并利用魏军怕淹的心理，向魏军宣传说梁军不怕打仗就怕有人把水泄掉。魏军果然开始凿山泄水，于是浮山堰水库就有了两条溢洪道。其中一条在泗洪县峰山乡塔河村前，解放初期尚可看到遗迹。这两条溢洪道在我国水库建设史上也是记载最早的。浮山堰工程的规模在当时是举世无双的，据估算，主坝高30—40米，形成的水域面积约有6700多平方千米，总蓄水量在100亿立方米以上，主副坝填方200多万立方米。这几项指标在当时都是世界第一。国外的土石坝至12世纪才突破30米高度，比浮山堰晚了600多年。浮山堰的建成突出反映了古代中国人民惊人的力量和气概。虽然浮山堰只存在了4个月就被冲垮，但它在世界水利史上留下了不可磨灭的一页。2004年11月，明光市人民政府公布浮山堰为市级重点文物保护单位。

此外，明光境内还有众多古遗址。

土金山化石遗址，属于古生物化石遗址，位于明南办事处辛冈村小王家组，面临南沙河，与冈岭相连，面积约3000平方米，地质结构为玄武岩。1978年10月，中国科学院古脊椎动物与古人类研究所翟人杰教授一行与安徽省地质测量队野外考察组人员，前来实地考察，发现有一件中兽下颌骨化石，通长25厘米，高9厘米，犬齿长3.5厘米。同时还在遗址上采集到柱兽、犷兽、野猪等动物牙齿化石。1985年11月，中国科学院古脊椎动物与古人类研究所人员再次进行实地考察，发现了一具较完整的鼠类头骨化石，经鉴定，为5400万年前新生代早第三纪的哺乳动物化石标本，命名为"土金山化石"。这说明早在5400万年前，明光境内就有哺乳动物生存。

官山犀牛化石遗址，属于化石出土点，位于涧溪镇官山北坡地表层3米以下。官山海拔171米，周围皆为小山。该山表层约1—8米之间皆为稀有非金属凹凸棒石黏土矿区。1987年12月20日，采矿过程中发现了一具较为完整的古代犀牛化石个体。

泊岗石器遗址,位于淮河南岸,明光市泊岗乡境内,距离明光市区约60千米。遗址为岗坡,面积2万余平方米,是淮河文明的一部分。1953年治理淮河工程中,从该遗址发掘了古代不同时期的文物378件。其中有陶、瓷、铜、铁、石、玉等不同类型的器物,有商代青铜器(爵、觚、斝、罍),汉代陶器(陶壶)及鼎、钫,宋代瓷器、铜器(瓷碗、铜镜)。其中出土的四件商代爵、觚、斝、罍等青铜器,制作精美,很有特色,这为研究我国古代商民族与淮夷的历史提供了宝贵的实物资料。根据出土遗物鉴定,该遗址可定为新石器早期。

珠墩土堆遗址,又名尿布滩遗址,位于明光市明光办事处赵府村东北1千米处,东风湖(池河支流水湾处)南岸。

陈堆遗址位于女山湖南岸苏巷镇境内,是一个土丘,当地人叫陈堆。可能是商代遗址。

津里遗址,位于今石坝镇津里街北0.5千米处,七里湖南岸,面积约2.5万平方米,为一圆形台地,俗称"土台子",台上堆积物深厚,台中有宋代建筑开化寺,又称开化寺遗址。综合判断,该遗址上限定位秦汉,下限定位明末,明末以前,一直有人类在此居住生活。

江庄遗址,位于原津里镇(今属石坝镇)七里湖南岸2千米处,属于汉代生活居住地方,现为农田村庄。曾在该遗址采集到兽面瓦当、陶鼎耳等文物及陶片若干。

义集遗址,位于柳巷镇桃溪、苗巷、丁坝、义集一带,靠近淮河南岸。据文物部门实地调查,确认这里是义集古镇遗址,面积5万平方米,地表及地下文化内涵较为丰富,有三元庙、戴庙等寺庙近10处。根据地表遗物和地下遗迹判断,该遗址确定为宋代集镇遗址,可能是淮水上升,被淹没于地下。

明光境内古城遗址众多,最著名是招信古城。古招信城遗址位于女山湖镇及七里湖一带,是一个历史悠久的古城,距离明光32千米。西汉武帝时置赘其县。三国时期因之。东晋侨置淮陵郡。公元420年(南朝宋永初元年)侨置睢陵县,此后曾改名睢阳、济阴、淮陵、池南、睢陵、招义、昭义、化明等,公元976年(太平兴国元年)改招信县,南宋置招信军。元初因之,公元1276年(至元十三年)设招信路安抚,次年立招信路招信县,公元1283年(元至正二十年)撤销招信县,并入盱眙县,同时在招信县治设立百户打捕所。元末明初,由于洪水泛滥,古县城被淹,原旧城址仍有留在湖边的痕迹,故名旧县。至今,这里仍存有"嘉祐院""古戏台""火神庙"等古迹遗址。古镇原有寺庙99间半,有周(周敦颐)、何(何侵)、吕(吕祖谦)、范(范仲淹)四大公祠;有著名的旧县(招信)古十景:嘉祐院晚钟、庵口湖泛舟、玉带河环绕、杏花园春晨、碧崖坡垂钓、义渡舟往来、古城基远眺、东莱祠书声、狮龙桥涧泉、球儿墩灯火。几经沧桑,历史上的旧县一直是县城所在地,元代中期以后一直是镇制,属盱眙县,1932年划属嘉山县,即后来的明光市至今,1986年5月经安徽省民政厅批准恢复镇建制,又因旧县紧靠盛产水产品的女山湖,成为渔业集镇,所以改名为女山湖镇。这里作为古代濠泗天堑、淮防重地、商旅要津、水乡古镇,历史悠久,留下许多古迹遗址、人文景观,属于名副其实的千年古镇。

此外,境内还有众多古城遗址。

南齐淮陵故城,位于原大郢乡(今属苏巷镇)二十里铺一带,为汉代设置的县城,属临淮郡;后汉属下邳国;晋属临淮郡。公元297年(惠帝元康七年),分置淮陵国,升为侯国国城。西晋永嘉后,侯国除,城废,现已变为农田、道路。文物部门曾收集到这里出土的汉代陶鼎罐等文物。

古焦城,位于明光市抹山北坡脚下、苏巷镇西部,离明光城北10千米,筑城时间约在南北朝前期,距今1600年左右。焦城初属南梁,后归北魏,为江淮地区军事重镇,历来为兵家必争之地。公元1680年(清康熙十九年)由于黄河夺淮,焦城与古泗州城一同沉沦泽国。《方舆纪要》卷二十一记载:"焦城,在淮陵废县西。梁天监二年,魏元澄南寇,将军王燮保焦城,魏党法宗等攻拔之,进破淮陵,即此。"焦城不知为何得名,坊间传为焦赞、孟良建筑的城垒,缺少依据。

都梁城,亦称都梁古市,属于古代较大的集市。都梁城位于津里古镇(今属石坝镇)街北1.5千米处,已沉入七里湖中。该城系唐代建造,20世纪70年代修筑红旗圩时曾出土大批秦汉至明清时期的器皿:陶器、瓷器、铜器、兵器、花纹砖、瓦当等,发现古街道、桥梁、锅灶等遗迹。市内建有都梁古市寺,即开化寺。

柴王城,又称柴王寨。地点史载不一,大横山、小横山、清平山、老嘉山均有柴王城。也许柴王曾先后在此构筑石城驻军御敌,也可能为他人修建的城堡,托名柴王。未做考证,姑且存疑。其中大横山柴王城位于明南办事处境内大横山顶部,距离明光15千米。大横山海拔272米。城址建于东西走向的山顶端,周围为树木,西南 0.5 千米为定远县界。古城址呈"丁"字形,东西长 300 米,南北宽 160 米,城高均在 1.3 米左右。城垣为石头筑成,又称石磊城。现存城垣已无法辨认四门的痕迹。

孟良城,又称孟良寨、天阙城,位于老嘉山,南北约 0.5 千米,东西约 1 千米,现城址尚存。

民国嘉山县治老三界,昔名三界市,又称三界镇,古名三界集,位于今 104 国道之上,北距明光 25 千米。"三界市地处凤、滁、泗之间,形扼江淮之胜,虽弹丸小镇,而钟灵毓秀,代有名人","三界居江淮中道,扼津浦要冲",相传集创自元,无考,是原安徽省盱眙县唯一称市的地方,公元 1863 年(同治二年)吴勤惠公(老三界人,四川总督吴棠)督漕时附片奏准建筑土城,吴勤惠公督川时曾拟奏准请在老三界立县,后因疾终养,赉志以殁。1932 年 11 月 15 日,民国政府批准在三界设县,因靠近境内的嘉山,又隶于定远县的嘉山保而取名嘉山县。县政府在三界老街的吴勤惠公祠内办公。设县时三界有居民 800 户,人口 5000 余,与来安县治相等,学龄儿童逾千人,商贾咸集,民风淳厚,富有实业基础,具备立县条件,设县置以维治化。1937 年 12 月 13 日,日军侵占南京后,于同年 12 月 30 日,窜到国民党嘉山县政府所在地老三界。当时,国民党县长杨杼早已将守土之责抛诸脑后,闻风弃职潜逃。兵燹之后,三界彻底丧失元气和发展机遇,居户纷纷外迁,凋敝成一个不足千人但在乡间仍属少有的大村落。

嘉山县抗日民主政府自来桥,镇因自来桥得名。集镇经数百年建设,到 20 世纪初集镇已十分繁华,南北一条街(老街)宽 8 米,长千余米,有"小南京"之称。1940 年 3 月,共产党领导的嘉山县抗日民主政府就设在自来桥街道北头(即解放后原自来桥镇中心小学),汪道涵担任嘉山县抗日民主政府第一任县长,直到 1946 年。抗日战争时期,刘少奇、谭震林、方毅、徐海东、罗炳辉、汪道涵等都曾在自来桥战斗或工作过。目前,抗日民主政府旧址已经修缮一新,为省级重点文物保护单位。

明光原是淮河八大支流之一池河右岸、龙庙山下的一个居住五六十户人家小渔村,明初以后,居户逐渐积聚,成为明光集。康熙初年集市初具规模,因多次水灾、火灾,明光集兴盛后又衰落,衰落后又兴盛,几经沧桑,迨至清末民初,进入鼎盛时期。公元1910年(宣统二年)5月,津浦铁路南段浦口至临淮关之间率先铺轨通车,明光集开始繁盛,成为远近重要的商贾云集之地、商品集散中心。明光集后来发展为明光镇。汪雨相《嘉山县志稿》载:"《盱眙县志》:明光集,在县西南一百二十里。旧有营汛,明太祖诞生于镇北跃龙冈,名山曰明光,见《圣祖灵迹碑记》。集在山之阳,因以名集,今曰镇。""明光镇,西濒池河,通小汽船,津浦铁路经之。人烟繁盛,为全县之首镇,今第三区署在焉。""全县之首镇",指的是1932年嘉山县成立的时候,人口1万余,那时嘉山县城在今天的老三界。1994年5月,撤销嘉山县,设立省辖县级明光市。1994年8月28日明光镇成为明光市人民政府所在地,也就是现在的市区明光城,市区居民人口22万。1996年3月,明光镇更名招信镇,2008年5月,撤销招信镇,设立明光街道办事处,降为乡科级。

四、明光风情物华并举

明光人杰地灵。明代开国皇帝朱元璋龙兴明光,揭开了中国历史新篇章;明代开国将领、第三功臣、岐阳王李文忠,世代居住明光集,死后赐葬钟山之阴,配享太庙,世代荣光;清代封疆大吏吴棠,由平民而封圻,兴利除弊,治平有方;近代学人汪雨相,东渡日本留学,探求救国真理,兴办地方教育,泽被后世,代代流芳;世界级名人、首任嘉山县抗日民主政府县长、海峡两岸关系协会前会长汪道涵,开创海峡两岸对话新纪元,举世景仰。五千年历史长河,明光英贤众多,俊杰辈出,他们是明光世代的典范,明光人永远引以为自豪荣耀!

明光山清水秀。境内半处长江水系,半居淮河流域,各种地貌齐全,南部多丘山,冈峦起伏,深林茂密;北边多平原,湖泊纵横,阡陌交通。自然条件优越,气候温和适宜,气温高低适度,雨水充沛适时,空气湿润洁净;四季交替分明,花草枯荣有致,明光美在生态宜居。国家AA级风景区、省级女山地质公园"三村环抱一分水,四月葱茏万亩田",天然氧吧,游人如织。淮河奔腾不息,流经明光逾百华里,世世代代哺育两岸人民;安徽单体面积第二大淡水湖女山湖烟波浩渺,是皖东首屈一指的省级自然湿地保护区。四万公顷山场林茂草丰,牛羊满山坡;三万公顷湖面碧波荡漾,鱼肥蟹更美。

明光魅力无限。明光是一座集科工贸旅游于一体的新兴城市,蕴昔日之灵气,展今天之芳姿,生态优良,百业兴旺;城市亮丽,乡村安康;社会和谐,文明吉祥;青春焕发,光耀闪亮。未来美好新明光"生态更加秀美、经济更加强好、城乡更加靓丽、政治更加清明、社会更加阳光"。明光人民正沿着希望的坦途,谱写出一篇又一篇璀璨的华章!明光的前景灿烂辉煌,明光的明天更加明光!

2019年10月5日—11日初稿于市政协文史委办公室
2019年10月12日修改于市政协文史委办公室
——发表于2020年《立德》第1期。

《圣祖灵迹记》揆略

《圣祖灵迹记》是明万历四十一年国史官李维桢(1547—1626年)撰写的一篇碑记,由盱眙知县许经世谋划镌诸石上,立于盱眙县灵迹乡赵府村二郎庙内。该碑是目前发现的记载朱元璋出生于今天明光的碑刻之一,是朱元璋出生地"明光说"的一个重要证据。

朱元璋出生地"明光说"即"盱眙说"。明光系1932年从盱眙划分出来而成立的嘉山县,1994年撤县设立省直辖县级明光市,由安徽省政府委托滁州市代管。元天历元年九月十八日(1328年10月21日)朱元璋出生在泗州盱眙县太平乡赵郢村边二郎庙,明代改为直隶凤阳府泗州盱眙县灵迹乡赵府,清代先为凤阳府泗州盱眙县灵迹乡赵府,后为安徽省直隶泗州盱眙县明光集(镇)赵府,1932年变更为安徽省嘉山县明光镇赵府村后府,今为明光市明光街道办事处赵府社区。现朱元璋出生地"跃龙冈"已辟为明文化旅游景点,赵府村及周围村庄多已于两三年前陆续拆除,自然风貌已荡然无存。唯有赵府后府这个自然村

圣祖灵迹碑

跃龙冈残碑

庄还暂时保留原样。

明光近代教育家汪雨相(1879—1963年)先生祖上于明中叶迁居明光集,世代生活在明光,一直没有变动。他是同盟会首批会员,曾任芜湖甲种农校校长、省立第九师范首任校长、盱眙县教育局首任局长、嘉山县财委会首任委员长等职。1933年,汪雨相兼任安徽通史馆嘉山县采访员,完成《嘉山县志》手稿18本20卷采编任务。1959年7月,他将《嘉山县志》手稿全部捐献给嘉山县人民政府,现收藏于滁州市档案馆。他在《嘉山县志》手稿卷十三《古迹(下)》中抄录了《圣祖灵迹记》全部碑文,碑后附有落款:

赐进士出身,通奉大夫,陕西布政使司右布政使兼按察司佥事,予告前两任浙江、山西按察使,七任江西、河南、四川、山西、陕西左右参政,五奉敕提督陕西学政,整饬江北、河西、洮岷兵备,督理山西粮储,翰林院修撰,国史官京山臣李维桢撰。万历四十一年岁次癸丑陆月吉。直隶凤阳府泗州盱眙县知县臣临川许经世立石。儒学训导臣广陵李之盛书丹。徽州府□□□□□□□臣蒋学□。"①

碑记落款分三段排列,后附有汪雨相注释:

碑高约四尺,宽二尺五寸,厚八寸。相传碑额为"孕龙基"三大字。光绪某年春正月赛会,始毁于火,旁缺一块之碑石。现当垫在东厨屋东首顶柱下,未能换出。二十三年夏八月初五日访拓。次日拓香灵寺碑。李维桢,

---

① 汪雨相:《嘉山县志》手稿卷十三《古迹(下)》,滁州市档案馆藏,第29—34页。

明史有传。《盱志》秩官,许经世,字澄台,临川举人,万历三十七年任。恺悌廉明,擢湖州同知。李之盛,扬州贡生,万历三十八年任。①

该注释交代了碑的形制、毁坏原因,旨在佐证《圣祖灵迹记》碑文属实,撰记人、立石人、书丹人、题额人均有史可查,不是明光本地居民假托或伪造。据此推测,历史上可能有人对《圣祖灵迹记》碑刻提出过质疑。汪雨相紧接着在注释之后又附了《明太祖诞生地考实》:

> 读盱眙康熙、乾隆二志(按,指康熙《盱眙县志》、乾隆《盱眙县志》。下同)载:明太祖降生地,在明光北十里之二郎庙旁跃龙冈,一曰孕龙基,下有红罗障(汪氏手稿中"障",也写作"幛")、香花涧诸名胜。今考二郎庙内玉石残碑,镌有明万历年间《圣祖灵迹记》,京山李维桢撰文。又冈之东北二里,有俗所谓尿布滩者,相传洪武生时,颇有神奇,因晒尿布,其母祷之,榛棘遂能都向下。三天洗儿于红罗障,其水皆香,故有香花涧之称。昔年李泽同先生著《明光乡土志》,辟地方谬说,谓我亲自考察尿布滩地方,并无榛棘向下之说,那滩子离二郎庙,足有二里路,当初晒尿布岂能走怎么远?我看那滩子,乃是从前大帅建闸之处,彼时宋金南北争战,此间乃是交界地方云云。第据余所闻所见,关于志及《灵迹记》并李君所辟谬,似有未尽之处。考,洪武先世居沛,后徙句容,祖迁泗州孙家冈,父迁盱眙县太平乡之二郎庙(见《灵迹记》)。元至元五年,太祖年十二,从其父自明光集迁濠州钟离县太平乡之孤庄村(见《凤志》汪母及刘继祖传)。可见洪武先代,值宋金元干戈扰攘时期,颠沛流离,转耕无定,由泗逃荒过此,路生洪武于二郎庙内。是夜火光烛天,盖为晨霞临照,邻里骇瞩,庙祝迁怒,古窑栖身也。李泽同依据滩阜高大亩余,谓为从前大帅建闸之处。察滩阜来脉,由跃龙冈绵延至此,起突而尽,在昔滩西滨涧(即香花涧),涧外皆平衍广场,刘宋时或宋金时,大帅登台阅操兵马,事信有之。独古窑滩之说未之及,余迭闻诸故老相传,此滩为往代烧绊马桩之古窑,至今犹见其遗迹,并有绊马桩之圆

---

① 汪雨相:《嘉山县志》手稿卷十三《古迹(下)》,滁州市档案馆藏,第34页。

汪雨相《明太祖诞生地考实》

锥形残物与碎陶片累累,足证耳。去此东北数里外二小山曰南北窑山,依类推之,不无可信。苟非古窑,曷应有此,洪武焉居?且距庙二里,若未来居,又何致附会传曰尿布滩?意者滩阜高大亩余,古窑附着于滩,因此名之耶。临涧洗儿,红罗浮至,大水时漂浮衣物,事所常有,必曰红罗,为后人美其名耳。红罗既浮自上流,远莫能见,遂遥指其上游流,红土山嘴处,曰红罗幛,即今杨家坂西侧陡坎处。后因河流改道,土色久非旧观,可知并非洗儿于其地,盖红罗幛在滩之西南将近三里,距二郎庙西尚有一里许也。所谓跃龙冈、孕龙基、红罗幛及山曰明光,涧与寺曰香花,乡曰灵迹,均因洪武之生得名,见载明代碑记。惟《圣祖灵迹记》文内有"至旦迹之,则庙徙百步"句。康熙志:"是夜庙移避东北百余步"句,同治志引《龙兴慈记》"太祖诞时,二郎庙徙去路东数十步"句,似均不足信。即有神奇,按诸事理,不应如是。据余考察,庙址原在冈头,殆以洪武贵为天子,榛樲不除无以表彰灵迹,因之徙庙于冈东数十步,以为瞻拜灵迹休憩之所。而于原庙遗址树立"跃龙冈"擘写三字丰碑于其上,崇其碑亭,缭以石坦,壮其观瞻,昭示后世。余非好为此考实,亦以事有必至,理有固然。愿就博雅正之。①

《明太祖诞生地考实》就人们对《盱眙县志》相关记载朱元璋母亲在尿布滩晾晒尿布、为新生儿洗澡时上游漂来红罗等情况的存疑之处,作了详尽的解释说明,特别是对明光近代学人李泽同(1857—1918年)的观点作了进一步诠释,以期释疑。

汪雨相在《嘉山县志》手稿卷十四《金石概要》中亦记载了该碑的情况:

孕龙基碑圣祖灵迹记。篆额"孕龙基"三字,佚。正书:京山李维桢撰,广陵李之盛书。万历四十一年癸丑,盱眙知县临川许经世立石。在明光山北五里二郎庙。②

后边再次抄录了《圣祖灵迹记》全部碑文,文前又作了前注:

孕龙基圣祖灵迹记。存。文录后。万历四十一年癸丑。石高三尺□寸,广二尺□寸。三十一行,行八十九、九十字不等。京山李维桢撰文,临川许经世立石,广陵李之盛正书,□□蒋学□□□。额题"孕龙基"三字篆书,今佚,尺寸不计。在治西北明光镇北二郎庙。③

"孕龙基碑圣祖灵迹记"比"孕龙基圣祖灵迹记",多一"碑"字;碑文落款最

---

① 汪雨相:《嘉山县志》手稿卷十三《古迹(下)》,滁州市档案馆藏,第35—36页。
② 汪雨相:《嘉山县志》手稿卷十四《金石概要》,滁州市档案馆藏,第12页。
③ 汪雨相:《嘉山县志》手稿卷十四《金石概要》,滁州市档案馆藏,第32—34页。

后一句为:"徽州府□□□□□□□□臣蒋学□",《嘉山县志》手稿卷十三《古迹(下)》抄录的最后一句"徽州府臣蒋学",存在区别。

由此判断,《圣祖灵迹记》碑刻,碑额为紫色大理石,正面刻篆书"孕龙基"三字;碑身为白色大理石,高210厘米,宽80厘米,中间为竖排阴刻篆书"圣祖灵迹记"五字,下方两边系落款,再往下是碑座,背面为《圣祖灵迹记》碑文。据说碑上建有一座亭子,即孕龙基碑亭。可惜亭已早毁。碑先毁于清末,再毁于"文革"期间。碑文汪雨相当时曾访拓,拓片不知下落。拓片时碑额"孕龙基"三字已不存在。现"孕龙基"碑只剩下中间一截(高56厘米,宽76厘米)收藏在明光市博物馆,正面"圣祖灵迹记"尚能辨认;因破损严重,碑文基本已不能辨识。碑额清末民初已不知所终。

朱元璋登基后,其出生地赵府二郎庙之处开始敕建堂皇庙宇,最著名的是龙泉寺,二郎庙也包括在内,寺中碑刻甚多。"孕龙基"碑之前,同一地方二郎庙院内还有一块记载朱元璋出生于此的著名石碑"跃龙冈"碑,汪雨相记载:

> 今冈上有大石碑树立,碑座上净高六尺,宽二尺五寸,厚七寸,中钩一尺二寸,长体,"跃龙冈"三大字,上款万历三十年岁次壬寅中秋谷旦,下款直隶凤阳府泗州盱眙知县王立石。①

> "跃龙冈"三大字,正书,擘富盈尺。万历三十年壬寅,盱眙知县王立。明太祖降生地,在县治西北明光山北五里二郎庙(未拓)。万历三十三年。双碑庙造像。②

"跃龙冈"碑位于"孕龙基"碑之侧,"跃龙冈"三大字为阴刻正楷,每字大小为44厘米×33厘米,落款为,上:"万历三十年岁次寅中秋谷旦",下:"直隶凤阳府泗州盱眙知县王立石"。该碑"文革"期间破"四旧"时被砸成两截,下半截现藏于明光市博物馆,上有三大字中的"龙"字下半字,"冈"字整体。据说含有"跃"字及"龙"字上半字的上半截,被村民运至赵府村西北角池塘里作为捣衣

---

① 汪雨相:《嘉山县志》手稿卷十三《古迹(下)》,滁州市档案馆藏,第28—29页。
② 汪雨相:《嘉山县志》手稿卷十四《金石概要》,滁州市档案馆藏,第12页。

石,文字早已磨灭。碑座被当地邻庄石匠取走凿为猪槽。"跃龙冈"碑早于"孕龙基"碑十一年,可能是"孕龙基"碑立碑依据之一。"跃龙冈"碑只有三个字,意谓这里是"跃龙"之地,大明王朝开国皇帝真龙天子朱元璋就出生在这里。但只有三个字的石碑,终究不甚了了。于是十一年后才有了"孕龙基"碑,并刻上碑文《圣祖灵迹记》,详细叙述了朱元璋出生在这里的事实经过,记述其籍贯和功德。再往前推就是万历二十年(1592年)任盱眙知县的李上元和万历二十三年任盱眙知县的丁汝彦修的《帝里盱眙县志》(即皇帝的故里盱眙县志)和泗州知州曾惟诚撰写万历二十七年刊刻于世的《帝乡纪略》。

《帝里盱眙县志》首页为《圣迹图》,标明了朱元璋出生地周围沫山、末山寺、孕龙基、二郎庙、珠墩、赵府、明光山、明光集、都土地庙、红庙集、香花涧、红罗幛、古溪涧、池河、涧溪河、涧溪集、津里河、木场河、查家埠、鲁山、官山、大红山、小红山、土沛集等三四十个山川风物及建筑物的名称,且均在今天的明光市境内,与今天实际情况相吻合。

其内容多次记载了朱元璋出生地情况:

> 红庙即二郎庙,今集人以敕封都土地庙呼为红庙。孕龙基西至红庙集二里,西南至红罗幛三百步,北至古溪涧二里,又至沫山二里,北至查家渡十五里;南至明光山五里;东至津里二十里,东至官山三十里,东南至小红山三十里,东至鲁山三十里;西北至临淮、石门山二十里;西南至定远大红山三十里。古溪涧俗呼孤悽涧。……明光山,在县西南一百里灵迹乡内,今木场、津里之间。《泗州志》云:太祖高皇帝生寓之处。出《天潢玉牒》。其五色瑞气常见,故名。今其下明光集,民居甚众。(按,以下关于红罗幛、红庙、孕龙基、都土地庙、香花涧、香花寺等地点具体记述略。)[1]

《帝乡纪略》记载朱元璋出生地情况也较详细:

---

[1] [明万历二十七年]李上元、丁士彦:《帝里盱眙县志》序,成文出版有限公司,1985年,第1—2页。

仁祖年五十,始及淳皇后迁居盱眙之太平乡(按,历史上盱眙太平乡即今明光市明光街道办事处赵府村),以天历元年九月十八日未时笃生我太祖于所寓之二郎庙旁。其夜邻里远望火光烛天,至晓视之,而庙徙东北百余步。初生,取水洗浴于庙西之池河,忽红罗浮水上,遂取衣之。因是乡人名其地为红罗幛。自是室中常有神光,向晦入夜忽灼烁如焚,家人虑失火,亟视之,惟堂前供佛灯耳。生处方圆丈许,至今不生青草。前有明光山,后有红庙,旁有香花洞、香花寺。相传以为生后常有五色旺气,光明照耀,故以名山,名庙;浴后水香,故以名洞,名寺庙。或曰,后封庙神为都土地,今乡名亦自洪武后改称灵迹云。明光山在县西南一百里,又有明光集在县西南一百二里。红庙见在红庙集西北,红罗幛、香花洞、香花寺皆在红庙旁。①

仁祖迁居,乃生太祖于盱眙之灵迹乡(按,历史上盱眙灵迹乡即今明光市明光街道办事处赵府村)。②

太祖生钟离之东乡,即盱眙之唐兴、灵迹诸乡也。③

明光山,以我□□(太祖)降诞于此,五色旺气常见山上,故名。④

红庙镇、明光镇,居民各五六十家,且有太祖降生胜迹,宜改为镇。⑤

我个人认为这两部志书是盱眙知县立"跃龙冈"碑和"孕龙基"碑的直接依据,更是李维桢撰写《圣祖灵迹记》的直接依据。盱眙知县拜请李维桢撰写《圣祖灵迹记》的同时,应当也同时呈上了《帝里盱眙县志》《帝乡纪略》等史料供其

---

① [明万历二十七年]李上元、丁士彦:《帝里盱眙县志》卷一,成文出版有限公司,1985年,第42—43页。
② [明万历二十七年]李上元、丁士彦:《帝里盱眙县志》卷一,成文出版有限公司,1985年,第76页。
③ [明万历二十七年]李上元、丁士彦:《帝里盱眙县志》卷一,成文出版有限公司,1985年,第78页。
④ [明万历二十七年]李上元、丁士彦:《帝里盱眙县志》卷三《山川》,成文出版有限公司,1985年,第219页。
⑤ [明万历二十七年]李上元、丁士彦:《帝里盱眙县志》卷三《山川》,成文出版有限公司,1985年,256页。

参考稽核。

万历二十年(1592年)距离现在已经428年,如此古老的县志、碑刻,明确记载朱元璋出生在当今的明光,应当是完全可信的。但万历二十年距离朱元璋驾崩的洪武三十一年(1398年)已经194年,近两个世纪,如果大家一点怀疑没有,那是不现实的。就拿"跃龙冈"碑上落款:"万历三十年壬寅,盱眙知县王立。"等文字就找不到依据。我个人推测,"王"字可能是其他的字,由于石头年久风化剥蚀而致,抑或是汪雨相误判。查光绪辛卯王锡元《盱眙县志稿》,万历年间盱眙知县没有姓王的,汪雨相在记述"二郎庙"之后也对此落款存疑:

二郎庙,在县治西北□里。

盱志(按,《盱眙县志》简称)卷十一古迹,二郎庙在盱眙县治西。乾隆志:在明光集。明太祖降生地,详山川。

王刻盱志(按,指光绪辛卯王锡元《盱眙县志稿》),明光山,在盱眙县治西一百里。《泗州志》:明太祖生于此。昔年常见五色云气,故名。其东北有跃龙冈,一曰孕龙基。康熙志:冈在二郎庙旁。明太祖生于其地。是夜庙移避东北百余步,其址土石俱赤,不生草木。下有红罗障,乾隆志:明太祖生时于此,浴澡,有红罗一幅自上流浮来,取为襁褓,因名此水为红罗障也。昔年水色常如霞,今改观矣。有香花涧,康熙志:在二郎庙旁。明太祖生时,取水澡浴,涧水皆香。(汪按,《明史·太祖本纪》太祖先世家沛,徙句容,再徙泗州。父世珍始徙濠州之钟离,生四子,太祖其季也。元之濠州为今凤阳府地,钟离为今临淮乡地。临淮于元时为县,明光西去临淮六十里,或元时地属钟离。)

同治十一年刊之《盱眙志》卷一古迹三二页:跃龙冈,在明光集。明太祖诞生处方。圆丈许,至今不生草木。又,太祖诞时,二郎庙徙去路东数十步。携浴于河,忽水浮红罗一方,取为襁。今名红罗幛云。见《龙兴慈记》。

考,盱志卷七秩官,吴中立,字礼庭,江西举人,万历三十年任。才能兼著,擢苏州同知,无知县王云。李泽同有《跃龙冈寻碑记》,详艺文。"孕龙基碑"树在二郎庙内,光绪十□年春正月灯会,毁于火。额题"孕龙基碑"四字,篆文,无考。今存残碑三块,题为《圣祖灵迹记》。①

再看李泽同《跃龙冈寻碑记》：

　　尝纵观历史,三代以后,惟汉、明得天下最正,匹夫而致位天子,且俱不数年而建一统之业。其开初建置,亦非他朝可比,诚盛轨也。第县志所载,明太祖生于乡北之红庙堡。岁戊申,春日乍晴,爰约二三友人为踏青之游,访其谓孕龙基者。地属高原,末山峙其北,明光山当其南,池水曲折于西,

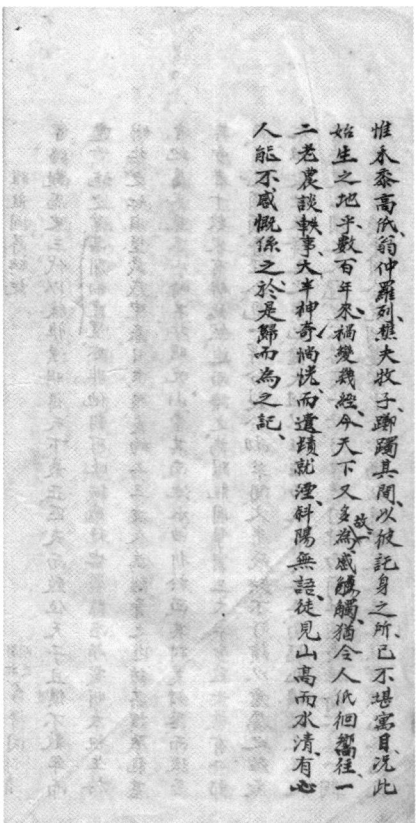

《跃龙冈寻碑记》

---

①　汪雨相：《嘉山县志》手稿卷十三《古迹（下）》,滁州市档案馆藏,第29—29页。

其村农错落,而环居其旁者十数家。有碑巍然,迫而读之,为"跃龙冈"擘窠三大字。旁数十步有二郎庙,半就倾颓,寻径入,见一碑分裂于砌草间,文半残缺,不可读。以意属之,殆叙太祖家世及降生之事也。忆太祖以淮右布衣平汉吞吴,南驱北攘,拯生民之疾苦,复上国之衣冠,岂不赫奕一世?乃曾几何时,而庙社倾夷,孙裔零落,一朝之丰功伟绩,半付于荒烟蔓草中。余尝谒献陵、孝陵,求其享殿、宝城,已无片瓦。惟禾黍高低,翁仲罗列,樵夫牧子踯躅其间,以彼托身之所已不堪寓目,况此始生之地乎?数百年来祸变几经,今天下又多故,一为感伤触,犹令人低回向往,一二老农谈轶事,大半神奇惝恍,而遗迹就湮,斜阳无语,徒见山高而水清,有心人能不感慨系之!于是归而为之记。①

从李泽同寻碑记中可知,光绪戊申年(1908年)"孕龙基"碑已毁:"见一碑分裂于砌草间,文半残缺,不可读。""孕龙基"碑后面《圣祖灵迹记》碑文已无法认读。与汪雨相记述:"'孕龙基'碑树在二郎庙内,光绪十□年春正月灯会,毁于火。"相印证。

李泽同是朱元璋仲姊曹国长公主朱佛女之子、明代开国第三名将、岐阳王李文忠后裔,是明光岐阳李氏始祖驸马、陇西王李贞(李文忠父亲)十九世孙,世居明光,曾入京师国子监,授贡生,名重乡里,是明光近代著名文化人,他是汪雨相表兄,两人相处甚密。他非常关注朱元璋出生地问题,他是笃信朱元璋出生在明光镇北赵府二郎庙的。其曾撰《明光十六景诗》,其一《明光灵迹》:"云山露沐晓苍苍,灵迹犹传帝子乡。三十六宫春去后,樵夫指点跃龙冈。"诗后原注:"明光在盱眙为灵迹乡,明太祖所生之地,名跃龙冈,在明光集北里。一代兴亡,动归气数,谬论相沿,锢人神智,欲唤起国民精神独立,是在学道之士,勿为樵夫笑可耳。"之前曾发"征诗小启":"明光山,集之主山也。明太祖生时,此山有光灼天,因赐名。乡人建龙神祠于山巅,俗呼为龙庙山。"②

---

① 汪雨相:《嘉山县志》手稿卷十六《嘉山诗文集抄》,滁州市档案馆藏,第7—8页。
② 汪雨相:《嘉山县志》手稿卷十九《嘉山诗文集抄》,明光市档案馆藏。本卷只有抄件,原稿丢失,页码不清楚。

李泽同在《岐阳李氏家谱》中明确记载:"世居之地本属太平乡,明太祖以龙潜所在,分立灵迹乡,赐山名曰明光,故为明光集。"①

汪雨相为了进一步证实朱元璋出生于明光赵府二郎庙,曾撰写《关于朱元璋诞生地跃龙冈的记载及考证》一文:

> 光绪二十九年《盱眙县志稿》载:明光山东北有跃龙岗,一曰孕龙基。康熙志注:岗在二郎庙旁,明太祖生于其地,下有红罗障,有香花涧。原按,元末濠州,为今凤阳府地,钟离为今临淮乡地。临淮于元为县,明光西去临淮七十里,或元时地属钟离云云。
>
> 窃考冈上有碑,刻"跃龙冈"三字,为明万历年间立,非异代,应不敢附会取咎,一也;太祖之外祖扬王墓在津里山,长姐嫁津里汪清,次姐嫁明光李贞,其亲戚均在明光附近,二也;《凤志·列女传》云:太祖从父自明光集徙居其里,三也;盱眙县在明朝亦为汤沐邑,四也;冈旁附近为赵母后裔,世居至今,犹享受勋祖之利益,五也。由此遂证太祖降生在此冈上,可无疑矣。②

李泽同、汪雨相探究"跃龙冈"碑、"孕龙基"碑(《圣祖灵迹记》)来龙去脉上做出了不懈努力,坚定了明光人的信心:朱元璋出生在明光镇北赵府二郎庙。

但朱元璋亲撰的《御制皇陵碑》和《朱氏世德碑》均称自己出生于"钟离之东乡",与《圣祖灵迹记》记载是否矛盾?《圣祖灵迹记》之前的《帝里盱眙县志》《帝乡纪略》依据是什么?即万历二十年(1592年)上溯到朱元璋驾崩之年洪武三十一年(1398年)的194年之间有无依据?当然是有的。

嘉靖十三年(1534年)刊刻于世的官修《南畿志》明确认定朱元璋出生在明光:

---

① 李泽同:《岐阳李氏家谱·世系一》,民国七年,明光市档案馆藏,第11页。
② 汪雨相:《嘉山县志》手稿卷十一《教育》附页,滁州市档案馆藏。按,附页阅者可以随便移动。该附页可能原附于卷十三或卷十四之后。

> 明光山,县西南,我圣祖生时常有五色旺气,故名。①

《南畿志》记载可能源于嘉靖七年(1528年)官修的《泗志备遗》记载:

> 明光山,在县西南(一百里灵迹乡内。我)太祖高皇帝生寓木场、津里。出《天潢玉牒》。其五色旺气,常见此山,故人因以为山名。②

嘉靖七年早于万历二十年64年。

明代经史大家郎瑛(1487—1566年)在其《七修类稿》中记载:

> 盱眙县唐兴、灵迹二乡,即《皇陵碑》所谓钟离之东乡也。前有明光山(由旧尝见五色旺气于上,故名),后有红庙(因获红罗故名),今封神为都土地,乃太祖龙飞之地。今方圆数丈不生草木,而凤阳一府,亦少人物,岂非山川秀气,皆已钟于前耶!③

《七修类稿》大约作于明正德十一年(1516年),早于万历二十年76年,距离朱元璋驾崩118年,郎瑛出生时间距离朱元璋驾崩之年只有89年。依据又靠近真相了许多。同一时段还有祁门巡宰王文禄(1532—1605年)《龙兴慈记》的记载:

> 圣祖生矣,天时地理不诬矣。又言诞时,二郎神庙徙去路东数十步。携浴于河,忽水中浮起红罗一方,取为襁,今名红罗幛云。④

---

① 闻人诠、陈沂:《南畿志》卷八《凤阳府一》,《四库全书存目丛书·吏部》,第190册,第233页。
② 袁淮修、侯廷训:《泗志备遗》卷上自序。
③ 郎瑛:《七修类稿》,《四库全书存目丛书·子部一〇二》,齐鲁书社,1995年,第500页。
④ 王文禄:《龙兴慈记》,《丛书集成新编》(第一一九册,史地类),新文丰出版有限公司,1997年,第608页。

明温州知府文林（1445—1499 年）《琅琊漫抄》的记载更上溯了几十年：

> 太祖高皇帝生于盱眙县灵迹乡土地庙。父老相传云，生时夜晦，惟庙有火。明日庙移置路东。至今所生地，方圆丈许不生草。①

文林是"扬州八怪"之一文徵明的父亲，文林出生之年距离朱元璋驾崩只有47 年。

如果说《七修类稿》《龙兴慈记》《琅琊漫抄》属于私人著述，那么同一时期明正德十三年（1518 年）官修《盱眙县志》可以作为有力佐证：

> 明光山，在县西（南一百里灵迹乡内，我）太祖高皇帝生寓于木场、津里。出《天潢玉牒》。其五色旺气，常见此山，（故人因以为山名）。（按，括号中的字系据明嘉靖《泗志备遗》卷上增补）②

《南畿志》《泗志备遗》与明正德十三年官修《盱眙县志》是一致的。《泗志备遗》是对明正德十六年（1521 年）泗州知州汪应珍纂修的《泗州志》的补正，与《帝里盱眙县志》观点一致，均明确史料来自于《天潢玉牒》：

> 仁祖五十而迁钟离之东乡，天历元年戊辰龙飞濠梁。按，濠梁即古涂山国，神禹会诸侯之所，时为钟离，今之凤阳府也。③

《天潢玉牒》是明代永乐年间（1403—1424 年）官修史书，是重要的历史文献，追述了明太祖朱元璋四世祖熙祖由宋至元以来的事迹，以及明太祖朱元璋生平重要事迹。

现存《天潢玉牒》有五种版本，其中四种皆未著撰者姓氏，只有《胜朝遗事》

---

① 文林：《琅琊漫抄》，《四库全书存目丛书·子部一〇一》，齐鲁书社，1995 年，第 443 页。
② ［明正德十三年］李天昇修、陈惟渊纂：《盱眙县志》卷上。
③ 《四库全书存目丛书·吏部一九》，齐鲁书社，1995 年，第 739 页。

本题为解缙所撰。解缙也可能是《天潢玉牒》主要撰稿人，或是撰写主持人。解缙（1369—1415 年），明洪武二十一年（1388 年）中进士，是明朝三大才子之一，侍奉过明太祖朱元璋、建文帝朱允炆、明成祖朱棣，三朝老臣，官至内阁首辅，即宰相。解缙是朱元璋的宠臣，侍从朱元璋近 10 年，朱元璋对他无话不说，他知晓朱元璋的身世经历往往比朱元璋儿孙要多得多。《天潢玉牒》撰写于永乐初年，朱元璋儿孙辈有几十人都健在，遗臣更是不可胜数。在他们眼皮底下篡改开国皇帝朱元璋出生地史实，怎么可以蒙混过关？解缙撰写《天潢玉牒》时，对史实应当是充分了解的，也是有条件核实的。他要是编造，目的是什么？编造在他自己的家乡江西吉安不是更加祥瑞吗？为什么编造在他从未到过的地方？特别是编造在朱元璋第四子明成祖朱棣面前更是行不通的。如果怀疑《天潢玉牒》是朱棣纵容解缙编造，意在美化祖上出身，似乎很难说得通，朱棣已是皇帝，谁敢非议他的祖上出身问题？出生在盱眙县灵迹乡赵府村二郎庙，比出生在别处到底好在什么地方？因此，我以为，《天潢玉牒》除了如实记录，别无选择。

再者，《天潢玉牒》的记载，在同时出现于永乐初年的《明皇小史摘抄》里是得到充分印证的：

> 上诞于盱眙县灵迹乡（按，即今明光市明光街道办事处赵府）土地庙。夜半而生，有火尤灯。然明日庙忽自移于路，至今其地方圆丈许寸草不生。适上登极，后封其庙神为都土地。①

综上，万历四十一年，翰林院修撰、国史官李维桢撰写《圣祖灵迹记》碑文，盱眙知县许经世立"孕龙基"碑、建"孕龙基"碑亭，都是基于历史史实，史料从源头而来，一脉相承。故《圣祖灵迹记》才如是记载：

> ……仁祖，迁今盱眙太平乡，其旁有二郎庙。高帝笃生之夕，火光属天，邻里骇瞩。至旦迹之，则庙徙百步。浴庙西河，忽有红罗浮至，取以为襁。乡人名其地为红罗障。自是，涧水俱香，产草状如丝缕，色如茅蒐，非

---

① 《明皇小史摘抄》卷上，《四库全书存目丛书·子部》，齐鲁书社，1995 年。

常所有。五色云时盖其上,故名山曰明光,涧与寺曰香花,乡曰灵迹。而所谓孕龙基者,方丈之内,土石赤色,不生他草木,盖二百余年。①

这既是历史史实,也是客观事实。不光如此,距离"孕龙基"碑数里外还有一块石碑,正面刻:"香灵寺重修碑记",背面是碑记内容,载明重修完成时间为万历二十八年(1600年)。落款:朱之蕃撰文,曹廷辅书,胡敬辰刊,天启四年甲子。查史料,朱之蕃时为礼部尚书;碑文上还注明审阅人孔贞运,孔子第62代孙,万历四十七年(1619年)己未科榜眼,官至首辅。天启四年系公元1625年,《香灵寺重修碑记》记载朱元璋出生地与《圣祖灵迹记》记载完全一致。既然是《香灵寺重修碑记》,由此推断香灵寺修建时间应当很早,有可能是重修几十年前、一百多年或明初,也许当初还有《香灵寺碑记》,只是后来随时间灭失了。总之,史实不容否认。

不过此史实数百年来并非无人怀疑过,这很正常,任何事情都有人怀疑。但我们可以退一步思考这个问题:如果不是事实,明代多任泗州知州、历任盱眙知县是不敢这么做的,伪造当朝开国皇帝出生地,那是杀头之罪呀!如不是事实,当朝翰林国史馆大臣怎敢伪造开国皇帝出生地,怎么敢杜撰碑文?怎么会把史官秉笔直书信条抛诸脑后呢?他不怕别人笑话吗?他不怕招来杀头之罪吗?他不怕诛灭十族(燕王朱棣创举,九族加门生为十族)吗?如果是伪造,凤阳人怎么会视而不见呢?盱眙知县的上司凤阳府尹怎么会容忍属下这种公然造假行为呢?试想,如果皇帝出生地可以伪造,为什么不伪造成唐太宗、宋太祖出生地呢?如果是伪造,为什么不伪造在盱眙县城附近,而舍近求远跑到距县城130多华里以外荒野偏僻之地伪造呢?如果伪造"圣迹"于皇权有益无损,甚至可以获得奖励,那么600多年来别的地方为什么不争相伪造呢?那些投机取巧擅长钻营的地方官哪个不想获得朝廷奖励呀?为什么汪应珍、曾惟诚等多任泗州知州,李天畀、李上元、丁士彦、许经世等历任盱眙知县在皇帝"圣迹"处树碑立传,顶礼膜拜,写进所有泗州或盱眙的志书里,而并没有获得朝廷奖励呢?

---

① 李维桢:《大泌山房文集》卷之五十四上,四库全书存目丛书编纂委员会编《四库全书存目丛书·集部一五一册》,齐鲁书社,1997年,第629页。

古代的皇帝难道都是只听好话,不辨是非吗?古代的大臣难道都是阿谀奉承,不讲真话吗?古代学者难道只会人云亦云,没有尊重史实的责任感吗?既然这样,那史书、志书、碑刻还值得相信吗?既然不值得相信,那么许多人征引的史料还有证明力吗?答案只有一个,这些珍贵的碑刻是朱元璋出生在明光的重要证据。

汪雨相抄录的《圣祖灵迹记》缺漏很多,许多地方语义不明,碑文、立石人很容易被人怀疑为明光本地人假托的。事实上撰记人、立石人都客观存在,碑文虽磨灭,但并没有失传。因为作者李维桢已将《圣祖灵迹记》收入其《大泌山房文集》卷五十四上之中,他并不是敷衍,而是作为自己得意作品传诸后世,可见是极其负责任的。李维桢是湖北京山人,明代著名文学家,文坛领军人物,穆宗隆庆二年(1568年)21岁中进士,曾参与修纂《穆宗实录》,晋升修撰,是继王世贞、汪道昆之后的"七子派盟主""后五子之首",历世宗、穆宗、神宗、光宗、熹宗五任皇帝,被朝中誉为德厚长者。作为晚明文坛盟主,由他撰写《圣祖灵迹记》在当时全国都是不二人选。当然,能请动他更非易事,他应当透彻理解史家秉笔直书的要义,不会人云亦云。汪雨相当年条件有限,抄录后没有查到原文,有人因此产生怀疑,应在情理之中。1997年7月齐鲁书社出版的由四库全书存目丛书编纂委员会编辑的大型图书《四库全书存目丛书》,其中集部一五一册里收录了李维桢的《大泌山房文集》。《四库全书存目丛书》全国各大型图书馆均有藏,查阅非常容易。

当然,所谓的怀疑大都是细枝末节,改变不了朱元璋出生于"盱眙县灵迹乡,即今明光市明光街道办事处赵府"这一历史史实和客观事实。因为李维桢的《圣祖灵迹记》碑记就是明证。现将李维桢《圣祖灵迹记》全文点校附后,以期消释明光本地人假托之怀疑。

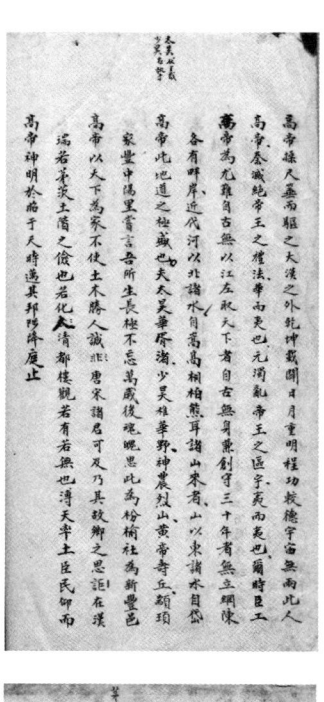

《圣祖灵迹记》

附：

圣祖灵迹记

李维桢

高帝，先世家句容；熙祖，迁今泗州孙家图①；仁祖，迁今盱眙太平乡，其旁有二郎庙。高帝笃生之夕，火光属天，邻里骇瞩。至旦迹之，则庙徙百步。浴庙西河，忽②有红罗浮至，取以为褓。乡人名其地为红罗障。自是，涧水俱香，产草状③如丝缕，色如茅蒐，非常所有。五色云时盖其上，故名山曰明光，涧与寺曰香花，乡曰灵迹。而所谓孕龙基者，方丈之内，土石赤色，不生他草木，盖二百余年。父老所传说，图④史所记载，至详至著矣。然未有禁籥表识也。臣许经世令盱眙之县三年，省方展谒，咨讯故实。喟然叹曰："夫古帝王之兴，有人道焉，有天道焉，有地道焉，而莫盛于高帝。"

中国帝王所更都，从有历数来，未之易也。而胡元以被发左衽，暗干天位，临制寰寓，羯羠腥膻，举世渐染。高帝操尺箠而驱之大漠之外，乾坤载辟，日月重明；程功较德，宇宙无两。此人道之极盛也。

自古无以匹夫有天下者，惟汉高帝与高帝。秦灭绝帝王之礼法，华而夷也；元浊乱帝王之区宇，夷而夷也。尔时臣工胥而为夷，天特于田野中简一人以剪灭之，袚饬之。不阶尺土而成帝业，而高帝为尤难。自古无以江左取天下者，自古无身兼创、守三十年者。无立纲陈纪，皋牢天下，而制之若制子孙数百年无事者，岂惟汉高马上之治不同日语。即古之巨神出长淮，驾六蜚羊者，民无得⑤而称焉，此天道之极盛也。

两戒四渎，各有畔岸。近代河以北诸水，自嵩高、桐柏、熊耳诸山来者，山以东诸水,自岱宗、蒙羽诸山来者,胥会为一大河,南徙合汴、泗,而与淮会⑥清口大江,在清口下潜,与河、淮会,而海承之。山泽通气,委输融结,所经几千万祀⑦,而后有此土以生高帝。此地道之极盛也。

夫太昊华胥渚,少昊稚华野,神农烈山,黄帝寿丘,颛顼若水,尧丹陵,舜诸冯,禹石纽,灼灼人耳目,迄乎于兹。车必下,过必趋,低回久之,不能去,诚重其人也。徼天之幸,生盛世,立盛朝,而可漫视之、屑越之乎?汉高帝家丰中阳里,尝言:"吾所生长,极不忘。万岁后魂魄思此为枌榆社,为新丰邑。"移诸故人实之,衢巷栋宇,物色惟旧,虽鸡犬竟识其家。考汉旧仪,尝立沛庙,祀丰故宅。向后,唐之庆善宫,宋之启圣院,事益宏大,制益壮丽矣!

高帝以天下为家,不使土木胜人,诚非唐宋诸君可及。乃其故乡之思,讵在汉高下?为臣子者绎思将顺自其职分⑧。于是垒石垣以界之,树桓楹以门之,拼棘支缭以闲之。若紫微之钩陈也,若文昌之戴匡也,若魏阙之悬象也,若嵩宫之瑞,若茅茨土阶之俭也,若化人清都楼观,若有若无也。溥天率土臣民,仰而瞻之,拜而敬之。上下神祇,呵护左右前后,若里社鸣而圣人出,圣人作而万物靓也。若大电绕枢,瑶光贯月,赤帝在翼,仓精临房,青鸟玉鸡⑨,诸符命环集也。

高帝神明,于昭于天;时迈其邦,陟降庭止。仁祖、淳后,聿来胥宇,震夙生育之状可对越焉。二陵梧槚⑩松楸,留京龙蟠虎踞,王气轮囷可揽结焉。畿辅之郡,汤沐之邑,烟火桑麻,蕃殖聚处,讴咏太平,以供日祭月祀,时享岁贡,世无替也,可鉴观焉。高帝必为之踌躇满志,其气发扬于上,为昭明蒿焄,凄怆垂恩,储祉无疆,惟休矣。工成,而⑪经世请名⑫台使者臣王九叙。九叙曰:"即称。圣祖灵迹处,焉用饰为?"更以质臣维桢:"于义然否?"维桢曰:"然。"

明则有礼乐,幽则有鬼神。故国旧都,生于斯,长于斯。人离去,其乡未有不怀归者,其⑬为神也,亦如是。礼,反其所自始;乐,乐其所自生。礼得其报,则乐;乐得其反,则安。高帝⑭所生所始,扫除循徼,则有司存。然而不敢为原庙为秩祭者,明祖德也,遵国典也。无体之礼,无声之乐,其庶几乎?维桢读《诗》,周公制《礼》作《乐》,先公自土添沮,陶复陶穴,未有室家之荒陋;来朝走马,爰及姜女之𪊨𪊨⑮。履武敏歆,先生如达之秭蝶,隘巷寒冰;牛羊腓字,飞鸟覆翼之怪异,不嫌猥琐。播之声诗,以调五音六律,以奏宗庙朝廷,以书金石竹帛,以传天下后世。何其情直质,意深长,事核具,文绸缪也!

高帝参两仪,只千古,远过成周,荃宰萝图,万世如初。倍于周之卜年卜历,是神皋奥壤,何天衢而提地鳌者?遏抑不宣,下臣何所辞罪?因为述其大致,以俟夫能礼乐之君子,铺鸿藻,申景铄,比于周天《大雅》之《诗》焉!⑯

——录自李维桢《大泌山房文集》卷之五十四上,四库全书存目丛书编纂委员会编:《四库全书存目丛书·集部一五一册》,齐鲁书社,1997年,第629—631页。

注:汪雨相《嘉山县志》手稿卷十四中现场辨认抄录碑文《圣祖灵迹记》与此文存在一定出入,无法辨认、错漏衍缺、不能确定计142处。错漏衍缺具体如下:

①汪雨相抄件为:冈。按,综合相关资料,"冈",正确;"图",应为错刻。

②汪抄件为:浴澡□□河心,有……。

③汪抄件为:收。

④汪抄件为:国。

⑤汪抄件为:德。

⑥汪抄件为:合。

⑦汪抄件为:禩。古代"禩"通"祀"。

⑧汪抄件为:为臣子者不绎思之将顺之乎?

⑨汪抄件为:雉。

⑩汪抄件为:桧。

⑪汪抄件疑为:臣。

⑫汪抄件多处一字:于。

⑬汪抄件为:以。

⑭汪抄件为:祖,旁注疑为"帝"。

⑮汪抄件为:忧。厃,古代"厃"同"厄"。

⑯汪抄件后附有:赐进士出身,通奉大夫,陕西布政使司右布政使兼按察司金事,予告前两任浙江、山西按察使,七任江西、河南、四川、山西、陕西左右参政,五奉敕提督陕西学政,整饬江北、河西、洮岷兵备,督理山西粮储,翰林院修撰,国史官京山臣李维桢撰。万历四十一年岁次癸丑陆月吉。直隶凤阳府泗州

盱眙县知县臣临川许经世立石。儒学训导臣广陵李之盛书丹。徽州府□□□□□□□□臣蒋学□。

  2020年10月20—28初稿于市政协文史委办公室
  2020年10月30—31二稿于市政协文史委办公室
  ——发表于2020年第4期《盱眙历史文化研究》(总第32期)。

滁州文化瑰宝——《南滁会景编》

《南滁会景编》，我只听说过，但没有阅读过，也没有见过该书藏本和相关版本。

网上获悉，《南滁会景编》（十二卷，内府藏本），原书为明嘉靖年间刻、万历年间增刻本。《四库全书存目丛书》亦有收录，见《四库全书总目提要》卷一百九十二《总目类存目·南滁会景编提要》，明赵廷瑞编，林烃又增以十景图，自宋至明，篇什略备。廷瑞，开州人，正德辛巳进士，官至兵部尚书。烃有《覆瓿草》。其二人作是书时，皆为南太仆寺卿。明南太仆寺署建于滁州故也。《南滁会景编》有十卷本、十二卷本、十四卷本，其中十四卷本藏于南京图书馆。

后笔者从相关资料中，阅读了《南滁会景编》有关篇章，对其有了粗浅的认识。

一、《南滁会景编》是滁州历史文化独有的灿烂篇章

滁州自古有"金陵锁钥、江淮保障"之称，"形兼吴楚、气越淮扬""儒风之盛、凤贯淮东"之誉，有东晋琅琊王司马睿寓居之地琅琊山、佛教胜境琅琊寺，有天下第一名亭醉翁亭，有宋代文学家欧阳修修筑的与民同乐的丰乐亭，有南北两京交通必经之道"九省通衢"清流关，有诗人韦应物需要"野渡"的西涧，有北宋奇才苏轼的墨宝，有众多的摩崖石刻真迹等名胜古迹。滁州物华天宝，人杰地灵，具有特殊的人文魅力。

滁州位于吴头楚尾，山川形貌独特，风景旖旎秀美，自然景观与历史遗迹交

相辉映,人文底蕴深厚,民风淳朴纯净。所以古往今来文人墨客纷至沓来,游山玩水,观物赏景,俯仰天地,游目骋怀,感慨人生,放浪形骸,油然生情,挥洒成章,留下了顾况的《题琅琊上方》,韦应物的《滁州西涧》,王禹偁的《八绝诗》,欧阳修的《醉翁亭记》《丰乐亭记》,王安石的《幽谷引》,苏轼的《次韵王滁州见寄》,宋濂的《扈从至清流关》,文徵明的《九月廿日重游琅琊山》,李梦阳的《琅琊行送华双梧桐太守》,王守仁的《坐龙潭梧桐冈用韵》等数以千计的诗文名篇佳作,汇集而成了《南滁会景编》。

《南滁会景编》是一部地方艺文总集,是研究安徽滁州地区文学文化及其发展状貌的重要地方文献。南京太仆寺官员、历代滁州官员及滁州本地人物的诗文尽收其中。其十四卷本保存了唐至明末题咏安徽滁州山水的大量诗文,分门别类,有《柏子潭诗集》《醉翁亭文集》《丰乐亭文集》《醉翁亭诗集》《琅琊山诗集》《环山楼诗集》《清流关诗集》等卷,许多作品未见载于文人总集、别集、选集、诗话、笔记、类书等文献,具有重要的诗文辑佚价值。

《南滁会景编》收录了唐宋元明四个中华文明较为发达朝代近一千年跨度的题咏滁州的诗文作品,是研究滁州历史文化的独有资源,具有较高的文学欣赏价值和滁州地方历史研究价值。通过其中的诗文等文学作品,可以窥见正史没有记载的滁州山川形胜、地理风貌、自然景观、人文遗迹、历史进程、社会发展、江淮地方习俗、历代风土人情等。该书保留了很多关于滁州的文史资料,不少内容为该书所仅见,因而显得弥足珍贵。《南滁会景编》是滁州特有的古代文化财富,是滁州文学史上独有的灿烂篇章。

二、《南滁会景编》见证了滁州历史文化的辉煌地位

明代朱元璋建都南京,明洪武六年(1373年),在滁州设立太仆寺,是历史上唯一设在滁州的中央级单位,是明代唯一设在都城南京之外的中央衙门,管辖区域广大,辖应天府、凤阳府等十二个府州六十七个州县及滁州卫。有太仆寺,才有《南滁会景编》。

太仆寺,中国古代朝廷的中央机构之一,秦、汉九卿中有太仆,为掌车马之官。永徽中,太仆寺曰司驭寺,武后光宅元年改曰司仆寺。该机构有府十七人,

史三十四人,兽医六百人,兽医博士四人,学生百人,亭长四人,掌固六人。明于滁州设立南京太仆寺,掌牧马之政令,属兵部。清代因之,皇帝出巡,扈从车马杂物皆为太仆寺总管。1911年,清朝灭亡后,该机构废除。

太仆寺,职责相当于现在的中国人民解放军总装备部、中央警卫团和国家最高畜牧管理部门,是古代重要的中央机构。太仆寺官员为卿一人,从三品;少卿二人,从四品上;丞四人,从六品上;主簿二人,从七品上。卿掌厩牧、辇舆之政,总乘黄、典厩、典牧、车府四署及诸监牧。行幸,供五路属车。凡监牧籍帐,岁受而会之,上驾部以议考课。太仆寺下属乘黄署、典厩署、典牧署、车府署、诸牧监、东宫九牧监等职能部门,每个部门官吏两百至一千人不等,鼎盛时期,整个太仆寺官吏仆役不下万人,可见太仆寺非常庞大。明代这个庞大的中央机构就设在滁州,足见滁州地理位置重要。太仆寺促进了滁州地区政治、经济、军事的繁荣,对滁州历史文化发展产生了深远影响。

太仆寺官员基本上是进士或翰林出身,具有较为丰富的文化知识。其中不少是思想家、文学家、诗人和书法家以及名流高士。朝野闻名的理学家王阳明就担任过太仆寺少卿,作为明代心学一派的开创者,在滁州收徒讲学,留下咏滁诗篇三十六首;明代"吴中四才子"之一文徵明父亲文林、叔父文森,抗清志士冯若愚、东林党健将冯元彪父子,滁州"四贤祠"祭祀的其中三人李一鹏、高倬、王聚奎都曾是太仆寺官员,其中文林在滁州留下了《琅琊漫抄》一书。

明代太仆寺官员,从政之余,喜欢游览滁州山水古迹,触景生情,感慨系之,挥笔成章。他们有众多文友,有朋自远方来,当然得畅游滁州,兴之所至,题咏唱和,佳章迭出。于是就有了《南滁会景编》。

《南滁会景编》不仅是滁州地方文学总集,它涉猎了滁州近千年的历史、人物、政治、经济、景物、遗迹、建筑、民俗等各个方面,是滁州文化的宝贵财富,见证了滁州历史文化的辉煌地位。

三、《南滁会景编》是明代太仆寺官员的智慧结晶

《南滁会景编》编者赵廷瑞,字信臣,号洪洋,今濮阳县五星乡人。正德十六年(1521年)进士,历任户部给事中,刑部给事中、右通政,巡抚陕西右副都

御史，兵部左侍郎，北京兵部尚书等职，史称开州"八都"之一。曾任太仆寺卿，嘉靖二十六年（1547年）擢南京户部尚书，未及行，改兵部尚书。主修过《陕西通志》等书。

增编者林烃，字贞耀，号仲山，闽县林浦乡人。嘉靖四十一年（1562年）进士，授刑部主事，升员外郎。隆庆初年（1567年）改南京兵部郎中，次年转库部郎，署武选，废"烙马法"，为商人所拥戴。曾任太仆寺少卿，官至工部尚书。家世显赫，祖孙三代五尚书。著有《覆瓿草》六卷。

明代南京太仆寺卿、少卿等官员，虽是中央机构官员，但他们与滁州地方官员相处很好，相互协作，关注地方政治经济发展，关心地方文化事业。在保护、维护琅琊寺、醉翁亭、丰乐亭、清流关、《醉翁亭记》碑等众多滁州名胜古迹上做出了许多贡献。此外，还营建了幽栖寺、绎思亭、揽秀亭等许多碑亭、楼宇、寺院等新的滁州胜迹。维护、兴建胜迹之后，多刻石序记载来龙去脉，题诗纪念，留下了相关地方历史文化元素。

有明一代太仆寺官员之间、太仆寺官员与滁州地方官员之间、太仆寺官员与滁州当地名士之间，以及太仆寺官员、滁州地方官员、滁州当地名士各自的文朋诗友之间经常聚会，饮酒赋诗，题咏滁州胜迹，互相唱和，在滁州留下了众多优美的诗文篇章。

赵廷瑞、林烃均担任过设在滁州的太仆寺卿。他们都是明代较为知名的文学家，思想比较开明，心怀天下，重视地方文化建设。他们有能力、有条件、有经济实力把唐宋元明四代散落民间或录入其他文集中的咏滁诗文，主要是有明一代南京太仆寺官员咏滁诗文，收集起来，以景点为纲，加以整理，汇编成册，刻印面世。是他们的努力，成就了《南滁会景编》一书。应当说，《南滁会景编》是明代太仆寺官员的智慧结晶，是明代太仆寺官员对滁州人文景观和历史文化的一大贡献。

《南滁会景编》是滁州历史文化瑰宝，但并不被滁州人熟知。滁州市政协文史委组织整理研究滁州明代历史文献《南滁会景编》，准备公开出版，充分发掘其文献、史料和应用价值，为现实服务。这是一件功在当代利在千秋的好事，我举双手赞成。如果在《南滁会景编》基础上，再编辑出《南滁会景编续编——清代民国编》、《南滁会景编续编——当代编》，那将是一件更有意义的事。这不仅是我个人的愿望,也是众多滁州人的愿望,祈盼这个愿望在不久的将来就能实现。

2015 年 5 月 20 日初稿于市政协文史委办公室
2015 年 5 月 21 日二稿于市政协文史委办公室

——发表于 2015 年 5 月 28 日《新滁周报》、2015 年第 2 期《立德》、2015 年第 4 期《滁州政协》,收入 2015 年 5 月 28 日安徽省滁州市政协文史委编印《〈南滁会景编〉整理工作座谈会文稿》一书。

勤政清廉的晚清皖东唯一疆吏吴棠

近代历史人物吴棠,是皖东清史上唯一的封疆大吏,是安徽清史上屈指可数的名人,是中国漕运史上的集权总督。他服官30年,历封疆大吏16年,在整个同治朝,一直与直隶总督李鸿章、两江总督曾国藩、陕甘总督左宗棠等疆臣齐名,是滁州不可多得的历史名人文化资源。

2017年,滁州市人民政府斥巨资修复历史名人吴棠故居。吴棠故居布展在即,为了让更多的人了解吴棠,特作简介。这里,我想采取全新的叙述方式,客观地列举历史事实,尽量避免推理评述,摒弃个人主观认识,让读者全面地、历史地、客观地、辨证地了解真实的吴棠历史,认识真实的历史人物吴棠。

一、吴棠生平简历

吴棠生平可以说明他是如何由平民到封圻的。

吴棠,字仲宣,一字仲仙,号棣华,嘉庆十八年七月二十四日(1813年8月19日)出生于安徽省盱眙县三界市(今安徽省明光市三界镇老三界行政村)一个平民家庭。吴棠幼年勤奋好学,艰苦努力,"家奇贫,不能具膏火,读书恒在雪光月明之下"(吴昆田《四川总督吴公事略》)。先由父亲吴洹收徒于家中,同时授课于吴棠,教以《朱子》《小学》《陈文公五种遗规》为宗。

嘉庆二十三年(1818年),入家塾。从族兄吴榜(字凝芳,盱邑庠生)学习。

道光二年(1822年)①,从凤阳庠生万文龙(字文渊)学习。知勤学,除夕夜就邻火读如故。

道光十一年八月,补县学生员(考中秀才)。

道光十五年馆于同邑高氏。八月,中乙未恩科江南乡试六十二名举人。主考卓秉恬(礼部侍郎,官至兵部尚书、户部尚书、吏部尚书、协办大学士、文渊阁大学士、武英殿大学士,赠太子太保,谥文端)、单懋谦(翰林院编修,历任左都御史,工部、户部、吏部尚书,协办大学士,赠太子太保,谥文恪)。

道光十六年春,赴京参加礼部会试,不售。

道光十八年春,赴京参加礼部会试,房师荐卷。

道光二十年春,赴京参加礼部会试,房师荐卷。内阁学士兼礼部侍郎杨殿邦(泗州盱眙人)招留京邸,饮食教诲,日课诗文,并勖以远大之学。

道光二十一年春,在京参加礼部会试,房师赵子丹(编修)荐卷。

道光二十四年,赴京参加礼部会试,再不售。是年,大挑一等,作知县用。签掣江南南河搞河工,五月廿四日到工,勘盱眙水势。归里省亲。

道光二十六年,试用期满,入漕运总督(驻淮安)杨殿邦幕学习吏事。

道光二十七年十月十五日,由河道总督杨以增保举,奉旨,因防汛出力,著免其借补,以沿河知县补用,摄砀山知县。

道光二十九年,授桃源知县。

咸丰元年(1851年)冬,调清河知县。

咸丰二年十月,署邳州知州。

咸丰三年正月,奉旨,以同知、直隶州知州升用;二月,回任清河;十一月,咸丰帝诏曰:"知县吴棠,团练乡勇,甚得民心,若令其带勇极大击贼,必当得力。"始受知于皇上。

咸丰四年正月二十四日,丁母忧;三月,奉丧回里,旋奉旨准其开缺治丧,百日后仍署理清河县事;五月,墨绖视事;十一月,经太常寺少卿王茂荫疏荐,俟服阕后免补知县,以同知、直隶州知州即补,并赏戴花翎。

---

① 为避免行文烦琐,同年号纪年仅在第一次出现时,列公历纪年予以括注,余下不再标出。

咸丰五年吁请终制。十月，奉侍父亲吴洹回盱眙三界，在家守制。购大量经书回家，署其室曰"望三益斋"。在家乡集乡练抵御太、捻。

咸丰六年二月初一，丁父忧；六月，以剿盱眙棚匪功，奉旨免补本班，俟服阕后仍留江苏以知府补用；八月，奉旨补缺后以道员升用。

咸丰七年，帮办浦、六防务。

咸丰八年正月，复五河县城；四月，率乡练与李兆受战于滁州北关；五月，服阕，得旨著免补本班，仍留江苏，以道员遇缺即补；七月，家乡三界被李兆受纵火焚烧；十二月，督清河练务。

咸丰九年十一月，署徐州知府，单车之任。

咸丰十年三月，署淮海道；闰三月，署徐州道，兼摄徐州府事，办徐州粮台；五月，奉旨补授淮徐道；七月，奉诏帮办江北团练；十一月，奉诏帮办总兵田在田徐、宿军务。

咸丰十一年正月，奉旨："徐州道吴棠，办理粮台，悉心筹划，并劝捐粮食，接济练勇，著赏加按察使衔。"旋诏帮办徐、宿剿匪事宜；七月，咸丰帝驾崩，同治帝即位，两宫太后垂帘听政；十一月，奉旨补授江宁布政使，兼署漕运总督，督办江北粮台，江北镇道以下各官均暂归节制。旋诏吴棠驻清江浦，挑选漕、河标兵进剿捻军。至此，吴棠集军、政、漕、河、粮、盐六权于一身，成为清代漕运史上最有实权的一个总督，江北所有清军和地方团练及原河督所统辖的海营，漕督所统辖的漕标营，淮扬镇、徐州镇两镇的镇标营等军队悉归其统辖，大权在握，真正跨入封疆大吏行列。

同治元年（1862年）正月，移驻清江浦，筑运河南、北圩，击退捻军袭击；六月，清江南、北圩成，得旨嘉奖；十月，暂护江苏学政关防。

同治二年二月，奏请设立厘捐总局；三月，裁南河总督，设淮扬镇，改河营为标营，暂归署漕运总督节制，寻实授漕运总督，江北文武官员及军务、地方一切事宜，仍归节制；五月，奏改江南、江北粮台为扬州、镇江水陆粮台。

同治三年六月，赏加头品顶戴；十月，奉旨署理江苏巡抚，同月，回任漕运总督，奉旨仍管理江北事宜。

同治四年二月，奉旨署理两广总督；三月，暂护江苏学政事宜，暂留任漕运总督，署理两广总督、两江总督；五月，疏辞署两广总督，力筹清、淮防务，办理清淮善后事宜,奏改清、淮筹防局为善后局。

同治五年八月,奉上谕补授闽浙总督,加都察院右都御史衔(相当于今最高人民检察院,或国家监察委员会)、兵部尚书衔(相当于中央军委副主席,或者国务委员兼国防部长),著即赴新任,毋庸来京请训;十月,回籍省墓。

同治六年三月,抵福州省城,初五日,接篆视事;六月,授钦差大臣赴广东查办总督瑞麟奏参广东巡抚蒋益沣、藩司郭祥瑞案。

同治七年正月,奉旨调补四川总督,加都察院右都御史衔、兵部尚书衔(相当于省委书记同时又担任中央政治局委员);五月初六日,得到慈禧太后召见,主要询问李鸿章围剿捻军事宜以及对围剿捻军前景估计,恰好言中;九月,至成都,初八日,接篆视事。

同治十年二月,兼署成都将军(相当于今战区司令)。

光绪元年(1875年)十一月,因病奏请开缺。

光绪二年正月,奉上谕准其开缺;三月,出川回原籍;闰五月二十一日抵盱眙,病势增剧;闰五月二十五日抵三界;闰五月二十七日抵滁州;闰五月二十九日(1876年7月20日)病逝于滁州吴公馆。

二、吴棠历史评价

关于吴棠的官声、官品、历史、清廷、吴棠上司、同僚、疆吏、名宦、名流等,都在吴棠生前及病逝后给予了评价。

道光二十九年三月,两江总督李星沅、江苏巡抚陆建瀛会同河道总督杨以增上疏朝廷,奏称吴棠:"该员年强才稳,办事勤明,以之请补桃源要缺知县,洵堪胜任,与例亦符。"

咸丰元年二月,两江总督陆建瀛、江苏巡抚傅绳勋会同河道总督杨以增上疏朝廷,奏请吴棠调补清河知县,称吴棠:"该员才情明敏,讲求修防。"

咸丰二年正月,江南河道总督杨以增、两江总督陆建瀛、江苏巡抚杨文定上疏朝廷,奏称吴棠:"该员年强才裕,办事勤能。自到工以来,留心河务。补缺以后,不独于地方缉匪、安良各务实心治理,而帮同各厅抢险防工,亦俱异常出力。"三月,江南河道总督杨以增、两江总督陆建瀛、江苏巡抚杨文定上疏朝廷,奏称吴棠:"该员年强才裕,留心河务。……以之升补扬州通判,洵堪胜任。"八月,两江总督怡良奏查吴棠居官情形:"再,周天爵原奏内称,清河知县吴棠廉干爱民,……惟清河知县吴棠近在清江,于奴才到浦时谒见一次,见其朴实安详。并访其官声尚好。"

咸丰二年,吴棠同年、山阳文学家鲁一同称赞吴棠:"予同年生吴君仲仙之治桃源也,如治其家。其听讼不为深刻,惟以理喻。催科弗烦,赋也无缺。暇日单车郊野,父老子弟草服相见,民用大和。"

咸丰三年十一月,咸丰帝下诏嘉许:"清河知县吴棠团练乡勇,甚得民心,若令其带勇击贼,必当得力。"江南河道总督杨以增、两江总督怡良、江苏巡抚许乃钊上疏朝廷,奏称吴棠:"该员干练有为,舆情爱戴。本年二月,贼匪窜扬之际,清淮一代人心惶惧。当将该员调回清河本任,督率乡镇团练壮勇,协同官兵严拿土匪,稽查渡口关隘,盘诘奸细,并自行练勇数百名,亲历巡缉,宵小潜踪,居民安堵,实为州县中不可多得之人。以之升补海州直隶州知州,实勘胜任。"

咸丰四年,初太常寺少卿王茂荫(《资本论》中提到的唯一的中国人)向咸丰帝疏荐人才时称吴棠"捕盗认真,士民称颂"。

咸丰四年正月,南河总督杨以增奏明朝廷称吴棠:"再,上年春间扬州失守,清淮震动。经臣饬请调回清河知县吴棠留任。该员惩暴安民,练勇御寇,事事实心,不辞劳瘁。兹据报丁母忧,例应交卸,旋据合邑绅耆呈请留任前来。臣查吴棠之有益清淮,久在圣明洞察之中。……""实心任事,始终不懈。"十一月,南河总督杨以增奏明朝廷称吴棠:"再,清河知县吴棠于上年清淮震动时,练勇御寇,惩暴安民,民心赖以为系,所关于大局者甚巨,是以本年春间,该员报丁母忧,经臣奏留署任,以重地方。此次剿办海匪,该员所练之勇颇多出力。……该员始终不懈……"

咸丰八年,吴棠"金石至交"、翰林院编修、按察使衔李鸿章对吴棠赞誉有加:"江吕(指安徽巡抚江忠源,工部左侍郎、督办安徽团练大臣吕贤基)诸公骨作尘,乡邦扶义仗君身。……天子知名淮海吏,苍生属望洵阿人。……"十二月,漕运总督邵灿上疏奏明朝廷,请以江苏候补道吴棠来浦督办团练,称吴棠:"前在清河县任内,倡办团练,为江北之冠,人亦朴实无华。……实于地方、军务良有裨益。"同月,两江总督何桂清上疏奏明朝廷,请以吴棠署徐州知府,称吴棠："该道在徐服官兵有年，情形最为熟悉，平时实力任事，深洽舆情。"

同治三年，朝廷下诏嘉许"吴棠剿捻向称得力"，并推荐其就任扬州大营主帅，接统都兴阿部。

同治三年，钦差大臣、协办大学士、两江总督曾国藩肯定吴棠"久践戎行，资历最深，清淮情形最熟，接统堪当重任"。

同治五年，翰林院编修钱振伦（清光绪帝老师翁同龢姐夫）称吴棠督漕期间："以民慈父，为国重臣。江淮草木知名，天下治平第一人。"

同治六年，吴棠同年、山阳文学家鲁一同称赞吴棠："……明年春，金陵不守。镇、扬相继陷没。公以百里之宰，屹然当东南半壁之众。""天高风劲，公乃长松大桧，河山栋梁。……其威名誉望，当远出昔日河、漕诸公之右。而公一出以静俭，虽处扰攘急迫之中，而所行多宽大闲暇之政，变通权宜，而不失经制悠久之意。……"

同治七年，钦差大臣、大学士、一等侯、直隶总督曾国藩致函江忠濬，提出了对吴棠接任川督看法："吴仲仙接居此席，必能循守萧规，觏若画一也。"

同治八年十月初三日，钦差大臣、协办大学士、太子太保、一等肃毅伯、湖广总督李鸿章上奏朝廷："臣先后按晤在籍绅士、前任侍郎薛焕、提督鲍超、前藩司严树森等，佥称吴棠善政宜民，可为川省造福。"

同治十一年，四川士人刘愚称吴棠："莅蜀之初，愚上书论吏治、军政、民风、饷源四条事，往年又上刊刻经史一书，近者又上时弊十条，均侃侃直陈，罔识忌讳。公虚心采纳，谅其血诚，称愚为文章气节之士。从善如流，今近达官贵人所未有也。""四川治行为天下第一，朝廷无西顾忧，则公之寿远且大。"

三品衔内阁中书、刑部员外郎、文学家吴昆田称："（吴棠任桃源知县）三年大治，调清河。清河与桃源接壤，民俗柔弱，素慑桃源。自棠宰桃源，而清河境土无扰，以此感服。至是，益大喜，犹家人父子相见。"

光绪元年，探花、翰林院编修、四川学政张之洞称赞吴棠治蜀功德："蜀人八年夜安枕，蜀江三月花如锦。……功在江淮德在蜀，年年俯仰饱食粥。巨人长德非空言，岁星所躔国有福。"

光绪二年，安徽巡抚裕禄称吴棠："综计服官三十年，励己之清勤，爱民之肫切，有如一日。至于临大事，决大计，毅然任之，不为众扰。"

光绪二年闰五月,吴棠病逝故里,朝廷上谕评价为:"前任四川总督吴棠,老成练达,办事勤能。由大挑知县擢至监司,循声卓著。"

光绪二年,朝廷御制吴棠祭文认为:"尔头品顶戴四川总督吴棠,荩诚自矢,练达有为。早列贤书,历膺民牧。运谋练勇千夫,扬貔虎之威;奋志折冲一鼓,快鲸鲵之戮。适至位跻观察,江淮咸赖已抚绥;洎乎猷赞度支,徐宿爰资其保障。任藩宣而深求吏治,总转运而更奏武功。用是优晋头衔,频麈牙纛。持旌百粤,声施传岭峤而遥;移篆八闽,政纪肃瀛坝之外。念数年,殚精治蜀,倍著勤劳;讵一旦,抱疾回皖,惊闻溘逝。"

光绪二年,慈禧旨赐吴棠祭文认为:"尔原任四川总督吴棠,柱石勋高,栋梁望重。遗艰投大,慰深宫宵旰之勤;勠力同心,定全局安危之策。历始终而勤事,为中外所交推。"

光绪二年,朝廷御制吴棠碑文认为:"尔头品顶戴四川总督吴棠,……举乡而早储伟略,为宰而丕著循声。……练勇则咸成劲旅,翠羽锡荣,运筹则迅扫妖氛,丹毫纪绩。命襄戎幕,固徐宿之民心;力济军需,壮江淮之兵气。"

光绪三年,漕运总督文彬认为:"吴棠扼守要冲,频年苦战,内保里下河完善之区,外靖徐淮海三府州之地。前督臣曾国藩得以专力图南,不为捻匪牵制者,吴棠实有赞助之功。"

光绪三年,朝廷上谕认为:"该故督前在江北,历任州县,以至漕运总督,治行最著,舆论翕然。办团剿捻,亦多勋绩。"

光绪四年,赐进士出身、二品顶戴、前四川分巡建昌兵备道黄云鹄称赞吴棠:"(同治)十三年,疏劾奸人李光昭献木植助工之伪,上是其言,立予殛斥,工亦旋止,海内伟之。"

光绪丙子《清河县志》记载:"光绪元年乞病归,……盖棠之忠勤劳瘁,尽于江淮矣。归后不一月,卒于滁。""棠自咸丰初为清令,迄官漕督,先后凡十年,抚辑凋残,忠勤不倦,江淮倚为屏蔽。"

光绪甲申《淮安府志》认为吴棠署理邳州知州时:"谘访利病,训诲愚蒙,循循然如父兄之诏子弟,不事操切,而民自化。及其诛锄强暴,则又执法极严,不事姑息,一时治行称最,舆论翕然。""……棠自咸丰初为清令,迄官漕督,先后凡十年,抚辑凋残,忠勤不倦,江淮倚为屏蔽。"由此,"声振江淮"。

光绪辛卯《盱眙县志稿》称吴棠道光二十七年："摄砀山知县,任事一月,清积案百数十起。……(督川)筹仓储,禁私铸,清盐政,裁冗员。凡养民恤政之政,知无不举。……(同治)十三年,疏劾奸人李光昭献木植助工之伪,上是其言,立予殛斥,工亦旋止,海内伟之。"

民国《泗阳县志》记载吴棠任桃源知县时："既抵任,勤政化民,常以身先。……故为政二年,而境内大治。""光绪元年乞病归。取道秦豫,自徐而淮。居民焚香顶祝,望见颜色,欢声雷动,犹家人父子之久别得聚首也。盖棠之忠勤劳瘁,尽于江淮矣。"

《清史稿·列传二一二》认为："李僡(山东巡抚)守山东,吴棠保江淮,当时皆负时望。"

三、吴棠为官业绩

吴棠服官30年,靠业绩一路升迁。这里仅列举吴棠于百姓、社会有益之相关事迹。

道光二十七年(1847年),吴棠临时代理砀山知县,一月清积案百数十起。

道光二十九年,吴棠任桃源知县时,黄河南岸于公堤溃,筑滨卜家湖长堤保护桃源县城,百姓称"吴公堤"。

道光二十九年四月,吴棠补桃源县(今江苏泗阳县)知县。俗号强悍善治者率以猛,吴棠独以宽厚行事。既抵任,勤政化民,常以身先。时或微行,访民间疾苦。有犷恶之徒横行乡里,一日正与人殴斗,严按之,极口唾詈。闻者均认为必被捶楚而死。吴棠暂时将其拘捕。次日,此人跪堂下涕泣求死,吴棠婉言相劝,释放了他,他因此受吴棠感化成为善人。久之,乡间不见有吏人迹,而治安状况始终良好。时躬巡四野,每止宿,老妇则手持鸡蛋数枚以献,曰："公食,无肴也。"县内有一淮滨书院,吴棠经常前往检查,督促训导,亲自为书院筹集经费、选择主讲人、订立课程,与诸生讲论经术,次及文艺,每月一次。有时晚上闲暇,就带一僮持篝火前往书院,为肄业生剖析经义,文教振起,以礼化民,以文治县,亲治匪患和水患,为政二年,县内大治。当地士人评价吴棠："治桃源也如治其家。其听讼不为刻深,惟以理喻。催科弗烦,而赋亦无缺。"

咸丰元年（1851年）冬，吴棠调任淮安府清河县令，在任严禁胥吏苛派、严禁赌博、严禁贼盗。

咸丰二年，邳州大水，岁荒盗炽，朝廷调吴棠署邳州知州。吴棠秉承父亲吴洎教诲："寇盗亦赤子，其积恶者必锄，其胁从者宜解散也。"吴棠施行"首恶必惩，胁从解散"的政策，亲率壮丁，按名捕拿。在沭郯交界处，率勇击退山东捻众，地方暂靖，邳民称颂。请于大府截漕赈饥民，募壮士捕盗，邳民以安。光绪甲申《淮安府志》记载："公履任后，亲率壮丁，按名指获，置诸法。"

咸丰三年三月，回任清河。此时太平军既破金陵，镇江继之，即渡江陷扬州，游骑于邵棣之南，旁郡震慑。太平军具船于运河之上，将由高宝北上，淮安府属城乡戒严，城里人心思迁。"贵者叹于室，富者忧于门，贫而强者喜于道。"刚刚回任清河知县不久的吴棠获悉后，当即杀掉两名鼓噪闹事者，率数百人疾趋至郡城淮安，且曰："大兵至矣！"通张示谕，备供具以待之。清河人见之曰："贼从南来，县主方迎往，吾无忧矣。"成功唱成空城计，清淮惶恐骚乱局面随即安定下来。随后著《敌忾同仇八约》，连横凤、颖、滁、泗、淮、海、徐、扬八州郡共同抵御太平军自扬州沿运河北伐，致太平军北伐改道滁州北上。十一月，咸丰帝诏曰："知县吴棠，团练乡勇，甚得民心，若令其带勇击贼，必当得力。"始受知于皇上。

光绪甲申《淮安府志》认为："咸丰三年，粤匪陷扬州，淮郡戒严。复檄回任。招集民勇，申明纪律，乡镇立七十二局，练数万，首尾联合。……淮扬数百里间隐然恃若长城。"

咸丰十一年底，吴棠擢江宁布政使署理漕运总督，督办江北粮台，除夕到任。在此之前，清江浦因被捻军攻陷，已成灰烬，论者认为不宜作为漕署，而应该到淮安府城旧漕署居守方便。吴棠认为清江浦是水路要道，如果被捻军占据，就会更加嚣张，山阳以下也不得安宁。于是就在瓦砾之中驻军，在清江浦河北筑土圩。刚到春天，捻军大至，筑城之声与炮火之声交织在一起。捻军攻到城下，居民惶惶翘足思散，吴棠站在土圩上指挥作战，终于击退捻军。

同治元年（1862年）九月，修成《盱眙吴氏族谱》。

同治二年八月，吴棠密陈皖北隐患，略言淮北盐务疲敝，悉由李世忠（即李兆受，降清后赐名李世忠）把持盘剥所致。其勇队在怀寿和滁盱一带盘踞六年，焚掠之惨甚于盗贼。苗平而淮北粗安，李存而淮南仍困。请早为之办理。清廷采纳了吴棠建议,命僧格林沁与曾国藩、吴棠等密商筹划处置之法,设法革除。

同治三年正月十一日,迫于压力,李兆受交出五河县城,退出五河厘卡,撤遣弁勇,经旧县集(今明光市女山湖镇)返回滁州。四月,李兆受见大势已去,危机四起,决定将滁州、全椒、天长、六合、来安等城交出,部属遣散回籍。清廷命李兆受开缺,滁州由吴棠派兵驻守并兼顾来安。至此,李氏集团寿终正寝,淮北盐务得以正常运行。但李兆受仍在观望,时陈国瑞屯兵临淮,吴棠命部下悍将陈国瑞移师迫近李兆受,李兆受这时才感到真正恐惧,于是乞降,允以盐引归官,交还滁州城池,解散部众。吴棠遂派副将张从龙、知府衔直隶州知州吴炳麒(吴棠长兄吴检之子)带队驻滁防守,监视滁州城内学官及察院,凡被李兆受损毁之处,即饬其出资赔修。李兆受占据的民田,责令有户者赎,无人认领者悉数充为义学经费。滁人如庆更生。吴炳麒率王营驰往滁州驻防监视李兆受行动时,念故乡久为灰烬,凋敝已极,时时训饬兵士:"虽一草一木勿扰,吾之能卫乡里,即所以报国家也。"凡被虏胁从者,多给资以遣之,有子女被虏者,招领家属以归之。当解散众贼时,先与李兆受心腹义子李显发等密筹妥善,复与该军约,悉由南门退出,其余三门均键钥。至是,城中秩序不惊,金谓:"他邑多扰,惟滁独完,皆公力也。"经过十数年太、捻战争,滁州古城未被破坏,保存完好,都是吴棠与其侄儿吴炳麒的功劳。十年十二月,吴棠会同曾国藩合词具奏,向清廷呈交了《豁免皖南钱漕折》,请求豁免凤阳、滁州、全椒、来安、盱眙、天长、定远、五河等三十余州县自咸丰十年(1860年)以来历年积欠的钱粮杂税。奏请获准,给战乱后的滁州人民休养生息提供了物质条件。这一年,吴棠又捐银四百七十两,在滁购置房屋数十间,作为恢复州学之用。据薛时雨在《重建醉翁亭记碑》记载,同治后期,薛时雨重建醉翁亭、重修丰乐亭,吴棠也是倡议、捐助者之一。

同治四年五月,吴棠倡议采办米石,试行河运;八月,米船全数抵达通州,下部议叙。十月,清河县城以运河为中心,在运河两岸建成。此后,捻军数次攻打清江浦,均未能攻下此城。清廷为此下诏褒奖吴棠:"清江扼南北之冲,其地向无城郭,不足以资战守。经吴棠相度地势,筑建围墙,挑挖濠堑,仅四月,巨工告成,足见该署督办事认真,甚属可嘉。"

同治六年,吴棠出任四川总督,加都察院都御史、兵部尚书衔。在任拨捐输银赈济灾民,疏呈捐输之弊,要求清政府"讲求吏治,尤当慎于序补之先"。

同治十年，吴棠十分重视川省水利建设。川西第一奇功都江堰治理修缮为历代四川地方官难题，经费支绌，遇险时，需要临时报请拨款修缮。吴棠督川时，每年拨银七千两作为治理修缮费用，并自始成为定例，在治理修缮都江堰工程上做出了较大贡献。

同治十一年七月，贵州下游军事肃清，吴棠因出兵数万助剿，提供军饷数百万，得旨著加一级，纪录三次。

同治十二年十一月，云南大理等军事肃清，全黔底定。吴棠因出兵二万助剿，月供军饷八十余万，协滇饷至四十万之多，奉旨加一级，纪录三次。

同治年间，商人李光召（有的资料上是李光昭。李系福建籍南洋商人，与太监李莲英关系密切）与内廷权贵相互勾结，以重修圆明园的名义，从东南亚等地低价大量收购木材，然后高价卖与内务府，从中牟取暴利。此事导致了大量官银外流，加剧国库的空虚。因为此事牵涉官员众多，并且涉及大学士、军机大臣、亲王贝勒等一批朝廷重臣和皇室亲贵，恭亲王奕䜣、太子太保一等侯武英殿大学士两江总督曾国藩、太子太保一等肃毅伯武英殿大学士直隶总督兼北洋通商大臣李鸿章、一等恪靖伯协办大学士陕甘总督左宗棠等不少知情官员为保住自己的前程，均装聋作哑、三缄其口。唯有四川总督吴棠得知此事后，于同治十三年四月，毅然三次上书弹劾，请求清廷严厉追究此事，严惩大发不义之财的奸商李光召和与之狼狈为奸的贪官污吏，并向慈禧太后力陈此时重修圆明园之弊端。吴棠弹劾李光召一事在清廷上下引起了不小的震动，让吴棠因此声震朝野，也足可看出吴棠不畏奸权的品行。在吴棠努力下，李光召被绳之以法，劳民伤财的圆明园就此停工，国人拍手称快。同月，贵州肃清，论筹饷功，诏加一级，纪录三次。

光绪二年（1876年）正月初十日，吴棠交篆卸任，前后连续督川近十年，在川省历史上实属少见。初任川督时，川省有人口为四千五百三十二万余人，卸任时，川省人口已增至六千四百四十八万余人，接近当时全国人口的五分之一，不到十年时间，川省人口净增一千九百多万人，足见吴棠治川十年，在休养生息方面做出了较大贡献。

吴棠生平与人言，讷讷如不能出口。及决大疑，定大计，当机立断，洞中款要。一生好施与，创家庙，增祭田，立义学，赡族恤邻，终生不倦。好藏书，所至悉以自随。一生除致力于军政外，著述也颇丰，刊行于世的有奏稿十卷、《望三益斋诗文钞》十卷、《望三益斋存稿》五种十五卷(包括《谢恩折子》一卷、《望三益斋烬余吟》二卷、《词草》一卷、《公余吟》二卷、《杂体文》四卷、《读诗一得》一卷、《试帖诗》一卷、《制艺、朱卷》一卷、《熟课》一卷、《祭文、碑文、国史列传》一卷)、《四川巡阅纪行诗》一卷、《韩诗外传校注》十卷(附补逸一卷)(辑)、《清河县志》二十四卷(修)。另刊刻《四书》《五经》《四史》《文选》《杜诗镜铨》及诸子集之属等书不计其数。编有《崇实课艺》(十七卷)、《滁泗赋存》、《椒陵赋抄》、《盱眙吴氏族谱》(四卷)等书。

四、吴棠清廉之举

考察封建时代一个官吏是否清廉,是不是清官,要看他为官是否正直,是否公正执法,是否劝学兴教,是否注重教化百姓,是否兴修水利、重视农业生产,是否亲民爱民为民做事,是否关心民生疾苦,是否乐善好施。吴棠为官从知县到川督,30余年来,这些方面表现尤为突出。除了体现在历史评价和为官业绩中之外,还有一些资料是直接认定吴棠为官清廉的。

道光二十九年(1849年),补桃源知县时,尝躬巡四野,问民所苦,益淮滨书院膏火。

咸丰元年(1851年),吴棠调补清河知县,无积狱,百姓称"吴青天"。

光绪甲申《淮安府志》记载,吴棠署理邳州知州时:"设局倡恤,收养弃婴两千余名,深受士民称道。多次微服私访,查勘民情,积极倡导捐赠,赈灾济民。整饬吏员,严肃官场,禁止赌博,兴修水利,勤政爱民。"棠父闻之大喜,曰:"吾今日食得饱,寝得安矣。"

咸丰五年十月,吴棠按制回乡守孝。回乡之日,清河士民从街道至郊野,沿途十余里,饯送不绝。

咸丰七年春、夏,滁、泗倡赈,劝乡里平粜。

咸丰十一年正月,捐解京饷养廉银一千两。

咸丰十一年十一月二十日,简授江宁藩司兼署漕运总督,上疏朝廷谢恩表示:"臣惟有勉竭驽骀,上报天恩,与士卒誓同甘苦,率僚属共励洁清。"

同治元年(1862年)九月,于军务繁忙之中,重建崇实书院,为书院主编刻印讲义十七卷,延归安进士翰林院编修钱振伦(翁同龢姐夫)主讲。是年,吴棠致函自己乡试主考单懋谦老师,称自己"家在盱眙山中,已成丘墟,亲友避难从者千余人";十二月,疏请蠲免湖滩积欠钱粮并言湖滩淤没不常,不能升科,请仍旧收租,得旨俞允。时盱眙兵燹之后,道殣相望,吴棠助种劝耕,运粮接济。吴棠乐善才有亲友"千余人"从之避难呀。

同治二年六月,捐廉银助蒙城、临淮军饷,诏议叙。八月,继续捐廉银助临淮军饷,诏议叙。九月,请将先后捐廉一万余两,援例请加广盱眙永远文武学额各一名,奉旨俞允。

同治三年十月,捐修盱眙文庙,重建考棚。

同治五年八月,清水潭决口,吴棠捐廉赈济灾民,自请处分。奉旨交部议处。

同治七年八月初九日,钦差大臣、大学士、一等侯、直隶总督曾国藩致函吴棠,夸赞吴棠:"阁下昔在江淮,于属员曲加体恤,恩厚如山,至今传为美谈。"只有正直清廉之官才能做到。十月,四川发生酉阳教案,吴棠倾向国人,与法国公使罗淑亚周旋,拖延不办,不答应法国公使无理要求。法国公使气急败坏,于同治八年正月、二月连续向清廷发出"照会",要将"吴制台逮进京审问",被恭亲王奕䜣以"尤为情理之外"予以驳回。吴棠是所有教案中倾向国人的总督,从中可见其爱国之举。

同治八年春,云贵总督刘岳昭疏劾吴棠:"眷属抵川时,夫役三千,仆从索要门包,属员致送规礼。"清廷任命协办大学士、太子太保、一等肃毅伯、湖广总督李鸿章为钦差大臣,驰往确查。十月初三日,钦差大臣李鸿章上奏朝廷:"以上各款,并无其事。"且言:"川省官习尚钻营,吴棠遇事整顿,以致贪官猾吏,造言腾谤,应毋庸议。"还特别肯定吴棠:"臣在鄂时,遇有川人,留意采访,只称吴棠忠厚廉谨,未有论其婪赃者。""廉谨"就是廉洁谨慎。

同一日,李鸿章密奏两宫太后及皇上:"查吴棠与臣同乡,又在江苏同官五年之久,深知其性情朴厚,品行端悫,忠主爱民,出于至诚","治吏是其素优"。

同治十年九月,吴棠捐廉俸银一万两,在四川省城成都县满城内创建八旗少城书院,令八旗子弟入院学习。另捐资数千金以做山长修脯,生童膏火,每月考核,发给经史奖励。殷肫教养旗兵,尤多惠爱。此前,吴棠倡捐筹资白银三万四千两修缮扩建省城锦江书院和华阳书院。劝学兴教,孜孜不息。

同治十一年二月,吴棠奏川省地方辽阔,户口繁多,上年,四川各地夏旱秋涝,收成欠薄,粮价骤昂,饥民遍野,请清廷于川省厘金捐输项下拨银二十万两以资赈济灾民。清帝允之。

同治十一年,四川士人刘愚称吴棠:"公起家亲民之官,遭世多故,身任军旅,以忠诚结主知,累迁至封圻。未尝自作威福,以高官厚禄为荣。尝署王文成(王阳明谥号文成)'愿闻己过,求通民情'二语于座间。……""愿闻己过,求通民情"对联出自明代著名哲学家王阳明之手,对联言语简练,寓意深刻,开诚布公,真情流露,既是安民告示,又是施政宣言,表示自己有缺点不怕百姓提出,自己愿意体察民情,乐意让众百姓监督自己的行为举措。据说此联流传开来,深受老百姓喜欢。吴棠欣赏、效仿王阳明,以王阳明名言为座右铭,是难能可贵的。唯有清官才能做到这一点。

同治十三年四月,前江苏巡抚、洋务派官员、丁忧在籍工部侍郎薛焕(四川省兴文县人)"偕通省荐绅先生十五人投牒于总督、学政,请建书院,以通经学古课蜀士"。吴棠欣然同意,并很快拟请清廷批准此事,收回成都南门文庙街西侧石犀寺旧址交四川学政张之洞做建书院用地,不到一年,建成尊经书院(今四川大学前身),与张之洞、薛焕共议书院章程,首聘薛焕为山长。张之洞亲自为书院生员撰写《书目答问》一书,指导生员治学门径。尊经书院设立,对剔除旧习,改变士风,振兴蜀学,培养人才起到了很大作用。吴棠还捐资雕印经、史典籍数十种存于书院之中,供士人阅读。在吴棠努力下,川省入院生员增加一千余人,士人读书上进风气渐浓,大比之年,进士成倍增长。

光绪二年(1876年)闰五月,至盱眙,捐银数千两修县署、赈贫民。

光绪二年,朝廷御制碑文盛赞吴棠:"尔头品顶戴四川总督吴棠,正直砥躬,忠诚励志。"这是朝廷给吴棠的盖棺定论。"正直"官员,清廉为首,"正直"之臣,当然为清廉之官。

光绪二年,安徽巡抚裕禄称吴棠:"综计服官三十年,励己之清勤,爱民之肫切,有如一日。""清勤",即"清廉勤政"(勤劳,勤于政事)。

光绪三年,漕运总督文彬奏明清廷:"……清江旧有书院,为贼所毁。棠于军旅之暇,筹款兴复,俾诸生讲学其中,人知向学,文教日兴。"

光绪四年,赐进士出身、二品顶戴、前四川分巡建昌兵备道黄云鹄称赞吴棠:"……公自牧令,洊陟封圻。服官三十年,清谨之操,仁惠之政,人所共知。其克己勤民,挹抱善下之怀,实近今所罕见。……去蜀之日,士民走送者不绝,过淮、徐,民怀旧德,为夹道焚香。""孳孳为国,爱民之意,一出至诚。""清谨",即"清廉谨慎",清官行为操守。

光绪七年,安徽巡抚裕禄、两江总督刘坤一认为:"(吴棠)捐廉俸以恤流离,散牛种以裨耕作,建文庙考棚以兴学校,筹应试之资以惠士林。凡有善举,无不具备。""虽在妇孺,咸知感念。"一生"凡有善举,无不具备"。非清廉之人,不可做到。

光绪丙子《清河县志》记载:"光绪元年乞病归,取道秦豫,自徐而淮,居民焚香顶祝,望见颜色,欢声雷动,犹家人父子之久别得聚首也。"

民国学者邵镜人称吴棠:"仲宣微时,贫而好施与。见乞丐衣不蔽体者,辄衣之,叹曰:'丐亦人耳,贫而不知耻,非其本意也。'及至显达,益慷慨乐善,凡里党戚友有贫乏者,无不随时周济其急。"

四大藏书家之一的近代著名学人陶湘评价吴棠:"公自牧令,洊陟封圻。服官三十年,清谨之操,仁惠之政,实近今所罕见。"

近代著名学人陈诗评价吴棠:"吴勤惠公少贫,英敏有干略。……公明雅知人,敦笃古旧。……少时与泗州傅吾生为诸生,相有善。后贵显,犹敦布好。"

吴棠病逝后,清廷在三界、盱眙、清河、淮安、徐州、成都敕建吴勤惠公祠,保存下来的唯有清河敕建的吴勤惠公祠,2008年已修缮一新。

综上,吴棠由平民登上封疆大吏四川总督高位,全靠自己努力。一生行善,为政清廉,是他从平民升到从一品大员的主要原因。吴棠是中国历史上难得的一位不畏权奸的清官廉吏,应当是不容置疑的。吴棠一生勤政为民,实心任事,尊师重教,清正廉明,晚清时代无人能比,应当得到充分肯定。

2018年1月29日—2月1日
2018年2月4日—2月7日

——发表于2018年11月《人文滁州》(总第14期),收入2019年4月中国文史出版社《明光文史》(第10辑),简稿发表于2017年12月《皖东文史》(总第14期)、2018年8月9日《滁州日报》专版。

吴棠与王茂荫的君子之交

吴棠是中国六百年漕运史上集权总督,晚清四大封疆大臣之一;王茂荫是中国近代货币思想家,著名的财政理论家、经济学家,马克思《资本论》中提到的680多名人物中唯一的中国人。他们之间的交往一直鲜为人知。

吴棠(1813—1876年),字仲宣,一字仲仙,号棣华,出生于安徽省明光市(原属安徽省盱眙县)三界镇老三界村一个平民家庭。道光十五年(1835年)中举人,道光二十四年(1844年)大挑一等作知县用,签掣江南南河搞河工。道光二十九年(1849年)补桃源县(今江苏泗阳县)知县。历任清河知县、邳州知州、徐州知府、淮海道、徐州道、淮徐道,赏加按察使衔、江宁布政使、漕运总督、署江苏巡抚、署两广总督、钦差大臣、闽浙总督等职,官至四川总督、成都大将军。宦游三十余年,一直在地方上做官。

王茂荫(1798—1865年),字椿年,号子怀,出生于安徽省歙县南乡杞梓里一个商人世家。道光十一年(1831年)以监生应考,中顺天乡试举人,次年会试连捷成进士,授户部主事,迁贵州司员外郎。咸丰元年(1851年)升任陕西道监察御史,咸丰三年(1853年)任太常寺少卿,擢太仆寺卿,是年冬拔户部右侍郎兼管钱法堂事务,成为清政府主管财政货币的大臣之一。随后调任兵部右侍郎,转兵部左侍郎,署都察院左副都御史,改工部侍郎。同治三年(1863年)调吏部右侍郎。是年,丁继母忧去职归里。居官三十余年,始终在京城担任要职。

同治六年八月初六日(1867年9月14日),革命导师马克思揭示人类历史发展规律的巨著《资本论》第一卷在德国汉堡正式出版。该书第一卷第一篇第三章注八十三这样写道:"清户部右侍郎王茂荫向天子上了一个奏折,主张暗将官票、宝钞改为可兑现的钞票。在1854年4月的大臣审议报告中,他受到严厉申斥。他是否因此受到笞刑,不得而知。审议报告最后说:'臣等详阅所奏……所论者专利商而不便于国。'"①这样,王茂荫就成了巨著《资本论》中唯一提到的中国人。这段注释所讲的事指王茂荫于咸丰四年(1854年)任户部右侍郎兼管钱法堂事务时,上《再议钞法折》《再论加铸大钱折》等奏疏,对清政府所采取的发钞票、铸大钱等导致通货膨胀措施再次提出异议,引起咸丰帝不满,遭到传旨申饬一事。虽然王茂荫关于货币政策的主张后来被学术界评价为"我国封建社会货币理论的最高成就",但并未被采纳,而其同时期举荐人才的建议却获得了咸丰帝的全面赞同,疏荐的人才之中就有吴棠。

国史馆《大臣列传稿本》中的《王茂荫传》特地提到王茂荫疏荐人才一事:"(咸丰三年)四月擢太常寺少卿,命稽查觉罗官学。五月疏荐驻马兰镇总兵宗室庆锡副都统,前任福建布政使曾望颜请加察看。又先后疏荐江苏知州吴棠、陕西知县江开、江苏教职陈之琦、湖南知府张宝、候选知县黄国光、庶吉士傅寿彤。得旨,吴棠交杨以增察看,江开、陈之琦发周天爵军营委差,张宝、黄国光、傅寿彤发往湖南军营委差。"②在王茂荫疏荐的人才当中,曾望颜(?—1870年)起用后曾任陕西巡抚,署四川总督,侍读学士;吴棠官至四川总督、成都大将军,加都察院右都御史、兵部尚书衔;傅寿彤历河南南阳知府,河南南汝光兵备道,河南省按察使,署河南省布政使;其他人也都得到加官晋职,但以封疆大吏吴棠官声最好,最为朝廷倚重。这也是王茂荫宦海生涯中一件得意之举。

清廷及后来的史学界人士均认为,吴棠为朝廷倚重与王茂荫的举荐有很大关系。《清史稿·列传二一二·吴棠》特地点及此事,但较简略,而《清史列传》则较详:"(咸丰)四年,太常寺少卿王茂荫疏荐人才,称棠捕盗认真,士民称颂,上命杨以增察看。以增称棠实心任事,始终不懈。得旨免补知县,以同知、直隶州即补,并赏戴花翎。"③王茂荫疏荐人才时称吴棠"捕盗认真,士民称颂"一事主要发生在吴棠署邳州知州期间。

---

① 见《马克思恩格斯全集》第二三卷,第146—147页,注83。
② 中国第一历史档案馆藏,国史馆纂修《大臣列传稿本》之(四十一)卷十七、十八《王茂荫列传》。
③ 王钟翰:《清史列传》第14册,中华书局,1987年,第4202页。

咸丰二年(1852年),邳州大水,岁荒盗炽,由于吴棠在清河县知县任上严禁胥吏苛派,严禁赌博,严治盗贼,政绩称最,因此清廷委派吴棠署邳州知州。吴棠认为盗亦赤子,积恶者必锄,胁从者宜解散也。① 履任后,亲率壮丁,按名指获,置诸法。设局倡恤,收养弃婴两千余名,深受士民称道。② 此外,吴棠还多次微服私访,查勘民情,积极倡导捐赠,赈灾济民,整饬吏员,严肃官场,禁止赌博,兴修水利,勤政爱民,谘访利病,训诲愚蒙,循循然如父兄之诏子弟,不事操切,而民自化。及其诛锄强暴,则又执法极严,不事姑息,一时治行称最,舆论翕然。又亲自带乡勇在郯(郯城)、沭(沭阳)交界高塘沟击走进攻邳州的山东捻众,"擒斩数百人"③。地方赖以安宁,益得上司赏识。王茂荫疏荐人才折中提到江苏知州吴棠"捕盗认真,士民称颂"一事即指此事。

咸丰帝对王茂荫的疏荐比较重视,当即降旨交"杨以增察看"。杨以增(1787—1856年),清代藏书家,字益之,号至堂,别号东樵,山东聊城人。道光二年(1822年)进士,官放贵州知县,升知府,历河南开旧陈许道、两淮盐运史、甘肃按察使、陕西布政使、陕西巡抚。咸丰四年(1854年)任江南河道总督,驻清河。因吴棠在桃源、清河、邳州任上治河有功,特别是丰口漫堤,多亏吴棠丰功出力,杨以增曾多次上疏保举,此次王茂荫疏荐吴棠,咸丰帝降旨交其察看,正合杨以增心意,当即上疏,称赞吴棠"实心任事,始终不懈",又一次让吴棠"天子知名"④。

也有人认为封建时代官官相护,王茂荫与吴棠素不相识,之所以疏荐吴棠,是吴棠托关系走后门的缘故。王茂荫任户部右侍郎兼管钱法堂事务只有四个多月时间,其官邸"户部右堂兼管钱法堂事务"鎏金匾额,现为明光市文化局创作室原主任金仁亲同志收藏。金主任爱人"文革"期间在安徽休宁县农业局工作。晚清休宁县有一位吴大人(名字不清楚)在京城任膳食官,与王茂荫系近亲关系,吴大人后来宅于休宁县城。其宅被没收充公后,先做休宁县政府办公地,后县政府搬迁,吴家老宅留给县水利局、农业局做办公地。县农业局改建办公

---

① 吴棠:《望三益斋诗文钞·杂体文》卷一,同治十三年,成都使署刊。
② 吴棠:《望三益斋诗文钞·杂体文》卷一,同治十三年,成都使署刊。
③ 光绪甲申《淮安府志》卷二十七《仕绩·吴棠》。
④ 邱迎春:《李鸿章全集》第12册,时代文艺出版社,1998年,第7405页。李鸿章《再叠前韵赠吴仲宣》一诗中有"天子知名淮海吏,苍生属望涧阿人"一联。

地点时,拆除吴宅一处偏房(吴大人管家住房),在地板夹层里发现两块王茂荫官邸匾额,"户部右堂兼管钱法堂事务"为其中之一。王茂荫改任离开户部后,吴大人将此匾额收藏以资纪念。当时正提倡破"四旧",王茂荫官邸匾额被视作"四旧"当即送到食堂做柴火,金主任慧眼识珠,觉得两匾额属于珍贵的历史文物,化成灰烬太可惜了,遂向食堂师傅索要两匾予以收藏。他竭尽全力,用上好木料交换,食堂师傅最终才只肯给其一,就是"户部右堂兼管钱法堂事务"一块鎏金匾额。吴棠祖上是休宁商山人,与吴大人同是唐代左台御史吴少微后裔。吴棠四世祖吴万公自明中叶由休宁"迁滁,始卜居于滁定盱之三界市",但吴万公后代一直与休宁之吴相互往来。有人据此推断,吴棠是通过吴大人路子,与王茂荫攀上了亲戚关系,王茂荫才疏荐吴棠的。一个七品地方县官得二品朝廷重臣(相当于今中央组织部主要官员)向皇上举荐,官运自然要亨通了。

但这只是一种猜测而已,非常牵强,与王茂荫的一生为人极不相符。他自称:"保举,公也;涉于私,则不足为重也。"[1]可见他不会因私人关系而疏荐吴棠。事实上,王茂荫与吴棠素不相识,没有任何私人关系,更谈不上深交。王茂荫与吴棠的关系纯属伯乐与千里马的关系。王茂荫早在咸丰三年(1853年)九月任御史时,就曾上过《振兴人才以济实用折》,主张:"请广保举,以求真才也。"[2]这次疏荐吴棠,完全出于效忠清廷目的,是维护大清江山社稷之举,不存在任何私心。

吴棠一生与王茂荫只见过一面,此时吴棠已官居二品漕运总督,并赏加头品顶戴,而王茂荫已因丁继母忧而去官,成为一介平民了。此前,吴棠于咸丰四年(1854年)正月、咸丰六年(1856年)二月相继丁母忧、丁父忧,奉讳里居守制。咸丰八年(1858年)底起复任职,直至实授漕运总督,一直在苏北、鲁南等地抵抗捻军。由于封建礼制,时局动荡,内部战争频仍等原因,吴棠始终没有机会与王茂荫谋面。

同治三年(1864年),王茂荫继母在江西吴城去世,王茂荫依制奉讳返乡守

---

[1] 转引自孙树霖、鲍义来《资本论中唯一提到的中国人——王茂荫传略》,安徽省政协安徽著名历史人物丛书编委会:《科坛名流》,中国文史出版社,1991年,第388页。

[2] 王茂荫:《王侍郎奏议》,黄山书社,1991年,第7—11页。

孝,绕道江西吴城奔丧。王茂荫出京后,买舟沿运河南下,途经清河,时头品顶戴、漕运总督吴棠出面以最高礼遇接待了王茂荫。同治四年(1865年)四月,王茂荫由吴城扶继母灵柩返回歙县。时兵燹之后,故乡杞梓里破败不堪,人丁寥落,亲友多半流亡。王茂荫遂移居歙县南乡新安江畔一个风景秀丽交通方便的小村落义成村。到义成不久,王茂荫一病不起,是年六月卒于家中。在当时战乱未靖情况下,王茂荫与吴棠清河一别后,不可能再有晤面机会。因此说,他们两人一生中只见过一面。

王茂荫居官三十余年,处内忧外患之中,但始终以清廉正直著称,没有给后人留下更多的产业,遗嘱:"吾以书籍传子孙,胜过良田百亩;吾以德名留后人,胜过黄金万镒。"①并要求将奏稿留存,以垂示子孙。其后人将其奏稿编写成书,取名《王侍郎奏议》,并于同治五年(1866年),请时任闽浙总督吴棠作了一篇后序。吴棠在这篇后序里明确了他与王茂荫一生的交往:"棠之再宰清河也,与公无一面之交,首列荐剡,不胜知己之感。同治三年,公以奉讳返里,道出淮阴,始得一接奉,颜色蔼然深挚,词气呐呐,如不出诸其口,益信公之不欲仅以言见,而使世之人诵公之言,固非公之心也。棠识性浅陋,于公未能窥见万一,而即公之言以想公之行,公论所在,宇宙至广,必有非棠一人阿好所能掩饰者矣。"②

这就是吴棠与王茂荫的交往,应当说是封建时代儒家所推崇的君子之交。

——发表于2006年4月28日《江淮晨报》、2006年5月10日《滁州广播电视报》、2006年12月琅琊区政协《琅琊文史》(第3辑)、2007年第1期《醉翁亭文学》、2007年第4期《安徽政协》、2007年12月《皖东文史》(第7—8辑)、2008第2期休宁政协《徽园》、2013年6月14日《滁州广播电视报》、2016年第2期《淮安历史文化》,收入2006年12月珠江文艺出版社《吴棠史料》、2012年1月知识产权出版社《中国民间故事全书·安徽滁州·明光卷》、2012年12月中国文史出版社《帝乡散记》、2018年4月安徽文艺出版社《明光史话》等书。

---

① 转引自孙树霖、鲍义来《资本论中唯一提到的中国人——王茂荫传略》,安徽省政协安徽著名历史人物丛书编委会:《科坛名流》,中国文史出版社,1991年,第388页。
② 吴棠:《盱眙吴棠序》,王茂荫:《王侍郎奏议》,黄山书社,1991年,第209页。

李鸿章与吴棠唱和安徽明光

　　李鸿章和吴棠均列晚清同治朝四大总督(直隶李鸿章、两江曾国藩、陕甘左宗棠、四川吴棠)之中,他俩的关系世人知之甚少,实际上他俩的交往深厚,非同寻常。咸丰十一年(1861年)十二月,吴棠升任江宁布政使,署漕运总督,得李鸿章高调评赞。同治元年(1862年)三月,李鸿章经老师曾国藩推荐,署江苏巡抚,十月实授,吴棠致函李鸿章盛赞李"上邀宸眷,开府即真""众人知大吏勋高,天子识疆臣心苦"[①]。

　　李鸿章(1823—1901年),字少荃,出生于安徽庐州府(今合肥市)一个官宦家庭,系庐郡望族,父亲李文安与曾国藩是同科进士。李鸿章道光二十四年(1844年)中顺天举人,道光二十七年中进士,改翰林院庶吉士,散馆授编修,帮办团练事宜,署善化县知县,以功赏加知府、按察使衔,入曾国藩幕,编练淮军,历任福建建延郡遗缺道、江苏巡抚、两江总督、钦差大臣、湖广总督、直隶总督兼北洋大臣、大学士、武英殿大学士、文华殿大学士、海军衙门会办大臣、总署大臣、议和全权大臣等职。作为晚清中兴名臣,李鸿章当政40余年,左右大清政局30余年。日本首相伊藤博文视其为"大清帝国中唯一有能耐可和世界列强一争长短之人",德国海军大臣柯纳德称其为"东方俾斯麦",慈禧太后视其为"再造玄黄之人"。有人将其与德国首相俾斯麦、美国总统格兰特并称为"十九世纪世界三大伟人",且李鸿章位列第一。

---

　　① 吴棠:《望三益斋诗文钞·杂体文》卷二,同治十三年,成都使署刊,南京图书馆藏,第24页。

吴棠(1813—1876年),字仲宣,一字仲仙,号棣华,出生于安徽省盱眙县(1955年划归江苏省)三界市(今属安徽省明光市)一个平民家庭。道光十五年(1835年)中举人,道光二十四年大挑一等作知县用,签掣江南南河搞河工。道光二十九年补桃源县(今江苏泗阳县)知县。历任清河知县、邳州知州、徐州知府、徐州道、淮徐道、淮海道、帮办江北团练、赏加按察使衔、江宁布政使、漕运总督、署江苏巡抚、署两广总督、钦差大臣、闽浙总督等职,官至四川总督、成都大将军,加都察院右都御史、兵部尚书衔。宦游30余年,历封疆大吏16载,治平有方,多有建树,慈禧太后称其"柱石勋高,栋梁望重"。翰林院编修钱振伦(翁同龢姐夫)称吴棠督漕期间"以民慈父,为国重臣,江淮草木知名,天下治平第一人"。

道光二十三年(1843年),庐州府优贡李鸿章入都,准备应顺天府乡试,与留寓京师准备来年恩科会试的吴棠得以相识。次年,两人同赴礼部参加甲辰科考试,均进士不售。吴棠随后参加大挑一等作知县用,从此结束科考;李鸿章则3年后高中进士。李鸿章虽小吴棠10岁,但两人非常投机,后来一直保持密切关系。最能说明他俩交往深厚的应当说是他俩在安徽盱眙县西乡明光镇写下的唱和诗。

据目前市面上规模最宏大、内容最完备的《李鸿章全集》[①]收录,李鸿章一生诗作不足200首,多为应景之作,罕有佳句。但他当时在安徽盱眙县明光镇的6首题壁律诗却非同一般,充分体现了李鸿章的才情、抱负和年轻时的特殊经历,是李鸿章早期军旅生涯的真实写照,而且带有鲜明的时代烙印,是特殊历史时期的产物。

李鸿章作于安徽明光诗共6首,吴棠和诗计4首,分述如下:

---

① 顾廷龙、戴逸:《李鸿章全集》,安徽教育出版社,2008年。

丙辰夏明光镇旅店题壁①

李鸿章

四年牛马走风尘,浩劫茫茫剩此身。
杯酒藉浇胸磊块,枕戈试放胆轮囷。
愁弹短铗成何事,力挽狂澜定有人。
绿鬓渐凋旄节落,关河徙倚独伤神。

巢湖看尽又洪湖,乐土东南此一隅。
我是无家失群雁,谁能有屋稳栖乌。
袖携淮海新诗卷,归访烟波旧钓徒。
遍地槁苗待霖雨,闲云欲去又踟蹰。

丙辰即咸丰六年(1856年),时李鸿章而立之年已过3岁,正是叱咤风云年华。

明光镇原来是池河边上一个小渔村,元代属于泗州盱眙县太平乡。元天顺帝天历元年九月十八日(1328年10月21日)大明王朝开国皇帝朱元璋出生于太平乡赵郢村,明初更名灵迹乡赵府(今赵府社区),隶属于凤阳府泗州盱眙县。清康熙《泗州志》曰:"明光集,西南一百二十里,明太祖诞生。"②"明光山,县西南一百里,《泗州志》云系明太祖诞生之处。昔年常见五色云气,故名。"③明光因此得名,并由渔村升格为明光集。清代,明光已发展为安徽省盱眙县(1955年划归江苏省)西乡池河东岸一较大集镇,位于江淮中道即泗(州)六(合)古道之上,清末民初通车的津浦铁路(今京沪线)即穿镇而过,距吴棠故里三界市近30千米。民国二十一年(1932年)以盱眙西乡为主体成立嘉山县,治三界市(今明光市三界镇老三界行政村),民国三十四年(1945年)抗战胜利后移驻明光镇。1949年2月,嘉山县解放,新政府在明光镇成立,1994年撤县设立省辖县级明

---

① 吴棠:《望三益斋诗文钞·烬余吟》卷二,同治十三年,成都使署刊,南京图书馆藏,第2—3页。
② 莫之翰:《泗州志》,清康熙二十七年版,成文出版有限公司,1985年,第155页。
③ 莫之翰:《泗州志》,清康熙二十七年版,成文出版有限公司,1985年,第175页。

光市,治明光镇,今改为明光街道办事处。

李鸿章原来书生意气,少年得志,作为翰林院编修,他雄姿英发,踌躇满怀,展望未来,前程似锦。他做梦也没想到会三到小镇明光,并留诗于此。这一切都缘于清咸丰年间爆发的太、捻运动。

咸丰二年(1852年),太平军攻克湖北省会武昌,即将沿长江东下,取九江,进军安徽。朝廷正规军"绿营""八旗"节节败退。咸丰帝为保境安民,倡导各地办理团练(地方地主武装),对付农民起义军。此时翰林编修李鸿章很想建功立业,就怂恿同乡安徽旌德人、工部左侍郎吕贤基上奏,回故里带兵平乱。吕贤基开始未作多想,就令李鸿章代为执笔,当咸丰皇帝很快准奏时,吕贤基才意识到问题严重,作为一介书生,自己手无缚鸡之力,凭什么招兵买马、领兵打仗呢?此行必将有去无回。既然是李鸿章提议的,索性拉他做垫背。于是吕贤基直言不讳告诉李鸿章:"君祸我,上命我往;我亦祸君,奏调偕行。"①咸丰三年正月廿五日,"朝命准李鸿章及袁甲三随同工部侍郎吕贤基赴安徽帮办团练防剿事宜"②三个多月之后,首次与太平军交战于和州裕溪口。次年,李鸿章的父亲李文安也由吏部右侍郎王茂荫举荐,回乡办团练。李氏父子的团练"整齐皆可用"。李鸿章先后随安徽巡抚周天爵、李嘉端、江忠源、福济、团练大臣吕贤基等人在皖中与太平军、捻军作战,对战争感受非同一般。

第一首首联:"四年牛马走风尘,浩劫茫茫剩此身。"指作为朝廷牛马回籍办理团练,对付太平军和捻军,奔走于战火之中,前后已超过4年。但太平军、捻军势头旺盛,家国危亡,先是吕贤基舒城战败,投水而死;后有父亲李文安于流离之中卒于军次。浩劫茫茫,独余自己一人了。《国史本传·李鸿章》载:"五年五月,丁父忧,仍留营,十月,从克庐州府。"③这时李鸿章已"奉旨交军机处记名以道府用"④,然而时局维艰,四面强敌,难以招架;军旅受挫,上司掣肘,凡事不能自主。当时安徽巡抚满人福济乃庸庸碌碌之辈,屡遭朝廷申斥。而李鸿章却屡立奇功,一再受朝廷表彰,功高盖主,福济自然不能容忍李鸿章。"一时之间,

---

① 刘体智:《异辞录》,中华书局,1997年,第6—7页。
② 梁启超:《李鸿章传》,海南出版社,1993年,第116页。
③ 邱迎春:《李鸿章全集》第5册,时代文艺出版社,1998年,第8页。
④ 邱迎春:《李鸿章全集》第1册,时代文艺出版社,1998年,第8页。

谤诼纷起。"①福济本来就对皖省地方势力不满,为驾驭皖地势力,就以团练扰害地方为名,奏请朝廷,饬令李鸿章等团练归巡抚"集中调度",借此控制团练武装指挥权,达到排斥李鸿章之目的。

颔联:"杯酒藉浇胸磊块,枕戈试放胆轮囷。"李鸿章对福济不满之情溢于言表,为此胸中郁结如阮籍"块垒",然而借酒浇"块垒"之后,痛快一时,头枕兵器,胆量自大。虽然前途危厄,生死未卜,定数难确,但有酒即胆大敢为。

颈联:"愁弹短铗成何事,力挽狂澜定有人。"从沉郁之中转而振奋。首句借用冯谖弹铗典故,感慨自己寄人篱下,政见无人采纳,将才难得施展,事事不能自主,窝囊难平,怨愤之情自不待言。愁中弹铗何事? 求得知己矣。肯定有人能挽狂澜于既倒。"有人"为谁? 李鸿章也。言自己他日将是马首是瞻、胜券在握者,一朝得遂青云志,力挽大清之狂澜。

尾联:"绿鬓渐凋旄节落,关河徙倚独伤神。""绿鬓渐凋",即青丝凋谢,喻韶华流逝,建功立业未能预期。"旄节",指镇守一方的长官所拥有的节,这里指挥团练军权,现在逐渐旁落,怎不感慨? 没有兵权,"关河徙倚",只好"独伤神"了。

这首诗追昔抚今,抑扬顿挫,感慨人生起落,于落魄中寄希望再次振起。

第二首首联:"巢湖看尽又洪湖,乐土东南此一隅。"言自己在巢湖流域转战多年,曾随皖抚福济攻克巢县等地,但后来不得不转到洪湖(指洪泽湖)边上。时太平天国建都南京后,正处势头旺盛之时。巢湖流域属于安徽省,李鸿章桑梓之处,乃国家膏腴之地,鱼米之乡,随东南半壁沦陷,已全部落入太平军之手。"隅",角落。只有吴棠团练据守的东南"一隅"——以吴棠故园三界市为中心的盱眙、滁州、定远三县交界数千平方千米之地尚可称作"乐土"。时李鸿章寄身军旅,与家人常失去联系,家人为避乱,东漂西流,无处安身,而所有望族大户都成太平军清洗目标,流离失所,惶无宁日。

颔联:"我是无家失群雁,谁能有屋稳栖乌。"当时遭遇社会谤诼、上司忌妒的李鸿章,感慨系之。这里是对时局责问,无家失群,哪儿才是我安身立命之所? 言外之意是询问吴棠,哪儿是我李鸿章的最佳去处?

---

① 马昌华:《淮系人物列传——李鸿章家族成员·武职》,黄山书社,1995年,第5页。

颈联:"袖携淮海新诗卷,归访烟波旧钓徒。"足见李鸿章惊慌失措情状。太平军声势浩大,风起云涌,李鸿章管带的团练势单力薄,屡屡受挫。当初赴京应试,一路高歌,希望"遍交海内知名士,去访京师有道人"①,何等慷慨!然书生从戎,何以风顺?于是重操诗词文赋之业,隐遁形骸,浪迹江湖,自娱自乐之情油然而生。"淮海""诗卷"虽为用典,意在写实。宋代婉约派词人秦观,字少游,号淮海居士,著有《淮海集》,其作品多抒发寄托身世之感。李鸿章是在告诉世人,自己处淮海之境,读淮海之作,抒淮海之意,也在暗示自己所作之新诗与秦观难分伯仲,世人读自己新诗犹如秦观作淮海词;"归访烟波",是说自己很想隐遁,才来明光造访"旧钓徒"吴棠的。道光二十三年(1843年),李、吴二人曾相会于京城,垂钓自娱,十几年后已是故旧,实际上是掩饰自己走投无门的窘态。

尾联:"遍地槁苗待霖雨,闲云欲去又踟蹰。"叙述自己离开桑梓庐郡情景。自己作为"闲云",面对庐郡大旱之下的眼前正"待霖雨"的"遍地槁苗",怎忍离开?"闲云"若去则无雨,"槁苗"当必死无疑!"闲云"系作者自喻;"踟蹰",指徘徊,心中犹疑,要走不走的样子,《诗经·邶风·静女》:"爱而不见,搔首踟蹰。"言外之意,时局维艰,生灵陷于水火,家国亟须拯救,处此之境,真是欲罢不能,唯有"踟蹰"。"闲云欲去"又作"间云欲出"②,解作其间的"云"想出来变作"霖雨"浇灌"遍地槁苗",似乎亦通。总之,是在向世人表明,我李鸿章虽处在无望之中,但桑梓乃至朝廷还都寄希望于我李鸿章呀,何去何从,很是艰难。心情沉重郁悒,无以排解。

---

① 李鸿章:《入都》(又名《赴试途中有感》)之一,选自吴棠《望三益斋诗文钞·杂体文》卷二,同治十三年,成都使署刊,南京图书馆藏,1998年,第7401页。

② 邱迎春:《李鸿章全集》第12册,时代文艺出版社,1998年,第7404页。

和李少荃观察丙辰明光题壁元韵[1]

吴　棠

眼看沧海竟成尘,同此乡关潦倒身。
击楫原期涉风浪,取禾甘让檀廛囷。
可怜战哭多新鬼,无那穷途半故人。
望切天戈勤扫荡,莫教困郁损心神!

那是扁舟泛五湖,中原委贼误偏隅。
恬熙同作处堂燕,纵逸谁觇集幕乌。
但愿旌麾劳大帅,何妨耕钓隐吾徒?
故乡回首他乡远,欲别频教足重蹰!

第一首首联:"眼看沧海竟成尘,同此乡关潦倒身。"沧海成尘,即沧海桑田典故之意。时世变化,出乎预料,眼睁睁地看着沧海竟成浮尘,可是无力回天,我目前的境遇与你一样"乡关潦倒"。言外之意,你处在潦倒之中,境况还不如我,有什么神气的? 吴棠的和诗气势似乎逊于李鸿章原诗一筹。李鸿章带着几十匹人马来到明光,实际上是逃难,人单势孤,窘态万状,仍狂傲自负,依然不可一世,傲气不减当年。吴棠心中难免不悦,但不便直讲,只是委婉地表达了出来。

颔联:"击楫原期涉风浪,取禾甘让檀廛囷。""击楫",击:敲打;楫:桨。喻立志奋发图强。"取禾"句,活用《诗经》中《伐檀》"胡取禾三百廛兮"之意。只要有人敢于摇桨涉过风浪,我情愿让出三百囷仓的粮食供别人收取,即拱手相让胜利果实。

颈联:"可怜战哭多新鬼,无那穷途半故人。"概述江淮时局,征战连连,可怜哭声不断,新鬼陡增,穷途末路,故人减半,无可奈何,能不哀鸣?

尾联:"望切天戈勤扫荡,莫教困郁损心神!"希望朝廷派遣天兵对江淮地区

---

[1] 吴棠:《望三益斋诗文钞·杂体文》卷二,同治十三年,成都使署刊,南京图书馆藏,第1—2页。

勤加扫荡,不要让困郁损心伤神！相比之下,吴棠的诗具有开导之意,困境是暂时的,不必悲哀伤神。

第二首首联:"那是扁舟泛五湖,中原委贼误偏隅。"先前扁舟畅通五湖,来往自由,现在中原地区全被"贼军"(朝廷视太、捻为"贼寇")占领,我等误落偏僻之处,何去何从,难以定夺。

颔联:"恬熙同作处堂燕,纵逸谁觇集幕乌。"恬熙:安乐;纵逸:恣纵放荡;觇:窥视。快乐之时一如堂上叽叽喳喳的雏燕,放纵的时候谁会窥视帐幕中乌鸟？言朝廷没有人关注我们现在的处境。

颈联:"但愿旌麾劳大帅,何妨耕钓隐吾徒？"意为盼望朝廷授予大帅专权,犒赏官军将领,平定中原,天下安宁,那时我们还会"耕钓"隐居吗？旌麾:帅旗。指挥军队的旗帜大破贼军,得其旌麾。

尾联:"故乡回首他乡远,欲别频教足重蹰！"身处"他乡""故乡回首",遥远之感顿生。重:沉重。《增韵》,轻之对也。蹰:即踟蹰。到了分别之时,步履沉重,徘徊犹豫,不忍抬足！意在表达留念之情。

猜想,吴、李二人分别之地应当在明光镇,而不是距离明光近 30 千米外的吴棠老家盱眙县三界市。

戊午七月庐垣再陷重过明光次韵示吴仲仙[①]

李鸿章

猿鹤虫沙迹已尘,见几悔不早抽身。
破家奚恤周嫠纬,赠策多惭鲁子囷。
蜀岫愁云自终古,梁园咏雪又何人？
愤来快草陈琳檄,鼙鼓无声暗怆神。

单衫短剑走江湖,飘泊王孙泣路隅。
大漠风高秋纵马,故山月黑夜啼乌。

---

① 吴棠:《望三益斋诗文钞·杂体文》卷二,同治十三年,成都使署刊,南京图书馆藏,第2—3页。

治军今有孙吴略,筹饷谁为管葛徒?

闭口莫谈天下事,乡关回首重踌躇。

第一首首联:"猿鹤虫沙迹已尘,见几悔不早抽身。""猿鹤虫沙"系成语典故,《太平御览》卷九六一引《抱朴子》:"周穆王南征,一军尽化,君子为猿为鹤,小人为虫为沙。""迹已尘"既指周穆王南征已成往古,亦指自己所率团练、清廷官军败于太平军已成过去,将帅也好,士卒也罢,战死沙场,都已化作灰尘。庐郡再次陷落敌手,祖宅被焚,哀恨交加。"见几",语出《易·系辞下》:"君子见几而作,不俟终日。"谓从事物细微的变化中预见其先兆。可是自己未能遵循先儒告诫,没有做到未雨绸缪,才陷入被动,后悔不能早抽身事外。李鸿章因战争,推迟至咸丰七年(1857年)才开始丁忧守制,团练生涯宣告结束,手中已没有兵权。戊午,即咸丰八年(1858年)。"七月,太平军再次攻占庐州,焚毁李鸿章祖宅。"① 吴棠于咸丰四年(1854年)丁母忧,咸丰六年(1856年)丁父忧,"六月……奉旨著免补本班,俟服阕后,仍留江苏以知府补用。""八月,奉旨补缺后,以道员用。"② 也在赋闲,但于故里三界集练自保,颇有实力。李鸿章无处可去,只好"归访烟波旧钓徒"了。

颔联:"破家奚恤周嫠纬,赠策多惭鲁子囷。""恤周嫠纬",语出《左传·昭公二十四年》:"抑人亦有言曰:'嫠不恤其纬,而忧宗周之陨,为将及焉。'"后人称之为"嫠纬之忧",即为国忧虑。见宋文天祥《癸亥上皇帝书》:"臣何敢追尤往事,上渎圣聪,独方来计,则嫠纬之忧,不能忘情焉。"意在表明自己倾家荡产,力保大清江山,就像嫠妇不顾怜自己纬纱而心系周室危亡一样赤诚。"赠策"指致送书信或临别赠言,出自孔颖达《〈春秋·左传〉正义》:晋大夫士会奔秦,晋恐士会为秦所用,就派人招他回国。士会离秦时,"绕朝赠之以策,曰:'子无谓秦无人,吾谋适不用也。'""鲁子囷","囷",圆形谷仓。《三国志·吴书·鲁肃传》载,时周瑜军粮匮乏,鲁肃家有粮两囷,"指一囷与周瑜"。这里将吴棠比作

---

① 梁启超:《李鸿章传》,海南出版社,1993年,第118页。

② 陈庆年:《吴勤惠公年谱》,选自贡芹《吴棠史料》,珠江文艺出版社,2006年,第63页。

鲁肃,曾资助李鸿章团练众多粮草,援其东山再起。然自己辜负了"鲁子困",内心很是惭愧。

颈联:"蜀岫愁云自终古,梁园咏雪又何人?""岫"指山峰,"蜀岫"应指庐州府治西大蜀山。"愁云"指郡陷之悲,家毁之痛,无家可归,"愁"之巨大,当"自终古"。"梁园咏雪",亦曰"梁园赋雪",典出《史记·梁孝王世家》:汉代梁孝王喜好游乐,营建东苑(亦作梁园、兔苑、兔园),延揽宾客,吟宴欢聚。当时名士邹阳、枚乘、司马相如等皆为座上宾。谢惠连因此事而作《雪赋》描写其盛。后以此典表现文人雅士宴集吟赋,也借以咏雪。唐李白有诗《淮海对雪赠傅霭》:"兴从剡溪起,思绕梁园发。"唐岑参有诗《梁园歌,送河南王说判官》:"梁园二月梨花飞,却似梁王雪下时。"梁园,乃李鸿章欢聚之处。梁园位于庐州府治东,即今肥东县梁园镇,千年古镇,文韵深厚,与大蜀山一西一东相对。李鸿章故园磨店,时在合肥县东乡,距离梁园咫尺之遥,或许李鸿章未入都之前常与文友集会于梁园畅叙幽情,而今时乱局危,何聚风花之人,哪来雪月之心,怎么吟风弄月?由现在的蜀岫愁云,自然联想到过去的梁园欢情。

尾联:"愤来快草陈琳檄,鼙鼓无声暗怆神。"这是书愤。愤来何为?"快草陈琳檄"也,谓悲愤之下,即欲制作檄文,声讨占据庐郡之太平军。陈琳,三国名士,尝为袁绍致书曹操,列数操之罪状。后归操,为操作檄文,操言陈琳书檄可治愈自己头之风痛。"鼙鼓",古代军中骑兵用的小鼓。白居易《长恨歌》中有"渔阳鼙鼓动地来,惊破霓裳羽衣曲"。可是官军败却、团练溃散,没有人能对抗太平军发动的攻势,听不到"鼙鼓"之声,"快草陈琳檄"又有何用?此情此景,怎不叫人暗中悲怆独自伤心呢?全诗悲起哀终,意在表明自己报国之志、杀敌之心。

第二首首联:"单衫短剑走江湖,飘泊王孙泣路隅。"交代缘起,数年之前,慨然领命,自京师单骑返乡,募资散财,招兵买马,集乡勇,办团练,操兵戈,闯江湖,一再与太平军厮杀。没想到作为贵家子弟,如今竟然流落于四处漂泊、路边哭泣境地!真是此一时也,彼一时也。

颔联:"大漠风高秋纵马,故山月黑夜啼乌。"化用元人元怀《拊掌录》典故:"欧阳公与人行令,各作诗两句,须犯徒以上罪者……一云:'月黑杀人夜,风高放火天。'""风高"之中、"月黑"之下,险象环生,境遇艰危,再加上"夜啼乌"之时,凄清悲凉之感溢于言表,旨在告诉世人,自己是在这样形势下纵马沙场,往返故园的,虽然新败,仍在坚守之中,不曾认输。

颈联:"治军今有孙吴略,筹饷谁为管葛徒?"谓自己戎马五年有余,历经磨砺;治军用兵,已具备春秋孙武之谋、战国吴起之略。但朝中没有具备管仲、诸葛亮才干的筹办军饷粮草的良将名相,战争仍无胜算。

尾联:"闭口莫谈天下事,乡关回首重踌躇。"意谓自己本想"闭口",但是"乡关"沦陷,"回首"不堪,怎能"莫谈天下事"?眼下去留两难,唯有"重踌躇"。全诗遍诉艰辛,告诉吴棠,我李鸿章非为无能,乃巧妇难为无米之炊。不忍离去乡关,拳拳之心天人共鉴。言外之意,是希望吴棠帮自己筹措粮饷,助一臂之力,自己好施展孙吴之略,重整旗鼓,再建功业。

再叠前韵①

吴 棠

白羽难麾庾亮尘,关山飘泊转蓬身。
孤军每忆禽填海,疲卒饥同雀噪囷。
衮衮诸公谁拨乱,茫茫浩劫悔生人。
青莲喜晤长安市,结契文章尚有神。

狂澜仿佛倒河湖,全皖苍生哭向隅。
我是氄氄当座鹤,君多眷恋哺林乌。
田横本自多奇客,剧孟还应访博徒。
闻说义团能杀贼,官军何事重踟蹰?

第一首首联:"白羽难麾庾亮尘,关山飘泊转蓬身。"挥动"白羽"指挥三军者,乃为诸葛亮,尊称武侯,宋人蔡襄诗《漳州白莲僧宗要见遗纸扇每扇各书一首》中有"武侯白羽麾三军"句。庾亮,东晋大臣,执政时杀宗室大失人心,于是

---

① 吴棠:《望三益斋诗文钞·杂体文》卷二,同治十三年,成都使署刊,南京图书馆藏,第2页。

执意征流民率苏峻入京,造成了苏峻之乱。京师陷落后,庾亮蒙尘,逃奔寻阳,因而流落关山,随风飘转。"麾",指挥军队,这里引申为驱赶。时局如此,诸葛亮也救不了庾亮。这里是将李鸿章比作庾亮,有宽慰李鸿章之意,也是告诫李鸿章朝中并无"筹饷""管葛徒"。

颔联:"孤军每忆禽填海,疲卒饥同雀噪囷。""禽填海",用《山海经》中"精卫填海"典故,唐杜甫诗《寄岳州贾六支巴州严八使君两阁老》中有"浪作禽填海,那将血射天"句,喻献身挽救国家命运大业。"雀噪囷",出自南宋陆游《七侄岁暮同诸孙来过偶得长句》诗句:"行摘残蔬循废圃,卧闻饥雀噪空囷。"孤军仍具精卫填海之精神,可是士卒疲惫,像鸟雀围着空空谷仓,嗷嗷待哺。这里告诉李鸿章,自己也身处艰难之中,处境不比李鸿章好到哪里。据吴棠《望三益斋诗文钞》、《滁州新建忠义祠碑铭》、光绪《滁州志》等资料记载,就在两个月之前,丁忧在籍以道员用的吴棠会各练于张八岭,旋进攻沙河集,加上清河千总张一鹏,安东文汉生率领的练丁数千,按察使张光第增派的水勇300名,以无械无饷之孤军,徒以忠义激励乡团,与太平军李秀成部悍将李兆受战于滁州北门外,双方均伤亡数百人,千总张一鹏、把总刘万福阵亡,练总李贯、马芝、蒋雄为保护吴棠,被太平军击杀。吴棠侄儿吴炳麒和回民练首锁元庆及时赶到,率众奋勇夺前,拥之骑夺路冲出重围,吴棠得以幸免。"孤军每忆禽填海"即指此事。

颈联:"衮衮诸公谁拨乱,茫茫浩劫悔生人。""衮衮",连续不断,众多。"生人",指不相识的人,互相不熟悉的人,陌生人。朝廷派出了那么多王公大臣对付太平军,但谁人可以做到拨乱反正?还不是到处浩劫茫茫,很多素不相识的人都同样后悔,并非你李鸿章一人"见几会不早抽身"。

尾联:"青莲喜晤长安市,结契文章尚有神。""青莲",指李白,号青莲居士。"长安",西安古称,这里借指京都。"晤",见面,今日相见,犹如李白长安"喜晤"故旧。"结契",订立契约,交谊深厚。这是赞誉李鸿章具有李白之文才,当年京都相遇,往来吟咏,极富神韵。

第二首首联:"狂澜仿佛倒河湖,全皖苍生哭向隅。""狂澜",指巨大而汹涌的波浪,比喻动荡不定的局势或猛烈的潮流;也可来比喻剧烈的社会变动或大的动乱,掀倒河湖。"哭向隅",语出汉刘向《说苑·贵德》:"今有满堂饭酒者,有一人独索然向隅而泣,则一堂之人皆不乐矣。""向",对着。一个人面对墙角哭泣,比喻非常孤立、孤独,得不到机会或者怀才不遇而失望地哭泣,表明朝廷无人顾念全皖苍生。

颔联:"我是氄氄当座鹤,君多眷恋哺林乌。""氄氄",毛松散,委顿貌,语出南朝宋刘义庆《世说新语·排调》:"昔羊叔子有鹤善舞,尝向客称之。客试使驱来,氄氄而不肯舞。""当座鹤",化用"坐帐无鹤"一词,为思念故土的典实,语出晋葛洪《神仙传》。"哺林乌",即林乌反哺,旧称乌鸟能反哺其母,故以喻人子奉养其亲。晋束皙《补亡诗·南陔》:"嗷嗷林乌,受哺育于子。"盛赞李鸿章眷念故土之情:"乡关回首重踌躅。"险境中自身难保,仍不忘乡关。

颈联:"田横本自多奇客,剧孟还应访博徒。""田横",秦末起义领袖,兵败拒降,手下有五百壮士,都是奇客,可常可变,可生可死。"剧孟",西汉著名游侠,誉满诸侯。吴楚叛乱时,周亚夫由京城去河南,得剧孟,十分喜悦,认为剧孟的能力可顶一个侯国,后因用其事为喻大将能威之典。"博徒",赌徒,语出《史记·魏公子列传》:"今吾闻之,乃妄从博徒卖浆者游,公子妄人耳。"田横虽多奇客,还是失败了;剧孟力敌侯国,仍然访求赌徒帮衬,委婉劝说李鸿章,处当前时局要多多礼贤下士,广聚将才。

尾联:"闻说义团能杀贼,官军何事重踟躅?"表示对朝廷不满,听说你管带的义团都能击杀贼寇,官军为何一直徘徊畏缩不前? 也是对李鸿章回乡集练御敌之肯定。

再叠前韵赠仲仙[①]

李鸿章

江吕诸公骨作尘,乡邦扶义仗君身。
危疆赤手支三载,饥岁仁恩赈百囷。
天子知名淮海吏,苍生属望涧阿人。
眼前成败皆关数,留取丹心质鬼神。

---

① 吴棠:《望三益斋诗文钞·杂体文》卷二,同治十三年,成都使署刊,南京图书馆藏,第2页。

浮生萍梗泛江湖,望断乡园天一隅。
心欲奋飞随塞雁,力难反哺恋慈乌。
河山破碎新军纪,书剑飘零旧酒徒。
国难未除家未复,此身虽去也踟蹰。

这两首亦作于咸丰八年。当在吴棠《再叠前韵》和诗之后。

第一首首联:"江吕诸公骨作尘,乡邦扶义仗君身。""江吕",指江忠源,安徽巡抚。咸丰三年,江忠源到达庐州,陷入太平军的包围圈。同年十二月(1854年1月),庐州城破,江忠源投水自杀。吕贤基,工部左侍郎,兼署刑部左侍郎。以太平军声势日张,清朝统治动摇,疏请下诏求言。咸丰三年春,赴安徽督办团练,以抗拒太平军。当年十月,太平军曾天养克舒城,他投水而死。李鸿章原隶吕贤基,后改入皖省署抚周天爵幕,离开吕贤基,幸免于死。后李鸿章召集团练驻罔子集,太平军进攻临时省城庐州时,李鸿章受江忠源委派,前往已赶到庐州城外的援兵陕甘总督舒兴阿部求救,舒不允,庐州城陷,江忠源与布政使刘裕珍战死,李鸿章再次躲过一劫。"诸公骨作尘",意思是这些人骨头都已化作灰尘了,与"猿鹤虫沙迹已尘"句照应。一再提及此事,可见李鸿章对此始终耿耿于怀,对死难诸君念念不忘。特别是吕贤基,乃是李鸿章奏请皇上饬令回乡集练御敌的安徽团练大臣,可惜了!"仗君身","君"当然指吴棠了,扶持乡邦,匡复大义,只有依靠您吴公了。含有恭维,但多半出于真心。

颔联:"危疆赤手支三载,饥岁仁恩赈百困。"言吴棠在清河(古之清江浦,今江苏淮安市清浦区)县令任上,处于危地,赤手对付太平军、捻军,竟然支撑三年之久,保住清河未被太平军攻陷,功不可没。史载:"咸丰三年,粤寇陷金陵,窜扬州,淮浦震惊,土匪蠢动。棠时在清河县任,地无城郭,手无兵权,徒以忠义号召士民,创设团练,不数月间,会者数万人,声威大振,伏莽潜消。乃腾檄远近,相为固守。声言大兵百余万,指日即到,以安人心。贼徘徊瓜、扬,不敢前进。"①"瓜、扬",即镇江、扬州。对句注曰:"丙辰大旱,君倡捐赈,活乡人甚多。"言吴棠有恩于乡邦。此事光绪丁卯《盱眙县志稿》有记载,陈庆年《吴勤惠公年谱》

---

① 蔡冠洛:《清代七百名人传·吴棠》,中国书店,1984年,第421页。

也曾述及:"(咸丰七年戊午)春、夏间,滁、泗大饥,公倡赈,劝乡里平粜。"①作为封建官吏,"饥岁"能使"仁恩"于乡民,艰难之中,不忘乡邦,倡导赈济,实属难能可贵。

颈联:"天子知名淮海吏,苍生属望涧阿人。"谓吴棠乃当今皇上知名的淮海官吏。史载,咸丰三年五月,吴棠请山阳名士鲁一同代拟《檄凤颍淮徐滁泗宿海八府州属文》(即《敌忾同仇约》)②一文,传檄苏北、皖东、皖北八府州及所属三十四个州县,相为固守。"指天誓日,勇气百倍"。从心、耳、力、足、财、官民、城镇、乡野等八个方面与上述府、州、县各属"僚友遥申歃血之约",提出了"郡县各守其疆,连城相应"的节节抗拒太平军北伐的主张,逐步分散消耗太平军有生力量,最终达到阻止太平军北伐的目的。此文在淮海地区城乡到处张贴,广泛散发,激励团练士气并教以战守之法,为以后阻止太平军援助孤军深入的北伐军及与捻军联为一气起了重要作用。③ 因之,淮海大地皆知有吴棠其人。清淮人心因此大固。士人以为江北得练勇御寇,自吴棠始也。④"淮扬数百里隐然恃若长城"⑤。此事很快传扬开去,连咸丰皇帝也知道了,特地降旨垂询,并予以嘉许:"清河知县吴棠团练乡勇,甚得民心,若令其带勇击贼,必当得力。"⑥吴棠一夜之间闻名朝野,所以李鸿章在此称颂吴棠为"天子知名淮海吏",确实如此。"涧阿",山涧曲处,借喻吴棠丁忧赋闲之处家乡三界市。"苍生属望",谓吴棠为苍生所依属,为士人所仰望。

尾联:"眼前成败皆关数,留取丹心质鬼神。"回到眼前,自己成败"皆关数",都是命中注定,既不怪自己,也不能归咎他人,含自勉之意,有儒家眼界。"数"即定数,冥冥主之。孔圣人极少言命,但也曾说:"君子有三畏,畏天命、畏

---

① 陈庆年:《吴勤惠公年谱》,选自贡发芹《吴棠史料》,珠江文艺出版社,2006年,第63页。
② 鲁一同:《通甫类稿》,选自沈云龙《近代中国史料丛刊》第三十七辑,文海出版社,1966年,第221—227页。
③ 何一民:《四川近代人物传》,四川社会科学院出版社,1990年,第233页。
④ 《人物·吴棠》,选自《盱眙县志稿》卷九,光绪辛卯。
⑤ 《仕绩·吴棠》,选自《淮安府志》卷二十七,光绪甲申。
⑥ 蔡冠洛:《清代七百名人传·吴棠》,中国书店,1984年,第417页。

大人、畏圣人之言。小人不知天命而不畏也,狎大人,侮圣人之言。"①其中敬畏天命,是有德之人三畏之一,只有小人不懂得天命才不知道敬畏。子夏曰:"商闻之矣,死生有命,富贵在天。"②代表儒家对天命即定数的最高认识。末句自比文天祥,改《过零丁洋》"留取丹心照汗青"诗句中"照汗青"为"质鬼神",更富新意,更加沉郁雄浑。"照汗青",只求留名;"质鬼神",意为天人共鉴,鬼神为证,追求境界远远高于一己之名! 全诗先诉死难之诸公,后颂吴棠之德行,再陈自己成败之见解,终抒丹心之赤忱,唱和互勉,抑郁有致,遒劲有力,勇毅可嘉,文采尽显。

第二首首联:"浮生萍梗泛江湖,望断乡园天一隅。"叙述自己自回皖数年以来情形,时局动荡,居无定所。"萍梗",比喻行踪如浮萍断梗一样,漂泊不定,此乃李鸿章境遇自况。咸丰七年二月,李鸿章团练在舒城受到太平军李秀成、陈玉成合师追击,溃散,李鸿章在战场已无立足之地,只好奉母携带家眷仓皇北逃,举家辗转至江西南昌避难。时李鸿章长兄李瀚章在曾国藩麾下综理粮秣,成为李家寓居唯一去处。但李鸿章自己依然得留下来,也必须得留下来,与太平军周旋。次年七月,即戊午(1858年)七月,庐州城再次被太平军攻陷,李鸿章团练至此已丧失殆尽,他再次逃到明光,估计随从亦没有几个。特别是,李鸿章还听说祖坟已被掘,连同宅院焚毁一空,羞辱之情与切齿之愤直冲头颅,已经气急败坏,然而没有复仇之实力,守护无望,只好自消自解。③ 落魄之中,站在明光回首庐州故里,犹如遥望天边"一隅",渺不可及,顿生"望断乡园"之叹。

颔联:"心欲奋飞随塞雁,力难反哺恋慈乌。"雁是候鸟,秋季由北往南迁徙,唐宋之问有诗《题大庾岭北驿》:"阳月南飞雁,传闻至此回。""塞雁"即鸿雁,语出唐杜甫《登舟将适汉阳》一诗:"塞雁与时集,樯乌终岁飞。"古人常以"塞雁"寄托对故乡、亲人的思念。李鸿章现在故乡陷落,唯思南昌的亲人了。古人靠鸿雁传书,李鸿章"心欲奋飞""随塞雁"同行,谓欲早日到南昌与家人团聚。"慈乌",比喻母亲。"反哺",谓人子尽孝之行。"力难",指力量难以达到。虽

---

① 《论语·季氏》,选自朱熹《四书章句集注》,中华书局,1983年,第172页。
② 《论语·颜渊》,选自朱熹《四书章句集注》,中华书局,1983年,第134页。
③ 罗斌、王海山:《李鸿章全传》,内蒙古文化出版社,2010年,第22页。

然自己目前处于困境,力不从心,但仍像乌鸟,希望竭尽孝道,报答慈母。这里有双重含义,既指力难保家,又指力难卫国。李鸿章与吴棠一样对大清帝国还是忠心不二的。

颔联:"河山破碎新军纪,书剑飘零旧酒徒。"前一句后附有注解:"翁帅新接抚篆,胜帅授钦差大臣,皆庐郡陷后事也。""翁帅"即翁同书,字祖庚,江苏常熟人,翁同龢之兄,原在扬州琦善江北大营军中供职,曾从太平军手中收复江苏、安徽两省的一些城市,因而立功扬名。咸丰八年,翁同书取代福济升任安徽巡抚,命帮办钦差大臣胜保军务,安徽境各军均归节制。"胜帅",即胜保,字克斋,满洲镶白旗人,内阁学士兼礼部侍郎,曾任江北大营帮办军务大臣,授钦差大臣,因攻高唐不下,遭革职,遣戍新疆,咸丰六年,复授副都统衔,帮办河南军务,赴淮北镇压捻军。一年多后,授胜保镶黄旗蒙古都统,命为钦差大臣,督办安徽军务。李鸿章原来一直被福济排挤,现在朝廷新派翁、胜二人主持安徽军政,心中燃起寄托希望,以为翁、胜或许能够重新整肃军纪,重整破碎河山。"旧酒徒",称自己乃胜保老酒友也,"旧",说明昔日早有交往。这里是在暗用汉代典故,书生郦食其曾前往谒见刘邦,遭刘邦拒见,郦于是以"高阳酒徒"称己,乃得见,后刘邦一统天下多用其谋略。唐代唐彦谦有诗《南梁戏题汉高庙》言此:"汉王若问为何者,免道高阳旧酒徒。""酒徒"冠以"旧",意为谓李鸿章自己与胜保乃昔日故交。自己虽"书剑飘零",但闯荡江湖气魄依旧。言外之意是自己有拜谒翁、胜二位朝廷重臣,帮其运筹谋划之打算。

尾联:"国难未除家未复,此身虽去也踟蹰。"结语本诗,统摄明光题壁全部主旨。国难未除,家园未复,乃踟蹰原因所在,虽然家园已失,无家可归,唯有离去,即使这样,离去仍然踟蹰。李鸿章虽山穷水尽,仍旧寄希望于翁、胜二人,自比高阳,不作塞雁,置反哺于不顾,踟蹰不去,都是因为故园陷落,国家蒙难。也可能李鸿章此时萌生投奔翁、胜二人之念,愿留在皖境继续一搏,想听听吴棠高见。猜想,吴棠不赞同李鸿章想法,因为当年"十二月十日,李鸿章赴江西建昌,入曾国藩幕"[①]。时驿路阻绝,信息不通,李鸿章先自明光前往镇江,再致函曾国藩,得到回复,再绕过太、捻防区,到达曾国藩建昌军营,耗时数月实属正常。

---

① 梁启超:《李鸿章传》,海南出版社,1993 年,第 119 页。

这说明李鸿章不但没有投奔翁、胜二人,似乎连接触也不曾有。事实上翁为人太厚道,并不善军事;胜骄横跋扈,目中无人,并不值得李鸿章投靠。世人谓李鸿章关键时刻舍近求远,选择曾国藩,放弃翁、胜二人,可能是听取了吴棠的建议,当然也不排除与其正在曾国藩幕中负责总核粮台报销之责的长兄李瀚章有关。李鸿章对吴棠是比较信任的,同治元年元月,正在皖北招募练勇编练淮军的李鸿章得知吴棠升任江宁布政使兼署漕运总督时,曾致函两淮盐运使,兼办江北两台乔松年(字健侯,号鹤侪):"仲宣漕帅与鸿章金石至交,淮海之间得此领袖,吾仗相与有成。"[1]同治元年三月,李鸿章经曾国藩推荐署江苏巡抚,吴棠致函祝贺,李鸿章复函吴棠:"承教以延揽人才为要,真透宗之论。"[2]说明他曾听取过吴棠的建议。

李鸿章一生的主要著述,据我所知,主要收在晚清吴汝纶编纂的《李文忠公全书》(亦称《李文忠公全集》)165卷,《李鸿章全集》9册(1997年海南出版社),邱迎春主编的《李鸿章全集》12册(1998年春风文艺出版社),顾廷龙、戴逸主编的《李鸿章全集》39册(2008年安徽教育出版社),其中顾廷龙、戴逸主编的《李鸿章全集》既全面又权威,2800余万字。吴棠的著作有自己选编的《望三益斋诗文钞》15种,另外,还有《游蜀疏稿》、《吴勤惠公奏稿》10册(聊城大学杜宏春点校,正在商务印书馆编辑中),合计近500万字。李鸿章著作中的文学作品不多,诗词不足200首;吴棠的《望三益斋诗文钞》绝大多数为文学作品,总量是李鸿章的数倍,两人诗作各有千秋。

李鸿章与吴棠唱和明光诗既言志,又记史,还明理,属于李、吴诗歌代表作。

言志自古而然。古人常说"诗言志",语出《尚书·尧典》:"诗言志,歌咏言,声依咏,律和声。"李鸿章的6首唱和诗多作于人生困窘之中,顺境时则很少歌咏。作于明光的6首律诗,表达了李鸿章愿为时局"力挽狂澜",做"霖雨"浇灌"遍地槁苗",希望"梁园咏雪""快草陈琳檄",自信"治军今有孙吴略""留取丹心质鬼神",盼望"除"国"难"、"复"家"园等心志,怀君、忧国、恋家、匡时,俱在其中。吴棠的4首和诗是对李鸿章的应和,主要是宽慰李鸿章,也有自勉

---

[1] 邱迎春:《李鸿章全集》第5册,时代文艺出版社,1998年,第3015页。
[2] 顾廷龙、戴逸:《李鸿章全集》第29册,安徽教育出版社,2008年,第81页。

之意,表达了吴棠处战乱之中"望切天戈勤扫荡""但愿旌麾劳大帅""孤军每忆禽填海",愿做"田横"聚"奇客",再学"剧孟""访博徒"等心志,悯时伤乱,忠君忧民,出于至诚。总计10首唱和之诗,主旨明确,显山露水,直抒胸臆。

记史非律诗所长,但李、吴明光唱和诗中记史叙事具有较高存史价值。咸丰三年至咸丰八年,围绕李、吴二人发生的历史事件诸如李、吴交往,吴棠赤手支撑危疆,皖境朝廷官军、地方团练与太平军、捻军多次作战情况,李鸿章"四年牛马"生涯,所见"浩劫茫茫",自巢湖转战至洪湖,遭遇庐州两次失陷,江、吕诸公战殁,父死丁忧,家园被毁,成为"失群雁",受到皖抚福济等人排挤,"孙吴略""霖雨"之志无法施展,只落得"望断乡园""书剑飘零",去留"踟蹰",时皖省巡抚、团练大臣频繁更迭,寄希望于翁、胜等等;吴棠所见战争景象:"可怜战哭多新鬼,无那穷途半故人",丙辰大旱倡赈消灾、挽救生灵,被"天子知名",受到乡民依赖,等等,均有史实可稽,可补正史之不足。诗歌记史,古已有之,李、吴唱和之诗更具特色,读之则可以从另一个方面了解那段历史鲜为人知的信息。李鸿章5年多团练生涯是其一生中最为艰难时期,没有选准最适合自己发挥才干的地方和时机。李鸿章兵败逃到明光镇在旅店题壁赋诗是为了疗伤。他一直不能忘怀这段经历,在其后来许多诗作中均有提及。如大约咸丰十年,李鸿章和李瀚章女儿诗就是一例:

次湘佩侄女病起口占七律韵[①]

李鸿章

犹记淮南聚梗蓬,沧浪池馆藕花风。
一家漂泊江湖外,万事抛荒戎马中。
病后愁魔须解脱,别来诗境各神通。
牵衣多少临歧泪,汝父西征我欲东。

读后,明显感觉似曾相识。

明理多自喻事,有画龙点睛之妙。李鸿章诗中"关河徒倚独伤神""闲云欲

---

① 邱迎春:《李鸿章全集》第5册,时代文艺出版社,1998年,第7415页。

去又踟蹰""鼙鼓无声暗伤神""乡关回首重踟蹰""留取丹心质鬼神""此身虽去也踟蹰"等句,吴棠诗中"莫教困郁损心神""欲别频教足重踟""茫茫浩劫悔生人""剧孟还应访博徒"等句,都是建立在前面记史叙事、抒情言志基础上明理,叙时势、述史实、抒愤懑、言心志,再说理,水流有源,树木有本,形象贴切,别于单一说教,令人信服。

李鸿章生平一心做官,偶尔为诗。据说曾国藩任两江总督时,目睹著名学者俞樾治学之专、著作之勤,曾经颇为感慨地说:"李少荃(李鸿章,字少荃)拼命做官,俞曲园(俞樾,号曲园)拼命著书。"然也。单就李、吴明光唱和诗而言,李鸿章诗作自有章法,境界高远,用典娴熟,格律工整,底蕴深厚,笔法老辣,转合有致,无雕琢之痕,有天然之趣,时人多不能企及,只是为其勋业所掩,致受忽略。时人谓吴棠诗颇具老杜遗风,蕴抱宏深,沉郁跌宕,老成练达,声律整饬,奔放不足,拘谨有余。从整体上来看,李、吴明光唱和均属于时代上乘之作,均不失为精品佳构,李诗气势似乎高于吴诗。但将他们个人全部诗作加以对比,李诗在数量上、质量上、文学成就上、社会影响上均逊于吴诗。清末民初庐州府庐江县马厂乡人陈诗(1864—1943年)被誉为一位卓然自立、具有重要影响的著名诗人,是李鸿章的同乡晚辈,非常敬重李鸿章。他编选刻印的《皖雅初集》[①]40卷20册,为最权威的晚清皖籍诗人作品选集,集中收录李文安、李鸿章、李昭庆父子三人诗作各1首,收入吴棠诗作7首,李、吴之诗高下在这里足见分晓。

李、吴明光唱和诗当时传播甚广,吴棠同治五年至十三年屡次刻印的《望三益斋诗文钞》均全文收录了李鸿章的6首诗。诗人薛时雨(官至杭州知府,兼督粮道,代行布政、按察两司事)咸丰六年曾参李鸿章幕,其拜读李鸿章《丙辰夏明光镇旅店题壁》2首之后,也曾和诗2首:

---

① 陈诗:《皖雅初集》(上、中、下),孙文光点校,黄山书社,2017年。

和李少荃《丙辰夏明光镇旅店题壁》①

薛时雨

短衣匹马起烟尘,莽莽乾坤系一身。

出岫但随云变化,挚天终藉柱轮囷。

十年仗剑题诗客,万里犁庭扫穴人。

试向旗亭翻旧什,悲歌字字见精神。

攀鳞附翼遍江湖,落拓何人独向隅。

北伐功成归战马,南飞翻倦冷楼乌。

穷支大府新祠禄,老作高阳旧酒徒。

拟上鹤楼访崔颢,楚天遥望重踟蹰。

李鸿章原诗与薛时雨和诗均收录在薛时雨《藤香馆诗删存》集中,并注明收录缘由:"盖其时爵相从戎四载,大江南北到处烽烟,故声情激越如此。异日封疆将相毕露。笼纱韵事连远轶,前人深恐兵燹之后,逆旅主人罔知护惜,明光村镇亦未必有传播之者,谨录原诗于右,并作貂尾之续,寄呈爵相一粲。且以备词林采择云尔。"②这对理解李、吴唱和诗大有帮助。

总之,李鸿章、吴棠明光唱和诗作,自有一体,别具特色,值得一读。

2020年7月15日—29日草于市政协文史委办公室
2020年7月30日—31日修改于市政协文史委办公室
——发表于2020年《江淮文史》第6期(总第156期)。

---

① 薛时雨:《藤香馆诗删存·卷三》,光绪五年,安徽图书馆藏,第10—11页。
② 薛时雨:《藤香馆诗删存·卷三》,光绪五年,安徽图书馆藏,第11页。

雅故世交——薛时雨与吴棠父子

记载薛时雨与吴棠关系的资料很少,绝大多数人都是从薛时雨的《重建醉翁亭碑记》中得知他们有些关联:"盱眙吴勤惠公时任蜀帅,方将移家为滁寓公。时雨雅故,以书干之,慨乎同心。"①于此,笔者试着简略概述。

一、邻宇雅故

薛时雨(1818—1885年),清安徽滁州全椒县桑根人,字慰农,一字澍生,因祖居桑根山,晚号桑根老农。道光二十八年(1848年)江南乡试解元,咸丰三年(1853年)与其兄薛春黎同榜进士,次年授嘉兴知县,改嘉善知县。太平军起,参李鸿章军幕,以招抚流亡、振兴文教为己任。官至杭州知府,兼督粮道,代行布政、按察两司事。晚年主讲杭州崇文书院,金陵尊经书院、惜阴书院。弟子中有进士、湖南学政张预,进士、安徽巡抚冯煦,中国末科状元、近代实业家、教育家张謇等名人。薛时雨是晚清著名词人之一,著作颇丰,有《藤香馆诗删存》四卷、《藤香馆词删存》二卷、《西湖橹唱》、《江舟欸乃集》及《札礼》若干卷、《尊经书院课艺五刻》、《惜阴书院西斋课艺》八卷等。

吴棠(1813—1876年),清安徽泗州盱眙县三界市(今明光市三界镇老三界)人,字仲宣,一字仲仙,号棣华。道光十五年(1835年)中江南乡试恩科举

---

① 薛时雨:《重建醉翁亭碑记》,选自清光绪熊祖诒《滁州志》,黄山书社,2007年,第169—170页。

人。道光二十四年,大挑一等引见,奉旨以知县用。道光二十九年补江苏桃源县(今泗阳县)知县。历任清河知县、署邳州知州、徐州知府、徐州道、淮海道、淮徐道、江苏按察使、江宁布政使、署漕运总督、实授漕运总督、署江苏巡抚、署两广总督、补闽浙总督、授钦差大臣等职,官至四川总督、署成都将军,加都察院都御史、兵部尚书衔。吴棠著述也颇丰,刊行于世的有奏稿十卷、《望三益斋诗文钞》十卷、《望三益存稿》五种十五卷、《四川巡阅纪行诗》一卷、《韩诗外传校注》十卷(附补逸一卷)(辑)、《清河县志》二十四卷(修)。另刊刻《四书》、《五经》、四史、《文选》、《杜诗镜铨》及诸子集之属等书不计其数,编有《崇实课艺》(十七卷)、《滁泗赋存》、《椒陵赋存》、《盱眙吴氏族谱》(修)四卷等书。

全椒、盱眙均属历史名邑,虽分属于两州,但薛时雨与吴棠居住地相邻不过七十千米上下,属于邻宇。薛时雨小吴棠五岁,与其仲兄薛春黎作为当时出色的读书人,名噪皖东大地。吴棠十九岁补生员(考中秀才),二十二岁中举人,江淮闻名。旧时代读书人慕名交游求学虽千里不远,何况七十千米上下呢?他们之间应当很早就已相识并接触,而且交往很多,友谊很深,互相礼遇有加。否则,薛时雨何以称吴棠为"雅故"(即老朋友),并刻石记载呢?

另外,有一事实可以佐证薛时雨与吴棠交往甚密。薛时雨曾经给吴棠从子吴炳仁诗集《约园存稿》题识:

> 奉读大作,五律老练,逼近盛唐;七古矫健,畅其所说,并间有独造之句;五古气体浑朴,苏李陶韦皆有门径;七律七绝,俱近方家。钦佩,钦佩!
>
> 时同治癸亥四月 世愚弟慰农薛时雨识①

吴炳仁(1840—1921年),附贡生,系吴棠长兄吴检次子,曾任上海大胜关税务、上海轮船支应局督办、扬州知府等职,早年一直跟叔父吴棠读书,后参与吴棠四川幕府。"同治癸亥四月",即同治三年四月,薛时雨正在杭州知府任上。从文中推测,应当是吴棠引荐,二十四岁的吴炳仁曾持自己诗稿就教于薛时雨,薛时雨为其诗稿题识。落款,薛时雨自谦为"世愚弟",说明薛、吴是世交,是邻

---

① 吴炳仁:《约园存稿》,吴绍坪编,2003年,第23页。

宇雅故。

二、寄诗明志

除《重建醉翁亭碑记》外，薛时雨的著述及相关史料中，也清晰地记载了他与吴棠的交往。首先是寄诗明志。

古乐府寄吴仲仙督部[①]

薛时雨

迢迢双鲤鱼，中有蹇修书。
蹇修隔千里，相思情乃雨。
持书上妆楼，对镜先含羞。
岂无好膏沐，不上飞蓬头。
忆昔年三五，新月斵眉妩。
生小居长干，未解风波苦。
叩叩接香囊，双江来横塘。
脱我旧时衣，著我嫁时裳。
梳妆讲时世，龋齿折腰眉。
勉强学新人，背面偷弹泪。
汉将出龙城，送欢事长征。
欢去妾何托，井水鉴妾贞。
远望江头渡，日暮鸦啼树。
不怨打头风，但怯沾衣露。
脱我嫁时裳，著我旧时衣。
妾命薄如叶，君情浓若饴。
菟丝附女萝，女萝施乔柯。
乔柯阴自好，憔悴女萝老。

---

① 薛时雨：《藤香馆诗删存》卷二，光绪五年，安徽图书馆藏，第34页。

长跽谢蹇修,愿言住西洲。
　　西洲好烟月,消遣懊侬愁。

　　这首诗写于同治丁卯年(1867年)。是时,吴棠任闽浙总督,薛时雨已辞官三年多时间,正主讲杭州崇文书院。据推测,写此诗之前,薛时雨可能收到了吴棠致函,薛时雨写此诗回复。这首诗采取借喻手法,将吴棠比作蹇修(传说中伏羲氏之臣,古贤者),吴棠曾致书薛时雨("中有蹇修书"),薛时雨收到吴棠千里捎书("蹇修隔千里"),很是激动("持书上妆楼,对镜先含羞"),但思前想后("忆昔年三五"),自己出仕("著我嫁时裳")杭州以来曾遭"打头风"("龋齿折腰眉""背面偷弹泪")之遇,不能适应官场("生小居长干,未解风波苦"),只好辞官回归布衣("脱我嫁时裳,著我旧时衣"),感慨自己命途多舛,蹇修(吴棠)仍然垂爱不弃("妾命薄如叶,君情浓若饴"),自己对此感激不尽,但不愿意再出仕("长跽谢蹇修,愿言住西洲"),希望寄情山水,消忧解愁("西洲好烟月,消遣懊侬愁")。此事在薛时雨《行状》后面部分有印证:"(曾文正公)尝欲疏荐于朝,(时雨)笑而谢曰:'昔者吴勤惠公厚意与公等,自维宦浙数载,所忤多要人,其不堪世用亦明矣。'固辞乃止。"①说明吴棠惜其才,曾致书薛时雨,邀其再度入仕,为国家建功立业,薛时雨才以诗作答,借以明志。

三、题词述怀

　　薛时雨曾两次为吴棠诗文钞手稿题词,一是应邀而作,一是读后而感。

题吴仲仙督部《望三益斋诗稿》即送赴川督任②
　　　　　　　薛时雨
　　吴公治行天下知,周历牧令跻兼圻。
　　长淮千里作保障,扫荡枭獍平鲸鲵。

---

① 薛时雨:《藤香馆诗删存》行状卷,光绪五年,安徽图书馆藏。
② 薛时雨:《藤香馆诗删存》卷三,光绪五年,安徽图书馆藏,第1—2页。

八闽两浙困兵燹,轺车一到甘雨随。
三月大治境内辑,邻疆嫌隙生睚眦。
陈生伯舆各争政,子朱叔向将拂衣。
诏公远涉论曲直,天子所左臣左之。
交怀平勃睦廉蔺,封章上达天颜怡。
羊城返旆席未暖,去思旋勒南台碑。
湖山花柳近妍好,津亭摇曳迎襜帷。
去年迎公浙民喜,今年迎公浙民嘻。
攀辕卧辙苦惜别,三春风雨停旌麾。
武林旧吏弃簪组,湖楼戢影甘朝饥。
莱公折节礼魏野,鹓鸾有意鸥忘机。
采尊剪韭豫雅燕,酒酣谈笑捻吟髭。
自言疆寄责重大,雕虫小技久不为。
频年行役逾万里,蛮烟蜑雨亲驱驰。
炎荒所见骇心目,艰难时势堪嗟咨。
明珠翡翠遍岛屿,宝贵无补民疮痍。
花田万顷白成雪,东阡西陌荒锄犁。
犬羊骄纵虺蝎毒,腥膻海气熏黔黎。
孙虑遗孽铲不尽,常恐伏莽惊边陲。
忠君爱国出肺腑,忧思轸结宣之诗。
少年旧作半散佚,东阁补缀资吟披。
吉光片羽自珍惜,要我退笔标新题。
撞钟那可持寸莛?测海未免嗤铜蠡。
生平知己穷感激,长歌聊尔扬清徽。
公今节钺建西蜀,三巴父老瞻旌旗。
成都自古称富庶,胜国以后嗟流离。
贱子家世本蜀籍,水源木本分宗支。
拾遗未克侍仆射,锦江迢递空荣思。
愿公勋业迈晚近,堂堂巾扇名同垂。

文翁化俗只循吏，司马发难多卮词。
　　韦皋威望足坐镇，豪华声色当时讥。
　　方今秉节重边缴，川江往往参纶扉。
　　政成人搞直三殿，休明鼓吹陈彤墀。
　　浣花剑南集何慕？赓歌上媲皋与夔。

这首诗后来收入同治十三年吴棠《望三益斋诗文钞》卷首题词中则名为《仲仙制帅由闽过浙，出望三益斋大稿命题，谨赋长古一章，即送旌麾莅蜀》①。

另外，"题词"中还收录薛时雨另外一组诗《敬题粤游诗卷后》。

敬题粤游诗卷后②

薛时雨

　　星轺遥向五羊移，万里炎荒迓节麾。
　　粤秀山前供吊古，皇华使者例陈诗。
　　老臣虑远忧增杞，盛世筹边守在夷。
　　荔浦花田空自好，锦囊曾不贮妍词。

　　封圻何事苦相妨，棨戟巍巍各抗行。
　　海国苍茫多变幻，疆臣争执费平章。
　　论功百战推樊哙，不学千秋惜霍光。
　　物议允孚宸听惬，清风一路拂归装。

　　闽峤重临岂泽敷，东西川合又分符。
　　圣恩稠叠邻封忌，新政严明黠吏逋。
　　仅有苍蝇能玷璧，断无薏苡可成珠。
　　扶桑日出浮云散，公正从之德不孤。

---

① 吴棠：《望三益斋诗文钞》卷首题词，光绪五年，安徽图书馆藏，第1—2页。
② 吴棠：《望三益斋诗文钞》卷首题词，光绪五年，安徽图书馆藏，第3页。

衮衣萝薜记前缘,长啸湖山手擘笺①。
卿月至今明蜀道,客星长此老江天。
亦思肝胆筹知己,自顾头颅感暮年。
丛桂淮南公忆否?心香遥热锦城边。

前一首诗应当写于同治七年初。上一年九月,吴棠受命任钦差大臣前往广州查完广东巡抚蒋益沣案件,十二月回到福州。本年春节刚过,正月初八视事,没有几天,就接到调补四川总督圣旨。月底疏请陛见。二月初启程北上,路过杭州。据后一首薛时雨《敬题粤游诗卷后》自注,吴棠开春到杭州以后住节杭州,等待朝廷陛见回复。期间,由于地方官僚曾连日邀请吴棠乘画舫游览西湖美景,并在湖上设宴款待吴棠,吴棠顺便邀请在杭州崇文书院任主讲的薛时雨一同赴宴,故薛时雨曰:"陪宴西湖累日。"席间,吴棠出示了自己编选的《望三益斋诗稿》请薛时雨题词,薛时雨就"即席赋长古一章",即《仲仙制帅由闽过浙,出望三益斋大稿命题,谨赋长古一章,即送旌麾莅蜀》,这个题目可能是原名。到了薛时雨《藤香馆诗删存》卷二中变成《题吴仲仙督部〈望三益斋诗稿〉即送赴川督任》了,我想应当是薛时雨删存时修改的。薛时雨称吴棠当时非常看好他的题诗——"公极许可",吴棠改别人题诗的名字不大可能。其次,吴棠《望三益斋诗文钞》刊刻早于薛时雨《藤香馆诗删存》七年,改名应当是后者,符合客观实际。该诗开篇八句意在颂扬吴棠从牧令到封圻的业绩——"吴公治行天下知,周历牧令跻兼圻。长淮千里作保障,扫荡枭獍平鲸鲵。八闽两浙困兵燹,轺车一到甘雨随"。接着写吴棠受命钦差赴广州查处两广总督瑞麟控告广东巡抚蒋益沣滥支案,吴棠充分平衡了总督与巡抚之间的关系,能使用汉相"陈平""周勃"交集于心之法,能叫赵国"廉颇""蔺相如"将相和睦相处,令圣上满意——"交怀平勃睦廉蔺,封章上达天颜怡"。叙述了浙人惜别吴棠情形——"去年迎公浙民喜,今年迎公浙民嘻。攀辕卧辙苦惜别,三春风雨停旌麾"。之后,记述

---

① 原注:戊辰春,仲公住节杭州,陪宴西湖累日,出《望三益斋诗稿》命题。即席赋长古一章,公极许可。

了吴棠自己对《望三益斋诗稿》的看法,忙于"疆寄",无暇顾及"雕虫小技"——"自言疆寄责重大,雕虫小技久不为。频年行役逾万里,蛮烟蛭雨亲驱驰"。之后薛时雨希望吴棠履职川督之后,与羽扇纶巾的诸葛亮一样名垂青史——"愿公勋业迈晚近,堂堂巾扇名同垂"。还认为杜甫("浣花翁")、陆游(有诗集《剑南诗稿》)诗集不值得羡慕,而吴棠的酬唱和诗,能与"皋陶和夔"的才华媲美——"浣花剑南集何慕?赓歌上媲皋与夔",虽然过誉,但肯定博得吴棠"许可"。

《敬题粤游诗卷后》一诗,记述了吴棠就任钦差赴粤办案情形——"星轺遥向五羊移,万里炎荒迓节麾",担当——"老臣虑远忧增杞,盛世筹边守在夷"和效果——"物议允孚宸听惬,清风一路拂归装",并表示歉意——"亦思肝胆筹知己,自顾头颅感暮年"。想来,吴棠曾盛情邀请薛时雨襄赞戎幕,被薛时雨婉言谢绝了。薛时雨在《藤香馆诗删存》没有收录此诗,可能薛时雨自己对这首诗不太满意,删去未存,但一品大员吴棠还是很看重薛时雨的评价的。

四、同赏少荃

此外,薛时雨在《藤香馆诗删存》中提到了吴棠《望三益斋诗文钞》中收录的李鸿章(字少荃)明光题壁诗一事。

《旧日题吴仲仙督部诗稿,内有和李少荃爵相丙辰明光题壁诗韵》,附载原诗云:

丙辰夏明光镇旅店题壁[①]

李少荃

四年牛马走风尘,浩劫茫茫剩此身。

杯酒藉浇胸磊块,枕戈试放胆轮囷。

愁弹短铗成何事,力挽狂澜定有人。

绿鬓渐凋旄节落,关河徙倚独伤神。

[①] 薛时雨:《藤香馆诗删存》卷三,光绪五年,安徽图书馆藏,第10—11页。

>巢湖看尽又洪湖,乐土东南此一隅。
>我是无家失群雁,谁能有屋稳栖乌?
>袖携淮海新诗卷,归访烟波旧钓徒。
>遍地槁苗待霖雨,闲云欲去又踟蹰。

薛时雨在《藤香馆诗删存》中说明了从吴棠《望三益斋诗文钞》转录李鸿章明光题壁诗缘由:"盖其时爵相从戎四载,大江南北到处烽烟,故声情激越如此。异日封疆将相毕露。笼纱韵事连远轶,前人深恐兵燹之后,逆旅主人罔知护惜,明光村镇亦未必有传播之者,谨录原诗于右,并作貂尾之续,寄呈爵相一粲。且以备词林采择云尔。"随后和诗两首①:

>短衣匹马起烟尘,莽莽乾坤系一身。
>出岫但随云变化,挚天终藉柱轮囷。
>十年仗剑题诗客,万里犁庭扫穴人。
>试向旗亭翻旧什,悲歌字字见精神。

>攀鳞附翼遍江湖,落拓何人独向隅。
>北伐功成归战马,南飞翩倦冷楼乌。
>穷支大府新祠禄,老作高阳旧酒徒。
>拟上鹤楼访崔颢,楚天遥望重踟蹰。

李鸿章作于明光诗共六首,吴棠和诗计四首。咸丰六年,李鸿章回乡办团练已四年,虽然叙功赏加按察使衔,但功高易遭妒忌,一时之间,谤言四起,李鸿章几不能自立于乡里。李鸿章只好离开团练,另寻出路。他想到了此时正好奉讳里居三界的吴棠,李鸿章先到明光,住进明光一旅店,在墙壁上作《丙辰夏明光镇旅店题壁》二首,之后,到距离明光约三十千米的三界拜会了吴棠,并将明

---

① 薛时雨:《藤香馆诗删存》卷三,光绪五年,安徽图书馆藏,第10—11页。

光题壁诗抄赠吴棠。李鸿章首次到明光，只带着几十匹人马来，实际上是逃难，从老家庐州（合肥），跑到明光是寻求吴棠帮助的，人单势孤，窘态万状，但仍狂傲自负，不可一世。诗首概言自己作为朝廷牛马回籍办理团练，对付太平军和捻军，奔走于战火之中，前后已超过四年。但太平军、捻军势头旺盛，家国危亡，安徽团练大臣吕贤基殉难舒州，父亲李文安流离亡故，浩劫之中独余自己一人了。诗中哀鸣："我是无家失群雁，谁能有屋稳栖乌？"穷途末路，只好"袖携淮海新诗卷，归访烟波旧钓徒"。作为老友吴棠自然被打动，遂作《和李少荃观察丙辰明光题壁原韵》二首相和。

和李少荃观察丙辰明光题壁原韵[①]

吴　棠

眼看沧海竟成尘，同此乡关潦倒身。
击楫原期涉风浪，取禾甘让檀麋囷。
可怜战哭多新鬼，无那穷途半故人。
望切天戈勤扫荡，莫教困郁损心神！

那是扁舟泛五湖，中原委贼误偏隅。
恬熙同作处堂燕，纵逸谁觇集亦乌。
但愿旌麾劳大帅，何妨耕钓隐吾徒？
故乡回首他乡远，欲别频教足重蹰！

咸丰八年（1858年）七月，太平军陈玉成攻陷庐州，烧了李鸿章宅第，掘了李鸿章祖坟，李鸿章全家逃到明光，再次题壁《戊午七月庐垣再陷重过明光次韵示吴仲仙》，吴棠再作《再叠前韵》两首相和，李鸿章再作《再叠前韵赠仲仙》二首赠和。李鸿章六首诗均收录在吴棠《望三益斋诗文钞》之中。薛时雨在其《藤香馆诗删存》中附录李鸿章二首诗，是否从吴棠《望三益斋诗文钞》集中转录的，不得而知。薛时雨附录目的是担心旅店主人不知护惜，无人传播——"前人深

[①] 邱迎春：《李鸿章全集》第12册，时代文艺出版社，1998年，第7404页。

恐兵燹之后,逆旅主人罔知护惜,明光村镇亦未必有传播之者,谨录原诗于右"。吴棠作《和李少荃观察丙辰明光题壁原韵》二首相和,对李鸿章的傲气并不欣赏,但没有直接驳斥,只是委婉地表达了出来。薛时雨看中的是李鸿章在旅店墙壁上作《丙辰夏明光镇旅店题壁》二首,才思博雅,慷慨激越;吴棠看中的《再叠前韵赠仲仙》二首,因为诗中盛赞吴棠为"天子知名淮海吏,苍生属望涧阿人",溢美之词,淋漓尽致。

但有一点值得肯定,薛时雨与吴棠都是非常欣赏李鸿章明光旅店题壁诗及李鸿章非凡文采和宏大气度的。

五、心系醉翁

光绪《滁州志》载,咸丰三年(1853年),太平天国天官副丞相林凤祥和地官正丞相李开芳率领精兵两万多人,自扬州北伐,途经安徽滁州,在琅琊山和清军决战,作为我国"四大名亭"之首的醉翁亭被踏为一片瓦砾,丰乐亭也同时毁废。这个史实存在异议,一般倾向于醉翁亭为太平军叛将李兆受占领滁州时所毁,吴棠侄子吴炳仁在其《约园存稿》中一再指认毁者为李兆受。毁者是谁不重要,重要的是八百年古老的醉翁亭被毁坏了,令文化界有识之士扼腕痛惜。

同治八年(1869年),薛时雨离开杭州,移居南京,执掌惜阴书院(我国最早的公共图书馆江南图书馆的前身)和尊经书院。约一年之后,薛时雨借闲暇时间,回到故乡全椒探视,因他自幼就仰慕欧阳修的道德文章、学识品格,就顺便拜谒了醉翁亭,但见醉翁亭亭阁坍塌,断壁残垣;丰乐亭泉息树枯,荒草萋萋,任其下去,不光名亭消失,遗迹也将不存。薛时雨痛心疾首,回到南京后即萌生重修醉翁亭、丰乐亭之意,以此报答故乡养育之恩。

薛时雨虽宦游二十多年,但一贫如洗,且重病缠身,重修醉翁亭谈何容易?这时他想到了"雅故"吴棠。吴棠此时任四川总督,加都察院都御史、兵部尚书衔,但吴棠与成都将军崇实关系很僵,为崇实龃龉,处处受到崇实掣肘,早已萌生告老还乡回滁州做寓公之意。为此,薛时雨致函吴棠,致函内容不得而知,但肯定言辞恳切,打动了吴棠,吴棠"慨乎同心"。据说吴棠亲友也纷纷捐款,学生们更是倾囊相助,但离动工所需钱款还差很多。传薛时雨万般无奈,只得在南京玄武湖的赏荷亭摆桌设摊,鬻字募捐。游人早闻薛时雨大名,赶来购字者络绎不绝,一时间"洛阳纸贵"。薛时雨不顾年高体弱,经常带病坚持书写十多小时,累得手脚麻木,两眼昏花,眼泪直流,仍旧不肯辍笔。经过一年多的辛苦奔波,修建工作终于动工,时间为同治十一年(1872年)。

估计动工后,薛时雨曾致函吴棠,说明情况。这一年的十一月,吴棠认真作了回复①:

慰农仁兄阁下:

顷接九月二十五日手书,祇悉前布寸械,已邀青及,就维褆躬迪吉,潭第凝厘为颂。承示醉翁亭初秋已经兴工,来正可以竣事。昔贤胜迹,得阁下雅意筑修,俾复旧观,良深忻佩。将来丰乐,渐次补造,需费若干,当祈示及,仍当量为捐助也。弟于中秋后出省巡阅,由梓闻而巴渝,往来匝月。地势民风,沿途□心察访,得小诗廿首,录呈雅教。蜀中近日情形,可以略得梗概。唯况瘁之余,归思甚切,林泉之想,梦寐时萦。安得偕我良友,优游散布于醉翁亭下,把槃联吟,一倾积愫。想阁下当亦有同情也。手肃布侯,即请道安不具。

乡愚弟吴棠顿首
十一月十五日

信中,吴棠盛赞薛时雨修建醉翁亭之举,并表示,将来修造丰乐亭需要经费也告诉他,他仍然将量力捐助,同时还表达了希望与良友薛时雨早日优游漫步于醉翁亭下对弈吟诗之愿望。信中所谓"得小诗廿首,录呈雅教"是指巡视地方吟咏一事。吴棠于同治十一年八月十七日出省至川北、川东阅兵,九月二十六日回到成都,沿途感触很深,写下《纪行二十咏》,刊刻时更名《四川巡阅纪行诗》一卷。

可以说,薛时雨集资修建醉翁亭,吴棠捐资修建醉翁亭,两人都心系醉翁,

---

① 《清代名人书札》编辑组:《清代名人书札》,北京师范大学出版社,2009年,第1088—1089页。

功在当时,利在后人。这样薛时雨才有底气在醉翁亭留下千古名联:"翁去八百年,醉乡犹在;山行六七里,亭影不孤。"

六、盖棺评定

薛时雨是楹联高手,有许多名联流芳后世。

光绪二年(1876年),吴棠病逝于滁州故居,在南京的薛时雨为"雅故"吴棠撰写了两副挽联:

挽吴勤惠公

薛时雨

(一)①

名在御屏风,由百里历兼圻,朴诚报国,宽厚临民,溯公德极鳌峰雪岭而遥,边徼同瞻,何止江淮颂遗爱;

学推乡祭酒,谢朝簪遂初服,刊误雠书,编年存稿,待我归话丰乐醉翁之胜,典型遽陨,那堪湖舫忆前游。

(二)又代

比端明受圣后之知,建牙秉钺,备极恩荣,记淮浦追随,待我略同师弟谊;

维六一爱滁山最胜,酒洌鱼肥,正堪颐养,怅莵裘终老,望公莫罄溯洄情。

第一联高度评价了吴棠的为官——"名在御屏风,由百里历兼圻",为人——"朴诚报国,宽厚临民",为学——"学推乡祭酒,谢朝簪遂初服,刊误雠书,编年存稿",留声边关——"边徼同瞻,何止江淮颂遗爱"。可见出身平民的吴棠一生经历不凡。由牧令等上封疆大吏高位,一生忠君报国,宽厚待人,诚心为民,学问执地方牛耳,刊刻大量书籍供给士林,留存后人,边关都共同瞻仰,不

---

① 薛时雨:《藤香馆小品》,南京图书馆藏。

光江淮地区颂扬恩惠。

再次谈到了吴棠资助薛时雨重建滁州醉翁亭之事,等待薛时雨介绍醉翁亭重建情况("待我归话丰乐醉翁之胜"),可是未能见面,忆及吴棠当年邀游西湖宴饮之美好往事,真是不堪回首("那堪湖舫忆前游")。综合上面诗歌和本联联末注释:"与公西湖别后,遂未觌面。"薛时雨与吴棠杭州一别,一直没有再见过面。

可以这样说,薛时雨的这两副挽联,恰到好处地评价了吴棠一生重要功绩,盖棺论定,客观公允。

第二联为代笔,代谁不清楚,挽者之意亦即薛时雨之意:上联叙吴棠功德犹苏东坡一样受到圣后知遇(东坡去世,其弟苏辙曾作《祭亡兄端明文》),恩荣备极,同时述及与吴棠关系,亦师亦弟;下联言吴棠情志如欧阳修(号六一居士)一般热爱滁州山水,颐养正堪,同时明及自己心愿,盼吴棠终老故里,不要忘过去交情。工整贴切。

另有一联,曾被误认为薛时雨所撰,实为俞樾代万小庭拟:

挽吴勤惠公[①]

万小庭

由牧令起家不十载,简在帝心,而监司、而开府,卅年来勤政惠民,允推柱石勋名,岂仅偏隅资保障;

从成都返旆只九日,身骑箕尾,若闽浙、若江淮,千里外报功崇德,何况葭莩戚谊,曾陪下坐在门墙。

这一联概述了吴棠仕宦历程,三十年勤政惠民,柱石勋高,千里之外都报功崇德。薛时雨收录时做了注释:"公名棠,以县令起家,官至四川总督,以病乞归,到家九日而卒,亦咸、同间名臣也。余曾承其延,主受尊经书院,以远不赴。今闻其卒,拟一联挽之,因循未果。万小庭大令,其门下士,又有葭莩戚,属余代撰此联,因录而存之。"说明了撰写此挽联缘由,有助于世人理解。此联与薛时

[①] 俞樾:《春在堂楹联录存》卷一,书依据文海出版社《近代中国史料丛刊》第四十二辑《春在堂尺牍》附录。

雨两联有异曲同工之妙。

七、后侪致谢

吴棠次子吴炳祥(1850—1899年),字吉甫,号子仙,廪膳生。同治九年(1870年)中试江南乡试恩科第四十二名举人,候选郎中,江苏候补道,曾任扬州知府、署江南巡盐道、金陵海关监督等官职,是吴氏后人中的佼佼者,著有《怡庐诗钞》一书。吴炳祥《怡庐诗钞》中收录了这样一首诗:

呈薛慰农丈(时雨)四首(时主金陵尊经书院讲席)[①]

吴炳祥

东坡官杭州,先生续治谱。
六一爱滁阳,先生接邻宇。
名山有传人,高风宜并举。
当其出守还,匪必轻簪组。
已了济时愿,乃做诗文主。
收拾东南珍,一一贡廊庑。
以人事君心,固不问出处。
钱塘与钟山,薛庐两千古。

忆昔侍先子,西湖泛新涨。
葛巾飘然来,始识丈人行。(戊辰见先生于杭州)
春光三月妍,花柳笑相向。
樽酒暂句留,二老情话畅。
蜀国望江南,万里以诗靓。
十年在登堂,杖履春无恙。
对我感旧游,未语心先怅。

---

① 吴炳祥:《怡庐诗钞》卷一,安徽图书馆藏,第14—15页。

谓我故人子,许坐谈经帐。

温温陈夫子(山阴陈柏堂先生),非罪陷缧绁。
元戎功正高,书生气竟折。
明镜察其冤,下笔为之雪。
爱才出自性,岂惟辩枉切。
叹息述往事,宛转情犹结。
大文表遗编,生死仗贤哲。
感恩兼知己,久闻吾师说。
文字溯渊源,吾亦弟子列。

玉堂望已渺,愧我仕宦初。
壮游既云负,旧学日以无。
父执渐寥落,师门徒欷歔。
南国有乔木,蔚此长者居。
文章重海内,风雅瞻真儒。
永持敬恭念,况何奖眷殊。
善气一熏被,肺腑春风舒。
亲炙良所愿,恐惧弃碱砆。

吴炳祥这四首诗写于光绪甲申,即1884年。这时吴棠已去世八年,后侪吴炳祥前往南京拜访金陵尊经书院讲席薛时雨。第一首开篇就称赞薛时雨官杭州知府是东坡居士苏轼治理杭州的继续——"东坡官杭州,先生续治谱";薛时雨热爱滁州,犹如六一居士欧阳修一样——"六一爱滁阳,先生接邻宇。名山有传人,高风宜并举";接着,颂扬了薛时雨对社会的贡献,已经达到"薛庐两千古"。

第二首,回忆同治七年初春,吴炳祥随侍父亲吴棠左右,吴棠邀游薛时雨西湖画舫情形——"忆昔侍先子,西湖泛新涨。葛巾飘然来,始识丈人行",薛时雨夫子风度,非同一般。交谈中,勾引起薛时雨回忆往昔。如今物是人非,感慨万千,因此礼遇故人之子——"谓我故人子,许坐谈经帐"。

第三首是赞美薛时雨人品,敢于仗义执言,敢于伸张正义,明察秋毫,为"罪陷缧绁"的陈柏堂先生鸣冤,认为自己就是薛时雨弟子——"文字溯渊源,吾亦弟子列"。

第四首是赞美薛时雨的文章——"文章重海内,风雅瞻真儒"以及自己对薛时雨的恭敬和薛时雨对世人的影响——"善气一熏被,肺腑春风舒"。虽是恭维,但一片诚心。

吴棠离世八年之后,其后人仍登门致谢,可见薛时雨与吴棠的交往非同一般,延及后人,世代相交。

综上,薛时雨与吴棠乃"雅故世交",值得后人学习效仿。

2018年8月10日—9月6日于市政协文史委办公室
——发表于2018年9月13日、9月30日《新滁周报》,收入2018年11月滁州市地情人文研究会《纪念薛时雨诞辰200周年研讨会论文集》、2018年12月政协全椒县委员会《中国·全椒 薛时雨诞辰200周年学术研讨会论文集》、2019年11月国家图书馆出版社《纪念薛时雨诞辰200周年研讨会论文集》。

吴棠与望三益斋文化

吴棠(1813—1876年),字仲宣,一字仲仙,号棣华,清安徽泗州盱眙县三界市(今明光市三界镇老三界)人。吴棠于道光十五年(1835年)中江南乡试恩科举人,道光二十九年补江苏桃源县(今泗阳县)知县,历任清河知县、署邳州知州、徐州知府、徐州道、江苏按察使、江宁布政使、署漕运总督、实授漕运总督、署江苏巡抚、署两广总督、补闽浙总督、授钦差大臣等职,官至四川总督、署成都将军,加都察院都御史、兵部尚书衔。

吴棠喜欢读书,也喜欢刊刻书籍惠及士林,为牧令时,重视士子学习,在清河知县任上,于军书旁午之际,犹校勘朱子《小学》《近思录》,公诸士林;还以《汪龙庄遗书》为课程,所至皆分致僚属,求先贤有益学治书刊之。汪龙庄,即汪辉祖(1730—1807年),号龙庄,清代乾、嘉时期良吏。

咸丰五年(1855年),吴棠从清河知县任上开缺,奉讳里居,购大量经籍回原籍盱眙三界市老家阅读,并署其室名"望三益斋"。其后,吴棠一直坚持用"望三益斋"之名刻印书籍,供给士人,世称"望三益斋"本。

据陈庆年《吴棠年谱》列举,时"望三益斋"刻印书籍有:

经部:合刻《(宋)程子朱子》,吕祖谦《周易传义音训》,邹季友《书传音释》,吴昌宗《四书经注集证》,张锡嵘《孝经问答》《孝经章句读》,朱就《正录读》《正录续编》,合刻赵怀玉、周廷寀校注《韩诗外传》。

子部:(明)陈选《小学集注》,江永《近思录集注》,《圣祖仁皇帝庭训格言》,方东树《书林扬觯》《汉学商兑》,汪辉祖《双节堂庸训》《学治臆说》

《学治续说》《学治说赘》《佐治药言》《续佐治药言》《病榻梦痕录》《梦痕余录》。

集部：钱振伦、钱振常笺注《樊南文集补编》，张弨《张亟斋遗集》，王效成《伊蒿室文集》《诗集》，谢枋得《文章轨范》《唐诗集注》，果亲王《古文约选》，王拯辑《归方评点史记合笔》。

以上书目没有史部，据了解，其时吴棠刊刻的史部书籍有丁晏的《四史余论》以及吴棠辑的《明史列传》《宋史列传》等。这些刊本书籍，被海内称为善椠，即质量优等、装帧精致的刻本。

据吴棠《望三益斋诗文钞》及相关资料记载，吴棠一生出资刊刻的书籍很多。

咸丰十一年(1861年)，吴棠升任江宁布政使兼署漕运总督，主持修成《盱眙吴氏族谱》四卷；重建了清江崇实书院，延聘归安钱振伦主讲。吴棠主编了书院教材《崇实课艺》十七卷分发士子。之后，又陆续刊刻了钱振伦《玉溪生年谱订误》，吴棠《读诗一得》《望三益斋制义》《望三益斋试帖》，谢枋得《叠山先生注解章泉涧泉二先生选唐诗》，《礼经通论残帙》等书，重刊了钱振伦、钱振常笺注《樊南文集补编》等书。

同治四年(1865年)，吴棠刊刻了《邵位西遗文》、《广惠编》一册、《周易传义音训》、《书传音释》，次年刊行《考订朱子世家》一卷、《望三益斋塾课》等书，均以"望三益斋"名义刊行于世，嘉惠后学，广为流传。

同治六年，吴棠任闽浙总督时在闽地除以"望三益斋"名再次刊刻了《程颐传》、《朱熹本义》、吕祖谦音训的《周易传义音训》、《御纂朱子全书》六十六卷等书外，还刊刻了与闽地相关的谢金銮《教谕语》和《泉漳治法论》等书，补刊张清恪《正谊堂全书》等书。张清恪，即张伯行(1652—1725年)，谥号清恪，曾官福建巡抚，被康熙皇帝称为"天下第一清官"。

同治七年，吴棠任四川总督后，持续多年以"望三益斋"名刻印书籍，首刊孙奇逢《孝友堂家规》、袁易斋《图民录》、张弨《张亟斋遗集》等书，皆身体力行，为属吏倡。

同治十年，吴棠设书局于成都，重刊《钦定朱子全书》，殿本《史记》、(前、后)《汉书》、《三国志》、《五代史》、《文选》、《经典释文》等书,主要为史部名著,还重刻了方东树《书林扬觯》、《小学集注校勘记》六卷、《小学校语》、《小学总论》、齐召南《宝纶堂诗钞》六卷等书。同治十一年,吴棠在成都使署重刊了杨伦《杜诗镜铨》二十卷、张潽《杜文注释》等书,首次刻印了自己著述:《望三益斋杂体文》、《望三益斋诗文钞》十卷。两年后再次刊刻时改为《望三益斋诗文钞》十四卷(包括《烬余吟草》二卷、《词草》一卷、《公余吟草》二卷、《归田诗草》一卷、《杂体文》四卷、《读诗一得》一卷、《制义》一卷、《塾课》一卷、《试帖》一卷),附《孝敬堂试艺》一卷。

光绪年间,吴棠次子吴炳祥等人再次以"望三益斋"名义刊刻《望三益存稿》五种十五卷(增《祭文、碑文、国史列传》一卷,《谢恩折子》一卷,《词草》附于《烬余吟草》之后)。

此外,吴棠一生首刊、重刊、补刊的书籍还有吴棠《四川巡阅纪行诗》一卷、魏了翁《周礼折衷》、《书经集传》、《注解唐诗绝句》、《韩诗外传校注》十卷(附《补逸》一卷)(辑)、《诂经精舍文续集》八卷、《陈氏选小学集注》六卷、《康伯山文集》、隋大令《边海志略》、孙衣言《逊学斋诗钞》、《客山堂稿》、《家熙台广文族谱》、《张敬堂太史遗书》、《黄翔云文集》、《杨叠云诗集》、《崇豹君赋稿》、《济州学碑释文》、《瘗鹤铭辨》、《唐昭陵六骏赞辨:附栈行图诗》、《娄机汉隶字原》(校本)、《盱眙吴氏孝敬堂族谱》四卷、《清河县志》二十四卷(修)、《滁泗赋存》、《椒陵赋抄》等书籍,大多数由吴棠作序,所刻书籍费用绝大多数由吴棠个人筹集捐助,并将刻板藏于成都浣花草堂,以备后人使用。吴棠离开四川时,还将所得《旧钞魏鹤山集刊》等书存于蜀中,以遗学者。回滁州次日,吴棠就着手创立储英乡塾课士,部署甫定,因病故中止。另外,吴棠还有《福建通志》二百七十八卷(修)、《吴勤惠公奏稿》十卷、《游蜀疏稿》等书刊行于世。

"望三益斋"刻书影响很大,张之洞任四川学政时,在吴棠支持下筹办尊经书院(四川大学前身),为尊经书院撰写指导治学门径的举要目录《书目答问》一书中,多次提到"盱眙吴氏望三益斋刻本"书籍。吴棠去世后,其后人于光绪年间重刊上述书籍、新刊书籍时,仍署"望三益斋"。吴棠次子吴炳祥(字吉府,官至江苏巡盐道)于光绪十九年赠送友人蔡沈《书经集传》一书上就钤有"盱眙吴氏望三益斋藏书之印";又如望三益斋藏本——稀见的光绪甲午年(1894年)

西法石印《苏黄题跋》一套全五册(《东坡题跋》2册,《山谷题跋》3册),主人就是吴炳祥。吴棠长孙、吴炳祥长子吴公望(清末民国碑帖鉴赏家,新中国成立后曾被首聘为上海文史馆馆员),一生保留祖父吴棠"望三益斋"室名,如沈从文先生早期收藏的汉《西狭颂》碑旧拓上,末尾就钤有"望三益斋印",又有"盱眙吴氏珍藏印"。吴公望收藏的碑帖上均有这些字样。

"望三益斋"就相当于现在的书局、出版社、藏书室,"望三益斋"所刊所藏之书被称为"望三益斋丛书",遍及华东地区、西南地区,多供给官学、书院、家塾做教材,也供给士林研读,在当时已形成一种文化品牌,属于一种文化现象,大型工具书《中国丛书综录·丛书目录》就收录了"望三益斋丛书"条目。目前,"望三益斋丛书"保存下来的刊本有四十余种,单部最高价值已达数万元。

2018年7月17日—18日

——发表于2018年11月《人文滁州》(第14期)、2018年12月6日《滁州日报》专版、2018年第4期《盱眙历史文化研究》、2019年第1期《立德》,收入2019年4月中国文史出版社《中国政协理论和实践汇编》(2018年度)一书、2019年4月中国文史出版社《明光文史》(第10辑)一书。

昙花一现的江淮省

历史上有个江淮省,与安徽、江苏两省有关,设立不满三个月即遭裁撤,可谓昙花一现。

安徽、江苏原为一个省——江南省。清康熙六年七月甲寅(1667年8月30日),江南省分为江苏、安徽两省。江苏省(包括今上海市)名由江宁、苏州两个府的首字合成,简称"苏",以苏州为名;巡抚驻苏州,特设两个布政使,一驻苏州,一驻江宁(今南京),全国唯一。安徽省名由安庆、徽州两个府的首字合成,简称"皖",以古皖国为名,境内有皖河和皖山;巡抚、布政使驻安庆。两省之上设两江总督,驻江宁,总管江苏、安徽和江西三省的军民政务。

安徽省会驻安庆,偏在西南一隅,主要区域在皖中、皖北、皖东巡抚控制力较弱;江苏省会驻苏州,偏在江南,五分之四属地在江北,巡抚控制力较弱。太捻战争时期,安徽巡抚李嘉端、福济、翁同书等人曾临时驻庐州(今合肥)、宿州等地,对淮北地区失去控制;江苏巡抚曾临时驻镇江,对苏北地区失去控制。

太平天国定都金陵(今南京)后,运河阻断,南北不通,漕运改为海运、漕粮折色,开始出现改漕运总督为江北巡抚以及废漕运总督之说。咸丰八年(1858年),仓场侍郎廉兆纶上奏:"清淮(清江、淮城)一带,实为南北要冲,漕运总督不兼管地方,宜此时权设江北巡抚,抑或将漕运总督权改斯缺,所有江北各路军务,悉归统制,庶可控扼江淮,声援汝颍。不惟江南群逆绝其觊觎之心,即豫东会捻各匪出没之区,亦可断其一臂矣。"咸丰十年,捻军攻陷清江浦河道总督府后,清廷将驻清江的南河总督裁并于漕督,并谕令漕督节制江北镇道及以下各官。裁并后首任漕督由徐州道王梦龄(?—1861年,广东省雷州府海康县人)

署理并兼江宁布政使。但王梦龄患病在身,不懂军事,剿捻不力,不到一年即被撤换,以五品京堂回京候补。咸丰十一年十一月,淮徐道、帮办江北团练、赏加按察使衔吴棠(1813—1876年,安徽明光市三界镇人)奉旨补授江宁布政使,署漕运总督,帮办徐、宿剿捻事宜,督办管理江北粮台,兼管河务,并命统辖江北镇道以下文武各官,集军、政、漕、河、粮、盐六权于一身,成为清代漕运史上最有实权的一个总督,江北所有清军和地方团练及原河督所统辖的海营,漕督所统辖的漕标营,淮扬镇、徐州镇两镇的镇标营等军队悉归其统辖。同治元年(1862年)二月,工部尚书王庆云奏改漕督为江北巡抚,漕标为抚标,"俟苏常克复,仍复其旧",因两江总督曾国藩反对而被否决。同年,漕督吴棠由淮城移驻清江浦原南河总督署改建的漕督行辕。同治二年三月,吴棠实授漕运总督,江北文武官员及军务、地方一切事宜,仍归节制。同治三年十一月,吴棠上疏请求恢复旧制。奉旨,江北事宜仍著吴棠管理。太平军、捻军被清廷镇压后,江北恢复旧制,此后设省之议停息。

光绪二十四年(1898年),康有为于戊戌变法时上《请废漕运改以漕款筑铁路折》,提出"以漕运总督缺为铁路总督,运丁仓丁船夫卫兵充车路工"。可奏折上达不久,变法即告失败。光绪二十八年(1902年),调任漕运总督的陈夔龙以屯卫已裁,漕务无事,防卫河工与漕督名实不符,奏请裁撤。政务处会同吏部议奏认为,漕督尚有河堤各工之责,"此时应请暂缓裁撤",而当时又有"议设江北巡抚"之说。

光绪三十年(1904年),江苏南通籍状元、国史馆修撰张謇经由署理两江总督的端方代奏徐州建省,"亦以裁撤漕督为言"。张謇认为,徐州建省的有利条件有"二便四要"。"二便",一是"增官不必添员","漕督可裁,未尽事宜,以徐州巡抚兼之";二是当地民气"朴嗇劲悍",可就地练兵,"足资防御"。"四要",是指徐州建省有利于训农、劝工、通商、兴学四大要政。张謇并考《禹贡》徐州地域,定徐州省的范围为江苏省徐州府之铜山、萧、砀山、丰、沛、邳、宿迁、睢宁,海州本州及沭阳、赣榆,淮安府之安东、桃源;安徽省凤阳府之宿、灵璧,颍州府之蒙城、涡阳、亳州,泗州本州及五河、盱眙、天长;山东省沂州府之兰山、郯城、费、莒、沂水、蒙阴、日照,兖州府之滕、峄,济宁州之鱼台、金乡,曹州府之曹、单、城武;河南省归德府之商丘、虞城、宁陵、鹿邑、夏邑、永城、睢、考城、柘城;共45州县。同年十二月初六,御史周树模奏请裁撤漕运总督,称:"各省卫官已撤,屯户并改,丁粮归州县经征,南漕半改折色,半由海运,各省粮道亦次第裁减,漕督无官可辖,而体制极崇,殊非综核名实之道。"同日,政务处接到"交政务处本日御史周树模奏请裁漕运总督缺片,奉旨政务处议奏"的上谕后,将此折与张謇之折一并讨论。政务处奕劻、瞿鸿禨等人商议后认为,"徐州在江苏,地居最北,若于平地创建军府,既多繁费,所请分割江苏、安徽、山东、河南四十余州县,亦涉纷更。今昔形势,迁变无常……及江南河道总督裁撤,漕督移驻淮城迤西之清河县,实为绾毂水陆之冲,北连徐海,南控淮扬,地既适中,势尤扼要","臣等共同商酌,拟将漕运总督一缺,即行裁撤,改为巡抚,仍驻清江,照江苏巡抚之例,名为江淮巡抚,与江苏巡抚分治,仍归两江总督兼辖。一切廉俸饷项,衙署标营,均仍其旧,但改漕标副将为抚标副将,以符定章"。在清江设巡抚,"应将江宁布政使及所辖之四府二州,全归管理。巡抚所驻,即为省会"。

光绪三十年十二月二十二日(1905年1月27日),清廷明文发布上谕:"政务处奏,议覆裁改漕运总督一折。江北地方辽阔,宜有重镇。顺治年间改设漕运总督,原兼管巡抚事。现在河运全停,著即改为江淮巡抚,以符名实而资治理,即以原驻地方为行省。江宁布政使所属之江、淮、扬、徐四府暨通、海两直隶州全归管理。仍著两江总督兼辖,各专责成。余依议。"第二天又发布上谕"江淮巡抚著恩寿调补","江淮淮扬海道兼按察使著徐树钧调补"。该上谕采纳周树模建议、张謇部分建议,实际上就是将同治初年漕运总督吴棠兼管的江苏省江北地区升格为省。

江淮省省名取江宁、淮安两府首字。新建江淮省省府清江浦。原江宁布政使改为江淮布政使,仍驻江宁。江淮按察使则由驻清江的淮扬海道兼任。江淮省的范围相当于今江苏省的南京市、扬州市、盐城市、连云港市、徐州市的全部,除盱眙外的淮安市,除泗洪外的宿迁市,除靖江外的泰州市,除海门、启东外的南通市,镇江市的句容,以及安徽省的萧县、砀山。省府清江浦即今淮安市清浦区。

清江设江淮省的上谕公布后,遭到了江苏籍京官陆润庠、恽毓鼎等人的反对。光绪三十一年正月二十日,工部侍郎陆润庠等人上奏,提出"今划江而治,江苏仅存四府一州,地势平衍,形胜全失,几不能自成一省"等四点意见,在陆润庠此折上列名的20余人，"凡苏省在京三四品京堂均与其列，淮省则寥寥无几人"。同年二月初八日，由翰林院侍读学士恽毓鼎领衔，江苏京官再次上奏，又提出"苏、淮单独立省，则彼此削弱，不利于江、海军事防御"等四点意见。

江淮巡抚设立后，原两江总督直辖的江宁布政司江、淮、扬、徐、通、海六府州改由江淮巡抚直辖，两江总督无直辖之地，因此两江总督周馥亦反对设立江淮省，建议将淮扬镇改为江淮提督，"文武并用，节制徐州镇及江北各营"。政务处在议奏过程中颇感为难。"若仍改为漕督，则朝令夕改，又无此政体"。于是，又准备按张謇原条陈所请，分割江苏、安徽、河南、山东四省边境地区，另设徐州行省。但此议又遭到山东、河南、安徽三省巡抚的反对，他们均以"分割各该省边境州县隶于徐州为省，诸多窒碍"。结果，政务处只好选择放弃。因大都认为不便改设巡抚，而"拟改设提督驻扎者居多"，政务处奏议，拟请即照两江总督周馥所请，"改淮扬镇总兵为江淮提督，文武并用，节制徐州镇及江北防练各营，仍以淮扬海道兼按察使衔。凡江北枭盗重案应即时正法，军流以下人犯归其审勘，毋庸解苏，以免迟滞。似此则江北文武均有纲领，江淮巡抚一缺，自可毋庸设立"。

光绪三十一年三月十七日（1905年4月21日）发布裁撤江淮省上谕："苏淮分省于治理既多不便，著即毋庸分设，江淮巡抚即行裁撤。所有淮扬镇总兵，著改为江北提督，以资镇摄。"同时谕"恩寿著仍遵前旨来京陛见"，"江北提督著潘万才署理"。四月初四日，上谕："镶白旗汉军副都统练兵处军政司正史刘永庆著加恩赏，加兵部侍郎衔，署理江北提督，所有江北地方镇道以下均归节制"。有人认为这是"不是巡抚的巡抚"，但毕竟无财政、用人之权，江淮省设立三个月即遭裁撤的结局已无法改变。

这就是江淮省昙花一现的来龙去脉，它的立废有不少值得后人思考的地方。

2016年8月25日—26日初稿于市政协文史委办公室
——发表于2018年第4期《江淮文史》、2018年11月《人文滁州》（第14期）。

津浦铁路经过安徽的原因

津浦铁路原来是不经过安徽境内的。

清朝末年,沟通南北的大运河江北部分多处河段淤积严重,日益梗阻,难以适应交通之需。光绪十二年(1886年),曾国藩长子曾纪泽(曾任海军衙门帮办)提议,沿运河修建由北京至镇江的铁路。但因修铁路尚未列入当时国策,此议落空。

光绪二十四年(1898年)一月,江苏候补道容闳任中国留美学生监督归来,热衷洋务,提出自行组建公司,借外债修建天津至镇江的铁路,愿以重金报效朝廷,获得批准。因筹资不足,向美国贷款未成,容闳便与一家英商公司协议,签订了550万英镑的借款草合同。但德国得知后,蛮横地表示,如果津镇铁路不向他们借款,便不许穿过山东省境。这样津镇铁路就必须向西绕离山东,但又会与芦汉铁路接近,这立马遭到了拿到芦汉铁路贷款权的俄、法的强烈抗议。

清政府采纳的容闳此计划遂成泡影。是年甲午战争后,清政府委派工部左侍郎许景澄为津镇铁路督办大臣,张翼为帮办大臣,与德、英方面展开借款谈判,商定北段自天津至山东省峄县韩庄,由德国贷款承包建造,南段自山东省利国驿至江苏镇江,由英国贷款建造。光绪二十五年(1899年)五月十八日,许景澄代表清政府与英、德在北京签订《津浦铁路借款草合同》三十五款,正式筹建(天)津镇(江)铁路。[①] 英、德资本集团背着中国,在伦敦举行会议,擅自决定承

---

① 李盛才:《中国铁路史》(1876—1949),汕头大学出版社,1994年,第119—120页。

办津镇铁路(天津至镇江),清政府迫于压力不得不同意。慈禧太后曾于是年九月一日召见了新简任的督办铁路大臣盛宣怀。紧接着便是戊戌政变、义和团运动、八国联军进京、英布战争,此事被迫搁浅,无人过问。

光绪二十九年(1903年),借款谈判继续展开,清政府改派直隶总督袁世凯为督办津镇铁路大臣,因直、鲁、苏三省绅民要求自办,后来得到会同袁世凯谈判的湖广总督张之洞大力支持:"借直、鲁、苏三省绅民为抵制。"① 最终取得津镇铁路修建权。

光绪三十三年(1907年)十二月十日,清政府外务部署右侍郎梁敦彦与英、德银团(上海德华银行和伦敦华中铁路公司)代表在北京签订《天津浦口铁路借款合同》二十四条,德国出资300万镑、英国出资200万镑。同一日,因沪宁铁路即将建成通车,总理外务部事务大臣奕劻、直隶总督袁世凯、湖广总督张之洞具折请求将津镇铁路改为津浦,线路改经洪泽湖以西的安徽境内,由徐州折向西南,经宿州、蚌埠、滁州而达终点浦口。与德、英两公司改订借款合同②,获准。同月十八日,上述三人又联合外务部署右侍郎梁敦彦上《津浦铁路借款合同画押,请派员督办折》,同日奉上谕:尚书吕海寰充督办津浦铁路大臣,并著直隶、江苏、山东督抚合同办理。③ 津浦铁路总公务所也同时在北京成立。光绪三十四年(1908年)二月,在天津设立津浦铁路北段总局。同年六月,由督办大臣吕海寰着手勘定北段路线(天津至山东峄县韩庄),次第兴工。④ 是年七月,在浦口设立津浦铁路南段总局,开始勘定南段线路(韩庄至浦口),宣统元年(1909年)一月二日南段在浦口开工,举行盛大的

---

① 张之洞致袁世凯电,光绪三十三年四月初九,《张文襄公全集》第198卷,第15—21页。
② 中国人民银行总行参事室:《中国清代外债史资料》,中国金融出版社,1991年,第475页。
③ 《清季外交史料》第209卷,第4—5页;《中国清代外债史资料》,中国金融出版社,1991年,第485—487页。
④ 徐世昌:《退耕堂政书》第31卷《奏议》,第8—11页;《中国外债史资料》,中国金融出版社,1991年,第485—487页。

开工典礼。① 宣统二年(1910年)四月,浦口至临淮关区间铺轨通车。

宣统二年(1910年)五月,因进款不支出销,工程几乎停工。为此邮传部尚书、督办津浦铁路大臣徐世昌先上了一道《津浦铁路工款不敷,并工程吃紧情形折》②,后又于宣统二年(1910年)八月十九日上《津浦铁路续借洋款与德、英两公司议订合同折》,称北段应借虚数英金350万镑,南段应借虚数英金150万镑。③ 得清政府允准后,徐世昌于同年九月二十八日与英、德银团(上海德华银行和英法华中铁路公司)代表在北京签订了《津浦铁路续借款合同》二十三条。工程继续施工。

宣统三年(1911年)九月和十月,津浦铁路南段和北段先后通车,用时38个月,建设速度堪称清代铁路建筑史之最。民国元年十一月廿四日(1913年1月1日),浂口大桥正式投入使用,津浦铁路也正式全线通车,北起天津总站(今天津北站),南至江苏浦口,全长1009.48千米,后因故延至天津东站止,正线全长为1013.83千米,设85个站。

津浦铁路从天津总站开始,经沧州、德州、济南、兖州、徐州、蚌埠、滁州至浦口,单线(仅浦镇至浦口间的3.5千米为复线),标准轨距。北段的部分钢轨产自汉阳。两段都购用了唐山机厂制造的平板石渣车。浦口设有货栈,可存货4000余吨,经轮渡与沪宁路沟通。天津、济南、浦口分别建有机车工厂。津浦铁路建成后,把天津、济南、徐州、蚌埠、南京等重要城市联系起来,沟通了海河、黄河、淮河、长江流域,是继京汉铁路(芦汉铁路的改称)后,中国又一条南北交通干线。津浦铁路客运一直繁忙,在近代、现代、当代中国发展史上发挥了重要作用。

1958年7月,津浦铁路开始双线建设,向北延伸至北京。1969年南京长江大桥建成使用,南京成为连接北京和上海两大城市的中转站。津浦铁路也延

---

① 中国铁路史编辑研究中心:《中国铁路大事记》(1876—1995),中国铁路出版社,1996年,第50—51页。

② 徐世昌:《退耕堂政书》第31卷《奏议》,第8—11页;《中国清代外债史资料》,中国金融出版社,1991年,第485—487页。

③ 《宣统朝外交史料》第17卷,第1—8页;《中国清代外债史资料》,中国金融出版社,1991年,第487—488页。

伸,更名为京沪铁路。

津浦铁路运行 100 多年来,为安徽的经济社会发展发挥了巨大作用。

2016 年 8 月 31 日初稿于市政协文史委办公室

——发表于 2016 年 10 月 6 日《新滁周报》、2017 年第 3 期《安徽政协》、2017 年 10 月 29 日《江淮时报》、2017 年 12 月《人文滁州》(第 13 期)。

重庆举子巧对大明君

朱元璋打下大明江山后,十分重视人才的培养,制定了一整套措施,不断完善科举制度,选拔优秀人才为大明江山效力。

又到大比之年。全国各地举子云集京城南京,准备参加会试。朱元璋很想真正了解一下各地举子的学识,就带着几名贴身太监和侍从,偷偷溜出皇宫,走街串巷,微服私访,遇到举子就与其攀谈,并不失时机地考考他们。

一天,朱元璋一行来到一座寺庙,遇到一位赴京赶考寄居在这里的举子,正在窗下苦读。该举子衣着虽然寒酸,但面目清秀,眉宇之间充满自信,透着一股英气。朱元璋打心眼里喜欢,就主动上前搭腔。一打听是重庆人,朱元璋一时来了兴致,决定试一试这位举子的才学,就随口吟出一句上联:

千里为重,重山重水重庆府

举子一听,这不是在考我吗?再仔细一瞧,出对之人虽穿着朴素,但出口不凡,霸气十足,居高临下,谈吐高雅,肯定大有来头,说不定是主考官微访举子,得拿出点真本事让他瞧瞧。其出句先采用合字法,"千里"二字合成"重"字,后采用重字法,三个"重"字相重叠,巧妙地点出了我的籍贯重庆,可谓高明,但亦难不到我。于是从容对出下联:

一人为大,大邦大国大明君

此联恰到好处地颂扬了大明皇帝朱元璋。朱元璋听后大为赞赏，心想，大明有这样的人才，真乃幸事！于是连连称赞道："好，对得好！'一人'二字就是'大'字，三个'大'字相重复，大明国君在大邦、大国之上，实在是绝妙好对！"随后叫随从赠以银两，并记下那位举子姓名。出榜后，那位举子果然会试金榜题名，成为贡士。几天后，这位贡士又参加了由皇帝朱元璋亲自监考的殿试，又一次榜上有名，成为进士，无须候补，即被予以实职走马上任。真是巧对一联，喜得官职。

——发表于2006年11月6日《滁州广播电视报》、2016年5月27日《中国楹联报》、2017年6月《幽默与笑话》(上半月刊)，收入2012年1月知识产权出版社《中国民间故事全书·安徽滁州·明光卷》一书。

"明文化"概念的提出及内涵

文化大致包括文学、思想、史学、宗教、教育、科技、艺术、军事学、文献学、地理学等方面内容。

"明文化"概念，到目前为止，还没有权威部门或人士下过准确统一的定义，明文化的内涵和外延还没有明确的科学界定。

朱文根先生首倡了"明文化"概念。2013年6月，安徽省地方志办公室主任朱文根先生带领省地方志几位处长来皖东考察。他在座谈时说，多年来，将安徽文化概括为皖江文化、江淮文化、淮河文化、徽文化(皖南文化)，定性都不够十分准确。这些文化属于地域文化，不能全面概括安徽文化，不能代表整个安徽文化，也不够大气。

为此，他先后到滁州、明光、凤阳等地开展了专门调查研究，希望对安徽文化重新定位。他说他在思考一个问题，安徽什么文化最具魅力？那就是明文化。皖东是明太祖朱元璋的发迹地，也是明文化的发祥地、富集地，特别是明光、凤阳是明太祖朱元璋的出生地、成长地，更是明文化的滥觞。明文化是明朝文化，是朝代文化，是皇家文化，是正统文化，是正宗历史文化，是人民文化。但"明文化"不能简单等同于"明朝文化"，需要进一步探讨研究。2013年6月5日在明光市座谈明文化时，笔者作了主题发言，即在明确明光明文化概念、对明光明文化准确定位的前提下，研究明光明文化，弘扬明光明文化，打造明光明文化，发展明光明文化，推介明光明文化，拓宽明光明文化领域，提升明光明文化价值和知晓度，让明光明文化发挥应有的社会效益和经济效益，很有必要。

2014年5月25日，明光市地情人文研究会与岐阳李氏宗亲总会率先在明光举办了陇西王李贞、岐阳王李文忠后裔寻根问祖暨首届明光市明文化研讨座谈会。明光市地方文化专家及爱好者，全国各地的陇西王李贞、岐阳王李文忠父子后裔代表参加了会议。

为深入研究明文化的起源、特征及其与滁州地域文化的关系，2014年12月11日，由安徽省地方志办公室、滁州市人民政府主办，滁州市地方志办公室承办的"明文化研讨会"在滁州举行，来自全国各地的近100位专家齐聚一堂，分析畅谈明文化。

因为明王朝存在的近280年是滁州历史发展的一个特殊时期，它承袭宋元，影响清代、民国直至现代，在中国的历史长河中占有重要地位。是年8月，安徽省及滁州市地方志部门面向全国征集研究论文，受到全国各地专家学者的热烈响应。在此次研讨会上，来自新疆、湖北、河北、云南、广东等省（市、自治区），中国科学技术大学、安徽大学、上海师范大学、安徽师范大学等高校地方志部门、史学会的专家学者齐聚滁州。《诗词中的灾荒与明代灾害文化》《清水十分花鼓娘，花腔巧调出凤阳》《有明一代新疆地域文化的发展》《明代建文传说流衍考论》《明光溯源》……专家学者们纷纷发言阐述，深入分析明文化的"前世今生"，让人们对明文化的内涵、特点等有了更全面、更深刻的认识。

2015年4月25日至26日，由明光市地情人文研究会主办，北京正康健科技有限公司、安徽恋尚你食品有限公司、安徽明龙酒业有限公司协办的第二届"明光明文化研讨会"在明光市举行。来自省内外近40名明文化研究专家、学者参加会议，有11位专家学者进行了学术交流发言，会议期间还进行了"明文化研讨"和文艺演出等活动。他们共同的呼声是："明文化资源品位高，内涵厚重，皖东遗址多，艺术价值高，在大力发展城市文化建设中，我们应加大对明文化的研究、保护、整理、挖掘、传承和发展。"专家学者们还实地参观了跃龙冈、尿布滩、女山等明文化遗址。安徽省地方志办公室主任朱文根出席并讲话，他充分肯定了这次研讨会的意义，他说，近年来，明光连续举办明文化研讨会，对促进全省明文化的研究做出了一定贡献。他阐述了明文化研究对完善安徽文化格局的重要意义。他指出，在明文化研究中要有"争"的意识、"和"的意识，还要有共有意识、合作意识、双赢意识，只有依靠整体优势才能把明文化打造好、推介好。

2017年8月26日,安徽蚌埠明文化研究会成立。当日下午,安徽蚌埠明文化研究会首届研讨会在安徽科技学院隆重举行。学术研讨会议题主要包括三个方面,即凤阳明文化范畴、概念、地位、价值等讨论,明文化研究课题指南讨论,学术交流。会议由曹天生副会长主持,蚌埠市社科联副主席张连安和研究会汪元宏会长、陈传万秘书长等30多位专家、学者出席了会议。会议收到论文15篇,专著2部,学会顾问、淮河文化研究专家郭学东先生首先作了《凤阳明文化的地位与研究价值》大会主题发言。

　　2017年11月26日,明光市岐阳李氏文化促进会成立。促进会在明光市举办了"2017明光市岐阳文化传承建设年会"。年会的主题是:配合学习型社会建设,启动"书香岐阳"传承建设,助力"书香明光"打造。明光市相关人员出席会议并讲话。他们从明文化的社会影响,以及如何挖掘、传承明光市明文化发表了看法。大家还认为,要正确客观认识岐阳李氏文化,它只是明光明文化的一小部分,不代表明光明文化的主流,研究明光明文化要避免本末倒置。

　　在这个过程中,明光各种文化活动都提到了"明文化"这个概念,但至今没有权威部门或权威人士给"明文化"下过定义。专门深入阐述明光明文化的论文和著作还没有问世。比照秦文化、汉文化、唐文化这些概念,那么明文化就是明朝文化、明代文化,我以为与明代历史人物、事件等有关联的历史文化、文学艺术、科技教育等都是"明文化"的范畴。

　　那么如何定义"明光明文化"呢？我个人以为,"明光明文化"应当指与明光有关联的明代历史文化、文学艺术、科技教育等的合称。"明"不仅是历史朝代明代之"明",也是地域上明光市之明。

　　　　　　　　　　2019年2月12日于市政协文史委办公室
　　　　　　——发表于2019年第1期《盱眙历史文化研究》(总第24期)。

淮右风云

吴棠滁州故居产权登记人吴公望及其家事

滁州市人民政府于2017年斥巨资开始复建滁州历史名人吴棠的故居。该故居坐东向西，坐落于原中心街72号，即今南谯北路（中心街）64—72号。新中国成立后，其产权登记人是吴公望。吴棠故居复建后将进行布展，现将产权登记人吴公望及其家事介绍于此，以期有益于布展。

据徐茵（滁州市琅琊区政协原副主席）女士调查，1972和1985年，滁州市老城区原宽四米的中心街经两次拓宽至二十四米，拆除民房一万余平方米。吴棠故居吴氏南公馆临街的房子被扩路拆除。20世纪90年代末期，临街的房子再次被拆除，改建成楼房，剩余的房子基本保持晚清的格局，除新华书店职工外，居住的都是普通市民。现在用作新华书店职工宿舍的部分保存较好。保存下来的南公馆有东西正房三间，面阔三间，进深一间，硬山顶，小砖瓦，抬梁式五架梁，面阔十二米，进深七米，挂落雕花槅扇窗。还有南北厢房各两间，抬梁式三架梁，面阔两间六米，进深五米。2006年4月，吴棠故居已被滁州市人民政府批准为市级重点文物保护单位。东面临街，西至金刚巷，北至盐局巷，南至人民电影院，均为吴棠故居保护范围。

据《滁县房改后房主分户情况登记表》（存于滁州市房产经营管理处）记载，产权登记人为吴公望。不过，它并不是吴公望自己置下的产业，而是继承其祖父吴棠的遗产。同治二年（1863年）十一月，盘踞滁州六年之久的李世忠（李兆受，一名李昭寿，先在家乡河南结捻起义，失败后投靠太平军，被封为"太平天国殿右拾文将帅"，后受胜保招降，清廷赐名李世忠，官至江南提督）拥军自重，残害百姓，经漕运总督吴棠一再参劾，清廷饬令漕运总督吴棠会同科尔沁亲王僧格林沁、两江总督曾国藩等密商剿抚之策,妥筹办理。同治三年(1864年)四月,吴棠经周密筹划,派遣侄子、知府衔直隶州知州吴炳麒,族侄、署江苏奉贤县知县吴炳经及特赏知县吴炳庭等率部遣散盘踞滁州六年之久的李兆受部并接管滁州城时,吴炳麒父亲、吴棠长兄吴检随之入住滁州城,营造了吴氏西公馆(后来,吴检次子吴炳仁增拓了后花园——约园),位于滁城西大街75号,共有七进。吴炳经及其弟吴焘(举人,候选郎中)营造了吴氏北公馆,位于北大街25号。同治八年(1869年),吴棠在四川总督任上,与成都将军崇实关系不好,处处受崇实掣肘。吴棠非常痛苦,曾致函家人,希望能不为五斗米折腰,告老还乡,归隐田园。一向孝顺的吴棠次女吴金蕙(一名述仙)与其夫杨士燮帮助吴棠在滁城营建了养老之处,取名招隐山房,即吴氏南公馆,位于原中心街72号,即今南谯北路(中心街)64—72号的吴棠故居。吴棠也从此视滁阳(滁州)为故乡。

吴棠系吴公望的祖父,为皖东清史上唯一的封疆大吏。吴棠(1813—1876年),字仲宣,一字仲仙,号棣华,又号春亭。道光十五年乙未(1835年)中江南乡试恩科第六十二名举人,道光二十四年甲辰参加大挑,一等引见,奉旨以知县用,签掣江南,分发南河搞河工。道光二十九年己酉补江苏桃源县(今泗阳县)知县。历任清河知县、署邳州知州、江苏候补知府、帮办浦六防务、江苏候补道、督清河练务、署徐州知府、署淮海道、署徐州道(兼摄徐州府事、办徐州粮台)、淮徐道、帮办江北团练、帮办徐宿军务、江苏按察使、江宁布政使署漕运总督、督办江北粮台兼管江北事务、节制江北镇道以下各官、实授漕运总督、署江苏巡抚、署两广总督、补闽浙总督、授钦差大臣等职,官至四川总督、成都将军,加都察院都御史衔、兵部尚书衔。

吴棠生有三子:吴炳采、吴炳祥、吴炳和;二女:吴金兰、吴金蕙。

长子吴炳采(1844—1861年),字载甫,号翰香,业儒,早逝,貤赠中议大夫,娶句容县知县王会图之女为妻,生有一女。王氏(1842—？年),貤赠淑人。

次子吴炳祥(1850—1899年),字吉甫,号子仙,廪膳生。同治九年(1870年)中试江南乡试恩科第四十二名举人,候选郎中,江苏候补道,曾任扬州知府、署江南巡盐道、金陵海关监督等官职,著有《怡庐诗钞》,校刊有《论语正义》等书。吴炳祥娶定远同知衔胡清女(1852—？年)为妻,例封宜人,生子二:吴公望、吴公武。

三子吴炳和（1852—1895年），字协甫，号少宣，附贡生。光绪元年（1875年）一品恩荫生，光绪二年钦赐举人，以父荫员外郎，光绪五年九月入京谒试，光绪六年，奉旨参加礼部考试，授直隶候补道。炳和娶黄氏（1854—？年），例赐封宜人。有子吴增诃，娶桐城张廷玉的后人张传经（1883—1955年）为妻。吴增诃有子吴克炎。吴克炎是电报专家，抗战时期在重庆从事邮电工作，战后回南京继续邮电工作，解放战争时期，随国民党部队前往大西南，后不知所终。吴克炎有子吴绍彬。吴绍彬从小随祖母生活于滁州、桐城等地，新中国成立后毕业于南京大学，曾任滁州市工商银行总工程师，1993年退休。吴绍彬妻秦翠兰，在滁州市邮电局退休。吴绍彬有二子一女：长子吴威（秦威），次子吴琦，女吴媛媛，均生活在滁州。

吴公望（1883—1975年），名同远，室名望三益斋，自称安徽泗州盱眙县三界市（今明光市三界镇老三界）人。清末民初，吴公望流寓北平，居京师寓斋；民国后任故宫博物院文物点查组组长，20世纪30年代前后曾任国民政府司法院图书室书记官。吴公望身材颀长，仪表堂堂，为人慷慨，在京师交游甚广，主要依仗其两个姑父。其二姑父杨士燮，字连城，号味春，系吴棠恩师、漕督杨殿邦之长孙。杨士燮兄弟八人，他排行老大，娶了吴棠的次女吴金蕙（一名吴述仙）为妻。吴金蕙贤惠多才，成了杨家的长嫂之后，决心资助弟弟们读书进学。住京郊时，生计艰难，吴金蕙典当所有陪嫁品及金银首饰用于家庭生活。在杨士燮的带领和吴氏的资助下，杨家弟兄八人发奋读书并参加科考，八兄弟中四人中进士，点翰林。杨士燮于光绪二十年（1894年）甲午恩科会试中二甲第六十二名进士，与清末状元、著名实业家张謇是同年，曾任工部主事、监察御史、嘉应知府、浙江巡警道、禁烟督办。杨士燮四弟杨士骧（字萍石，号莲府）曾任山东巡抚、直隶总督，与袁世凯结为亲家。只有五弟杨士琦未中过进士，却最为风光。杨士琦（1862—1918年），字杏城。他不光是吴公望二姑父杨士燮五弟，还是吴检之婿、扬州知府吴炳仁（1852—1927年）妹婿，即吴公望堂姑父。杨士琦光绪八年（1882年）中举，中举后曾寓居滁州吴公馆一段时间，曾在吴炳和陪同下游览过滁州西涧、清流关、琅琊山醉翁亭。他先报捐道员，后为李鸿章、袁世凯部下。杨士琦投靠袁世凯后，任洋务总文案献，成为袁"运动亲贵，掌握政权"的马前卒,持续十数年受宠不衰,被袁视为心腹,且素称"智囊",先后任晚清农工商部右侍郎(为袁世凯长子袁克定上司)、邮传部长、政事堂左臣、南洋公学(上海交大前身)监督(校长)、招商局董事会会长等要职。辛亥革命后,杨士琦曾力劝袁世凯迫清帝退位,与南方议和,也曾极力拥戴袁登上"洪宪皇帝"的宝座。背靠大树好乘凉,有堂姑父杨士琦罩着,吴公望在京师如鱼得水。当然,吴公望自身才学和豪爽性格也不可或缺。

吴公望是饱学之士,擅长碑帖、古籍鉴定。广为流传的《魏曹真残碑》出土时最初拓本上就有朱建卿、韩小亭、吴公望等考藏印记。民国十二年(1923年)刊印的拓本上就有吴公望作的跋:"《魏曹真残碑》第八行'蜀贼'之'贼'字,第十一行'蜀贼'之'蜀'字初土时即为土人凿去,故'蜀贼'未泐本,绝不可见。余在京师十年所见'诸葛亮'本以十数计,唯此本'上邽'之'上'字未损,余均损甚,历经朱建卿、韩小亭收藏良可珍秘,世无'蜀贼'未泐本,则此本为断后最初拓矣。癸亥孟春盱眙吴公望识于京师寓斋。"此为判断《魏曹真残碑》拓本是否为出土最初拓本唯一依据。

吴公望是中国近代著名的碑帖专家,名重京师,收藏研究过中国历史上重要碑帖,鉴定过许多著名碑刻拓本。嘉庆年间重新发现后的初拓本《泰山刻石》十字本上就有"盱眙吴同远公望父审定印记",吴公望题签。吴公望对碑帖情有独钟,一次,他从妹婿张孟嘉(名恂,字孟嘉,一字孟举。清流魁首张佩纶庶子,中国现代著名女作家张爱玲伯父。清末民初知名画家、收藏家)处得一元至正年间周伯琦拓本的孤帖《诅楚文》石刻拓印本,中国著名文物鉴定家、金石学家徐森玉(曾任北京大学图书馆馆长、故宫博物院院长、上海博物馆馆长、国务院文史馆副馆长,国务院古籍整理三人小组成员)先生一见惊喜,诧为世间孤本。为了大家都得一见,于是吴公望于民国三十三年(1944年)委托沈丘章用珂罗版翻印了一百本,分赠学者,孤帖《诅楚文》石刻才渐为学界所知。吴公望影印的《诅楚文》即《元至正中吴刊本》。《诅楚文》共有三文:《告巫咸文》《告大沈厥湫文》《告亚驼文》,仅神号相异,为战国晚期秦国所作,是祈求秦人所奉祀的神祇诅咒降祸于楚国的一篇宗教文学作品。宋欧阳修、苏轼、黄庭坚、张先、叶适、范成大、赵明诚等十数位名家均纷纷为之题咏、著录、注释、考证。惜南宋末年,原石原拓遗失不存。《诅楚文》石刻上承《石鼓》籀文,下启秦始皇峄山、泰山诸石刻的小篆,不仅是战国晚期秦楚关系的重要文献,也在古文字发展史、书法史上占据十分重要的地位。郭沫若先生就得到了吴公望的影印本《诅楚文》,他民国三十六年(1947年)作《诅楚文考释》即引据了吴公望的《元至正中吴刊本》。国学大师、著名楚辞学家、古文献学家姜亮夫先生也曾引据吴公望藏本的影印本:"余所据为近人沈仲华(按,实为沈仲璋)据吴公望藏本影印,吴又得之丰润张孟举者也。"著名文学家、翻译家、教育家施蛰存先生也引过此本,"亡友沈仲璋得到一个元代翻刻的木板拓本,三文俱全,用珂罗版影印了一百部,于是此刻为较多人所得见。"秦《诅楚文》珂罗版本用宣纸印刷,纸质不甚好。蓝色封皮,白色题签,上有徐森玉先生的篆书"秦诅楚文"四字,又有双行小楷小字"元至正中吴刻本 氏湫亚驼巫咸三本全"。后面有吴公望、沈丘章二跋。现在就是这种翻印本也十分罕见,成为难得的珍品。中国现代著名的文学史家、翻译家、收藏家、训诂家郑振铎先生编纂的《中国历史参考图谱》第五册就全文收录了吴公望先生影印题跋的秦《诅楚文》碑刻,名为《元至正中吴刊本》。

吴公望对医学也很精通。新安医学著名医家许思文毕生心血所著《墨罗疹问答》一书是新安医家研治霍乱的早期专著,光绪二十八年(1902年)在友人的资助下得以刊行于世,既实现了他济世活人的愿望,也给当时众多的霍乱患者带来了福音。吴公望曾为此书写了跋,盛赞是书价值:"但得是书者,味其说,遵其方,即遭其痰亦鲜有惧也!"

新中国成立后,吴公望移居上海陕西南路鸿安坊2号,1953年8月1日被聘为上海市人民政府文史研究馆馆员,聘书由陈毅市长签发。大同大学教授周退密先生在《文史馆感旧录》中记载:"吴公望(1883—1975年)。停云旧拓思林藻,翠墨高斋记雪泥。予不识君,解放后却屡见君之藏品散落于冷摊中,曾收得数种,记有停云馆刻《唐林藻深慰帖》。有君长跋多段,视其名款为盱眙吴公望同愈,室名'望三益斋'。予入馆后,翻阅馆员名录,始知为同馆前辈,恨未及奉手与谈'黑老虎'也。君工书法,偶有所见,率为小楷,学人之书,自具雅韵。"

吴公望与原配生有长女吴克静(?)、次女吴克婉、三女吴克娴、长子吴克斌;与继配生有四女吴克敏、五女吴克宁、次子吴克昶。继配为李鸿章之孙女,家庭显贵,骄横异常。李家之所以愿意将千金小姐填房到吴家,主要看中的还是吴公望系吴勤惠之长孙,名门之后,门当户对。李氏于民国元年进入吴家后,自觉非常委屈,既恨吴家又恨李家,把全家搞得鸡犬不宁,常常把胸中怨气发泄到前任子女身上,因此对年仅三岁的继长子吴克斌很不好,态度非常恶劣,经常虐待幼小的吴克斌。对继长女吴克静、继次女吴克婉、继三女吴克娴也不好,因为她们比较大了,所以李氏也不敢太过分。吴克婉、吴克娴因此很早就结婚了,婚后很少回娘家,后来都与她们的丈夫移居美国。吴克婉、吴克娴后来对吴克斌夫妇及其子女都非常好。

吴公武无出,过继长兄之子吴克斌为后。吴克斌的这种身份,上海俗称两房格一子。

吴克斌(1909—1971年),字孟文。吴克斌幼时主要靠三个姐姐抚养,长姐吴克静一边要对付继母李氏,一边要照顾二妹、三妹和弟弟,积劳成疾,未及成年即夭折。吴克斌入学以后,多住校;后远离家庭,前往天津南开中学就读,因害怕继母,寒暑假均寄居同学家,不敢回家;高中毕业后考取上海南洋工学院电机系,即后来的上海交大电机系,与汪道涵(上海市前市长、首任海协会会长)为校友。读大学时,寒暑假吴克斌均寄居二姐或同学家。吴克斌身材高大,英姿勃发,喜爱运动,学生时代是篮球健将,据说共和国开国总理周恩来一直记得他在篮球场上的精彩表现。吴克斌品学兼优,身体健壮,英武帅气,深得南开校长张伯苓厚爱。民国二十五年(1936年),吴克斌携妻子单秀娟及长子吴绍祯前往重庆为南渝中学(后来更名重庆南开中学)创办人张伯苓庆祝六十大寿,张伯苓多远就认出吴克斌,放下其他人直接呼喊"吴克斌"的名字迎了上去,并将寿桃赠给吴克斌长子吴绍祯。因张提到了篮球,吴克斌特地临时组织了南开校友队,与南渝中学队打了一场篮球,为校长祝寿。

吴克斌大学电机专业毕业后,曾得到国民政府重用,民国二十五年(1936年)前后,主持了杭州、武汉、重庆等发电厂的设计和建造工作。后吴克斌前往英国进修。当时正是二战时期,英法已对德宣战,大批英国青年走上战场,后方空缺很多,吴克斌很快就升任英国一家电厂设计室负责人,为英国二战后方建设做出较大贡献,受到了英国政府的表彰。吴克斌内弟单声(1929— ,单家老八,现任世界震旦校友会名誉会长,南京大学名誉董事,南京大学客座教授,英国大地社委员,上海市海外联谊会理事)曾在英国伦敦图书馆看到吴克斌的事迹被载入英国出版的一本书里。吴克斌在英国发展前景很好,这时国内抗日战争已度过相持阶段,开始转向进攻态势,他毅然回国,回到重庆发电厂工作,为抗战出力。抗战初期,日军攻进杭州,杭州电厂工人撤离时,吴克斌下属杨大车(新中国成立后曾任四川省人大代表)曾按照吴克斌嘱咐,将吴克斌设计的杭州发电厂巧妙炸掉,日军直到投降时都没能将其修好。抗战胜利后,在吴克斌指导下,杭州发电厂很快被修好并发电。但不久,内战爆发,吴克斌再次携妻挈子远赴英国,后来升任英国曼彻斯特电厂总工程师。

新中国成立后,受周恩来总理号召,吴克斌放弃国外优厚待遇,携家人回到北京,参加新中国建设。周恩来总理深知吴克斌专长,就请邓颖超出具介绍信,拟安排吴克斌到北京专家局工作。这时,随子女寓居北京的明光人汪雨相(汪道涵之父,皖东地方教育家)常到吴公望住处走动。据传,汪的姑母是吴克斌叔母(吴公武之妻),吴克斌因此征求汪雨相意见,汪雨相认为吴克斌留在上海工作对国家更有利,也更宜于发挥学术专长。于是吴克斌选择了上海,住进了上海思南路近旁的原卢湾区瑞金二路48弄14号。吴克斌是机械工业部中国机械工程学会的资深会员,被任命为中国轻工业部派出机构轻工业部上海食品工业设计院(1956年,轻工业部上海食品工业设计院与轻工业部上海轻工业设计院合并而成为中国轻工业上海设计院)总工程师。作为中国速冻技术的开创者,吴克斌成功地引进了欧美食品工业最先进的冷冻技术,是中国食品保鲜技术第一人,参加了当年上海也是中国第一个最大的速冻冷库的设计工作,掀起了中国食品工业领域一场最新技术革命,产生了前所未有的经济效益,造福了无数的人民大众。吴克斌因此受到了国务院的通令嘉奖。

吴克斌之妻是民国上海大律师单毓华之女。单家有十个子女,十八岁嫁到吴家的是长女单秀娟,美丽善良,温柔贤淑,聪慧能干,善于持家,具有很好的文化修养,与吴克斌郎才女貌,恩爱有加。

吴克斌岳父单毓华(1883—1955年),字眉叔,亦作枚叔,泰州人。家贫,设塾课徒,敦行笃学,为乡里所重。年二十岁时,单毓华参加科举考试,以第一名入州学(秀才)。光绪二十九年(1903年),单毓华赴日本留学,入东京法政大学,获法学学士学位。光绪三十四年(1908年)回国,殿试中举人,先后任清大理院推事、北京大理院庭长、长沙审判厅厅长、北京审判厅厅长、靖江地方审判厅厅长、天津地方审判厅厅长、上海震旦大学教授、上海法政学院教授、上海法学院教授、上海三吴大学法学院院长,是民国上海滩著名大律师,为人正直,敢于为弱者仗义执言,伸张正义,在上海名声极好。

单家住在上海思南路64号。修筑于民国元年的思南路是当时法租界里的一条道路,路两边全是三层法式洋房。老上海的优雅与摩登,都聚集在这片人文荟萃之地,思南公馆是流金岁月的梦想之地。这里目前是上海市中心唯一一个以成片花园洋房的保留保护为宗旨的项目,坐拥五十一栋历史悠久的花园洋房,同时汇聚了独立式花园洋房、联立式花园洋房、带内院独立式花园洋房、联排式建筑、外廊式建筑、新式里弄、花园里弄、现代公寓等多种建筑样式,是上海近代居住类建筑的集中地。这里有当代伟人周恩来故居、民国外交部长王宠惠故居、京剧大师梅兰芳故居等,占地面积约五万平方米,总建筑面积近八万平方米,内设有精品酒店、酒店式公寓、企业公馆和商业区,与淮海路沿线的百年经典建筑、名人故居交相辉映,成为上海市中心集人文、历史和时尚底蕴于一身,最具特色的风景。

吴、单结亲,是吴克斌二姐吴克婉和二姐夫凌桐梧穿针引线的。凌桐梧与单毓华相交甚密。吴家看中的是单毓华的社会名望,单家看中的是吴家社会根基、封疆大吏吴棠之后,更看重吴克斌的正直善良、英俊潇洒、聪明帅气,富有才华和学问。

吴克斌生子二:长子吴绍祯,次子吴绍光;女一:吴婴。从瑞金二路48弄14号,步行到思南路64号,只需五分钟,所以吴绍祯、吴绍光、吴婴小时候多随母亲单秀娟住在外公家,那里有九位舅舅、姨娘及他们的子女,人多热闹,所以吴婴兄妹对法租界的思南路非常熟悉。在所有子女当中,吴公望最看重长子吴克斌、长媳单秀娟夫妇,也非常喜欢他们的孩子——长孙吴绍祯、次孙吴绍光、长孙女吴婴兄妹三人。他经常从住处陕西南路鸿安坊2号步行十多分钟到瑞金二路48弄14号品尝长媳单秀娟的厨艺。为此,吴公望曾把自己一生珍藏的很多字画、古籍、金银玉器和朝廷赐给吴棠及家人的诰命圣旨、奏折底稿、作品手稿、碑帖等物品送给长子吴克斌。吴公望赠送给长孙女吴婴的雕刻精致的鼻烟壶、形状不一精雕细琢的锡制小茶罐等手工艺品就有几十个。

1966年"文化大革命"爆发,吴克斌受到严重冲击。1969年12月10日,坐落于上海六合路35号的轻工业部上海食品工业设计院革命委员会将吴克斌列为资本家,指派本院的红卫兵革命小将会同附近上海第二医学院(前广济医院,现瑞金医院)的红卫兵大学生二三十人对吴克斌瑞金二路48弄14号住地实施抄家行动。据吴婴提供轻工业部上海食品工业设计院革命委员会出具的文物、图书抄家物资上交清单(文物、图书清理小组文物、工艺品清理表)记载,共抄走了吴克斌家中"字画75件、瓷器75件、古籍295本478册"等物品,名义上抄没文物、图书,实际上吴家其他个人所有物品也被全部抄走,包括1926年加入中国共产党,1927年9月创建、担任四川梁山县特支、县委第一任书记的著名画家上海戏剧学院范纪曼(1906—1990年,与刘海粟、林风眠等是留法同窗)教授赠送给吴克斌、吴绍祯父子的油画等朋友馈赠的礼品。这些物品被存放到轻工设计院的当晚就失窃许多。"字画75件、瓷器75件、古籍295本478册"是抄走后做登记的,只是其中一部分珍藏文物、图书,后于12月12日移交上海市文物图书清理小组存放。

吴克斌的海外亲友了解到国内情况后申请吴克斌全家离开上海。但彼时出国并非易事,吴克斌妻子与大家合计,先保证老大吴绍祯出国,其他人以后再寻找机会。1972年吴绍祯以探亲为由,出国暂居香港,后移居西班牙拉斯帕而玛斯市,用父亲的存款开始做生意。吴绍祯曾回国投资,任上海梦雅丝针织时装有限公司副董事长。

单秀娟、吴绍光、吴婴三人于1978年一同离开上海。

据吴婴介绍,单秀娟携子女于1978年出国后,1979年,上海轻工业设计院通知吴克斌家人发还抄家物资,其中有吴克斌父亲吴公望毕生收藏并赠予吴克斌的75件字画,包括仇十洲的山水画、北宋宋徽宗赵佶瘦金体字画等名字名画,价值连城。当时归还抄家物资的时候,吴家无人在国内,吴婴就安排五姨、五姨父前往代领,领回后存放在吴克斌故居瑞金二路48弄14号三层洋房的一楼之中。吴婴安排五姨娘、五姨父住进吴克斌故居,负责妥善保管发还物资。五姨娘去世后,由五姨父继续保管,一再向吴婴保证,会把吴克斌的75件字画及古籍等藏品收藏存放在阁楼上保管好,保证不会缺一件,完璧归赵。吴婴曾多次返回上海家中察看,一直想把这75件字画带到国外。20世纪80年代因国家政策原因,带不出去。21世纪初,政策开禁,吴婴再次回到上海,她到瑞金二路48弄14号家中欲取回吴克斌的75件字画及古籍时,却突生变故,75件字画和古籍及相关物品均被转移。吴婴一直没有放弃追查这75件字画和古籍及相关物品的下落,但目前仍不知所终。

现在吴棠故居即将修复,吴婴女士得知此事欣喜万分,她一再表示,希望有关部门能将吴公望这75件珍贵字画古籍及相关物品追索回来,她愿意代表吴家全部无偿捐献给吴棠故居收藏。倘若成为现实,那吴棠故居复建意义就非同一般了!

以上介绍的是滁州吴棠故居产权登记人吴公望及其家事的一些情况,希望对复建后的吴棠故居布展有所裨益。

2018年2月8日—13日、2月20日—24日初稿于市政协文史委办公室
    2018年3月7日—9日 二稿于市政协文史委办公室
   2018年4月17日—19日 三稿于市政协文史委办公室
  ——发表于2018年5月10日、5月17日《新滁周报》,收入2019年4月中国文史出版社《明光文史》(第10辑)。

父亲在儿子的引领下选择共产党
——汪道涵父亲汪雨相选择共产党的漫长历程

汪道涵是汪雨相的长子,嘉山县抗日民主政府首任县长,曾任上海市委书记(第一书记为陈国栋)、市长,海协会第一任会长,开创了海峡两岸对话新纪元。汪雨相在汪道涵的引领下,古稀之年加入中国共产党,成就了一段历史佳话。

寻求真理

晚清末年,安徽省泗州盱眙县西乡泗(泗州)六(六合)古道与池河交汇之处坐落着一处古镇——明光镇。镇子经济繁荣,人丁兴旺,尤以胡、李、汪、秦四大家族为代表。光绪五年(1879年)己卯九月廿四日,三代佣商的汪家诞生一名男丁,取名树德,字雨相。他后来成为新文化运动先行者、皖东地区基础教育奠基人之一、明光著名历史文化名人。

汪家当时虽然清贫,但对汪雨相进学读书之事极其重视,早早将其送入私塾,选择名师指示门径,悉心调教。汪雨相天资聪颖,思维敏捷,勤学苦读,寒来暑往,不废吟哦。但其自称未遇良师指点,浏览《史记·项羽本纪》后,厌恶奢谈,未肯竟学;因陶渊明《五柳先生传》影响,好读书不求甚解,闲情傲物。光绪二十五年(1899年),20岁的汪雨相以优异成绩考取盱眙县学生员(即秀才),成为当时明光镇少有的青年才俊。入泮三年,独立自励,乐于思考。

光绪三十一年(1905年),正当他踌躇满志准备参加江南乡试一展雄才时,不料严父见背,汪雨相只好丁忧回乡,蒙馆课徒。这一年,延续一千三百多年的封建科举制度被废除,改以新学考试选拔人才,汪雨相也只好别求进身之途。次年,慈母驾鹤,支撑门户、维持生计已成汪雨相首要任务。

这一年,革命党人活动逐渐频繁,中华大地上革命书刊到处流传。正在苦苦探寻、上下求索的汪雨相有幸阅读了梁启超主编的《清议报》,这是戊戌变法失败后资产阶级改良派在国外创办的第一个重要刊物,以反帝反封建与思想启蒙为主要内容,对汪雨相触动很大,他感到心中豁然开朗,益加不满清廷之腐败统治,不愿意再按科举模式教书误人子弟,决定放弃科举,另谋出路。于是,他拜见了滁州知州熊鞠生陈述心愿,熊对英姿勃发的汪雨相非常赏识,当即介绍其回盱眙县备文保送出洋留学。随后,汪雨相赴省府安庆,顺利考取赴日本东京明治大学经纬学堂附设的安徽速成师范班。

留日期间,汪雨相与同乡举人单志伊(滁州人,后娶汪雨相堂妹汪久芝为妻)同住一室。两人同样胸怀报国大志,目标明确,因而无言不谈,无话不说。单早一年留学日本,已加入了兴中会,并任孙中山秘书兼日语翻译。受单影响,汪雨相对孙中山有所了解,接触了许多革命人士。后汪雨相又有缘认识了大家仰慕的著名爱国志士陈天华,进一步受到了革命道理的熏陶。陈天华发现汪雨相书写水平非同一般,笔力匀称,字体工整,楷行并备,功底深厚,就将汪雨相举荐给革命先行者孙中山。汪雨相因此成为孙中山的文书,经常为孙中山誊抄演讲文稿,曾得到孙中山的赞许:"你的字和你的人一样英俊。"这一年,汪雨相积极参加反抗日本文部省代清政府取缔留学生规则罢课运动,任本校纠察队长之一,因勇于担当,获得大家信任。四川籍同学李誉龙见汪雨相非常愤恨清廷,思想激进,就介绍他加入同年七月廿日孙中山在日本组织成立的同盟会。汪雨相因而从一个封建文士成长为革命党人。最值得一提的是,汪雨相留学日本还结识了一个特别的历史人物——蒋介石。当时,蒋介石年轻气盛,用母亲变卖首饰得到的钱自费到日本学习军事,结果被军校拒之门外,很不得志,整天借酒浇愁,郁郁寡欢。汪雨相很同情蒋介石,多方劝慰,并将蒋介石介绍给了陈其美,陈将蒋介石推荐给了孙中山,蒋介石由此受到孙中山的器重,悉心栽培,后来得以平步青云,影响中国历史近三十年。

追求新学

光绪三十二年（1906年），汪雨相卒业。人生处在十字路口，他从心底里佩服那些留在日本东京同盟会里的仁人志士从事暴动起义等革命行动，勇往直前，无所畏惧。但他对参加暴力革命心理准备不足，思虑再三，于是以"本人心慈，英勇不足"为由回国，专心致力于革命教育工作。这是汪雨相人生的第一次重大选择。他选择了地方教育事业，同时也就选择了艰难曲折。

汪雨相满怀教育救国之壮志返回家乡，满腔激情前往县城盱眙拜访地方名儒傅梦禾（拔贡）、徐仲芳（廪生）和名绅万锡侯、张正屏、汪顺成等人，还专门拜谒了县学监督、盱眙敬一学堂山长陶汉图，陈述日本新式教育的优长，希望借助社会力量改革传统教育方式，推广新学，以振兴家乡地方教育。傅、徐尚乐于交谈，万、张、汪略加敷衍即淡然送客，陶汉图则很是反感，当面指责汪雨相被异端邪说迷惑，年轻狂妄。汪雨相不死心，前去晋见盱眙知县梁孝通。梁孝通听信劣绅挑唆，排斥新学，拒绝接见，并派人将汪雨相轰离县衙。汪雨相受到冷落，异常愤恨，借得盘缠只身前往安庆投呈晋见巡抚冯煦，未蒙召见。汪雨相怒火难平，又赴南京两江总督府魏光焘处，试图宣传新学，控诉盱眙知县与官绅把持地方、因循守旧、不思进取的恶行，结果同样碰壁，多次呈递状词均石沉大海，音信杳然。至此，汪雨相梦想破灭，彻底放弃了对清廷和地方官绅的信赖。

正当汪雨相就困旅邸，一筹莫展之际，明光地方学者、开明士绅、表兄李泽同来函，约请汪雨相回明光创办小学。但汪雨相志向远大，不愿专力于一所学校，又不想拂表兄美意，于是以学识浅陋为由婉辞，希望留在南京补习提升后再回明光共事。李泽同很快复信，愿意借资帮助汪雨相解决三年生活和补习费用。此举感动了在困境中徘徊的汪雨相，于是他当即返回明光，与李泽同共商办学具体事宜。光绪三十三年（1907年），汪雨相考取南京两江优级师范学堂数学理化分类科，两年后毕业。

宣统二年（1910年）春，他被宿州志成师范聘任为教员，后迫于电召赴"学部"复试，遭挫未果。同年秋天，汪雨相赴湖南长沙任楚怡初等工业学校教员。不久，李泽同来信，央请汪雨相回明光襄助地方小学事宜。汪雨相饮水思源，不忍贪利忘义,于年底辞馆,回到明光帮忙。

宣统三年(1911年),津浦铁路全线通车,明光人口剧增,商贾兴旺,市井益加繁盛。李泽同创办的明光缉熙两等小学堂应运而生,汪雨相首任堂长。后得李泽同资助川资,汪雨相再次赴"学部"复试,获得奖励。

是年十月十日,辛亥革命爆发,两天后消息传到小镇明光。很快,汪雨相接到故友柏文蔚来信,称自己升任国民革命军第一军军长,参与江浙联军会攻南京。军部缺少文职人才,诚邀汪雨相赴浦口,共创大业。汪雨相喜出望外,当即停学,投笔从戎,到浦口参加国民革命军第一军,任第一军柏文蔚军长秘书。

宣统三年十一月十三日(1912年1月1日)上午,孙中山从上海乘专列到南京就任临时大总统,宣布以民国纪元。汪雨相很想通过柏文蔚引荐,拜见赏识过自己的孙中山,但孙中山太忙,未能如愿。不久,汪雨相在南京组织安徽旅宁教育会,任评议部长,当选为赴北京参加第一届全国教育会议代表。三月初,汪雨相收到安徽都督孙毓筠通过教育司转写给他的信,鼓励他办学从教。汪雨相觉得自己虽是柏文蔚秘书之一,但并不参与机要,而是专门负责教授柏文蔚子女事务,难有建树,于是便以自己的长处是教育为由,向柏文蔚请求辞去秘书一职,离开军队,重返教育部门,柏文蔚一直予以挽留。几个月后,柏文蔚担任安徽都督兼民政厅厅长,劝汪雨相走从政之路,汪雨相以军政非己所长和愿在教育上过清贫生活为由婉言谢绝,最终离开军队,继续践行自己教育救国的梦想。民国二年(1913年),汪雨相任《安徽通俗教育报》主计兼编辑,用浅显易懂之文字,反对军阀,反对封建文化,抨击旧礼教旧道德,宣传科学,提高人民文化,推动历史前进。赣宁之役后,因同其他人政见不合,难以为继,他再次回归故里,以求发展。

教化地方

民国三年(1914年),汪雨相任芜湖甲种农校理化教员,举家迁居芜湖。次年,长子诞于该校,取名汪导淮。汪雨相在该校持续任教六年。其间由于受陈独秀主编的《新青年》杂志的影响,教学中,他始终坚持向学生宣传进步主张,反对尊孔读经,宣传科学与民主,反对封建迷信,与学生一起响应五四运动的号召,主动参加反对卖国条约"廿一条"的集会游行等激进活动。

汪雨相一向非常关心家乡教育事业。五四运动时期,明光的文化教育还处于新旧交替状态,学生大都在放置戒尺的私塾里苦读"四书五经",教育状况依然落后。表兄李泽同已去世一两年了,他创办的明光缉熙两等小学堂已不能适应孩子读书要求,明光及周边上千个孩子无处读书。这时,长子汪导淮即将进学,接受过进步思潮且留学日本归来的汪雨相,不愿意儿子就读于这样的学校。

就在这时,汪雨相得知家乡明光开明士绅胡菊谭等人正在倡办新学,已成立校董会,公推胡菊谭等八人为校董。胡菊谭首捐一千五百大洋,其他校董也捐款五百至一千不等,其他士绅也纷纷响应,积极捐款捐物,以运厘费及东岳庙、火神庙、南大寺等庙产收入为办学基金。汪雨相还听说自己也被选为校董,排在胡菊谭之后,于是暑假刚到,他就挈妇将雏返回明光,决心传播外地办学经验,为指导家乡办学出一份力量。虽然子女众多,家庭生计艰难,他仍捐款一百大洋。在倡办新学过程中,汪雨相对学校选址、兴建校舍、购置教具、延聘校长和教师等方面,都事事躬亲,表现出高度的责任感。被大家公推为明光学务专员兼首席校董,汪雨相当仁不让,倡议"任人唯贤,借才异地",提出聘请校长和教员的标准和要求,得到一致响应。经过两年惨淡经营,终于顺利办起了明光公立国民小学。该校有6个班,招收学生193人,其中女生58人。接着又办起了私立明光初级中学,3个班,招收学生91人,其中女生30人。这是明光教育史上一件推陈出新的大事。由于汪雨相办学有方,工作一丝不苟,受到人们一致好评。在明光筹办学校期间,有人劝说汪雨相置办田产留给子孙,汪雨相当时谢绝友人好意:"生儿不如我,要田干什么?生儿胜于我,要田干什么?"

民国十年(1921年)春,因汪雨相在芜湖甲种农校任教期间教学成绩显著,且其本人知识渊博,德高望重,富有革命激情,受到广大师生爱戴,被推任为校长。当年秋,为废旧学,兴新学,各地都在倡办师范教育,安徽省教育厅选择在皖东首府滁县创设省立第九师范学校(今滁州中学前身),培养师资,发展乡村教育。省厅任命汪雨相为校长,派遣恒朝宗负责建校舍三进。恒贪污建校款五千大洋,工料草率,开学没几天,校舍即倒塌一进,另两进也成危房,恒逃之夭夭。顿时,上百名师生失去栖身之处。处此危局,汪雨相毫无畏惧,积极面对,带领师生披荆斩棘翻建危房,于莽莽树丛中开辟运动场,主持兴建U字形教学楼,借民房坚持教学,终于使学校走上正轨。

但是好景不长,民国十二年(1923年)夏,安徽省省长许世英挪用教育经费供孙传芳用于军阀混战,安徽省立第九师范学校被撤销,改为省立第十一中学。宣布那天,数百名师生哭成一片。汪雨相当即发誓:校长与九师同在,先后三次进言省教育厅和省府,强烈要求收回成命,恢复九师,否则不接受十一中学校长之职。但没有人采纳汪雨相意见,继续任命汪雨相为省立第十一中学校长,办学经费削减一半。汪雨相大失所望,力辞不就,选择在一天夜里悄悄离开,返回明光。因精神打击太大,汪雨相一时病倒。省教育厅为了安抚汪雨相,调任其为安徽省教育厅督学。次年,汪雨相因愤恨马联甲督皖,与沈子修等人参与倒马活动,被解职,仍回明光襄理地方教育。民国十四年(1925年),国民党盱眙县党部在明光成立第五区党部,汪雨相与李絜非等十余人填表集体加入国民党,任负责人,开始践行孙中山"联俄、联共、扶助农工"思想。

上下求索

民国十五年(1926年)秋,汪雨相任盱眙县教育局局长。当时,盱眙地瘠民贫,文化不兴,又值军阀混战之际,县内匪患严重,社会动荡不安。汪雨相受命于危难之中,不辞艰辛,以振兴该县教育为己任,提倡新文化,反对旧礼教、旧道德,并以自己的实际行动教育和影响青年一代。他一上任就积极求治,大力组织整理教育款产,力主经济公开,印发教育款产收支实录。不二年,教育经费岁入较旧额增至一倍。因汪雨相提出学地加租,反对贪污腐化不遗余力,招致贪官污吏嫉恨仇视。民国十七年(1928年)二月,一些地痞、流氓在贪官劣绅的授意下,闯入教育局,捣毁什物,殴伤汪雨相背部。盱眙县教育界义愤同伸,组织后援会,分别电呈省县,奉命通缉,肇事诸劣绅均被捉拿归案。学地加租之议呈准省教育厅备案,得以通行。然后,汪雨相辞职,虽蒙一再慰留,仍旧义无反顾。是年夏,汪雨相赴省会充任建设会议代表,坚决向安徽省民政厅、教育厅两厅辞职,得到允许,并由汪雨相举荐人选取代自己。离开盱眙之前,汪雨相还兼任江苏淮阴和安徽泗县、盱眙三县淮防水巡大队长一职,属于义务行为,不取薪酬,在防治淮河水患一事上做出了自己的努力。他的几个儿子分别取名汪导淮、汪导江、汪导湖、王导海、汪导洋、汪导汉,均与他治理水患愿望有关。

值得一提的是,汪雨相任盱眙县教育局长期间,曾于民国十六年(1927年)初夏回故里明光探亲,巧遇国民革命军北伐经过明光,意气风发的蒋介石特地将铁甲专车停靠在津浦线明光车站,专门接见帮助过自己的故友汪雨相。为尽地主之谊,汪雨相商请明光商会会长李宏义组织了几百人前往车站欢迎北伐军总司令,献酒为其壮行。蒋介石当场发表了讲话,傲气霸气十足,令汪雨相大失所望。不久,蒋介石发动"四一二"反革命政变,公开叛变革命,汪雨相带领和影响一批国民党员集体退出国民党,彻底断绝了与国民党反动派的一切关系。

民国十八年(1929年),汪雨相为解闷,前往山东游览东岳泰山,应朋友之约,任山东省教育厅科员,因政见不合,三个月后辞职返回明光。次年,得朋友引荐,任浙江海盐县政府秘书,又因政见不合,一个月便辞职归里。

民国二十一年(1932年)冬,国民政府析盱眙、滁县、来安、定远四县交界之地置嘉山县,区划大部分来自于盱眙。正在上下求索中的汪雨相被任命为嘉山县财务委员会委员长,到任后致力于打击土豪劣绅侵吞公产,结果受到当局排挤而去职。第二年开始,汪雨相出于对家乡的热爱,专心致力于安徽省通志馆嘉山县采访员无给职工作,积极从事嘉山县志的采访和编纂事务。在查阅大量历史文献基础上,县内的一山一水、一桥一路,他都亲往观察记录,然后广征博采,详加考订,终于以坚忍不拔、锲而不舍的精神,积数年之力写出极其珍贵的第一部《嘉山县志》手稿十九本二十余万字。此后汪雨相将县志手稿带在身边,即使在战乱时期也一直保存着。1959年,当他得知家乡要修新县志消息后,非常激动,毅然将自己保存多年的《嘉山县志》手稿赠送给嘉山县人民政府。

投奔延安

民国二十六年(1937年),抗日战争全面爆发后,日军沿沪宁线北进,即将攻陷国民政府所在地南京,明光也危在旦夕,无法再待下去,决定自身和家族命运的时刻已迫在眉睫。这时有人劝他把家人安置到大后方去,到武汉找蒋介石,谋个一官半职不成问题,汪雨相未置可否。其实,汪雨相心里早有准备,等到秋收结束后,他借得旅费,抛弃一切房屋财产,于10月10日毅然率领同眷十二人,连同侄孙及亲友青年男女二十八人,奔赴革命圣地延安,参加抗日。

六旬老人举家投身革命,实属罕见之事,一时传为佳话。汪雨相一行历尽千辛万苦,一年后终于到达延安。很快其长子汪道涵、次子汪导江又由延安出发,参加新四军,走上抗日前线,打回老家嘉山县。汪雨相则留在陕北做抗日工作,先后任陕甘宁边区医院文化教员、安塞小学教员及陕甘宁边区政府民政厅秘书长等职。民国三十年(1941年),汪雨相被选为延安市参议员(驻会议员)、市政府委员。他多次申请加入中国共产党,最终于民国三十七年(1948年)6月15日被批准入党。后汪雨相因年迈退休,1949年迁北京居住,1962年2月逝世,享年85岁。

汪雨相由清末的一位秀才,到同盟会员,不断追求光明和真理,终于走上民主革命的道路,最终转变为一名坚定的共产主义者。他一生面临多次重大人生选择。他抛弃封建孔孟思想后,开始信奉孙中山旧三民主义"民族、民权、民生",后来信奉孙中山新三民主义"联俄、联共、扶助农工"。1927年蒋介石发动"四一二"反革命政变后,汪雨相果断退出国民党,坚定地加入了反蒋队伍。这些都是汪雨相人生的重大选择。而最关键最艰难的一次就是选择共产党。

一开始,汪雨相对共产党知之甚少。他选择共产党经过了一个漫长历程。民国十年(1921年)共产党成立时,汪雨相就听说了,但他一直没有主动接触共产党,也并不真正了解共产党和共产主义。对他影响最大的是他的长子汪导淮,民国三十二年(1933年)春,在上海交通大学读书的汪导淮,加入了中国共产党,当年11月初,在上海外滩组织的一次"飞行集会"中被国民党警察逮捕。好在汪导淮的共产党员身份没有暴露,汪雨相得知后,通过亲族合力筹款,利用早年朋友等各种关系,终于将汪导淮营救出来。汪导淮出狱后拒绝在国民党《紧要启示》抄写件上签字,让汪雨相看到在共产党影响下的进步革命青年的凛然正气。儿子有如此骨气,令他非常欣慰,但他并不知道儿子本人就是共产党员。

汪导淮出狱后回到明光,他牢记父亲的教诲,做个有道德有涵养的人,改名汪道涵,一边教书,一边从事党的活动,与李纯儒等爱国青年组织"二三读书会",学习社会科学理论,讨论国家大事,传播进步文化,宣传共产主义思想,号召进步青年积极投身抗日活动,并将《马克思传》《共产党宣言》《布尔什维克》

《中央政治通讯》等进步书刊送给汪雨相阅读,使得苦苦思索中的汪雨相心中渐渐明朗,开始对中国共产党有了初步的认识。

抗战爆发不久,汪道涵在家中与秦其谷、李纯儒、李星北等明光进步青年筹备组织"明光抗日救亡青年战时服务团",随后又发动明光进步青年组织"抗日救亡剧团",同时,汪道涵、秦其谷、李纯儒、李星北等人还创办了《抗日快报》,积极宣传抗日。此时,汪雨相已意识到汪道涵等进步青年可能就是共产党,于是加深了对共产党的了解,真正认识到"共产党是抗日最坚决彻底的,非共产党是不能救国的"。离开明光选择去处时,汪雨相征求了长子汪道涵的意见,汪道涵告诉父亲,北边才是民族的希望所在。汪道涵的回答正合汪雨相的心意,于是才有了举家投奔延安的决心和空前壮举。在国家、民族、家庭、人生最关键时刻,他没有选择抗战后方,而是选择边区延安;没有选择故友国民党统帅蒋介石,而是选择素不相识的共产党领袖毛泽东;没有选择当时自称强大的国民党,而是选择艰难发展中的共产党。这些都是长子汪道涵引领的结果。

古稀入党

民国二十九年(1940年),汪雨相在陕甘宁边区民政厅工作学习了一个时期,"益信共产党所倡议新民主主义才能抗日必胜,救国必成功,是真正为人民服务,彻底解放民族的",于是汪雨相商得共产党员李景林科长介绍,表示"我虽年老极愿加入共产党终身为人民服务",正式提出入党请求。后得李科长答复:"年老身衰,组织上的严格生活过不来,即不入党也是同样看待。"汪雨相"自愧条件不够,只好做一个忠实的同情共产主义者"。

次年,经延安民政厅机关推选、刘景范厅长介绍,当选为延安市参议员、市政府委员后,汪雨相感到很荣幸,第二次向陕甘宁边区政府秘书长谢觉哉和新当选为延安市市长的李景林口头上提出要求入党的意愿,但"未敢冒昧作坚决之要求"。虽没有得到明确答复,但汪雨相一直严格要求自己,不懈努力,坚持自觉为党工作。

七年后,古稀之年的汪雨相再也按捺不住自己对共产党的崇敬心情,于民国三十七年(1948年)5月1日,直接向中共中央组织部递交入党申请书,"坚信共产主义必胜,独裁蒋介石集团必然灭亡"之信念,愿意"全心全意为人民服务,为共产党一切政策而奋斗","再行坚决呈明志愿要求加入共产党做一名共产党员"。同年6月15日,中共中央组织部批准吸收他入党。中组部在给他的信上说:"汪雨相同志:关于你入党申请,业经中央批准,正式吸收为我党党员。党龄从1948年5月23日算起,无候补期。中组部6月15日。"汪雨相在古稀之年终于实现了他一生的最大心愿。

汪雨相作为首批同盟会会员,毕生专心致力于地方教育事业。他一生的明智之举就是在中华民族生死存亡关头,在儿子的引领下,顺应历史潮流,果断选择了共产党,走上了光明大道。纵观其一生,作为一个封建时代旧知识分子,他毕生寻找真理光明,探求救国救民道路,不断否定自己,不断摸索前进,历经数十年艰难追求,最终选择共产党,值得大家永远纪念和敬仰。他的选择历程验证了一条颠扑不破的永恒真理——只有共产党才能救中国!

2019年6月23日初稿于市政协文史委办公室
——发表于2019年7月4日、7月11日《新滁周报》专版,2020年第3期《盱眙历史文化研究》(总第31期)。

汪雨相与《盱眙县学田加租始末记》

民国十七年（1928年）冬十二月十六日，盱眙县教育局同人在教育局院内竖立一块石碑，上刻《盱眙县学田加租始末记》，记述了近代皖东著名基础教育家汪雨相先生在民国盱眙县教育局局长任期内盱眙县教育史上发生的一件重要事件。

汪雨相，名树德，清光绪五年（1879年）生于原安徽省盱眙县明光镇（今安徽省明光市）。家庭三代佣商，他自幼苦读，光绪二十五年（1899年）考取县学生员（秀才），光绪二十八年（1902年）开始在家乡蒙馆执教。光绪三十年（1904年），汪雨相因不满清廷腐败统治，不愿意再按科举模式教书误人子弟，经滁州知州熊鞠生介绍回盱眙县备文保送出洋留学，次年赴省府安庆，考取赴日本东京明治大学经纬学堂附设的安徽速成师范班。留日期间，他与著名爱国志士陈天华有过交往。陈天华发现汪雨相毛笔字功底深厚，就将汪雨相举荐给孙中山，汪雨相因此成为孙中山先生的文书，为孙中山抄写文稿，得到孙中山的赞许："你的字和你的人一样英俊。"这一年，汪雨相积极参加反抗日本文部省代清政府取缔留学生规则罢课运动，任本校纠察队长之一。四川籍同学李誉龙见汪雨相非常愤恨清廷，思想激进，就介绍他加入孙中山所组织的同盟会（辛亥革命后转为国民党）。光绪三十二年（1906年），汪雨相卒业。他没有留在日本东京继续从事同盟会工作，而是以"本人心慈，英勇不足"为由回国从事教育工作。这是汪雨相人生的第一次重大选择。他选择了地方教育事业，同时也就选择了艰难曲折。

这一年年底，汪雨相满怀激情返回家乡，带着理想和抱负前去晋见知县梁孝通,陈述日本新式教育,以图改革地方教育,振兴地方教育。可梁孝通听信劣绅挑唆,拒绝接见,并派人将汪雨相轰离县衙。汪雨相异常愤恨,对地方官绅不抱希望。

正在此时,明光地方学者、开明士绅、汪雨相表兄李泽同来函,约请汪雨相回明光创办小学。汪雨相以学识浅陋为由婉辞,希望补习后再回明光共事。李泽同很快复信,愿意借资帮助汪雨相解决三年生活和补习费用,汪雨相非常感激,于是回明光,与李泽同商讨了具体事宜。光绪三十三年(1907年),汪雨相考取南京两江优级师范学堂数学理化分类科深造。

宣统元年(1909年),汪雨相从两江优级师范学堂毕业。翌年春,他被宿州志成师范聘任为教员,后迫于电召赴"学部"复试,遭挫未果。同年秋天,汪雨相赴湖南长沙任楚怡初等工业学校教员。不久,李泽同来信,央请汪雨相回明光襄助地方小学事宜。汪雨相饮水思源,于年底辞馆,回到明光帮忙。

宣统三年(1911年),汪雨相就任明光缉熙两等小学堂堂长。后得李泽同资助川资,汪雨相再次赴"学部"复试,获得奖励。十月十日武昌起义爆发,两天后消息传到津浦线上小镇明光。很快,汪雨相接到故友柏文蔚来信,称自己升任国民革命军第一军军长,军部缺少文职人才,诚邀汪雨相赴浦口,共创大业。汪雨相于是投笔从戎,任第一军柏文蔚军长秘书兼教授柏文蔚子女。

民国二年(1913年),汪雨相前往芜湖任《安徽通俗教育报》主计兼编辑,宣扬新思想,反对军阀,反对封建文化,抨击旧礼教旧道德。

民国三年至民国八年(1914—1919年),汪雨相任芜湖甲种农校理化教员。汪雨相一向非常关心家乡教育事业。五四运动之前,汪雨相目睹家乡教育落后状况,决心兴办学校,传播新文化。在学校选址、兴建校舍、购置教具、延聘校长和教师等方面,汪雨相都以高度的责任感,事事躬亲。经过两年惨淡经营,终于在五四运动几个月后办起了明光公立国民小学。该校有6个班,招收学生193人。后来又办起了私立明光初级中学,3个班,招收学生91人。这是明光教育史上一件推陈出新的大事。汪雨相任明光学务专员兼首席校董,倡议"任人唯贤,借才异地",聘请校长和教员,得到一致响应。由于他办学有方,工作一丝不苟,受到人们一致好评。

民国十年(1921年)春,汪雨相回到芜湖甲种农校升任校长。当年秋,调任滁州省立第九师范学校校长兼教员。民国十二年(1923年)夏改任省立第十一中学校长,后调任安徽省教育厅督学。次年因愤恨马联甲督皖,他被解职,仍回明光襄理地方教育。

民国十五年(1926年)秋,盱眙县劝学所改名教育局,安徽省教育厅任命汪雨相为盱眙县首任教育局局长。于是,他与县督学张雪徵(明光集人)联袂赴县城就任。当时,盱眙地瘠民贫,文化落后,又值军阀混战之际,县内匪患严重,社会动荡不安,城乡一片荒凉,无人关注兴教办学之事。除县城有几所小学,集镇上有些初小外,乡间没有学校。现有学校因没有经费来源,均处于瘫痪状态,即使勉强维持上课的学校也多是半开半停。教员薪俸难以按时足额发放,生计困难,无法安心教学。

汪雨相受命于困窘之际,不辞艰辛,以振兴该县教育为己任。上任后立即采取果断措施:首先,恢复正常教学,责令所有校长,遵期复课。各校如缺少教员,由校长择优聘任,防止缺课。重新厘定教员薪金,初小教员月薪12—15元,高小教员月薪18—20元,由校长依据教员教学水平和教学态度区别对待。松懈不力教员,经校长敦劝无效后予以解聘。教员薪金由教育局按时下发,不得拖欠,校长不得借故克扣教员薪金。

其次是整顿公学教育秩序,责令所有学校统一教材,改进方法。教材以当时通用教科书为准,古文为辅,作文以白话为主,文言为辅,废除骈体文教学。教员素质过低、因循守旧、不思改进者,予以解雇。青年塾师,经考试合格者,准予继续设馆教学;不合格者,择优选入塾师训练班进行培训,完成培训后再担任教员。教育局督学,将全县私塾办学纳入正常督促工作范围,轮流视察,及时加以指导,督导他们改进教学方式,增加新式教学内容,提高教学水准。

此外,汪雨相鼓励私人、民间办学,改良私塾教育方式,树立优秀私塾办学楷模,重视师资培养,启迪地方青年立志从事教育事业,报效乡梓。大力提倡新文化、新风尚,反对旧礼教、旧道德,并以自己的实际行动教育和影响青年一代。

盱眙县旧有县学、文庙、书院及地方义学、私塾、蒙馆等教育设施,且多数拥有房屋、学田、庙地等校产,办学经费多来自于这些校产租佃收入。民国开元已经15年了,但内乱不止,教育时办时停,校产管理混乱,多数被不法佃户及地方豪强霸占,学校收入锐减,教育经费入不敷出,办学困难重重。为增加教育经费来源,稳定学校收入,汪雨相决定改革教育现状,大刀阔斧革除弊端积习。从清理整顿学产着手,力主经济公开,不让贪官、劣绅有空子可钻。盱眙学田大多承包给佃农,分午、中、秋三季缴纳租谷或按谷折价,由原劝学所负责。秉性忠厚者,基本上能够按期缴纳,而性情狡猾者,则盯住原劝学所经管不严等弊端,有漏洞可钻,就常常借酒食等物,拉拢腐蚀收租之人,谎报收成,获得减免,中饱私囊。也有确因劳力不足,年景不好歉收,积欠租谷,历年不能清偿的。鉴于这种情况,汪雨相决定整理账目,重新登记造册,挨户清查田亩,不符者进行实地丈量,核对历年租谷缴纳数据。在掌握充分可靠资料情况下,召集县教育款产委员会议和教育局局务会议,分别根据承租能力、田块旱水、土质肥瘠、水利条件、路途远近,以及佃户劳力、农具新旧、牲畜多寡、是否守信等实际状况,逐项商定租种办法,租金按田亩土质分为上、中、下三等,佃户每年缴纳租谷,必须以留有适当口粮维持生计为前提。承租佃户必须与教育款产委员会重新签订租约。原承租人优先,但应视租种佃户劳力、畜力等条件酌量增减。对懒散租户抛荒地亩者,坚决抽回另行出租。租佃协约上载明:如遇旱涝、虫害等情况,应根据实际酌情减免。如有故意瞒报谎报灾情等情节,则给予适量加收租谷、剥夺租种权等处罚。经过这次整顿,承租佃户们均认为比较合理,心悦诚服,按时缴纳租谷。遇有歉收等特殊情况,如实呈报,也能及时得到减免。这一措施收效显著,稳定了部分教育经费来源,赢得了教育界人士及社会的普遍肯定和支持。

接着,汪雨相开始清理湖滩、港汊学产。盱眙圣人山湖、猫耳湖、七里湖等水域湖滩、港汊土地及水面很多,部分已由县署划归学产,水产资源丰富,但多被当地富户侵占,学产收益甚微。汪雨相履任后利用近一年时间,带人对湖滩、港汊学产部分进行实地勘查,披荆斩棘,不辞辛劳,掌握一手资料和数据,然后按面积、方位、远近确立租金数额,面向社会公开招租。中标者须寻找殷实铺保,签订租用契约,保证租金按期缴纳,缴清上一年租金者可优先续租,其他方面享有与学田一样优惠条件。此举大大增加了县教育经费收入,受到学界同人的交口称赞,却影响了近湖富户利益,招致怀恨不满。

最难清理的是盱眙城边与淮河之间淤地。盱眙县城依山傍水,冈峦连绵起伏,形若三山环抱的太师椅。山脚下淮河边的淤地逐年增大,城内富户程竹泉、陈佩九等人见有利可图,就主动请求租用,搭建草房出租给外地小贩开店经商。

年复一年,淤地不断扩大,房屋越建越多,达1145间,商贩278户,遂形成热闹街市。每年租金越来越多,均归原始承租人所有,承租人仍按多年前租约缴纳租金,县署收入微博,租赁人收益越来越丰厚。民国十六年(1927年)一月,盱眙县署将此淤地改作学地,划归县教育局经管。汪雨相接到文件后,亲自带领随员深入街市,丈量学地,逐一核对商户所占淤地面积,经过认真勘查,摸清了情况,原始承租人已将所租淤地化整为零,转租他人,自己做起"二房东",坐收渔利,多占瞒报普遍存在,各种手段不一而足。经过教育局几个月的辛勤努力,终于核对出实际面积。于是教育局重新商定租佃办法和租金标准,每年按三季征收,每间地基上季征二角,中季征一角,下季征五分。按此征收,商铺租金没有增加,只增收了原始承租人"二房东"少量租金,年获租金仅280余元,但政府受益已增长数倍。商之首任县长陈亦庐(民国十六年十一月县署改为县政府,县署知事改名县政府县长),得到认可,准予通行。本来增收后,租率不及当时社会租率十分之一,充分照顾了原始承租人的利益,合情合理,却招来原始承租人极大仇恨,他们认为汪雨相是拿他们"开刀",故意损害他们的既得利益。程竹泉、陈佩九二人是淤地原始承租人,开始承租时,租约上面积不及实际二分之一,淤地不断增大,一直没有重新丈量,租金一直没有增加,他们将租地分割成片转租他人,从中获得暴利。汪雨相亲自带人丈量时,他们曾谋划贿赂丈量人员,但没有成功。他们深知汪雨相秉性耿直,疾恶如仇,就没敢轻举妄动。其间,汪雨相兼任了江苏淮阴、安徽泗县、盱眙三县淮防水巡大队长义务职,印发了盱眙县教育产款收支实录,反对贪污腐化不遗余力,招致贪官污吏嫉恨,怨恨汪雨相的人越来越多。淤地原始承租人更是怀恨在心,渐渐地他们觉得有机可乘,于是暗中密谋,煽动民众起来借机闹事,以期将汪雨相赶出盱眙。为此,他们开始在商户中造谣,称教育局要增加商户租金,缴清历年积欠,否则收回另租他人。这些商户多是外地流民,其中不乏地痞、流氓,随即跟着起哄滋事。民国十七年(1928年)二月二十七日上午,幕后策划者煽动不明真相商户,以集体请愿为名,聚众数十人气势汹汹闯入县教育局,寻衅滋事,提出无理要求。汪雨相面对暴徒毫无惧色,横眉冷对,理直气壮予以严厉驳斥,并且以理服人,申明新订租率不及社会上十分之一,只是少量增收原始承租人租金,杜绝他们大量渔利,不增加商户租金。但带头挑事者依然不依不饶,一名受到幕后策划劣绅收买的暴徒强行抓住汪雨相衣领,撕毁衣服,一路向西关路扯去,说是到县政府请愿,途中借机攻击汪雨相身体,伤及其背部,侮辱其人格、尊严。其余地痞、流氓趁势在教育局院内打砸,捣毁公物,砸坏门窗。事发后,引起盱眙教育界公愤,大家目睹汪雨相被殴伤,公物被损坏情状,非常义愤,为伸张正义,遂自发组织"二二七"汪案后援会,向县府、省府提出申诉。汪雨相本人也提出控告肇事者,要求追查幕后指使,并愤而递交辞呈。县政府派员调查,弄清真相,对所谓的"请愿者"予以通缉。后经地方绅董出面调停,肇事者主动认错悔过,自愿接受加租方案,赔偿一切损失计银币400元,并捐银2800元,作为本县图书馆基金。汪雨相见是非已清、曲折已明,也就慨然同意撤销通缉,对赔偿费分文未取,悉数充作教育经费。

民国十七年(1928年)夏,汪雨相赴省会充任建设会议代表,坚决向安徽省民政厅、教育厅两厅辞职,得到允许,并由汪雨相举荐教育局长人选取代自己。

是年冬,盱眙县教育界同人特勒石于教育局院内以纪其事,用以警示后人,恭请邑绅秦其增撰写碑文。

秦其增,字伯厚,清安徽省盱眙县明光镇(今明光市)人,出生于仕宦之家,系晚清洛阳名宦、知县秦茂林(字竹人)之孙,晚清封疆大吏四川总督吴棠(谥勤惠)外孙。父秦尔熙(1842—1917年),字兰孙,秦茂林长子;母吴金兰,吴棠长女。秦尔熙于咸丰年间入赘吴勤惠公淮安漕署。秦其增,泗州盱眙县廪生,候选郎中。早年曾居住淮安,师从山阳宿儒徐嘉、淮安名宿汪舜臣等人。王锡元自费修纂《盱眙县志稿》时,曾邀其增与老师徐嘉一同充任总纂。后来其增以从军议叙江苏知县,"需次金陵,为当道器重,有文名",任崇通海商会坐办,充两江督练公所兵备处提调,擢帮办,调任通州天生港厘局专员、江北工艺局提调。光绪三十四年(1908年),其增撰写《敬告同邑诸父老昆季议办农会书》,昭告家乡盱眙县父老,请设盱眙县农会,立农业纳粮之章程,实现开通知识、改良种植、联合社会之要义,达到互结团体、共图公益之宗旨。民国三年(1914年),秦其增署定远县知事,任满后,家由淮安迁归故里明光,被民众推举为盱眙县农会会长,安徽省咨议局常驻议员,安徽巡抚衙门会议厅审查科科员,前后三任明光地方团防局局长长达十年。著有《拟订农事半日学堂规则》《盱眙秦氏族谱》等文稿。

秦其增既是当时盱眙县较有名望的乡贤之一，又与汪雨相同处明光集，还是汪雨相表兄，由他撰写碑记，于公于私，均理所当然。书字者为王浩髯，勒石者为赵志荣，也为当时书刻名流。对汪雨相来说，这是一个最好的交代。

笔者不知石刻是否保存下来，现藏何处。汪雨相后来曾将碑记抄入其编纂的《嘉山县志》手稿之中，兹附录于后，以资稽考。

附：

盱眙县学地加租始末记

（纪念碑在盱眙县教育局内）

秦其增

吾盱教育产款久不整理。民国十五年秋，汪君树德来长教育局，积极求治，任劳任怨，经济公开，刊布实录。不二年，教育经费岁入，较旧额增至一倍，学地租入不与焉。十七年一月，县政府遵章将前未划分之学滩、学田、学地，拨归教育局经管。汪君念学地界限不明，派员按册清查，计有屋一千一百四十五间，租户二百七十八户。其中居民多有隐漏，不缴租金者。清查后，汪君拟酌量增加，改征银价暂行按三季征收，每间租地租金上季纳二角，中则一角，下则五分，核计岁入仅得银币二百八十元有奇。如此办法，以视社会普遍租额，尚不及十分之一焉。计划既定，商之县长，以为事属可行。不意二月二十七日，突有不明真相者，误假房捐，激怒率领多人，毁坏教育局公物，伤及汪君身体。案经起诉，教育界义愤同伸，组织"二二七"案后援会，分别电呈省、县，奉令通缉肇事诸人。汪君忍辱奋斗，卒将议加租册呈准教育厅备案。然后，毅然辞职。虽蒙一再慰留，义不反顾。被告人等深悔误触刑章，愿受地方仲裁条件，赔偿教育局公物及汪君衣服损失等费银币四百元，并特捐银币二千八百元充本县县立图书馆基金,专案保管。请求曲予优容,转呈撤销通案。汪君以曲直既明,慨然同意。惟吾盱教育产款,整之不易,扩之尤不易,深望来者思汪君之意,而岁有所扩之也!

邑人秦其增撰文
王浩髯书字
赵志荣勒石
中华民国十七年冬十二月十六日
盱眙县教育界同人公立

2020年6月1日—4日初稿于市政协文史委办公室

——发表于2020年第2期《盱眙历史文化研究》(总第30期)。

明光人李絜非与文澜阁《四库全书》

一代学人李絜非已被时间淹没,特别是被家乡明光遗忘了,一百多年来,明光市没有任何资料提到过他,太不应该了。我也知之甚少,今简介给大家。

著作丰硕的近代历史学家、历史教育家

李絜非,又名李洁非,1907年(亦说1906年)出生于安徽省盱眙县明光镇(今明光市明光街道)。幼年生活在明光,入泮离开家乡,"就学滁阳(今滁州)",勤奋苦读,敏而好学。少年时代崇尚古时圣贤雅士,经常徘徊醉翁亭畔,观山光佳色,览欧阳修、王禹偁、苏轼等古人遗迹,时兴"风流儒雅亦吾师,萧条异代不同时"之感。

李絜非"弱冠负笈东大"历史系,师从国学大师、文学家、史学家胡小石(1888—1962年)先生学习中国文学史,尝聆听胡小石讲授南朝文学家、史学家沈约《四声谱》。1931年,李絜非毕业于国立中央大学史学系,为生计,遍游大江南北,师友主要为滁上人士,以全椒为多,尤为推崇全椒籍近代文化名人薛时雨先生。薛时雨逝世五十周年之际,李絜非撰《薛时雨先生逝世五十周年纪念》一文以资纪念,肯定薛时雨先生一生两点伟大之处:一曰淡泊以明志;一曰有教无类。李絜非曾任安徽省立女子职业学校、省立庐州师范学校、省立凤阳师范学校教导主任,1935年任浙江省立图书馆辅导主任。遭逢乱世,李絜非赋闲浙垣,每日研读古今名人传记,发一己之见,思考报效祖国之策,以激励民族精神为学术宗旨,力求匡时济世,以纾国难。

1936年，李絜非受聘于国立浙江大学，历任总务处文书课课员、史地教育研究室专任副研究员（教育部委托代办）、文学院史地学系教授。他有关历史教育方面的重要作品，大都是撰写于浙大的任期内。他在历史教育方面的成绩非同一般，先后撰写了《中学生与历史的教育作用》、《论历史教科书及其运用》、《中学历史教师应有的修养》、《清代安徽学者地理分布之统计小论》、《大学学生与研究精神》、《论历史的本质》、《汤比氏之历史论》（翻译）、《战后中美文化之关系》（获中美文化协会征文一等奖）、《浙江大学西迁纪实》等九十余篇文章。他以历史教育的相关报刊为阵地，奔走呼告，不断强调历史教育在促进民众觉醒方面的作用。他学术兴趣广泛、基础厚实、思想敏锐，其研究涉及史学、图书馆学、历史地理学和历史教学论诸方面。在战火与变革中积累最初的历史知识，李絜非逐渐形成自己的历史教育思想：阐释了历史的语义和教育作用，又探讨了战争期间发展教育的必要性，以及对教师、学生和学校的具体要求，以期唤醒人们对历史教育的应有重视。他认为科学的历史专题研究方法有一个首要原则、两个方法和四个步骤。他主张将统计学应用于历史学并从主观和客观上强调了需要注意的地方。在《论历史的本质》中，李絜非指出："自兰克（Ranke）以次的科学之史家，相与辛勤搜集编印报告，坚持不置信于流行的一切，而唯证据是求是重。此其作用，诚属可称。则以人类文化的推进最先应努力于不受欺罔，打倒偶像，而建立事实，一以其序，盖实为史家之第一要务。"他在学习历史的目的与教育作用、历史教科书的编纂、历史教材设备的选择与运用、历史教师应有的修养、历史课外作业及考试以及历史教学与其他各科的关系等方面，提出了很多精辟的见解，进一步阐发了自己的历史教育思想，对我们今天的历史教育及研究仍具有启迪作用和借鉴意义。

李絜非在史学理论和地方风土志上著述颇丰，有《东北小史》、《台湾》、《台湾革命史》、《美国与太平洋》、《浙史纪要》（1948年10月正中书局初版）、《中国近世史》（大学丛书之一，1948年贵阳文通书局初版）、《中国史学通论》、《历史教育》（翻译，原名History Reader，讨论历史哲学问题，英国屈勒味林[Trevelyan]著）、《历史教学法》和《怀宁风土志》、《庐江风土志》（即《合肥风土志》）、《芜湖风土志》等优秀著述，其中《中国近世史》为大学丛书之一，《台湾》收入《近代中国史料丛刊》第五十一辑。1949年后，他先后任福州大学历史系主任、浙江师范大学（原杭州师范专科学校）史学系教授兼图书馆主任、杭州大学历史系教授。

新中国成立后，李絜非于1964年当选浙江省政协第三届委员会委员、文史资料研究委员会主任。"文革"期间，李絜非被污蔑为"特务"，1982年平反，1983年11月去世，享年77岁。在中国近代教育史上，李絜非是一位对历史教育做出过卓越贡献、理当占有特殊学术地位的学者。

受命承担保护文澜阁《四库全书》任务

李絜非一生的突出贡献是抗战初期接受国民政府教育部指派，临危受命，抢在日寇侵占江南名城杭州之际，安全保护转移了珍藏在浙江省图书馆文澜阁的《四库全书》。

《四库全书》是中国历史上规模最大的一套图书集成，清乾隆三十八年（1773年）开始编纂，历时9年成书，按经、史、子、集四部四十四类编排，共缮写7部分置于文渊阁、文源阁、文津阁、文溯阁、文宗阁、文汇阁和文澜阁，此七阁也称为"北四阁"和"南三阁"。《四库全书》成书200余年，历经战乱浩劫，其中3部毁于战火，7阁藏书仅存4阁，其中文澜阁藏《四库全书》140箱、善本88箱，合计228个樟木箱子。《四库全书》是一部被中国文人奉为"至尊宝典"的典籍资料丛书，共7.9万卷，3.6万册，约8亿字，分经史子集详细罗列。有了它，几乎无须再阅读其他文献，就可以通览中国古代的历史和文化。此书对中华传统文脉的传承和保护来说，作用不可估量，意义也最为深远。

1937年8月，日军在上海金山卫登陆，杭州危在旦夕，文澜阁《四库全书》及浙江省图书馆的大量图书亟待抢运。8月1日，浙图馆长陈训慈（陈布雷胞弟）请求将文澜阁《四库全书》迁往外省，浙江省政府不同意，陈训慈只好委派图书馆职员毛春翔全程押送将亟待搬迁的图书装箱，其中《四库全书》140箱、善本88箱，8月4日晨装船运往富阳暂存，8月5日经过鱼山石马村7.5千米崎岖的山路时，是雇佣100多人花了大半天时间抬过去的。1937年11月底，《四库全书》及馆藏善本共计228箱由富阳装大船转运，但因水势被阻滞于桐庐不能行，遂向浙大校长竺可桢请求帮助，竺可桢出面借用浙大卡车，从桐庐分运三天，全部抵(建德)绪塘,后转到龙泉县近郊东乡山脚(石达)山区季边村县城之中心学校存放。

据史料记载,杭州沦陷不久,日本"占领地区图书文献接受委员会"曾于1938年2月派人寻找文澜阁《四库全书》,但因该书刚被陈训慈转移而未得逞,假若当时不及时搬迁,国宝必落敌手无疑。继杭州笕桥机场失陷后,陈训慈觉得龙泉也不安全。正好在1938年3月初,国民政府教育部三次电告浙江省府,速将《四库全书》运往安全地点,指令浙大协同办理,并委派浙大教授李絜非为教育部全权代表,具体负责与浙江省政府商量,将《四库全书》按原计划运往贵州。浙江省政府还是不同意,但眼看大半个浙江已被日寇占领,无奈之下也就只好答应了。但转移经费没有着落,时任浙大校长竺可桢一面派李絜非赴藏书处查看情况,一面把情况电告国民政府教育部,教育部次长章益(滁州人,曾任复旦大学校长)很快回电:"关于库书运黔事已由本部咨请拨车转运,一面电饬黔教育厅妥觅安全房屋,以备庋藏。运费及运送人旅费,既可有校方代垫,事后当然由部照数归垫。"于是竺可桢从浙大挤出经费2000元暂时垫付搬迁开支。李絜非受命全权负责此事。

为成功转运文澜阁《四库全书》做出重大贡献

转眼间到1938年3月底,战事更加紧张。4月,竺可桢派遣李絜非押运文澜阁《四库全书》马上出省西迁,第一步是从龙泉县用车经邻近的福建省浦城县,再沿江浦公路折回江山县,因为江山有浙赣铁路,铁路运输比汽车要快和便宜。此前,教育部章益次长已电请交通部为此事已安排40吨篷车2辆用于转运《四库全书》,并请求对费用予以减免。李絜非作为教育部委派的官员受命全权负责此次押运事务,沿途经过了新岭、王坊、八都、保安、峡口、清湖等二十余个镇。就在经过峡口过江山溪(亦称须江)时,由于路况较差、天气恶劣,司机长途劳累又十分困顿,一辆卡车不幸倾翻在距县城以南31千米处的峡口镇江山溪之中。

车队当时乱作一团,由于江水较深,又值初春,大家一时束手无策。李絜非迅速与《四库全书》保管员虞佩岚下车查看落水阁书情况。数一数,一共11箱共计3000多册,15万页,占阁书二十分之一。李絜非来不及多想,抢救国宝要紧,当即安排虞佩岚到附近村庄招募农民帮忙尽快打捞书箱,村民们一听是"国宝",连价钱也没讲,就跳到冰冷的水中打捞。还好这些箱子比较沉,而且书箱进水后漂得不远就沉到江底了。峡口一带的村民经常在水中放木筏,所以水性很好,很快就将11只书箱打捞上来了。李絜非于是另雇卡车将捞上来的落水之书装车运往江山县城城隍庙里的大天井中曝晾。

次日,阳光甚好。李絜非决定在江山停留一日,指派护书人员夏定域、虞佩岚、柳逸厂等人带领相关人员先把落水《四库全书》进行晾晒,浸了水后若不及时曝晾,很容易"结饼"或霉烂,其后果不堪设想。这种工作要求非常细致,需要将书一页页揭开,使用毛纸垫上,让其吸水,然后再曝晾。一大早,大家拿着借来的竹席,来到县城城隍庙天井前的空地上,七手八脚把书从箱子里拿出来晾晒。但是初春山里温度很低,即使出着太阳,也不过10余度,阳光力道毕竟不足,落水《四库全书》晒了两日,依然能够滴出水来。由于时间紧迫,战事紧张,日军经常轰炸,形势极为严峻,江山县里不能久留。李絜非痛下决心,立刻装箱起运,再次雇佣100多人一路跋山涉水,途中对落水阁书注意通风或晾晒,防止霉烂。

几天后,228箱书在李絜非的押运下,运到江山火车站装上火车,再沿着浙赣铁路运到江西萍乡,然后进入湖南境内的株洲,于4月14日左右运到了长沙。在漫长的3000千米行程中,除了短短一程借助于浙赣铁路火车外,其余的只能靠肩挑、车拉和船运,经湘北、湘西,直到1938年4月25日才一路风雨兼程运到贵州。4月30日《四库全书》抵达贵阳,藏于县城西门外一里地外的张家祠堂。李絜非在这里住了3日,即乘原车返回武汉,向教育部及浙图报告途中11箱图书转运过程中落水之事。浙图当即安排事务部主任史美诚开箱清点整理,在浙江图书馆派来的职员杜光炎协助下,受水湿之书由史美诚照料晒干,仍装入书箱之内,每箱照目录清点之后,亲自加封钉好。清理完竣,史美诚即回浙。浙图另行派人前来管理。由于李絜非等人当时处置得当,直到今天,这3000册落水图书仍旧品相完好,虽然仔细观察还能发现一些水渍,但没有明显的损坏。

文澜阁《四库全书》到了贵阳之后,先藏在一间平屋内。考虑到治安的问题,贵州省图书馆的蓝端禄馆长帮助设法在西郊用2400元买了张家祠堂的房子。张家祠堂,房屋很简陋,书置中厅,地并不宽,故多叠架置列。但是张家祠堂离城实则不到2里,且近公路,于防空袭极为可虑。而1938年9月下旬,日军首次轰炸了贵阳市。所以还得设法再次搬迁。1939年2月,文澜阁《四库全书》搬迁到贵阳市城北八里的地母洞内。

1944年11月,日军长驱入黔,贵阳百姓惶恐不安。当时的《四库全书》管理负责人毛春翔向浙图原馆长陈训慈先生请示。陈先生又和教育部长张道藩等商量,决定将文澜阁《四库全书》搬运到重庆,存放在重庆青木关张道藩的公馆里。为此,成立了文澜阁《四库全书》保管委员会,聘陈训慈、竺可桢、余绍宋、张宗祥、蒋复璁、顾树森、余清甫、贺师俊等八位委员,同时还指定陈训慈、顾树森、蒋复璁为常务委员,委派毛春翔为秘书,吴展予为兼任管理员。

1945年8月日本投降后,文澜阁《四库全书》保管委员会就千方百计造舆论,筹资金,回迁《四库全书》。1946年5月15日,《四库全书》由租用公路总局的6辆卡车载运,离开重庆青木关。押运员有教育部徐伯璞科长、科员吴展予,秘书组主任黄阅、汪祖惠、浙江图书馆馆员毛春翔、夏定域等6人,护送警员11人,一起由重庆出发,经贵州,借道湖南、江西,7月15日,在各方面坚忍不拔的努力下,在异省他乡漂泊了9年的文澜阁《四库全书》终于运回浙江图书馆。

今天,浙图文澜阁140箱《四库全书》和88箱善本图书已是镇馆之宝。它们能完好地保存下来,明光人李絜非功不可没!

2019年3月11日—13日初稿于市政协文史委办公室
2019年10月18日修改于市政协文史委办公室
——发表于2019年4月4日《新滁周报》、2019年4月26日《合肥晚报》"发现·人物"专版、2019年第3期《盱眙历史文化研究》(总第27期)、2019年11月《人文滁州》(第16、17期合刊)、2020年第2期《安徽炎黄文化通讯》(总第85期)。

新中国第一代红色教育家程今吾

木丰　贡发芹

程今吾,中国近代教育家,著名的教育工作者,1908年8月1日出生于安徽省盱眙县津里镇(今明光市石坝镇津里街)。原名程蕴章,字洁声,曾用名程今吾、沈文星、程万里、程宁远、宁越,1949年后一直用名程今吾。

少年时期,程蕴章求学于明光缉熙学堂、明光公立国民小学、明光私立初级中学(今安徽明光中学前身)和江苏徐州中学,在校期间性格内向,沉默寡言,不善表达。1927年,程蕴章回到家乡教私塾,1929年上半年任津里小学教员,1929年下半年考入并就读于人民教育家陶行知先生创办的南京晓庄师范。在陶行知先生"捧着一个心来,不带半根草去"的精神感召下,在陶行知实际行动的影响下,在其他老师的鼓励下,程蕴章性格逐渐开朗起来,思想发生了巨大变化。那时的他除刻苦学习之外,经常深入学校附近的乡村,任"小先生",教当地贫苦的孩子读书识字,可谓是陶行知提倡大众化教育的热情宣传者和实践者。他后来说:"投到陶先生门下一年多时间里,我仿佛换了一个人似的。现在的想法是要把师范教育办上去,培养出一批又一批改造农村的急先锋来,在我们这一代里要把中国人民的素质变个样。陶先生能吃苦,我们难道就吃不了苦?"1930年,晓庄师范被蒋介石查封,陶先生安排程蕴章去浙江海盐、浙江嘉兴九溪小学从事乡村教育工作。1933年8月,他接受陶行知先生的推荐,到广东大埔县参与恢复百侯中学的工作。作为陶行知教育思想的热情宣传者和实践者,他革新学校教育,传播进步思想,倡导小先生制,让学生互教共学,用启发式教育代替填鸭式教育。当时他作为热血青年,倾向于共产党,奋力追求进步,向往革命,积极追求进步,深受学生爱戴。他上课时,经常抛开课本中僵硬、没有生命力的文章,给学生大量选讲鲁迅的《野草》,高尔基的《海燕》《我的大学》和《给初学写作者的一封信》等课外内容。在他的影响和带动下,许多进步学生开始悄悄爱上《毁灭》《铁流》《资本论大纲》《唯物辩证法入门》等热门读物。课余时间,他常常带领学生深入校办小工厂、小农场,参加必要的社会活动,引导学生把书本知识和社会实践结合起来,做到手脑并用,学以致用。学生们都说:程先生教学思想让我们受益终身。

1934年,程蕴章听从陶行知安排,去广西南宁,安徽蚌埠、亳县等地中学和贵池乡村师范任教,积极从事进步教育工作,是生活教育骨干分子,生活教育理论的倡导者和实践者之一。

1936年,取《论语》"始吾于人也,听其言而信其行;今吾于人也,听其言而观其行"之意,程蕴章改名为程今吾。这一年,程今吾应晓庄师范学长、池州乡村师范学校教务主任兼附小校长操震球(首任国民嘉山县政府教育科长,新中国成立后曾任安庆市副市长,安徽省教育厅副厅长,省政协副主席,省人大常委,安徽省陶行知研究会会长、名誉会长等)之邀到池州师范任教。他和操震球先生在学生中公开指责国民党的不抵抗主义。这时的程今吾才华横溢,擅长演讲,他在校礼堂演讲《帝国主义侵略中国史》时,慷慨激昂,声泪俱下,台上台下齐唱《毕业歌》:"同学们,大家起来,担负起天下兴亡!听吧,满耳是大众的嗟伤!看吧,一年年国土的沦丧!……"人人泪流满面,激起了学生强烈的爱国热情。

在池师期间,程今吾还会同操震球在进步同学的支持下,针对安徽省反动教育厅厅长杨廉贪污教育经费,实行法西斯教育的罪行,组织学生上街游行示威,有力地打击了当地国民党恶势力的反动气焰。抗日战争爆发后,他受命转移,离开池州。

七七事变后,中华民族抗日战争全面展开,程今吾毅然投身于抗日救亡活动。1938年1月正式参加革命,在中国共产党领导的武汉抗战研究会工作,同年3月加入中国共产党,积极参与中国儿童保育会的发起与组建工作,参与"江苏失学失业青年工读服务团"的发起、组建、领导工作,任团务副主任委员兼教导主任、地下党支部书记,并兼任湖南辰溪地下党县委组织部长。1939年,程今吾回广西桂林,任生活教育社地下党支部书记,以教育工作者的公开身份,公开宣传党的抗日救国方针、政策,引导进步青年走向革命,并在工作之余撰写了《生活教育总社工作动态》一书。

　　1941年春应陶行知之召,依照党组织的决定,程今吾到陶行知先生在重庆北碚草街子创办的育才学校任研究部主任,成为陶行知的得力助手,再次与操震球先生一起共事。在这里,程今吾按照党的指示沉着工作,谨慎从事。他亲自为学生讲课,带领学生到校外举办画展、演出话剧等活动,大力宣传抗日救国的革命道理和爱国思想。这里培养出的大批有志青年,先后奔赴延安革命根据地和抗日前线,保家卫国,浴血奋战。1942年端午节前夕,育才学校的邻居不慎失火,重庆市国民党当局污蔑育才学校失火,要以违禁法令逮捕陶行知,企图借此侮辱陶行知先生的声誉。这时程今吾挺身而出,义正词严地说:"学校的事,陶先生已委托我办,你们要拘留学校主人,我去!"在关键时刻程今吾大义凛然,无畏无惧,气节令人感动。特别是在当时恶劣的政治条件和生活条件下,他运用辩证唯物主义和历史唯物主义的立场、观点和方法对自己多年从事教育工作的经历和体会做了系统整理,写下了《新教育体系》一书,正如他在1944年底在延安写给陶行知的一封信(原信现存南京晓庄行知纪念馆)中所说,是"用辩证唯物论的立场、观点、方法,研究教育各方面,把十数年来自己干小教、中教、师教、普教、人才教育、抗战的群众宣传教育的经验做一有系统的整理"。该书根据自己从事进步教育工作的体会,揭露了旧教育的流弊,论述了教育的本质及其社会根源,以实践教育为重点,阐明了新教育的前景,并且提出了"生产劳动是教育的基础、教育的归宿,文化活动是教育的内容","遗传与环境对于儿童缺一不可,二者相互渗透,相互制约","教育在一定的经济基础、一定的政治指导下,提出教育的具体要求,确立教育的目标;在一定的教育目标指导下,形成与之相一致的课程。新教育,是为民族谋解放为人类谋福利的教育,是以实践为中心,理论与实践统一的实践性教育;新课程则是与实践相一致,理论与实践统一的实践课程","实践教育法是教师在实践中教,学生在实践中学习,把教学统一在实践上的教育法,它不仅指导学生认识世界、说明世界,更主要的则在于改造世界","教师在教育上处于执行和指导的地位,教师本身健全与否,直接影响到教育的成功与失败,因此教师必须有特殊修养和具备相当的条件,才能负起教师应负的责任"等观点。他探讨了实践教育法,特别强调实践在教育中的作用,反对脱离实际社会生活的观念教育,是对陶行知"生活即教育""社会即学校""教学做合一"等教育理论的进一步发展。他扬弃了注入式教育法和自由主义教育法,将两者合理的成分有机结合,统一在进步教育方法里,具有很大的创新性,实属难得。程今吾对自己丰富的教育实践经验的较系统的总结,对于我们研究近现代教育史,特别是中小学教育来说,都是有借鉴作用的。他提倡"教师要热爱教育对象,应该像父母之于子女,农夫之于土地一样有着深挚的热爱"。1943年,程今吾同志回中共南方局,被任命为南方局招待所所长。

1944年春,组织上将程今吾由重庆调回他向往已久的党中央所在地陕甘宁边区延安工作。同年9月,他担任延安八路军抗属子弟学校校长兼党支部书记。学校坐落在延安枣园附近山沟里,校舍为依山挖筑的窑洞,设备缺乏,条件简陋,办学困难重重,生活极为艰苦。但他丝毫没有怨言,并且坚定地认为:"物力的困难并不能阻止工作,在进步的政治条件下,我们都有发挥劳力、克服困难的自由!""教师的知识愈广博,经验愈丰富,愈能得心应手,无时无地不在把儿童放在春风化雨之中。"他团结学校各部门同志,认真贯彻毛主席关于"广泛发展民众教育","提高人民的民族文化与民族觉悟"的指示,对学生进行文化教育、思想教育和劳动教育,循序渐进,诲人不倦,在学生身上倾注了大量心血。每当冬雪融化、春雨连绵、夏季雷暴、秋水淋漓之日,程今吾都要亲自带领全校教职工逐个窑洞检查,察看有无塌窑危险,并采取一系列安全防范措施,确保抗属子弟的学习安全、舒适。

为克服教材缺少和内容不适应等困难,因地制宜教育学生,程今吾在繁忙的领导工作之余,亲自编写教材《延安一学校》供学生使用,这本书可以说就是他在该校工作的生动实录和教育经验的系统总结。该书图文并茂,深入浅出,深受老师和学生欢迎。

1946年,程今吾任中共中央城工部研究员。1947年,程今吾任晋冀鲁豫华北新华书店编辑。在这里,他创办了青年职工学校,并根据自己亲身实践,写下了《工农读写教学的实际经验》一书。三个月后,他又接受组织指派的任务,为解放区学校编写了初级中学的思想政治教材《青年修养》一书,奠定了新中国中学思想政治教材编写的基础。1948年2月,程今吾任中宣部研究员、教育组组长。他对我国新民主主义教育体系的建立与发展做出了很大的贡献。

新中国成立后,程今吾于1949年冬调至教育部任视导司副司长兼党组秘书。这期间,他忠实地执行毛主席的教育路线、方针、政策,根据毛主席"恢复和发展人民教育是当前首要任务之一"的指示,积极投身到对旧有学校的整顿和改革之中,彻底肃清旧思想、旧观念对学校和学生的束缚和影响。他始终关心教育事业,为发展教育事业竭忠尽智,曾随代表团到国外考察,认真汲取国外先进的教育教学经验。他还深入全国许多地方学校和教育行政部门了解情况,及时向党中央反映地方教育存在的问题,提出整改意见。1951年后,程今吾调任中宣部,历任学校处副处长、教育处处长、高教处处长等职。1956年,程今吾当选为中国共产党第八次代表大会代表,参与党的"八大"工作。

1958年春天,时任全国人大常委会副委员长、全国政协副主席、中国科学院院长的郭沫若同志提议中国科学院利用自身优势创办一所新型大学,得到了大家一致赞同。1958年4月,中科院党组书记、副院长张劲夫在中央科学小组会议上向聂荣臻副总理汇报了此事,聂副总理表示可以考虑,并让中宣部于光远同志(后为国家科委副主任,中科院副院长)将此事向中宣部汇报。4月15日,于光远经中宣部高教处处长程今吾致函政治局候补委员、中宣部部长陆定一,提出中国科学院办大学理由。程今吾4月16日致函陆定一:"我觉得这个建议很好,要办就去城里找一幢房子很快办起来,全部招收走读生,暑假后就开学。"4月24日,教育部部长杨秀峰给程今吾转报陆定一的函:"今吾同志报陆部长:中国科学院办大学的事,我们同意光远和今吾同志的意见。"随后张劲夫给聂荣臻副总理及中宣部等写报告,聂副总理汇报给周恩来总理,周总理非常赞成。6月2日,刘少奇、周恩来、陈云审核并同意了中央书记处的决定。6月5日,学校召开第一次筹备委员会会议,会议由郭沫若院长主持,通过如下决定:学校定名为"中国科学技术大学",当年成立,并招收1634名新生。这所大学的创办,程今吾同志也出了一份力。

1961年,他积极参加《高教六十条》《中教五十条》《小教四十条》草案的制定讨论工作,为发展中国教育和科学事业、加强国际学术文化交流做出了积极的贡献,对我国新民主主义教育体系的建立与发展也做出了很大贡献。

1962年10月,程今吾被调到北京师范大学工作,任党委第二书记、副校长。到任后,他亲自抓"三基",抓写作课,抓读书,指导文科各系开列必读和参考的阅读书目。1963年,为鼓励学生读书,程今吾在北师大图书馆成功举办了大型书展活动,收到了良好效果。1964年,程今吾作为中国教育界的代表,参加了"北京科学研讨会"。1965年,程今吾任北师大党委第一书记、副校长。在北师大工作期间,他忠于职守,忠诚党的教育事业,坚决贯彻执行党的教育方针政策,狠抓教学、科学研究与师资水平提高,取得明显成效,并为党和国家培养了大量栋梁之材。同时他还着手收集资料,逐步总结经验,准备撰写《北京一大学》一书,决心为党和人民的教育事业做出新的贡献。然而这个本该实现的计划,被"文革"无情毁灭,最终未能变成现实。

1966年,程今吾被剥夺了工作权利和人身自由。1968年,程今吾被确诊为直肠癌。1970年5月14日,一贯忠诚于党的教育事业的坚强的共产主义战士、红色教育家程今吾同志去世,终年62岁。

程今吾一生积极践行陶行知的"生活教育"理论:主张以辩证唯物主义立场、观点和方法整理与研究教育经验;重视学生的基础理论教学、基本技能训练和政治思想教育;提倡通过社会调查培养学生解决问题的能力。程今吾一生致力于教学和研究,以传播马列主义、共产主义思想为己任。因共产主义思想被称作红色理论,程今吾也当之无愧地被称为"红色教育家"。

程今吾是我国近代著名的人民教育家陶行知先生的学生,深得陶先生信任。他毕生致力于教育事业,在解放区教育建设和新中国成立后教育事业发展的实践和理论方面,都做出了可贵贡献。他忠于党,忠于人民,立场坚定,作风正派,光明磊落,艰苦朴素,是我党的好党员、好干部,是我党优秀的教育工作者。在抗日战争和解放战争期间,他坚决贯彻执行毛主席制定的教育方针,深入研究解放区的教育工作,总结经验,写出了多本教育理论著作。程今吾的教育理念是:"教师要热爱教育对象,应该像父母之于子女,农夫之于土地一样有着深挚的热爱。""采用良好的榜样,施以温和的语言,并且不断诚恳地、直率地关心学生。"

1978年9月19日,中共北京师范大学委员会经过重新复查,做出决定,并报北京市委批准,彻底为程今吾同志恢复名誉,平反昭雪,并高度赞扬了程今吾的一生"是革命的一生,忠诚于党的教育事业的一生"。

程今吾十分注意工作经验的总结,每当工作一个阶段、完成一项任务之后,总是尽力把在实践中积累起来的经验、心得条理化、系统化,整理成文。他的著作《新教育体系》《延安一学校》《工农读写教学的实际经验》《青年修养》等书大都是这样写成的。1982年6月,北师大建校80周年之际,由北师大出版社正式出版了《程今吾教育文集》,使程今吾的教育理论作为宝贵的精神财富得以广泛传承。

西南大学硕士生潘广成同志曾对程今吾的教育思想做了专门研究,2007年完成硕士论文《程今吾生活教育思想研究》。该论文通过对程今吾的生平及教育实践历程的详细论述,在掌握充分史料的基础上对程今吾的教育思想和实践活动做了全面、深刻梳理,全面系统地阐述了程今吾生活教育思想的产生、发展、转变过程和内涵及对中国当代教育理论的贡献,极具借鉴价值。对九泉之下的程今吾先生来说,无疑是一大告慰。

——发表于2020年1月16日《新滁周报》。

毁家纾难赋采薇

——首任嘉山县抗日民主政府县长汪道涵抗战经历

明光市的前身是 1932 年民国政府析安徽盱眙、来安、滁县、定远四县交界之地设立的嘉山县,治三界市(今三界镇老三界,1945 年秋迁明光镇,1994 年撤县设立明光市)。嘉山籍第一个党员、嘉山县第一个临时党支部负责人、嘉山县抗日民主政府第一任县长都是汪道涵。

救亡入党　成立临时支部

1915 年 3 月 27 日,位于芜湖赭山脚下的芜湖甲种农校理化教员汪树德家迎来了添丁之喜,妻子陈揖华诞下一个男孩。汪树德乐得合不拢嘴,于是为长子取名汪导淮,希望其长大后在治理淮河水患上有所贡献。1937 年 8 月,为便于中共明光临时支部开展活动,汪导淮建议大家改名,自己为牢记父亲"做一个有道德有涵养的人"的教诲,改名汪道涵。

汪道涵的父亲汪树德(1879—1963 年),字雨相,晚清秀才,世居盱眙县明光镇,是民国嘉山县首任财委会委员长。他早年投身民主革命,1905 年赴日本明治大学经纬学堂附设的安徽速成师范班留学,攻读教育,为同盟会首批会员,为人正直、思想开明、追求进步。汪雨相曾任明光缉熙学堂堂长、国民党明光分部部长、明光公立高等小学学务专员兼首席校董、芜湖甲种农校校长、滁州省立第九师范学校(今滁州中学)校长、省立第十一中学校长、安徽省教育厅督学、盱眙县教育局长局长兼淮阴、泗县、盱眙三县淮防水巡大队大队长、安徽省通志馆嘉山县采访员、延安边区政府民政厅秘书长及延安参议员、市政府委员等职,是皖东地区著名的现代基础教育家之一,地方文化名人。

汪道涵童年时代一直随父生活在校园之中,受到良好教育和熏陶。1926年9月,他考入南京东南大学附中,1928年转入江苏省省立南京中学(今南京海宁中学)第一院(初中部),在校学习4年半。在校期间,汪道涵接触了共产主义思想,加入进步组织,参加抗日救国运动。1931年9月18日,震惊中外的"九一八"事件爆发,中国人民抗日救亡运动从此拉开了序幕。10月,上海工人抗日救国联合会派代表赴南京向国民政府请愿,要求立即出兵东北抗日。消息传到明光,汪道涵带领十几名青年学生扒火车到南京参加了这次请愿示威。1932年9月,汪道涵考入上海交通大学机械系,1933年1月参加革命工作,同年3月加入中国共产党,组织学习马列主义和抗日救亡宣传,参加平民的夜校工作,发展工人入党。其间,他担任中共上海交通大学党支部宣传干事,中共法南区反帝大同盟党团书记。11月底,汪道涵参加"飞行聚会",被国民党反动派逮捕,他大义凛然,坚贞不屈,表现了共产党人的铮铮铁骨和崇高气节。

1934年1月,汪雨相得知汪道涵的共产党员身份没有暴露,就利用各种关系,将他营救出来。汪道涵出狱后拒绝在国民党《紧要启示》抄写件上签字,显示了进步革命青年的凛然正气。汪道涵被保释出狱,回家乡继续从事革命工作,被聘为明光初级中学和泗县中学教师,以教师身份做掩护继续开展革命活动。1934年暑假,汪道涵在明光中学与从外地回乡度假的昔日好友秦其谷、李正恩、戴皋汝等秘密成立"二三读书会",组织青年阅读进步书刊,学习社会科学理论,讨论国家大事,传播进步文化,宣传革命思想,传播马克思主义,号召进步青年积极投身抗日活动;搜集订阅李达《社会学大纲》、艾思奇《大众哲学》《大众生活》等进步书刊,并将《马克思传》《共产党宣言》《布尔什维克》《中央政治通讯》等进步书刊送给父亲汪雨相阅读,对汪雨相的思想转变产生了很大影响,开始对中国共产党有了初步的认识。

1937年春,汪道涵考入上海光华大学(原圣约翰大学,今华东师范大学)理学院数理系,插入本科二年级。7月7日,日寇蓄谋已久,制造了卢沟桥事件,中国人民抗日战争全面爆发。消息很快传到上海,上海各界都投入到抗日宣传之中。7月中旬,汪道涵从上海回到明光后,就在家中与李星北等明光进步青年筹备组织"明光抗日救亡青年战时服务团",随后又发动明光进步青年组织"抗日救亡剧团",李星北任团长,汪道涵任副团长,与中学生一同上街游行,同青年学生上街查禁日货,宣传抗日。同时,汪道涵等人还创办了《抗日快报》,组织"青年抗敌后援会"和演出队,以各种方式积极宣传抗日。半个月后,汪道涵见时机成熟,就于8月2日发展李正恩、李纯儒、戴皋汝、秦其谷、汪乃枢等5名青年学生入党,成立中共明光临时支部,汪道涵被推选为临时支部书记。临时支部不断将抗日前线战况以及前方将士挨饿受冻情况编成消息在《抗日快报》上发表,号召家乡人民为前线捐款,得到明光镇及其周边乡村广大群众的纷纷响应,在明光很好地宣传了抗日救亡活动。

毁家纾难 奔赴圣地延安

1937年8月13日,淞沪会战开始。这是整个中日战争中进行的规模最大、战斗最惨烈的一场战役。战前,日军扬言"三个月灭亡中国"。但其"速战速决"的美梦很快在上海破灭,在中国军队主动撤退情况下,日军三个月才拿下上海。

会战进入到近两个月之际,抗日战争形势进一步恶化,日军不断增兵,对上海志在必得,中国军队有可能挡不住日军攻势。随着日军不断加大对华侵略的力量,全国形势越来越紧张。日军一旦攻占上海,下一个进攻目标将是南京,其罪恶企图已经很明显。如果没有抵抗,日军沿沪宁线,一天就可以抵达南京。而与南京咫尺之遥的明光明显危在旦夕。明光是一个江淮腹地小镇,与大城市相比微不足道,但它位于津浦铁路之上,居于南京与蚌埠中间,位置特殊,地理形势复杂,自然成为兵家必争之地。

国民军事委员会委员长蒋介石已做好国民政府先迁往武汉,如果武汉不保,再迁往重庆的准备。中华民族到了最危险的时刻,每一个国民都到了最危险的时刻。明光市民纷纷寻找退路,明光大姓中的秦家和童家都有人在南京国民政府里工作,他们不断捎信回来,要求家人收拾细软,随时准备逃难到大后方。汪雨相、汪道涵父子及其家人也处于抉择的十字路口。

汪雨相早就做好离开明光的准备,鉴于他与蒋介石的特殊关系,熟悉国民政府中不少要员,明光许多士绅都建议他投奔蒋介石,不光自己有靠山,几个儿子也会前途无量。但汪雨相在"四一二"之后就已经看透了蒋介石面目,不可靠,不可以全家性命相托。听说延安是中国的希望所在,但他知之甚少,也无人引路。何去何从,汪雨相始终处在犹豫之中。汪道涵知道父亲的真实想法,但他觉得时机未到,不能点破。

中共方面已在淞沪会战初期于8月22日至25日在陕西洛川举行了中共中央政治局扩大会议,分析了全国抗战以后的新形势和战争的持久性,制定了《抗日救国十大纲领》,全面阐述了抗日战争基本政治主张。汪道涵已经知晓内容,并时不时在父亲跟前提及此事。

虽然此时国共抗日民族统一战线已经形成,但共产党在地方仍旧不敢公开活动,所以汪道涵始终没有公开自己中共党员的身份。汪道涵经常带回"明光抗日救亡青年服务团"主办的《抗日快报》给父亲汪雨相看,汪道涵发现快报上"汪道涵"的文章事先都听儿子汪导淮说过。汪雨相通过日常观察,已猜到报上"汪道涵"就是儿子汪导淮,汪导淮已加入中国共产党,但儿子没有明确告诉他,肯定另有原因,他也就不加过问。

这段时间,国民党嘉山县县长杨杼为应付民众"抗日保家"之呼声,招募一批青年,成立嘉山县抗日壮训总队,在明光校园集训。汪道涵对400多名队员做了全国抗日形势演讲,引起黄埔四期少校教官兼壮训总队副总队长不满,他断定这个名叫汪导淮的教师就是《抗日快报》上的"汪道涵",就是中共在明光的组织负责人,顿生杀机,密令卫士长宗元龙暗中除掉汪道涵。宗元龙不敢得罪汪家,就悄悄透露消息给汪家,汪道涵因此躲过一劫。

明光已经待不下去了,举家外迁,势在必行。父亲汪雨相主动征求汪道涵意见,汪道涵毫不犹豫建议去延安,这正合汪雨相心愿。于是汪雨相以二女儿病重,急需用钱为由,悄悄变卖部分家产,筹集赴延安的盘缠。10月9日,汪雨相召开家庭会议,宣布投奔延安计划。汪道涵具体说明了投奔延安的理由,解释了毁家纾难投奔延安是父亲和他的共同决断,并要求大家高度保密,不能惊动邻居,分头通知相关亲友,做好行动准备。

汪道涵父子怕引起别人注意,没敢从明光乘车,而是经周密计划,选择从30华里外的小溪河车站乘车。10月10日下午,大家轻装离家,分头赶到后山头集合,然后向小溪河出发。汪道涵与父亲汪雨相在关键时刻,依然抛弃房屋、土地等一切财产,共同带领全家、亲属及中共明光临时支部成员一行28人,奔赴革命圣地延安。他们登上去徐州的闷罐车,再从徐州转道西安,在西安八路军办事处受到林伯渠、叶剑英等人的亲切接见。约十天后,历经艰难,行程千里,终于到达延安。很快,汪道涵就被安排到陕北公学学习政治经济学,毕业后,被中央派往八路军武汉办事处工作。

挺进皖东　矢志抗击日寇

1938年1月,汪道涵受上级委派到达湖北黄安县七里坪,参加了新四军四支队。他先在中共鄂豫皖特区委员会的青训班学习。新四军四支队战地服务团成立后东进皖中,汪道涵任副团长。同年冬,战地服务团根据支队指示,进入霍山两河口山区发展抗日武装。汪道涵在舒城深入晓天、三元观一带,发动群众,打造刀矛,组织群众放哨、防奸、游行示威,帮助建立三元观联保抗敌协会、巡逻队和一支百余人的游击队。

1938年12月,战地服务团奉命从舒城向皖东进发,于1939年2月22日到达全椒县大马厂一带。战地服务团到大马厂后,稍作休整,新四军四支队战地服务团就划分为两个团,兵分两路:一路由程启文率领,去周家岗等地发动群众,组织抗日武装,创立周家岗直属区委;一路由汪道涵率领,赴全椒县城、定远、滁县西南等地开展抗日宣传活动和统战工作。汪道涵在全椒县开展的上层统战工作,宣传了我党我军的抗日主张,教育了群众,播下了抗日、民主的火种,为全椒县建立抗日民主政权奠定了基础。

1939年4月,汪道涵被任命为新四军四支队战地服务团团长,回到家乡,在嘉山、来安、盱眙等县边缘地带发展党组织,建立党支部,开展抗日和统一战线的各种工作。

按照中央指示,1939年5月19日晚,中共苏皖省委委员、津浦路东前敌委员会书记方毅率领新四军四支队八团挺进纵队、汪道涵领导的四支队战地服务团,借着夜幕悄悄地在张八岭以南通过日伪封锁的铁路,顺利到达自来桥镇,开辟皖东津浦路东抗日根据地。汪道涵任新四军五支队办事处处长,在这里留下了许多可歌可泣的血与火的抗战故事。

自来桥是一座元代的单孔石拱桥，长12米，宽4米。桥面由石块铺成，其中一巨石长3.88米，宽1.6米。据《盱眙县志》记载："自来桥为滁州、来安大路，桥石系大水流至，故名。"

自来桥镇是一个山区小镇，偏在一隅，地处苏皖两省四县（嘉山、来安、盱眙、滁县）交界处，属低山丘陵地貌，四周环山，属小盆地地形。20世纪初，自来桥镇已十分繁华，一条南北街（老街）宽8米，长1000余米，两头建有城门、牌坊，街面全由条石铺成，石沟清晰可见，别致优雅。街面店铺林立，粮行、盐行、烟行、商贸、饮食、油坊、酒坊、客栈等商业门点应有尽有，素有"小南京"之称。这里交通不便，日寇控制的津浦铁路沿线没有大路直达自来桥，日寇一时没有兵力进攻自来桥，更没有兵力占领驻守，国民党势力也鞭长莫及，选择在这里开展抗战工作具有战略意义，这里易守难攻，进退裕如，远比别处安全。

自来桥镇上有胡、李两大家族，民国时期这里还是国民党区公所所在地，1935年开办了第一个完全小学，校长由区长胡梓徽兼任，真正执掌权力者是其家门侄子胡尚洁。胡尚洁"九一八"事变后就加入中国共产党了，他招聘的教师也多是共产党员。他们在平时教学中除向学生宣传抗日思想外，还组织师生话剧队、演讲队，逢集时走上街头进行抗日救亡宣传，因此自来桥民众具有深厚的抗日思想基础，觉悟较高，适合组织发动。

在自来桥，汪道涵积极开展战略侦察、发动群众、宣传抗日、开展统一战线等工作。为更好地宣传、发动群众，建立抗日根据地，6月，他发展金石、刘仲民、周正渭等优秀青年加入中国共产党，组建中共自来桥第一个党总支部。9月，汪道涵任中共来（安）六（合）滁（县）边区委员会（后改称边区县委）委员，10月组建了"小横山抗日游击中队"。

审时度势　组建民主政府

1939年冬，中共盱嘉县委在自来桥成立，这时汪道涵受指派到盱眙做统战工作。没多久，县委书记陈东明就离开嘉山。次年元月，五支队命令汪道涵任嘉山县委书记，负责组建嘉山县抗日民主政府。

在自来桥，汪道涵先后与嘉山、盱眙、来安三县的国民党县长见面会谈，宣传党的抗日民族统一战线政策,争取他们与我党我军合作抗日。嘉山县县长周少藩、盱眙县县长兼常备十旅旅长秦庆霖是国民党顽固派,他们表面抗日,暗中反共,汪道涵在上级党组织和新四军第五支队支持下,与其进行了针锋相对的斗争。到1940年初,新四军的抗日政策已深入人心,国民党嘉山县政府在人民心中已失去了威信。当时,新四军五支队情报部门得到了周少藩准备带部队投靠秦庆霖的情报,于是,罗炳辉专门派汪道涵到自来桥东南十几里地的朱山港劝说周少藩留下,共同抗日。

1940年3月10日下午,汪道涵赶到朱山港时,周少藩已做好了撤走的一切准备。汪道涵当场批评周少藩,指出他拉队伍投靠秦庆霖是错误的,劝周少藩不要与人民为敌,不要破坏抗日民族统一战线。周少藩见事已败露,露出了本来面目,命令卫兵将汪道涵的枪下了,并将汪反手捆了起来关进后院柴房里,然后立即动身,投奔盱眙秦庆霖去了。

翌日晨,汪道涵得以脱身,迅速赶往五支队向罗炳辉汇报周少藩逃走的情况。罗炳辉认为,周少藩逃跑了也好,这样建立自己的政权更名正言顺了。他要求汪道涵按照中原局的指示,抓紧建立抗日县政府。中共津浦路东省委和五支队于3月中旬正式批准成立嘉山县抗日民主政府,下辖自来桥、津里、古沛、潘村4个区,县政府设在自来桥街道北头,汪道涵任中共嘉山县委委员、县抗日民主政府首任县长。

没过几天,位于来安半塔及其周围地区的我新四军第五支队领导机关所在地被韩德勤派代号为"梅九部队"的两个团包围,中原局、新四军江北指挥部来电指示:"动员和组织一切力量,坚守半塔集,待路西主力挥戈东援,歼灭韩顽。"汪道涵立即响应,带领县政府所有人员投入半塔集保卫战。此战粉碎了国民党顽固派的挑衅进攻,创造了"以少胜多,以弱胜强,固守待援"的典型战例,歼敌3000多人。在此战中,汪道涵配合五支队十团与韩顽、秦庆霖部三个团展开激战,打得秦庆霖、周少藩大败,极大地巩固了津浦路东抗日根据地。

4月,汪道涵组建了人民武装"嘉山县总队",下辖一个独立营,有两个连武装,总队部设在自来桥,汪道涵兼任总队长。之后,来安、天长、六合、盱眙、高邮、淮宝、甘泉,先后建立了抗日民主政权。嘉山县的自来桥和来安县的半塔集附近成了皖东抗日中心地带,成为皖东抗日根据地之一。这一年夏天,因共同的志趣和抗日理想,汪道涵与自来桥一区妇救会会长戴锡可走到一起,结为革命伴侣。

翌年5月,汪道涵任皖东津浦路东各县联防办事处副主任;8月任中共嘉山县委书记、县长兼县总队政委、总队长、县参议会参议长。9月4日,盘踞在来安县城的100余名日军和伪军程万军部约2000人,开向自来桥、白沙王一带"扫荡"。汪道涵按照新四军五支队罗炳辉司令、郭述申政委要求,率领嘉山县总队在自来桥、白沙王一带打响皖东反"扫荡"第一仗。汪道涵与五支队独立三团李世安副团长、县总队副总队长杨嘉恩把反"扫荡"地点设在白沙王,他们诱敌进入伏击圈,共同指挥部队在白沙王一带山区成功地阻击了敌人,共打伤日军30余人,伪军100余人,缴获机枪8挺,长短枪200余支,粉碎了敌人的"扫荡",打掉了日伪的嚣张气焰。紧接着,汪道涵又开展"劳武结合,保卫秋收"运动,很好地保卫了皖东抗日根据地。

发展教育 巩固边区政权

在上级党组织和中共嘉山县委领导下,汪道涵负责组建了县政府秘书处、民政、军事等办事机构,建立了区乡政权和自己的武装,领导减租减息斗争,努力发展生产,保障供给,改善人民生活,还组织建立了农民、青年、妇女等抗敌协会。嘉山抗日根据地的各项工作开展得有声有色,走在了全边区的前列。

1941年春,自来桥及周边地区发生春荒,为了巩固民主政权,嘉山县抗日民主政府把赈灾度荒、生产自救、春耕生产当成根据地的大事来抓,县政府在大许郢组织召开全县各阶层开明人士会议。县长汪道涵在会上向与会的开明人士讲形势、摆困难、提要求:为了帮助军民度过春荒,加紧春耕生产,坚持抗日斗争,要求各级组织和各阶层人士,互通有无,向储有粮食的富户、地主借粮。会后又进行了广泛宣传,收到了良好效果,很多富户、地主顺应形势,主动借粮。一场与大自然做斗争的轰轰烈烈的春耕大生产运动在全县展开。在组织根据地开展生产自救的同时,汪道涵还发动各乡镇组织民兵,建立农抗会,成立"代耕队",解决缺少劳力人家的生产困难。8月,津浦路东区党委任命汪道涵为中共嘉山县委书记,并继续兼嘉山县县长、八县联防办事处副主任。

为了打击不法商贩囤积居奇,防止哄抬物价、干扰根据地商品流通情况的发生,汪道涵筹备在自来桥成立了抗日民主政府公营商店——利华商店,大量收购豌豆、小麦、稻谷、绿豆、黄豆、芝麻、玉米等,一旦市场上出现哪种商品短缺,利华商店就拿出一部分库存出售,很好地平抑了物价。利华商店还利用敌占区的各种关系,采购了大批军用物品、医药用品和根据地军民的生活必需品,为抗日革命根据地的巩固和发展做出了巨大贡献。

汪道涵非常重视根据地的教育工作,在调查了解各乡镇教育现状后,于1941年夏在自来桥大许郢召开全县第二次"新文化运动"大会,来自自来桥、白沙王、仇集、河稍桥、旧县、鲁山、官山、苏家巷等区乡镇300多名代表参加了大会。会上确定每乡办1所学校,村户较多且相对集中、孩子较多的村也可以办初级小学;课本一律使用新编的文、史、地、算术和农业知识等读本;培训教师,提高教师待遇。大会迅速掀起"学习新文化,不做睁眼瞎"的社会学习高潮,根据地办学进入了新起点。自来桥学校还成立了儿童团,又在儿童团基础上成立了自来桥抗日剧团,表演儿歌:"……长大拿枪上战场,杀鬼子,杀汉奸,捍卫国家,保卫家乡。"剧团经常利用逢集演出,收到了很好的宣传效果,对配合新四军战地服务团宣传抗日,发动群众,组织青年参军,组建抗日游击队,打击日伪军,保卫、巩固和壮大抗日根据地起到了积极作用。

1942年1月,上级决定,金山担任中共嘉山县委书记,周济之担任嘉山县抗日民主政府县长。汪道涵专门协助方毅工作,先后调任淮南苏皖边区行政公署副主任,并兼任津浦路东专署专员、淮南地委财经部部长。1943年2月,汪道涵任路东淮南行政公署副主任,8月调往华东局党校学习;1945年10月任苏皖边区政府财政厅副厅长、建设厅副厅长。在此期间,汪道涵为淮南根据地的建立、巩固和发展做出了积极贡献。

建设祖国　投身经济战场

解放战争时期,汪道涵于1946年1月任华东军区、山东军区军工部部长、政委,胶东区公署代主任,安徽省财办主任。解放后,汪道涵投身到建设新中国的事业之中。1949年5月后,他任中国人民解放军华东军区杭州市军管会副主任兼财经部部长,浙江省财政厅厅长兼商业厅厅长。1949年9月,汪道涵赴上海任华东区财政经济委员会工业部部长。新中国成立后,汪道涵任华东军政委员会工业部部长、党组书记,兼任华东文化用纸管理委员会主任。1952年8月,汪道涵调任中央人民政府第一机械工业部副部长、党组副书记。1954年10月,汪道涵任中华人民共和国第一机械工业部副部长。之后,他曾先后任国务院科学规划委员会委员、规划委员会机械组组长和仪器组组长,对外经济联络委员会常务副主任、党组副书记,一机部技术情报所革委会副主任,对外经济联络部副部长,国家进出口管理委员会、外国投资管理委员会常务副主任、党组副书记等职。1980年10月,汪道涵回到上海,任上海市委书记(第一书记为陈国栋)、副市长、代市长,主持召开了新中国成立以来上海市第一次城市规划会议,提出有计划地发展浦东地区。1981年4月,汪道涵当选为上海市市长,1985年6月卸任,7月任上海市政府顾问。1982年12月,汪道涵任国务院上海经济规划办主任、党组书记,台湾研究所名誉所长,上海宋庆龄基金会主席,当选为中国城市经济学会会长,交通银行咨询委员会名誉主任,中顾委委员。1991年12月,汪道涵首任海峡两岸关系协会会长,开启了两岸政治对话新纪元,为促进两岸关系做出了特殊贡献。2005年12月24日,汪道涵病逝于上海,享年90岁。

汪道涵在自来桥创建的嘉山县抗日民主政府旧址保存完好,2012年省里确定这里为红色旅游景点,拨款1200万元对旧址进行修缮,建成了嘉山县抗日民主政府纪念馆,已对外开放,成为省级文保单位和明光市唯一的红色旅游基地。

2019年6月30日—7月5日初稿于市政协文史委办公室
——原发表于2015年8月19日《皖东晨刊》、2015年9月10日《新滁周报》、2017年12月《皖东文史》(第14辑),这里有较大修改补充。

皖境抗日重仗——明光阻击战

一、必有一战

为正义而战,为国家而战,为民族而战的战争都应当被历史永远铭记。明光抗日阻击战就是这样的战争,但又是一场不该被遗忘却几乎被遗忘的战争。

明光抗日阻击战,你也许很陌生,没听说过。80多年过去了,几乎无人知晓。但不代表战争从来没有发生过,不代表事实根本不存在,不代表这段历史永远被时间掩埋。我始终认为这是皖境抗日第一仗,属于中华民族抗战史上悲壮的一页,同样惊天地、泣鬼神!

但史料上称1937年11月23日发生的第七战区川军"广德—泗安战役"为安徽抗击日寇侵皖的第一战,既是上海淞沪会战的延续,又是日寇侵占国民政府首都南京的前奏。是役毙敌1000余人,击毁装甲车20余辆,击毁坦克6辆,击落飞机1架(这是川军第一次击落敌机),缴获山炮1门,机步枪、防毒面具、钢盔、大衣等无算。又称皖军保安团霍邱鹿吐石铺大捷是安徽境内歼灭日军最多的一次战役。是役,于鹿吐石铺河滩及洪家冲等处击毙日军870余人,于五桂峡击毙日军500余人,生俘敌特务营长舒正太以下数十人,缴获重机枪30挺,掷弹筒52枚。这两役确实足以名垂青史!

明光抗日阻击战,可比吗?当然,从哪方面来讲都不逊色于上述两役。但82年来鲜为人知,没有载入史册。如果我个人将其定性为皖境抗日第一仗,也就是最大一仗,肯定会有很多人质疑。这里,我姑且称其为皖境抗日重仗吧。

1937年7月7日,是中华民族子孙万代都不会忘记、不能忘记、不该忘记、不许忘记的一个日子。这一天,日军借口一名士兵"失踪",悍然开枪射杀了中国士兵,炮击了中国宛平城,蓄意在中国的内陆领土上制造了震惊中外的卢沟桥事变。日本帝国主义公然挑起了全面侵华战争,中国守军29军奋起反抗,中华民族被迫进入全面抗战。"地无分南北,年无分老幼,无论何人,皆有守土抗战之责,皆应抱定牺牲一切之决心。"举国上下同仇敌忾,团结御辱,用无数头颅和鲜血向全世界宣告,中华民族的尊严和根本利益神圣不可侵犯!

8月13日,日军入侵上海,标志中日两国全面战争的真正开始。日军因遭到中国军队顽强抵抗而损失惨重,"三个月灭亡中国"的天大美梦被彻底粉碎。中国军队虽顽强抵抗3个月,仍未能掌控战局,最终于11月13日败退,次日上海沦陷,但中国军民赴汤蹈火、视死如归的卫国精神空前高涨!

日军占领上海后,沿沪宁线北上。12月1日,日军攻占江阴要塞。是日,日本参谋本部依据松井石根的要求,下达大陆令第8号:"华中方面军司令官须与海军协同,攻占敌国首都南京。"12月13日,南京国民政府弃守都城。此后6个星期内,日军野蛮地屠杀了放下武器的俘虏数万军人、20余万平民,总数30万人以上,制造了惨绝人寰的南京大屠杀,犯下了滔天罪行,罄竹难书!

日军占领南京当日,就有一支部队渡江,沿津浦线北上,直奔徐州,企图与华北侵华日军南北夹击,拿下号称"五省通衢"淮海枢纽的军事重地徐州,占领津浦线,打通陇海线,控制中国腹地。日军长驱直入,12月18日占领滁县(今滁州)县城,包括渡江时间前后不到5天,没有受到像样的抵抗。他们考虑,中国军队可能在淮河上有些小的抵抗,但最多天把时间就能渡过,长江天堑都轻易跨越,区区淮河还算什么?至于在小镇明光遭到顽强阻击,狂妄的日军做梦也不会想到。

明光虽不为世人熟知,但其属于龙兴之地。明光一词最早出现于汉代,系宫殿名,即明光殿,在未央宫西,以金玉珠玑为帘箔,处处明月珠,金陛玉阶,昼夜光明。唐代宫中也建有明光殿。明光作为地名,出现在明代之后,位于盱眙县城西约70千米的池河边上的小渔村,元代属于泗州盱眙县太平乡。元天历元年九月十八日(1328年10月21日)未时,大明王朝开国皇帝朱元璋诞生在太平乡赵郢村二郎庙内。当时二郎庙上空出现五色祥云,红光灼天,附近百姓疑为庙内失火,互相招呼前来救火,结果是一场虚惊。人们纷纷议论这是真龙天子降临征兆,为此,老百姓将二郎庙改称红庙,旁边的集市也改名红庙集。明闻人诠修、陈沂纂《南畿志》卷八《凤阳府一》记载:"明光山,县西南,我圣祖生时常有五色旺气,故名。"明正德十三年李天畀修、陈惟渊纂《盱眙县志》卷上记载:"明光集,在县西南明光山。"且有明嘉靖《泗志备遗》、明万历《帝里盱眙县志》、明泗州知州曾惟诚《帝乡纪略》、清康熙《泗州志》等数十种史料佐证。

洪武五年(1372年)明光开埠后,居户逐渐积聚,龙庙山(当年朱元璋出生时山顶五色彩云亮如白昼)改为明光山,山下渔村升格明光集。随后,盱眙县令奏请上峰,将唐兴乡和太平乡中的四个村集划出,设立盱眙县灵迹乡,驻明光集。康熙初年,明光集市初具规模。康熙十九年(1680年)夏,黄河决堤夺淮,水漫泗州,淮河支流的池河受到影响,池河南岸红庙集被水淹没,居民多迁至明光集。明光地名也一直沿用至今。明光虽钟帝王灵气,人杰地灵,物华天宝,几经沧桑兴衰,逐渐发展为闹市,但始终鲜为外人知。宣统二年(1910年)四月,津浦铁路浦口至临淮关段率先铺轨通车,宣统三年(1911年)九月津浦线南北接轨,次年总长1009千米的津浦铁路全线建成通车。明光集从此繁荣起来,人烟阜盛,声名远播,成为远近看重的商品集散中心,商贾云聚,远超周边其他县城。

1932年11月,国民政府析滁县、来安县、定远县、盱眙县边地,创设嘉山县,治老三界(今明光市三界镇老三界行政村),明光镇由安徽省盱眙县(1955年划入江苏)划归嘉山县。1945年8月15日,日寇无条件投降,国民党嘉山县政府接管了汪伪嘉山县政府(1938年初成立),由老三界移驻明光镇。1949年1月21日,华东野战军25军73师南下到达明光镇,次日进入嘉山县各乡镇接受旧政权,未遇丝毫抵抗,嘉山县就此宣告全县解放。2月,嘉山县人民政府建立,驻明光。1994年5月31日,国务院撤销嘉山县,改设省直属行政区县级明光市,驻明光街道办事处,由省里委托滁州市代管。现在,明光市已发展为新型山水田园生态旅游宜居城市。

这就是明光的来龙去脉。明光位于江淮分水岭之上,居于津浦线南段,江淮中道(又称泗浦古道,古泗州至浦口、南京道路,今北京至福州104国道即沿此古道修筑)穿城而过,城西北紧邻流长248千米的淮右巨川——池河。近代太捻战争、直奉战争、国民革命军北伐时期各方军事力量都重视占据明光。日军北上必经明光。因此,明光特殊的地理位置决定明光必有一战。

二、未雨绸缪

北上侵华日军系第13师团,师团长荻洲立兵,原为冈村宁次的助手,后成为第2师团司令部付,留守第2师师长,1937年3月晋升陆军中将;参谋长烟勇三郎大佐。下辖:步兵第26旅团,旅团长沼田德重,陆军少将;步兵第116联队,联队长添田浮大佐;步兵第58联队,联队长仓森公任大佐;步兵第103旅团,旅团长山田栴二,陆军少将;步兵第104联队,联队长田代元俊大佐;步兵第65联队,联队长两角业作大佐;骑兵第17大队,大队长小野良三中佐;山炮兵第19联队,联队长横尾阔中佐;工兵第13联队,联队长岩渊经夫少佐;轻重兵(即辎重联队)第13联队,联队长新村理市少佐。全师团共约2.2万余人,装备有四一式山炮12门、三八式野炮36门、37毫米反坦克炮12门,轻型装甲车12辆。第13师团来华后隶属于松井石根,参加了淞沪会战。随后,第13师团一部分在江阴渡过长江,主力在镇江渡过长江,堵截南京守军北撤之路。荻洲立兵是南京大屠杀罪魁祸首之一。尤其是其下属山田栴二指挥的日军第103旅团攻入南京后,杀害南京军民数万人。其中12月19日一个晚上,山田栴二指挥的第103旅团第65联队就在草鞋峡将15000余名中国战俘屠杀殆尽。日军第103旅团途经江阴时曾被国民党军打残了,旅团长山田栴二看到遍地日军尸体当场控制不住痛哭流涕,大佐两角业作的第65联队也损失惨重,为了报复泄愤,他们就在南京疯狂烧杀抢掠,奸淫妇女,无恶不作,兽行十足。臭名昭著的山田栴二还曾将他的无耻行为写进自己的日记里,后来成了东京战犯审判的重要证据之一。

在日军侵占南京的同时,荻洲立兵就主动向华中派遣军司令部请战,率第26旅团和第103旅团一部随日军另外5个师团自镇江、南京、芜湖渡江,沿津浦线北上。

日军意图极端险恶。

12月中旬,第13师团进至安徽池河东岸的定远藕塘、嘉山明光一线;侵略华北的日军第10师团从山东青城、济阳间南渡黄河,占领济南后,进至济宁、蒙阴、青岛一线。日本大本营的目的是,将华东、华中南北两个战场连成一片。日军津浦线南段第13师团与津浦线北段第10师团遥相呼应,实行南北对进夹击,计划一举攻占华东战略要地徐州,打通并占领津浦线(天津—浦口),然后沿陇海线(兰州—连云港)西取郑州,再沿平汉铁路(北京—汉口)南夺武汉。

中方不能坐以待毙,也在积极谋划对策。正面挡不住日军的凶猛攻势,但阻击迟缓日军行动,消耗日军有生力量还是必需的。

凡事预则立,不预则废。早在淞沪大战激烈之际的1937年10月16日,国民军事委员会就未雨绸缪,在徐州成立了第五战区,由李宗仁任战区司令长官兼安徽省政府主席。其任务:防堵华北日军南下,防堵华东日军北上,保障对津浦铁路及周边地区的控制。李宗仁为此制定了《第五战区关于徐州会战的作战方针及指导要领》:"敌人由津浦南段北攻时,则以新属于本战区之兵团,于浦口、滁县、明光逐次抵抗,求得时间之余裕,最后于临淮关以西淮河之线竭力拒止该敌,俟北方会战成功后,再转移兵力击灭之。"国民政府先后调集长江以北中国军队64个师另3个旅约60万人交由第五战区司令长官李宗仁指挥,以主力集中于徐州以北地区,抗击北线日军南犯,一部兵力部署于津浦铁路南段,阻止南线日军北进,以确保苏鲁皖豫四省要冲徐州安全。

南京沦陷后,国民党军已撤往浙皖腹地,造成津浦线南段及淮河一带阵地出现完全空虚状态。为此,第五战区司令官李宗仁紧急调兵遣将,加紧作战部署,其要旨为:"以战区大部分部队沿津浦路侧击,开展运动战、游击战,阻敌南进,各兵团作战目的是要于滁县、明光等处,逐次抵抗,最后将北进之日军阻止于淮河南岸。"作战方针既定,李宗仁立即将原驻海州的李品仙第11集团军(辖刘士毅第31军)调至津浦线南段滁州、明光一带,做纵深配备,据险防守,并与第3集团军总司令兼51军军长于学忠、第10军军长徐源泉各军及安徽境内各部队组成淮南兵团,由第五战区副司令长官兼第11集团军总司令李品仙上将具体负责实施津浦线南段之作战。李品仙对各军下达了命令,其中涉及第31军的命令是:"……二、第31军(刘士毅部)以一部在刘府附近,主力在凤阳、红心铺附近占领阵地,行攻势防御,将敌切断分割包围而歼灭之,另以一部出张八岭、明光一带实施游击,迟滞并引诱敌人前进。"为此,蒋介石曾于1938年1月

11日召集第一、第五战区团长以上军官训示,强调必须"保持津浦铁路"。13日,蒋介石又召集第五战区将士训示:"我军战法,应于硬性之外参以柔性,务在交通要线上,配属有力部队,使任正面阻止战斗,同时以军事联合组织训练之民众,施行游击,以牵制破坏敌之后方,前呼后应。敌如攻我正面,则游击队由各方进攻。则不与决战,以收长期抗战之效。"

南京弃守次日,日军就趁机侵占了浦口,1937年12月18日攻陷江北重镇滁县。随后两三天,沼田德重又率第26旅团分兵攻占来安、全椒、六合等地,并在占领区内烧杀奸淫,反复进行"清剿""讨伐",制造战争恐怖气氛,企图肃清残散的中国军队。皖东大地一两天之内相继沦陷,第五战区皖东、皖北正面保卫战就此打响。军长刘士毅上将率第31军受命在日军沿津浦线北进之际,赶到明光镇、定远池河镇一线沿池河设伏,阻击日军北上。总防线长40千米,其中明光、马岗、三和一线近30千米池河两岸为苏祖馨第135师防线。

池河是淮河下游最大一条支流。池河的上游,定远县境内有一个集镇叫池河镇,在明光镇以南约27千米处,位于津浦线西侧,其东山地绵亘,西面则为起伏较缓的小高地,村落稠密,道路纵横。池河马岗(原名马家岗)至抹山一段又称明光河,在津浦线西侧由南向北穿过铁路,流入女山湖,泻入洪泽湖。明光是当时嘉山县北部位于津浦线上的一个军事兼经济重镇,人口众多,经济繁荣,是兵家必争之地。津浦线上的明光火车站地处池河与铁道交会点的东北面。为阻止日军北进,在日军到来之前,国民党军已将位于明光火车站附近的铁轨及池河上明光铁路桥等多数设施予以破坏,火车已不能通行。然后沿池河两岸部署阵地,不仅可以阻挡日军北进,而且对于铁道线正面的敌军亦构成重大威胁,使敌人不敢冒险由明光继续向临淮关、蚌埠一线进攻。因此,日军要在明光越过池河,明光一役,无法避免。

担任池河阻击任务的是1937年9月新成立的国民革命军第31军,下辖莫德宏少将为师长的第138师,覃莲芳中将为师长(副军长兼)的第131师,苏祖馨中将为师长的第135师,共计三个师。第31军是桂系抗战后新成立的一个军,多数战士是广西征募的新兵,在桂系的三个军中,被公认战斗力最弱。而他们要面对的是日军主力第13师团,也是1937年9月战争爆发后新成立的特设师团,编组地来自日本仙台,又称仙台师团,是日军一支劲旅。这个师团贯穿整个侵华时期,与日军第 3 师团一直作为侵华精锐待在中国直到抗战结束,自称"第 3 和第 13 师团在哪里,天皇就放心",可谓血债累累。但是,时任第 31 军军长的刘士毅饱读兵书,经纶满腹,计谋多端,文武兼备,因从小读私塾时经常拿本《孙子兵法》阅读,被同学笑称"武秀才",连桂系第 2 号首领、有"国民党军第一军事家""小诸葛"之称的白崇禧(字健生)也对其折服,1931 年邀请其加入桂系,委以重任。刘深感白崇禧之知遇,曾对白表示说:"健公知我,我决不负健公。"由于第 31 军有刘士毅这个杰出将才带领,在其后表现远超出桂系主力"钢军"第 7 军。命刘士毅第 31 军以游击战为主拖延日军北上,是最佳选择。刘士毅在日本军校留过学,知己知彼,能够利用山区地形,频频出击,拆毁铁路,打击北犯的日军。

日军进入安徽境内,占领滁县、全椒、来安后,荻洲立兵因缺少重武器,并没有指挥日军立即大举北进,而是从 1937 年 12 月 22 日,沿津浦线向嘉山县明光镇方向试探军情,与我第 31 军第 135 师前锋在自来桥、张八岭及定远岱山铺一线不断发生激战,第 135 师在丘陵、山地中与敌人周旋,逐地阻击,逐层坚守,反复争夺,顽强抵抗,其中张八岭、三界山区战况尤为激烈,经反复拼杀,双方互有进退,许多阵地常常数易其手,成功地迟滞了日军北进步伐。日军被迫停止前进,转入休整,等待增援。我第 31 军则以第 135 师分别派出多个小股部队对日军进行袭扰作战,持续不断。刘士毅的指挥策略是节节抵抗,敌停袭扰,敌进伏击,敌攻就退,虚虚实实,始终给敌以威胁,血战逾月,双方打成平手,大出日军指挥官意料。

在我第 31 军阻敌期间,东北军于学忠第 51 军赶到,在第 31 军后面淮河两岸布防,第 31 军压力顿减,阻敌信心更加充足。

12 月 30 日,一股日军沿津浦路进至嘉山火车站(后改名三界站),占领了站北 4 千米外的嘉山县城老三界,未遇抵抗。县长杨杼已在一月前弃职逃走。日军纵火焚烧 7 条街道,烧毁民房 1000 余间,退回滁县城内。没几天,日军又派出一个 17 人侦察小队赶至明光,窥测池河大桥情况,因在明光南三孔桥打死一鲍姓村民,从老三界撤到明光的嘉山县代理县长、县常备大队长李蒸得悉,带领常备队及明防护团 200 多人赶到,向日军开火,日军被迫退离。又过几天,日军派出先头部队开始试探明光守军实力,看有没有正规军驻防。交火后,李蒸率常备队撤至韩山对日军进行阻击,常备队损失五六人,日军南撤。

通过试探,日军判断,明光没有正规军驻防,守军没有实力,但穿越池河必须夺取明光作为支撑,南京重兵器已经运到,可以进攻了。明光之战就此拉开序幕。

三、顽强阻击

1938年1月14日,日军第13师团得到增援后,主力继续北上,日军前锋沼田德重旅团长指挥第26旅团兵分两路,直扑定远和明光。我第11集团军总司令李品仙根据李宗仁的作战意图,命令刘士毅第31军把津浦铁路的正面让开,部队撤到铁路西侧的山区,伺机打击日军。采取"敌进我退"的战术,能使第31军在选择战场和选择作战对象上占据主动,一旦时机成熟,就能予敌以有力打击。如果在武器处于劣势的情况下与日军打阵地战,面对面硬拼,看起来勇敢,却难以打胜仗。

刘士毅之所以忠实执行李品仙方案,就是因为他深知我军难与敌军火拼,便采取了避实就虚、敌进我退等游击战术,避过沼田德重的凶猛锋芒,在明光一带利用山区地形设下"空城计",歼灭敌人。战场情况错综复杂,军队的一些行动,往往能以真乱假,以假乱真。中国军队的"敌进我退",日军以为是败退。官兵们非常理解他的"避实就虚"战术,都能愉快地接受,主动后撤。而将主力集中于定远地区,布置在日军正面的是第31军中战斗力最强的第138师,莫德宏师长将部队展开于池河东岸,守卫池河、藕塘一线,示敌以背水决死一战之势。日军进攻到罗岭后,再次派出先头部队到明光城试探虚实,看看有无中国军队的主力。第31军部队第135师隐蔽在明光城与马岗、魏岗之间。日军的先头部队没有发现他们,大部队迅速占领了津浦线上重镇明光城。但日军不知道国军是有目的地撤出明光,并未走远,正在有计划组织反击。黑幕降临,日军正在埋锅烧饭、安营铺床,刘士毅率领主力杀了个回马枪。一时间枪声大作,烟尘四起,火星乱溅,杀敌的吼叫声令鬼子心惊胆寒。战斗持续了一个通宵,1月15日拂晓,明光城内的日军大部分被歼,仅逃出100余人,中国军队收复了明光。

明光战斗的胜利是中国军队拼死奋战的结果,但偶然性较大。第五战区司令李宗仁清醒地意识到,日军在明光吃了亏,是因为夜间作战,敌人的飞机发挥不了作用。如果战斗发生在白天,敌人的飞机一定会狂轰滥炸。而且,敌人很快就会进行疯狂反扑的。他果断地命令刘士毅列一部于日军之后,主力主动西撤,离开明光,将津浦线让开,使日军战线拉长,而后便于逐段歼灭。其实,就是这一"让"一"撤",创造了有利战机。

日军杀向定远、明光后,第31军军长刘士毅奉命悄然撤出明光。第51军军长于学忠命令第114师扈先梅第340旅渡到淮河南岸增强防御,并以第679团派出一个加强营留驻明光。但是后来战局不利,刘军长未来得及向第114师通报就将明光附近守军全部撤离,导致第679团一个加强营被日军突袭,几遭灭顶。第1连连长赵天威率部据险掩护全营撤退,与日军搏杀之中全部殉国。日军派出5000人马,在飞机、坦克的配合下,向明光城发起猛攻,1月18日,明光沦陷。他们哪里知道,消耗了大量的弹药,得到的是一座空城。日军自南京北渡长江,侵占州城滁县用时5天,自滁县攻占嘉山县北部小镇明光,用时整整1个月,可见明光地理优势不可小觑。

但对明光人民来说,1938年1月18日这个日子非同寻常,它是明光历史上最耻辱的一个日子——从这一天开始,日寇开始盘踞明光,利用汉奸组织"维持会",成立汪伪县政府,蹂躏奴役明光人民达7年零7个月之久,明光人民惨遭涂炭,饱受了屈辱。

1月23日,日军大批重武器增援部队陆续抵达,连日用大炮猛烈轰击我方阵地,并分三路冒雪强渡池河:一路在明光对岸的梁山(原名梁家山)、马岗,一路在三河集(当时隶属嘉山县),一路则由滁县珠龙桥攻定远池河镇。为争取民众支持,加强抗日力量,第135师师长苏祖馨到防后就挤出时间驰往凤阳县城,召集各界代表筹备召开抗战救国大会,动员大家奋起抗日;开办了凤阳城镇第一期保甲训练班,训练内容:(一)总理遗教;(二)保甲长战时任务;(三)战时政治;(四)战时军事;(五)战时经济;(六)日本透视;(七)防毒、防空等。苏祖馨还组织农民巡回演讲团,下乡宣传,广泛发动民众,抗日救国。战争相持不下,双方反复争夺,战斗不分昼夜,阵地上尸横遍野。国军将士虽多为南方健儿,不适应雪天作战,但仍在抗战热情鼓舞下和当地老百姓强大支援下,誓死维护民族大义,英勇杀敌,击退了敌人的一次又一次进攻。

1月25日起,战事渐趋激烈。进攻明光梁山敌军之后援部队已增至2000

余人,终日向我梁山一带阵地猛烈炮击。黄昏时分,沼田德重率第26旅团4000余人、野炮30余门,并以机枪掩护其步兵由明光西街强行渡河,企图上岸向西攻击,继而陷国民党守军第135师之梁山、五里墩、燃灯寺等阵地。苏祖馨指挥第135师第809团官兵奋起还击,将渡河之敌百余名悉数歼灭。进攻池河镇敌人为日军第18旅团,后援部队增至3000人。固守池河镇的第138师第412旅,在敌人10余架飞机、20余辆坦克的轮番轰炸下,阵地工事遭到严重破坏。关键时刻,池河人民勇敢冒着枪林弹雨,给国军以大力支援。

1月26日,日军华中方面军已向第13师团下达命令,要求尽快歼灭凤阳、蚌埠地区之中国军队,准备渡淮北上。日军第13师团在突破31军防御后,即兵分三路执行上峰命令,师团长荻洲立兵率师团主力为中路,从滁县出发,渡过池河指向凤阳、蚌埠;原来的先锋第26旅团长沼田德重率右翼纵队4个步兵大队、2个山炮兵大队为东路,经明光沿津浦路进犯蚌埠;第65联队联队长两角业作率3个步兵大队、1个炮兵大队为西路,从全椒出发,经大桥镇、定远进行迂回掩护。

26日下午2时,日军机炮联合作战,先以10余架飞机对我池河西岸阵地狂轰滥炸,继以重炮密集射击,使我方阵地工事遭到严重毁坏,日军随之在明光、汤郢铁桥、明光西街(即现今顺河街)等处同时渡河,一度攻入河西阵地,被第135师击退。在我守军第824团处于劣势之时,第135师第809团及时赶到,在明光西街对岸浴血奋战,与渡河之日军展开肉搏10数次之多,战斗达到白热化程度,卒于次日在我第138师第414旅(旅长钟毅少将)一部协助下,收复阵地。与此同时,三河集至池河镇一带,战事亦激烈展开。27日,已有日军突破池河左岸几道封锁线,向凤阳县临淮关方向发动攻击。

28日拂晓,被我击溃的西街方面的日军100多人转向马岗、七里河等地偷渡,第135师第809团趁敌渡过一半时,以猛烈火力予以痛击,歼其大半,使其残部退守东岸。等到管店方向沿铁路增援的日军仓森公任的步兵第58联队三四百日军赶到,敌人又在猛烈炮火下强行渡河,再次被击退。同日,国军因连日作战消耗过大,军长刘士毅将所属部队做了适当调整:第135师405旅、第403旅810团防守铁路正面,第138师414旅坚守马岗、三河,第412旅固守池河镇东端阵地,第131师391旅由合肥向定远疾进,另派一团由西旺集向藕塘前进,袭击珠龙桥方面的敌军后方。

29日下午2时,日军先指引南京过来的飞机对明光池河西岸的国军第135师梁家山阵地进行轰炸,紧接着山田栴二又指挥日军第103旅团下属的横尾阔第19山炮联队用迫击炮对国军第135师梁家山阵地连续炮击。我方阵地在敌飞机、大炮联合猛烈轰击下被毁坏无余。于是日军用征集到的民船在西街渡口池河上架设浮桥再次强行渡河。国军第135师副师长兼405旅旅长魏镇少将(1955年被授予中国人民解放军少将)虽率部顽强抵抗,成功伏击敌人3次,予日军以重大打击,但第405旅经数日来昼夜苦战,疲乏已极,死伤甚众,师长苏祖馨不得已下令该旅由梁家山向五里墩阵地撤退。日军渡河者已约1000人,在占领梁山阵地后持续向我五里墩猛攻。下午5时,大王山东北又有日军五六百人向我右翼迂回,铁路以北也出现千余名日军向我左翼运动,企图包围五里墩阵地。此时,国军预备队业已悉数用尽,守卫将士在内困不堪、外无救援的情况下,仍极力拒止敌人的前进势头,坚持至黄昏后,苏祖馨遂命令魏镇率第405旅利用黑夜掩护摆脱敌军包围,逐次向燃灯寺、谢家后山、坦山寺、老凹山、小溪河、吴庄沿线既设阵地转进。当日,池河镇方面日军再次增兵2000至3000人,并以飞机10余架、坦克10余辆掩护攻击。我守军第412旅与敌血战半日,从第一道防线退守到第二道防线,虽歼敌400多人,但因伤亡过大,于是炸掉池河太平桥一个孔,向池河镇西岸转移。

30日,坚守马岗、三河之线的第138师,迫于周围日军的包围态势,只好放弃东岸阵地,向桑家涧阵地撤退。第131师奉命至亘五里、捞王家、官桥、吴家之线及老人仓附近埋伏,阻击日军。日军约5000人将守军戒备部队压迫入燃灯寺及其附近地区,继续向我第31军主阵地发起攻击。同时又有日军2000余人向坦山寺阵地猛攻。苏祖馨遂命令第135师第805团第2营增援坦山寺,激战至夜晚,开始向总铺转移。然后第2营占领马家岗阵地,掩护各部队向凤阳、刘府撤退,同时将淮河各处桥梁破坏,迟滞日军前进。为此,第135师在第131师协助下以10倍于敌的伤亡坚持掩护两日之久,确保了其他部队的安全西撤。这一天,日军添田浮第116步兵联队、横尾阔第19山炮联队,均冒雪从明光渡过池河,向凤阳进犯。

至此,以明光为重心的池河阻击战遂告结束,随后国军且战且退,致使日军40天才推进至淮河边。前些年,网上出现拍卖信息——侵华史料,附有说明:

"侵华日军照片(1938年2月)。日军添田部队对津浦线安徽滁州明光附近败残的支那军扫荡,日军迫击炮攻击,支那军遗弃尸体。"从另一个方面说明了明光抗日阻击战的悲壮惨烈!历史证明,血肉之躯也能抵挡飞机大炮!

自24日起至30日止,在历时7昼夜以明光为重心的池河之战中,国军伤亡过半,约20000人,其中第135师伤亡、失踪1182人,但歼敌约2000人,其中在池河镇歼敌约400人,在三河、马岗两处歼敌约300人,在明光方面歼敌1000余人。事实让日军明白,占领明光比占领滁县州城难得多,越过浅窄的池河并非轻而易举之事。

四、名垂青史

前事不忘,后事之师。明光抗日阻击战,值得铭记!

日军第13旅团占领滁县40天后,才越过池河,两天后即1938年2月2日到达淮河岸边,强渡一直遭到阻击。双方争夺激烈,一度形成对峙状态。日军行进缓慢,到达凤阳总铺地区时,总铺乡民彭善初组织淮河两岸数千名红枪会会员和爱国青年手持长矛大刀及少量步枪、土炮来到明光,与日军明光留守部队殊死搏斗,因武器落后,伤亡30多人,但严重打击了日军的嚣张气焰,致使日军不敢再轻易狂妄冒进。2月11日,第135师以5个营兵力围攻上窑,冲进墟内,与日军混战,歼敌300余人。敌余部向考城逃窜,外窑之敌被歼100余人,小股日军据上窑顽抗。12日,第135师攻克武店、考城,并将上窑逃窜之敌大部歼灭。期间,淮河南岸各个要点之日军,因被第31军侧击牵制,始终不能顺利北进。

战斗中,我第31军为保护明光百姓付出了巨大牺牲。战争开始,明光当地老百姓听说来犯的日军是参加过南京大屠杀的第13师团,纷纷弃家逃亡。第31军为了掩护百姓逃难,组织了多次阻击,部队为此伤亡颇重。有一个连队剩余的四五十人,退入楼店村,被追击而来的日军赶上,殊死搏斗后,全部壮烈殉国。日军为发泄仇恨,竟将国军尸体全部扔进村内王成九酱园的酱缸之内,实在惨无人道!掩护撤退过程中,第138师第414旅还丢失两门火炮。广西军队的火力本来就相当弱,这个损失令师长莫德宏心如刀割,为此,对第414旅旅长钟毅大发雷霆。钟毅坚持认为只有维护好安徽的老百姓,桂系军队才能安身,相比之下一两门火炮又算得了什么?也许正是钟旅长这样的观点,才换来桂系日后在安徽的立足。钟毅旅长是广西新宁人,毕业于韶关讲武堂第2期,后升任第173师师长。在1940年5月枣宜会战中,钟毅为掩护大军撤退,马革裹尸,壮烈战死。或许是我第31军和日军第13师团这两支几乎同时编成的军队有命中注定的巧合,钟旅长的对手,日军第26旅团旅团长沼田德重,日本士官学校第19期和陆军大学27期毕业的"优秀"军官,也在1939年7月末鲁西扫荡中被八路军打成重伤,挣扎了20多天后终于毙命,纯属咎由自取。

后来有人总结这场战争,称为池淮阻击战,因战争主要发生在池河流域,又称池河阻击战,又因战争以位于池河边上的明光为重心,故称明光阻击战。明光阻击战在明光历史上写下了光辉一页,它与山东滕县阻击战同为台儿庄战役前奏,有力地牵制了日军,成功地阻止了华中日军北上进攻,使之滞留于淮河南岸,挫败了日军互相配合、南北夹击的战略图谋,造成了而后华北日军孤军南下、我军得以调集主力围歼的契机,为李宗仁指挥台儿庄战役大获全胜赢得了宝贵时间,创造了重要的条件,在抗日战争史上写下了浓墨重彩的一笔,理所当然应当彪炳史册。1938年4月7日,日军在台儿庄大败,被歼10000余人,中国军队取得空前胜利,明光阻击战功列其中。

当时台儿庄战役总指挥李宗仁在战后总结是役胜利的主要原因时说:"这一战役的关键,是31军执行命令的彻底,始终盯住津浦线,使敌军不能北进。""第一,我31军在津浦线南段运用得宜。南京弃守,我军利用地形,据守明光四十余天之久,使我在鲁南战场有从容部署的机会,到了敌我双方在明光消耗至相当程度时,我便令31军对敌的抵抗适可而止。全师西撤,让开津浦路正面,但仍保有随时出击的能力……敌主力正预备渡河与我死拼之时,我又令31军配合新自江南战场北调的第7军,自敌后出击,一举将津浦线截成数段,使敌首尾不能相顾。"

李宗仁虽未亲临前线组织明光阻击战,但长达40天的明光阻击战始终是他遥控指挥的,是他戎马生涯中下的一步好棋,令他一直不忘。多年后,他还在其回忆录中写道:从津浦线南北夹击徐州的敌军,"一阻于明光,再挫于临沂,三阻于滕县,最后至台儿庄决战",是中国军队在台儿庄大胜日军的重要因素。明光阻击战被李宗仁列为台儿庄战役和徐州会战的重要组成部分,其战略意义是不言而喻的。

战后《新华日报》称此战"告诉了全世界爱好和平的人士,中华民族是不能以野蛮的武力所可征服的",并将这次战斗称为"抗战以来第四次大战,可与上海、南口、忻口三役媲美"。明光阻击战影响很大,有人褒扬此役打破了"皇军"不可战胜的神话,也提振了国人的抗敌士气,我以为并不为过。

据了解,当年担任明光阻击战任务的国军第135师曾转战多地。台儿庄战役后,国军第135师在怀远与日军第13师团再次发生遭遇战,随后担任掩护徐州国军西撤,多次参与阻击日军任务完成之后,全师兵力已不足两个营,将第138师全部并入第135师之后参加平靖关战役,恶战之后全师所剩不足400人。后来第135师又经多次招兵补充,参加了桂南大会战、昆仑关等战役。原来在明光参加阻击战活下来的士兵绝大多数已捐躯沙场,埋骨他乡,抗战胜利后幸存者已寥寥无几,且基本上不识字,军中无人描述发生在明光的这场战争。明光本土士民可能极少到前线参战,无人亲历过惨烈战况,当然无人秉笔直书,载入史册。正义不被铭记,为国捐躯无人怀念,呜呼,痛哉,惜哉!

看过上述史实,大家还怀疑明光阻击战的存在吗?明光阻击战千真万确,意义更是非同一般。八桂男儿,为国捐躯,喋血明光,应当名垂青史,万世昭彰。明光有必要铭记此战!国人有必要铭记此战!

时光流逝,光阴荏苒,80多年前的明光阻击战,明光现在已很少有人知道,明光以外的人知道的更少!这是不应该的!

前些年,以安倍晋三首相为首的一股日本军国主义右翼分子上台以后,一再否认日本先前对中国和亚洲各国的无耻侵略行径,肆意挑衅中国和亚洲人民的底线,已成为中国和亚洲人民公认的危险分子,中国人民和亚洲人民必须擦亮眼睛,彻底认清安倍及日本右翼势力的真实面目和狂妄野心,时刻防备包藏祸心的日本右翼分子的一举一动,永远牢记"前事不忘,后事之师"的深刻教训,做到有备无患!

为此,我要向世人大声疾呼:不该忘记英勇悲壮、战果辉煌的明光抗日阻击战!明光抗日阻击战应当千古流芳!

2020年3月15日—4月1日三稿于市政协文史委办公室

参考书目：

1.《民国高级将领列传》，解放军出版社，1988年版。

2.嘉山县地方志编纂委员会:《嘉山县志》，黄山书社，1993年1月版。

3.王东溟、郭明泉:《台儿庄战役》，山东人民出版社，1995年版。

4.林治波、赵国章:《大捷:台儿庄战役实录》，广西师范大学出版社，1996年3月版。

5.徐佐文:《中共滁州党史大事记》，黄山书社，1999年1月版。

6.唐德刚:《李宗仁回忆录》，广西师范大学出版社，2005年12月版。

7.韩信夫:《鏖兵台儿庄》，重庆出版社，2008年11月版。

8.全国政协文史委:《徐州会战》，简体字，2010年2月版。

9.中共明光市委党史办公室:《中国共产党明光地方史》（第一卷），中国文史出版社，2010年12月。

10.台儿庄区委宣传部:《大战台儿庄》，中国文联出版社，2012年8月版。

11.陈松:《容县爱国将领》（中册），广西容县政协，2012年12月版。

12.韩信夫:《台儿庄战役及其在抗战中的历史地位》，《近代史研究》，1994年第2期。

13.苏尚坚、苏尚周:《侵华日军中将冢田攻坠机之谜》，《军事史林》，1995年第2期。

14.付勇、潘家德:《台儿庄战役中中国军队的配合》，《河北联合大学学报》，2012年第5期。

15.苏尚坚:《怀念父亲苏祖馨》，《广西日报》，2013年8月15日。

16.郑培进:《渡尽劫波六百年 盛世重修展新颜——记定远县池河镇太平桥》（下），《新滁周报》，2014年7月7日。

17.贡发芹:《英勇壮烈的明光抗日阻击战》（上），《新滁周报》，2014年8月7日。

18.贡发芹:《英勇壮烈的明光抗日阻击战》（下），《新滁周报》，2014年8月14日。

19. 贡发芹:《值得铭记的明光抗日阻击战》,《滁州日报》,2014年9月10日。

20. 张祥林:《抗战初期国民党军在皖东的保卫战》,滁州市政协文史委《皖东文史》(第13辑),2014年12月。

21. 贡发芹:《津浦铁路明光段抗日阻击战》,滁州市政协文史委《皖东文史》(第13辑),2014年12月。

22. 贡发芹:《英勇悲壮的明光抗日阻击战》,《江淮时报》,2015年3月20日。

23. 贡发芹:《不该忘记的明光抗日阻击战》,《醉翁亭文学》,2015年第3月期。

24. 宋霖:《国民政府军在安徽正面战场的抗战》(上),《江淮文史》,2015年8月第4期。

25. 贡发芹:《不该忘记的明光抗日阻击战》,明光市政协文史委《明光文史》(第9辑),2015年12月。

26. 张应松、贺立银:《桂系防空部队太湖击毙日军大将冢田攻》,《文史春秋》,2018年第3期。

27. 台儿庄战役纪念馆相关资料。

28. 我歌我泣新浪博客:(转载)《[第五战区]徐州会战:桂军之池河阻击战电讯》,作者:浣纱洗剑。(2010-09-16 21:42:58)

29. 网上相关资料。

30. 调查口述资料。

31. 苏尚坚提供的相关资料。

明光抗击日军侵略图片

日军侵犯南京后,第 13 师团北渡长江,进至安徽池河东岸的藕塘、明光等地,向安徽凤阳、蚌埠进攻。守军第 11 集团军第 31 军在池河西岸地区抵抗情况。

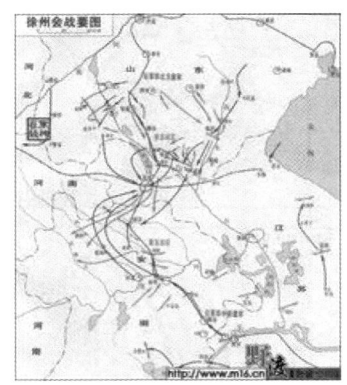

1938 年 1 月 26 日,日军第 13 师团向安徽凤阳、蚌埠进攻。守军第 11 集团军第 31 军在池河西岸地区抵抗情况。

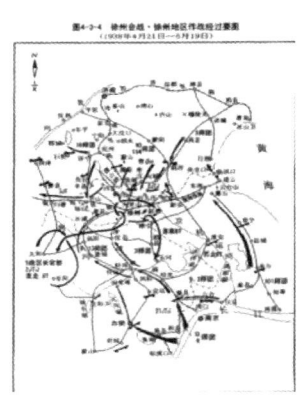

日军第 13 师团进至安徽嘉山。

日军侵犯南京后,第13师团北渡长江,进至安徽池河东岸的藕塘、明光等地。

1938年1月28日,津浦线安徽明光段,沿铁路朝凤阳方向行进的日军仓森公任第58联队。

1938年1月29日,津浦线安徽明光段,日军添田浮第116联队的士兵发射迫击炮。

1938年1月30日，津浦线安徽明光段，雪地中行进的日军横尾阔第19联队。

明光抗日阻击战国民党军第31军军长刘士毅上将。

明光抗日阻击战国民党军第135师师长苏祖馨中将。

——发表于2014年12月《皖东文史》（第13辑），2015年3月2日《江淮时报》，2015年6月《人文滁州》（总第8期），2015年8月《党建文汇》（下），2015年9月23日《滁州日报》，2015年第3期《醉翁亭文学》，2015年12月《明光文史》（第9辑），2020年6月11日、6月18日、6月25日《新滁周报》专版，2020年12月《人文滁州》（第18、19期合刊）。

明光战役指挥者、安庆受降主持人
——抗日名将苏祖馨

明光人很少听说过苏祖馨将军和他的故乡广西容县,容县男女老少都知晓苏祖馨和安徽明光。容县是民国时期出过国民党军将军最多的地方,共92位。容县正在打抗战旅游牌,容县重要旅游景点,距离县城南面23千米的杨梅镇苏祖馨别墅现为国保单位。容城民国小镇博物馆里专门制作了一个大型沙盘——明光战役地形图。指挥明光战役是苏祖馨一生的杰作之一。

一、起家新桂系

苏祖馨,字馥甫,祖籍广东,1896年11月13日出生于广西容县杨梅镇和丰村新塘仲隆堂。祖父苏绍元,祖母杨氏。父亲苏明珍,号聘臣,原配李作英,继配秦瑞清。苏祖馨为原配所生,居长,另有锡馨、树馨、节馨三个弟弟及爱珍等两个妹妹。苏祖馨少年时代家境清贫,父体弱多病,全赖其母勤俭持家,勉强维持生计。他7岁入新塘小蒙馆,后入大仁山大馆,胸怀大志,勤奋好学。1909年冬,苏祖馨投笔从戎,以优异的成绩考入广西陆军小学第4期,同期同学中有黄绍竑、白崇禧、夏威等名流。

1911年辛亥革命爆发,广西陆军小学改为广西陆军速成学校,苏祖馨转入该校步兵科学习。1914年冬苏祖馨毕业,进入广西都督陆荣廷部第1师任见习官,后任排长,1917年转到马晓军陆军模范营任连副。是年护法军兴,模范营奉命援湘。护法战争结束后,苏祖馨随部队返回广西,辗转于崇善、左县、绥渌、肤南、同正一带剿匪,后随马晓军、黄绍竑转战各地。1922年,该军随黄绍竑经广东廉江回容县,与在玉林的李宗仁合作。此时黄绍竑只有人枪千余,奉命在容县、岑溪、藤县一带剿匪。

1923年,黄绍竑被孙中山委任为"广西讨贼军总指挥",苏祖馨升任该部连长。1924年夏,黄绍竑部与李宗仁部合并为"定桂讨贼联军",苏祖馨在伍廷飏第2纵队任营长。1925年在讨伐陆荣廷和旧桂系沈鸿英部时,在宜山北部击毙沈鸿英部将领师长郑右文,为李宗仁、黄绍竑、白崇禧统一广西立下战功。

1926年7月6日,李宗仁率第7军夏威、胡宗铎、李明瑞3个旅赴湖南北伐。苏祖馨在钟祖培部第6旅任营长,率先攻入湖南,旗开得胜。随后他又参加著名的贺胜桥战役,进而围攻武昌城,并奉命转战江西,后又参加箬溪、德安等战役。当年10月在王家铺战役中苏祖馨左肩3处负伤,被送往长沙陆军医院医治,伤愈后返回部队,继续参加北伐。1927年5月随夏威指挥的第3路第2纵队沿津浦路北上,攻克津浦线重镇明光等地,6月20进占徐州,苏祖馨因此升任第7军第3师16团团长。7月,桂系将第7军调回南京附近,防范汉方进攻。8月,宁汉相争中,蒋介石下野,孙传芳亲率数万五省联军卷土重来,渡江占领龙潭,威胁南京。苏祖馨奉调随桂系第7军参加决定北伐军生死命运之战——龙潭之战,以及讨伐唐生智战役。战后苏祖馨曾深有感慨地说:"打仗就如同老虎、神仙、老狗。战如猛虎;胜似神仙,请客嘉奖,接应不暇;打败仗如老狗,夹着尾巴无人理。"

1929年,蒋桂战争爆发。3月,新桂系在武汉的实力被蒋介石瓦解,第7军被蒋介石的部队缴械,苏祖馨所在之第7军第3师被蒋介石改编为第9师,尹承纲任师长,苏祖馨升任旅长。同年冬,苏祖馨离开第9师回到广西,进入桂系第1方面军第15军(军长黄绍竑)黄旭初(副军长兼师长)教导第2师任副师长兼61团团长。1930年3月,新桂系与第4军张发奎联合通电反蒋,5月,策应冯玉祥、阎锡山反蒋,桂、张两军悉数进入湖南,苏祖馨随教导2师北上,不到1个月即迫近武汉。但教导1、2师进入湖南常宁时,蒋介石命令蔡廷锴、蒋光鼐、李扬敬3个师乘坐火车沿粤汉线快速进发,6月12日首先进入衡阳开战,将桂、张联军切为两段。激战中桂军惨败,桂系教导2师损失惨重,苏祖馨被迫随桂系和张发奎部撤回广西境内。

1931年,苏祖馨任第7军19师副师长兼55团团长,在桂林、柳州、南宁一带补训。1936年6月1日,陈济棠、李宗仁发动两广"六一"事变,反对蒋介石。苏祖馨任第4集团军(广西地方部队)黄绍竑第15军第45师师长。蒋、桂两系和解后,1937年初,第4集团军番号被取消,第15军番号也随之撤销,改名为国民革命军第48军。苏祖馨因此进南京陆军大学特别班第三期深造。

二、阻敌明光镇

1937年7月7日,抗日战争全面爆发。第31军在广西成立,刘士毅任上将军长,下辖131、135、138三个师。苏祖馨任第135师中将师长,下辖403、405两个旅,其中魏镇任第135师少将副师长兼405旅旅长,每旅下辖两个团,共9900余人。抗战开始,31军奉命北上,1937年11月到达苏北海州布防,归第五战区司令官李宗仁统一指挥,任务是阻止日军从连云港登陆。

1937年12月中旬,日军第13师团随派遣军畑俊六率领的另外5个师团自镇江、南京、芜湖渡江沿津浦线北上,与津浦线北段日军遥相呼应,企图南北夹击,一举攻下徐州,打通并占领津浦线。12月13日,日军攻陷南京,制造了惨绝人寰的南京大屠杀,犯下了滔天罪行。之后,南京大屠杀罪魁祸首日军第13师团师团长荻洲立兵率领沼田德重第26旅团、山田栴二第103旅团,主动向畑俊六请战北上。

南京弃守之后,李宗仁即派出第31军军长刘士毅率领该军第131师、135师、138师在日军沿津浦线北进之际,赶到明光镇、定远池河镇一线沿池河设伏,阻击日军北上。因为津浦线南段横跨池河与淮河,池河与淮河是阻击日军北上的两道重要屏障。

池河是淮河下游最大一条支流,上游定远县境内池河镇,位于津浦线西侧,距离明光镇以南约27千米。明光是当时嘉山县(1994年撤县设立明光市)北部位于津浦线的一个军事兼经济重镇,为兵家必争之地。津浦线上的明光火车站地处池河与铁道交汇点的东北面。日军要在明光越过池河,明光一役,势在必战。

1937年12月20日,日军进入安徽境内,占领滁县,沿津浦线向嘉山县明光镇方向突进,与第31军第135师在张八岭、自来桥一线发生小规模交火后停止前进,转入休整。按刘士毅要求,第135师派出小部队对日军进行袭扰作战,持续不断,敌停袭扰,敌进伏击,敌攻则退,阻挠日军进发速度。

1938年1月14日,日军前锋沼田德重旅团长指挥第26旅团兵分两路,直扑定远和明光。刘士毅深知难与敌军火拼,便采取了避实就虚等游击战术,避过沼田德重的凶猛锋芒,在明光一带利用山区地形设下"空城计",伺机歼敌。日军先是占领嘉山火车站(今新三界),派兵焚烧了嘉山县城老三界,继续进攻到罗岭后,便派出先头部队到明光城试探虚实,看看有无中国军队的主力。第135师部队隐蔽在明光城与马岗、魏岗之间。日军的先头部队迅速占领了津浦线上重镇明光城。但日军不知道国民党军是有目的地撤出明光,并未走远,正在有计划组织反击。黑幕降临,日军正在埋锅烧饭、安营铺床,苏祖馨率领全师主力杀了个回马枪。一时间枪声大作,烟尘四起,火星乱溅,杀敌的吼叫声令鬼子心惊胆寒。战斗持续了一个通宵,1月15日拂晓,第135师809团奋勇杀敌,明光城内的日军伤亡颇大,大部分被歼,仅逃出100余人,中国军队收复了明光。

因为夜间作战,日军飞机发挥不了作用,在明光吃了亏,但很快就会进行疯狂反扑的。第135师按照刘士毅命令再次主动撤出明光,退守池河西岸,将津浦线让开,使日军战线拉长,便于以后逐段歼灭。果然,次日,日军为贯通津浦线,大量增兵至5000人马,在飞机、坦克的配合下,向明光城发起猛攻。1月18日,明光沦陷。他们哪里知道,消耗了大量的弹药,得到的是一座空城。

1月23日,135师与日军隔河对峙,日军连日用大炮猛烈轰击我方阵地,并分三路冒雪强渡池河:一路在明光对岸的梁山(原名梁家山)、马岗,一路在定远三河集,一路则由滁县珠龙桥攻池河镇。为争取民众支持,加强抗日力量,苏祖馨已在凤阳县城召集各界代表筹备召开抗战救国大会;开办凤阳城镇第一期保甲训练班,训练内容:(一)总理遗教;(二)保甲长战时任务;(三)战时政治;(四)战时军事;(五)战时经济;(六)日本透视;(七)防毒、防空等。苏祖馨还组织农民巡回演讲团,下乡宣传,广泛动员抗日救国工作。当时,国军将士虽多为南方健儿,不适应雪天作战,但仍在抗战热情鼓舞下英勇杀敌,在当地士民大力支持下,击退了敌人的一次又一次进攻。从25日起,战事渐趋激烈,敌之后援部队已增至2000余人,终日向我梁山一带阵地猛烈炮击,并以机枪掩护其步兵于黄昏时强行渡河。135师师长苏祖馨指挥809团官兵奋起还击,将渡河之敌百余名悉数歼灭,并俘虏10多人。

1月26日,日军华中方面军已向第13师团下达命令,歼灭凤阳、蚌埠地区之中国军队,准备渡淮北上。第26旅团长沼田德重率4个步兵大队、2个山炮兵大队为东路,经明光沿津浦路进犯蚌埠。

26日下午2时,日军机炮联合作战,先以10余架飞机对我池河西岸阵地狂轰滥炸,继以重炮密集射击,使我方阵地工事遭到严重毁坏,日军随之在明光、汤郢铁桥、明光西街(即现今顺河街)等处同时渡河,铁桥之敌一度攻入河西阵地,被135师击退。在守军824团处劣势之时,135师809团及时赶到,在明光西街浴血奋战,与渡河之日军展开十数次肉搏战,卒于次日在138师414旅一部协助下,收复阵地。

28日拂晓,被我击溃的西街方面的日军100余敌人转向马岗、七里河等地偷渡,135师809团乘敌渡过一半时,以猛烈火力予以痛击,歼其大半,迫使残敌退守东岸。管店之敌增至三四百人,在猛烈炮火掩护下强行渡河,又被击退。同日,国民党军因连日作战消耗过大,刘士毅对布防做了适当调整,由第135师第405旅、第403旅第810团守铁道正面。

29日下午2时,日军再次由西街渡口强行渡河,国民党军阵地在飞机、大炮联合猛烈轰击下已毁坏无余,135师副师长兼405旅旅长魏镇虽率部顽强抵抗,成功伏击敌人3次,但405旅经数日来昼夜苦战,疲乏已极,死伤甚众,于是苏祖馨不得已下令放弃梁家山,向五里墩阵地撤退。日军渡河者已约1000人,在占领梁家山阵地后持续向我五里墩猛攻。下午5时,大王山东北又有日军五六百人向我右翼迂回,铁路以北也出现千余名日军向我左翼阵地运动,企图包围五里墩阵地。此时,国民党军预备队业已悉数用尽,守卫将士在内困不堪、外无救援的情况下,仍极力阻止敌人的前进势头,坚持至黄昏后,苏祖馨果断命令魏镇率第405旅利用黑夜掩护摆脱敌军包围,逐次向燃灯寺、谢家后山、坦山寺、老凹山、小溪河、吴庄沿线既设阵地转进。

30日,日军约5000人将守军戒备部队压迫入燃灯寺及其附近地区,继续向我第31军主阵地发起攻击,同时约有日军2000余人向坦山寺阵地猛攻。苏祖馨遂命令135师805团第2营增援坦山寺,激战至夜晚,开始向总铺转移,然后第2营占领马家岗阵地,掩护各部队向凤阳、刘府撤退,同时将淮河各处桥梁破坏,迟滞日军前进。至此,第135师在第131师协助下以10倍于敌的伤亡坚持掩护两日之久,安全西撤。

自24日起至30日止,在历时7昼夜的明光池河之战中,国民党军伤亡过半,其中135师伤亡、失踪1182人,但歼敌约2000人,其中在池河镇歼敌约400人;在三河、马岗两处歼敌约300人;在明光方面歼敌1000余人。日军在明光付出了巨大代价。至此,明光阻击战遂告结束,随后国民党军且战且退。

2月11日,135师以5个营兵力围攻上窑,冲进墟内,与日军混战,歼敌300余人。敌余部向考城逃窜,外窑之敌被歼100余人,小股日军据上窑顽抗。12日,135师攻克武店、考城,并将上窑逃窜之敌大部歼灭。此时淮河南岸各要点之日军,因31军侧击牵制,始终不能顺利北进。40天后,日军才推进至淮河边。

明光阻击战交战地点是池河,又称池河阻击战,与淮河阻击战合称池淮阻击战,在抗日战争史上写下了浓墨重彩的一笔。池淮阻击战成功地阻止了华中日军北上进攻,将日军迟滞于淮河一线,粉碎了日军"南北夹击"的战略部署,为以后的台儿庄大捷创造了重要的条件。

1938年4月7日,中国军队在台儿庄取得空前胜利,日军大败,被歼1万余人。台儿庄战役指挥官李宗仁在总结是役胜利的主要原因时说:"第一,我31军在津浦线南段运用得宜。南京弃守,我军利用地形,据守明光四十余天之久,使我在鲁南战场有从容部署的机会,到了敌我双方在明光消耗至相当程度时,我便令31军对敌的抵抗适可而止。全师西撤,让开津浦路正面,但仍保有随时出击的能力……敌主力正预备渡河与我死拼之时,我又令31军配合新自江南战场北调的第7军,自敌后出击,一举将津浦线截成数段,使敌首尾不能相顾。"

后来,李宗仁在其回忆录中写道:从津浦线南北夹击徐州的敌军,"一阻于明光,再挫于临沂,三阻于滕县,最后至台儿庄决战",是台儿庄战役和徐州会战的重要组成部分。战后《新华日报》称此战"告诉了全世界爱好和平的人士,中华民族是不能以野蛮的武力所可征服的",并将这次战斗称为"抗战以来第四次大战,可与上海、南口、忻口三役媲美",影响很大,其战略意义不言而喻。苏祖馨因此获国民政府记大功一次。

三、扼守平靖关

日军不甘心在台儿庄的失败,不几天,就从平、津、晋、绥、苏、皖等地调集13个师团30余万兵力分6路包围徐州,企图一举歼灭国民党军第五战区主力。国民党军决定主动沿陇海线撤出徐州。5月6日,由蚌埠、怀远北犯的日军第9师团约2000人,在铁路东侧之仁和集结,配合装甲车、炮兵向苏祖馨135师阵地发起猛攻,135师与之激战一段时间后,转移至许午桥之线继续抗击。敌人凭借炮兵、空军优势占领了张八营、孙巷等地。第7军谭何易第171师旋奉命逆袭,135师乘机协助夹击,予敌重创,并收复丢失阵地。5月11日,日军第9师团、第13师团主力集结于蒙城之板桥集,企图进攻宿县。第135师奉命接替全军阵地,坚守固镇亘方店一线。第171师奉命死守宿县,掩护国民党军长官部、主力撤退后再撤退。18日午夜,宿县出现危急。19日,长官部部分人员乘坐的其中一列火车向南开去,沿途工兵误以为李宗仁已随长官部撤退,随即将铁路炸断。李宗仁后来乘坐的火车无法通行,只好改为步行,由宿县南面越过铁道,随第21集团军突围。突围部队分左、中、右三个纵队,李宗仁率长官部随中央纵队同行。苏祖馨135师在右纵队担任掩护,连续三天三夜行军,才到达目的地。

5月30日,敌13师团在飞机、大炮掩护下,猛攻正阳关,正阳关危在旦夕。苏祖馨135师由奉命突围,改为增援前线,掩护第48军和淮北兵团撤退,苏祖馨率领135师全师将士于淮、颍、淠三水交汇处正阳关设伏阻击日军,迟滞日军入侵速度,激战5天,135师为此伤亡1200余人,最终完成阻敌任务后,保证了部队顺利转移,成功撤出战场。6月22日,李宗仁决定实施内线作战方案:"集中优势兵力,先于太湖、宿松、英山、广济间狭隘地带,将溯江西进之敌聚而歼之。"第31军遵命把日军吸引到宿松、太湖之有利地区,在运动战中歼灭敌人。7月下旬,苏祖馨率第135师向二郎河转进。28日,日军第1旅团在祝家桥、凤凰岭、花凉亭等阵地与135师第805团第1营发生激战,双方均伤亡惨重。31日,日军约1000人,由花凉亭渡河,与第805团血战,第805团伤亡很大,被迫退至米肉铺、何家寨一线。8月5日,太松公路二十五里墩破凉亭附近发现日军

2000余人马,有向宿松进发迹象。苏祖馨获悉后,当即派出两个营兵力,以疾风之势,袭击日军。日军猝不及防,狼狈逃窜。8月27日,苏祖馨135师在桐梓河和后湖寨,与日军展开血战,双方伤亡惨重。宿松、太湖战役之后,第31军因伤亡过大,各师缩编为五个营。第135师自驻扎皖中后,即奉命在大别山以南、长江以北之太湖、宿松、广济、浠水一带坚持与西犯日军作战,周旋数月,在数次战斗中,135师颇有斩获,击毙日军700余人。从1月中旬战至9月上旬,全师仅剩下不足两个营的兵力。为此第五战区发布命令,将第31军131师仅有的五个营士兵归并135师。

1938年夏,日寇为实现速战速决之美梦,开始集结重兵,沿平汉铁路、长江及长江两岸,水陆并进,直指武汉心腹重地。武汉会战开始后,日军沿京汉线南下,直逼信阳,增援武汉。国民政府军事委员会为增强指挥机构与作战能力,决定调整作战序列,于年6月中旬新编第九战区。同时决定以第五、第九两个战区所属部队保卫武汉。参加武汉保卫战的部队以及空军、海军,总计14个集团军50个军,作战飞机约200架,舰艇30余艘,总兵力近110万人。

1938年10月15日,苏祖馨率领135师西移至广水花园,忽又奉第5兵团司令罗卓英之命改道,经应山向平靖关大庙畈方向前进,协助友军消灭谭家河之敌,星夜驰赴奉命赶到豫鄂两省交界之重要关口平靖关占领阵地,阻击南下之敌,迟滞日军攻占武汉,以掩护友军向西转进。平靖关位于桐柏山脉与大别山脉交会处,是著名的"义阳三关"之一,地势险要,易守难攻。在平汉线被破坏之后,平靖关所处为主要交通要道。10月初,日军企图攻占信阳并威胁武胜关及平靖关。扼守此关意义重大。

10月16日,135师会同豫南其他驻守的国民党军和谭家河自卫队,在信阳平靖关顽强抵抗日军。苏祖馨率部兼程赶到平靖关后立即开始布防,赶筑工事。部署未定,10月18日,日军即来犯,采取陆空联合,猛烈进攻。苏祖馨指挥135师死守此关,令805团之一营加入第39军之204团右翼小金湾方面战斗;令第786团之一营加入大庙畈战斗;令第391旅旅长黎式谷指挥第786团及204团在河对面抵抗日军进攻。10月19日,第809团韦善祥营将突入小金湾约一个中队日军包围截击,激战两小时,将该部大部歼灭,缴获轻机枪3挺,步枪20余支。翌日,国民党军从缴获的日军文件中译出毛利支队作战要旨。苏祖馨因此断定"敌主力由平安花山方向迂回,向应山及其以南突进武汉",决定以最大努力阻击日军南犯,当即占领吴家河至石门湾一线阵地,并且随时捕捉战机,不断逆袭,杀伤敌人。21日,日军屡攻不克,因地形险要,急切难下,徒耗时日,遂留下一部与135师对峙,主力果然主动避开平靖关、大庙畈一线地理障碍,改沿平安花山西侧山道间道向南疾进。根据战况的演变,苏祖馨判断日军与国民党军接仗兵力当属掩护部队,其主力已急速南下无疑,当即抽调主力部队,确保平靖关、大庙畈、黄土关附近阵地,由新店麻穰市方向向日军挺进部队发起攻势。23日拂晓,平靖关、大庙畈、黄土关各正面战斗转渐趋激烈。至午时,日军分3路纵队每路约200人,拉开距离,由谭家河以西大道向花山方向运动。苏祖馨命令魏镇率第405旅(缺第806团)为右翼部队,据守原阵地;第391旅为中央纵队,占领原阵地,万不得已时则转移。26日,苏祖馨获悉10月25日武汉陷落,附近应山前线已失陷,日军不断增兵,友军已陷入日军包围之中,但苏祖馨仍然坚守阵地等待命令。

10月28日,鉴于扼守平靖关目的已达到,统帅部当即急令苏祖馨率部并指挥173师星夜突围,西渡浠水地区待命。日军因此突破平靖关南下。在浠水,苏祖馨召开会议,决定编成两个纵队,以173师为右纵队,以135师为左纵队,日落时齐头向西并进,在随县以南应山以北地区迅速向目的地转进,途中虽遭遇少数敌人,但无大碍,最终悉数安全到达待命地区。

平靖关战役,苏祖馨指挥部属与日军矶谷第10师团血战7昼夜,歼敌1200余人,135师因之伤亡、失踪1500余人,再次付出巨大牺牲。战后全师剩下将士不足400人,惊动了最高统帅部。

此战,为掩护友军西撤赢得了宝贵时间,沉重地打击了日军的嚣张气焰。是役,苏祖馨以疲惫之师扼守此关,因"作战出力,统筹有方"记大功一次,蒋介石以委员长身份宣布苏祖馨为抗日将领楷模。

四、桂南大会战

1938年11月,第31军主官奉调广西补训,剩余官兵均补充到各军,31军有番号已没有部队。翌年春,重建31军,军长韦云淞,下辖3个师,131师师长贺维珍,135师师长苏祖馨,188师师长魏镇。其中135师整训新兵地点在桂平,下辖403、404、405共3个团5000余人。

1939年11月初,第135师准备开往广东右江地区接受新的任务,因钦州、防城吃紧,遂转往贵县待命。15日,以第5师团和台湾混成旅团为主力的日本侵略军在海军第5舰队、海军第1、第2航空队等海空力量掩护下,由钦州龙门港、企沙等地,开始进犯广西南部,谋划切断中国抗战外援路线,乘虚偷袭南宁,桂南战役打响。日军依仗优势火力,首先攻破国民党军海岸之警戒部队,侵占了防城、钦州等战略要点,然后马不停蹄,绕过大寺墟,经小董西侧出击,沿邕钦路长驱直入,扑向大塘,直指重要目标南宁。国民党军沿途兵力单薄,阻挡不住。11月19日、21日,第16集团军司令夏威派来汽车决定将正在桂平新圩蒙圩地区驻训的第135师第404团、405团运往南宁布防,第403团徒步跟进。其中11月20日,日军先头部队已出现在良庆、蒲津一带,并与国民党军第170师接火。22日,日寇到达邕江南岸,形势危急。蒋介石电令16集团军司令夏威、副司令韦云淞,指派部队固守南宁据点,"如无命令而使南宁不守,即以军法从事"。但日军已在大批飞机掩护下,开始在罗菊村对岸强渡邕江,第135师先头部队第405团8连乘其半渡将其渡船击毁水中,又用机枪击落日机两架,日军渡江未能得逞。

11月22日晚,苏祖馨奉命带领指挥所人员乘汽车前往南宁前线。23日清晨,苏祖馨在镇守炮台谒见16集团军副司令兼46军军长韦云淞,请示机宜,并临危受命为邕江北岸守备司令,副司令为黎行恕、戴安澜,并奉命:"于廿三日开始集结,用汽车分批星夜运送南宁,接替46军固守该城,阻击来犯之敌,以待大军集结迎战,正在南宁布防之107师,一俟苏祖馨师长到达时,着即归其统一指挥。"随后,苏祖馨指挥第135师、170师和200师一个团以及南宁警、宪地方团队。23日下午,苏祖馨率重要幕僚亦适时抵达南宁附近,当即与170师师长黎行恕商定部署,135师立即占领邕城,右接西乡塘左至曾家村沿河之线,以一部在邕武路三塘附近警戒;170师立即占领右接曾家村左至浪边村沿河之线,特对蒲庙方面警戒;200师之一团仍占领西乡塘附近沿河之线。各部队迅速布防,构筑工事。各部正按指定位置进入阵地,日军再次以优势大炮、飞机掩护步兵强渡邕江,攻占了罗菊村和青山塔阵地。苏祖馨决心乘日军主力立足未稳之际,增加兵力,夺回阵地,即命令戴安澜第200师第599团派步兵一个营逆袭,结果未能奏效。当天傍晚,苏祖馨部退至镇宁炮台附近继续抵抗,其第404团405团且战且走,与日军接战20余次。24日,渡江日军已达数千人,在炮、空协同下,主力分别从东、西两个方向夹击南宁。敌我双方在南宁城郊展开激战,135师虽多为新兵,到达后仍坚持与优势之敌顽强战斗。黄昏时分,由良庆圩强渡邕江的日军第5师团第21旅团先是炮轰亭子圩阵地,接着借空军狂轰滥炸之机,其第21连队率先突入南宁市区。南宁守军第125师腹背受敌,终因敌众我寡,强弱悬殊,放弃南宁。

11月25日拂晓,第135师仍坚决抵抗,战斗异常惨烈,屡起争夺并用预备队增加逆袭冲锋,终因形势骤变,伤亡过重,被迫放弃阵地,退守村落继续抵抗,南宁随之陷入敌手。敌人攻势至此亦停顿,相持至暮色降临,全线暂时沉寂下来。是夜,46军军长韦云淞视察前线,下令170师、200师之一团归建。因战场形势急变,部队伤亡惨重,处境危急,苏祖馨只好下令撤出阵地,向有利地形高峰坳地区转移。135师撤至邕宾路二塘附近时,将残部404团缩编为步兵3个连,1个机枪排,2个迫击炮排;第405团编成4个步兵连,1个机枪排,1个迫击炮排,于26日下午占领高峰坳东、西一线阵地,乘夜赶筑工事。是日下午,苏祖馨奉命到邕宾路八塘,指挥从贵县步行跟进的所部第403团和补充团以及武鸣地方武装力量,继续作战,以掩护大军集结。30日,苦战终日,八塘失守。12月1日,高峰坳亦失守。第135师、170师被迫向武鸣撤退,途中遭日军飞机、骑兵追击,中国部队伤亡惨重。12月4日,日军占领昆仑关。驰援南宁之战,至此结束。

桂南要隘昆仑关位于南宁东北50千米处,山峦起伏,地势险要,从南宁至柳州的公路从此通过,是由桂南进入桂中腹地必经之道,是南宁的重要门户。从11月29日起,日本空军出动五六十架飞机分批轮番轰炸中国守军阵地,双方处于对峙状态。

12月16日,桂林行营命令:"以攻击北犯之敌,收复南宁之目的,一举转移攻势,将包围之敌于邕江南北地区歼灭之。"是时,第135师担任攻击高峰坳任务,牵制敌人。第5军军长杜聿明奉命率部对昆仑关日军发起攻击,当晚,夺回昆仑关。19日午后,日军在飞机掩护下,进行反扑,又夺取昆仑关。双方展开反复争夺。12月30日，新编22师在友军协助下，收复了昆仑关。中国军队历时18天，最终大败日军，收回昆仑关。日军第12旅团军官死亡85%以上，士兵死亡8000余人。昆仑关之战是桂南会战重要组成部分，广西参战部队是第31军和第46军。战后，46军因成功堵截增援昆仑关日军并予以重创受到嘉奖，第31军因组建只有几个月，新兵从未上过战场，没有战斗经验，虽然135师攻击高峰坳"亦有斩获"，但为保存实力，不敢硬拼，表现不佳，受到外省参战第7军、48军、84军等将士奚落，苏祖馨因此很是伤心。

1940年1月11日，杜聿明第5军因伤亡过大，撤到广西全县（今全州）整训。苏祖馨隶属的第16集团军与27、35、38集团军等部队在桂南组织了第二次对日军的大会战。因日军从广东抽调近卫旅和18师团反击，会战失利。2月3日，昆仑关复陷于敌手。

鉴于战役的不利态势，桂林行营决定确保柳州、宜山，以此作为国际物资内运通道屏障，同时对桂南日寇加强袭扰，迫其不得安宁，相机克复南宁。苏祖馨135师随16集团军退守左江北岸的果德、隆安、同正、左县、养利直到龙州一线，护卫新修的桂越公路。此路连接越南北部的高平和中越边界陕邦，经靖西、天宝、田东、万岗、东兰、河池通往桂越，是国际上支援中国抗战物资运往中国内地的重要通道，十分重要。3月8日，135师配属炮兵一营战车炮12连第二次攻击高峰坳。5月30日，135师袭击苏墟，将伪匪李炳南部击败。

1940年7月1日，苏祖馨调任战区驻守安徽的第48军代理军长。苏祖馨因家乡广西南宁失守，十几个县的百姓遭受蹂躏，受苦受难，心情十分沉重，不愿就位，要求留在广西抗战。10月13日，苏祖馨收到老家电报，父亲病危，这时31军正好谋划围攻龙州，他请假回到家时，其父已病故。他匆忙料理完父亲丧事后，即告别妻子和4个不足10岁的儿子，立即归队指挥所部参加龙州战役。28日克复龙州，日寇逃往越南。30日，第35集团军克复南宁，日寇从此全部退出广西，南宁又重新成为战略大后方，这时苏祖馨才决定就任新职。

五、击毙冢田攻

1942年3月28日，苏祖馨擢升第48军军长，副军长莫德宏是原31军138

师师长,仍兼138师师长。48军辖第138、174、176共3个师,驻守安徽大别山区,军部设在霍山深沟铺。当时日军飞机经常到沿江各县驻军地点上空盘旋,耀武扬威,不时对民众居住较密的地方扫射,对农民的心理威胁很大,不敢下田种地。第138师副师长李本一是广西容县杨村人,是苏祖馨正宗的老乡。苏祖馨在南宁保卫战中有过机枪打掉两架敌机经验,就要求老乡李本一试试这个办法。为此,他还电令138师莫德宏师长和李本一副师长所部:"以步枪、机枪对空射击,应勤加训练,所到之处,即应构筑轻机枪对空射(击)阵地,并指令对空防护部队,遇敌机低飞即阻击之。"随后,苏祖馨到各地防区视察,重点强调这个问题。当时,第138师412团驻守太湖县,李本一于是命令该团3营9连隐蔽在弥陀寺张家塝附近的高山上,用8挺重机枪设立高射阵地。同年12月18日上午,有敌机3架向潜山、太湖一带低飞侦察,接着从南京方向飞来敌机1架,声音较大,说明飞得较低,但由于当天雾特别大,看不清楚,第412团当即进入实战状态,8挺重机枪循机声方位超前200米成一条线,移动密集射击。打了几分钟,突然见空中有一燃烧物体坠落。后经检查,这是日军第13军第3师团邮航025号飞机,邮箱中弹五六处,飞机被焚毁,机载11个乘员已全部被烧死,其中包括日军驻汉口第11军司令官冢田攻中将和高级参谋藤原武大佐(死后追晋少将)等人。冢田攻是南京大屠杀的元凶之一,曾指挥23万日寇在华东和华中地区烧杀抢掠,罪大恶极。他被击毙的当天,日本国已晋升他为陆军大将,可惜他无福享受晋升荣耀即葬身火海,去了他应该去的地方,实在是个巧合。他亦因此成为中国军民抗日战争期间,也是第二次世界大战反法西斯战争期间被击毙的军衔最高的日军将领。击毙冢田攻意义重大,它迫使日军大本营彻底放弃了酝酿已久的"五号作战计划",即预定于1943年春开始实施的集中大部队直插中国的战略后方——陪都重庆,实现彻底灭亡中国的企图,一定程度上改变了战场形势。当时,中国抗日战争正处于最艰苦的相持阶段,这一消息令人振奋,也给中国全体抗日军民以莫大的精神鼓舞。

事后,日军得知冢田攻机毁人亡后,为了寻找冢田攻尸体,开始报复泄愤,遂调集第3师团、第68师团和116师团一部、第40师团的户田支队以及伪军独立第16团刘迈部800余人,在6架飞机的掩护下,由湖北汀泗桥、江西九江两岸及安徽望江、安庆等地,沿江大肆扫荡,企图破坏大别山游击根据地。所到之处,实行残酷的烧光、杀光、抢光的"三光"政策。当时大别山根据地的主要兵力部署为:安徽方面是张淦的第7军,苏祖馨的第48军;豫南方面是莫树杰的第84军。日军首先进犯太湖、潜山一线,那是第48军的防区,苏祖馨边阻击边退却,采取诱敌深入之计,决心集中优势兵力,各个击破,一举歼灭进犯之敌。12月27日拂晓,第138师猛烈反攻太湖,数度冲杀,日军死伤枕藉。28日,第176师528团攻击高河埠,突入街区与日军混战,毙伤日军100余人;第526团在陈家铺进攻日军,毙敌180余人。30日,日军自弥陀寺东犯至花凉亭、龙山宫附近,遭第138师412团伏击,死伤100余人,损失战马20余匹。31日,日军在龙山宫河滩被第412团、413团歼灭100余人,至是日17时许,太湖方面日军被击毙击伤共500余人,

1943年元旦,鄂东日军6000余人经黄冈、罗田向立煌县(今金寨县)进犯,守军抵抗不力,1月2日晚,立煌县失陷,日军纵火焚烧了设在这里的安徽省政府和省主席兼第十战区司令长官李品仙公馆。苏祖馨第48军138师413团奉调支援立煌县。3日,第48军176师在桐城附近与日军遭遇,展开激战,予日军以较大杀伤。8日,苏祖馨率领第48军军部及直属队之大部转移至岳西汤池畈。此时,第五战区长官部急令第84军回师立煌县,同日,电令苏祖馨统一指挥第7军、第48军"关门打狗"。日军唯恐被歼,急忙退却,分别向叶集、皂靴河方向逃窜。大别山战役期间,苏祖馨率领所部138师、176师以及第2、第11挺进纵队共歼敌1000余人,给日军以沉重打击。

六、纪念野人寨

安徽大别山区抗战期间曾流传这样一则歌谣:"要吃鬼子肉,除非一七六。"指的就是苏祖馨麾下的第48军176师。该师于1937年11月由广西南宁开抵抗日战场,先后驻防上海宝山、嘉定,江苏常熟,安徽合肥、涡阳、蒙城等地,再赴鄂东、蕲春以及英山、霍山等地,多次对日作战。

1938年至1942年,第176师奉命驻防安徽安庆和湖北的沿长江、大别山防线,师部重点驻扎在安徽潜山、怀宁、桐城三县交界能攻易守的青草塥一带,526团驻在青草镇,527团驻在牛栏铺,528团驻在孔城镇,先后移师潜山野人寨一

带。野人寨为一小镇,依山傍水,古为驿道渡口,扼制着山谷的门户。在三攻安庆战斗中,176师一部扼守野人寨,予敌以重创,所有将士均壮烈殉国。为纪念176师的抗日英雄,国民党安徽省第一区安庆督察专员范苑声先生日夜兼程,奔波于2省13县募捐,于1942年6月19日同安徽省第一区暨岳西县党、政、军、绅、乡、学诸君在潜山县政府召开会议,决定在潜山天柱山下野人寨三祖寺附近的青山上为第48军176师985位抗日阵亡将士修建一座抗日阵亡将士墓园及其他一系列纪念工程。苏祖馨心系殉国战友,带头捐助法币2000元,以示支持。

墓园包括:将士墓一座。墓内安放985罐烈士遗骨。墓上镶嵌着中华民国国徽,正前方竖有墓碑,其中的7块上刻着阵亡将士姓名。墓两旁各立一石狮,四周汉白玉栏杆,墓前铺条石台阶。忠烈祠一座。祠内有4位牺牲团长之灵牌。四周朱漆圆柱上有木刻楹联,其中一副为国民党第48军军长苏祖馨所作:"负弩效前驱,碧血黄沙殉一死;遗骸正丘首,青山白骨共千秋。"纪念塔一座。上为白崇禧题词:"陆军第一百七十六师阵亡将士纪念塔。"亭阁三座:浩然亭、光岳亭、绝后亭。

为管理好公墓,"公墓筹建委员会"还在此办起"安徽省私立景忠中学",以"培植烈士遗族及地方优秀青年"。范苑声任"董事会"董事长,聘天柱名士乌以风先生为教导主任,并购置学田400亩,开商店5家,以供公墓维护和学校教学所需。学校现已改名为野寨中学。

1943年元旦,鄂东日军6000余人经黄冈与罗田向立煌县进犯,守军抵抗不力致立煌县失陷,日军气焰因而嚣张。第48军驰援,在桐城附近与日军激战,损敌甚重。1月8日,军长苏祖馨率军部及直属大队向岳西县转移,在汤池畈扎营。第48军为桂系部队,军中将士多来自滇黔粤桂4省,为牢记第48军抗日英烈,苏祖馨将阵亡将士姓名汇编成册,并在汤池畈中心的一处高地上修建了忠烈祠,以示纪念。苏祖馨还亲自撰写祠堂楹联两副:"寇仇未灭,我辈犹生,有肝胆头颅还当一战;热血已捐,英风不远,望江淮吴楚永世千秋。""征战几人还,但看中外古今,名将忠臣同一死;关乡何处是?休问滇黔粤桂,天堂大别已千秋。"安徽民众也有赠挽:"血溅皖山崖,不许倭奴侵寸土;骨埋汤水畔,顿教黎首仰千秋。""慷慨莅中原,百战威名寒敌胆;忠骸归皖岳,千秋浩气跃人寰。"

七、受降安庆城

1945年8月15日正午,日本宣布无条件投降。当日午夜时分,驻守在桐城、庐江、太湖、潜山一带的第48军接到长官部电话,告知日本已宣布无条件投降。好消息喜从天降,苏祖馨立即要求传达到各部队机关,一时间爆竹之声四起,民众奔走相告,欣喜若狂。

8月26日,苏祖馨以治军有方,战功显赫,升任第21集团军副总司令兼第48军军长。随即,全国设16个受降区,第9受降区日军分别集中于徐州、蚌埠、安庆,办理投降地点为徐州,受降主官为第十战区司令官李品仙。9月11日,苏祖馨被任命为第9受降区安庆地区受降官,主持安庆地区受降事宜。9月14日,苏祖馨派遣下属军部少将处长杜定方率领前进指挥所人员先行入城,部署受降一切事宜。日军派参谋长偕军官多人,列队北门迎接,状极谦恭惶悚,昔日骄横桀骜一扫而光。

9月15日,国民党桂系第48军在苏祖馨率领下正式开进安徽省城安庆,由粤汉线开来的日军第6军131师师团长小仓达次中将、独立混成旅旅长门胁卫大佐率军官及乐队十里郊迎。城中民众列队热烈迎候。进城后军部设在司下坡中国银行旧址,其所属的桂军176师正式接管安庆城防事务。

当日正午,苏祖馨在行辕稍事休息后,身着戎装,威风凛凛,神采奕奕,步入国民党桂系第48军在安庆城军部设立的受降指挥所,主持受降仪式,接受了包括日军第6军司令官十川次郎中将(负责日军安庆地区投降事宜指挥官)、131师师团长小仓达次中将、参谋长宫永义文大佐,以及所属第95旅团旅团长岩本高次少将、第96旅团旅团长海福三千雄少将等日军的投降书。受降日军两部官兵共计20370人,在安庆城被全部解除武装。

受降当晚,张灯结彩,大摆筵宴,举行庆祝酒会。苏祖馨在宴席上即席豪迈致辞说:"今日之会,为我国家至高无上光荣,亦是我全国军民最大幸事。回想甲午以来,国家受尽日人欺凌,吾人能及身雪耻,接受日军肉袒投降,此乃八年抗战换来之代价,至堪庆祝。惟今后建国工作,仍甚艰巨,吾人必须共同努力,完成建国大业。"

9月18日，第十战区安庆地区受降指挥所全体官兵在指挥所门前合影留念。10月8日，日军第6军131师团官兵在安庆驼龙湾机场接受第十战区第3俘虏管理处点验，点验后对日俘进行训话。经过多年的抗战，国人扬眉吐气的感觉真好！

八、拒绝打内战

抗战胜利后，安徽省主席、第十战区司令官兼第21集团军司令官李品仙在蚌埠受降后不久，就制定了具体反共军事计划："以第21集团军为主力，配合郝鹏举、张岚峰两部伪军，由盱眙、天长东进，向苏北'共匪'进剿，予以歼灭；最后转移主力，指向鲁南沂蒙山区，将鲁南残'匪'歼于东海岸一带地区。"李品仙打算11月中旬，赴重庆开会时正式提交蒋介石，以便批准实施。但作为第21集团军副司令的苏祖馨对李品仙的计划表示冷漠，他希望国家统一，民族振兴，安定富强，不愿看到同胞互相残杀。但内战一触即发，他作为副司令，无能为力，左右不了21集团军总司令李品仙的想法，双方不和日趋明显，于是他当即选择辞职回乡，解甲归田，1946年秋返回容县杨梅乡老家闲居。他曾不止一次跟家人说："兄弟吵架何必动刀枪呢？"表示对内战的无奈与不满。苏祖馨从不与人夸耀抗战功绩，乡人谈起击毙日寇陆军大将冢田攻，他只是说："我已尽责，于心无愧……吃刀口、睡刀背几十年，今天能平安回来足矣！"在家乡，苏祖馨日常以咏诗、习书法为乐。他常以"贫贱不能移，富贵不能淫，威武不能屈""将相本无种，男儿当自强"来教子，要求儿子奋发读书，致力科学。

苏祖馨副手魏镇也反对内战，苏祖馨辞职后，白崇禧委以魏镇第48军军长之职，魏置之不顾，即回邵阳，任湖南省第六行政督察区专员兼宝永警备司令部司令，1949年8月5日率部起义，加入中国人民解放军。中华人民共和国成立后，魏镇任中国人民解放军第21兵团副司令员，第55军副军长，1955年被授予共和国少将军衔。

1949年11月，新桂系主力第3兵团第7军、张文鸿的第48军主力在衡宝战役中被解放军击溃，残部退至广西。兵团司令张淦于11月20日前后率军路过容县时，曾与第7军军长李本一宴请苏祖馨，请他出山。席间张淦问："馥公是否出山?"苏祖馨答:"我吃了感耐(广东方言,即很长时间)斋,再吃狗肉?"巧妙予以坚决推辞。

广西解放后不久,苏祖馨忍痛离开家乡,移居香港。一些故旧劝其去台湾,他亦不去,最后皈依基督教。1963年5月3日,苏祖馨因穷愁潦倒在香港病逝,终年67岁,被安葬在香港公墓。

多年后,桂系主要人物白崇禧在其回忆录中给予苏祖馨很高评价,说他头脑灵活,"很能打仗"!其下属杜定方少将在纪念苏祖馨文章中这样评价苏祖馨:"将军为人倜傥不羁,治军宽严有济,作战沉毅,报国忠诚,迭建肤功。"全国人大常委会原副委员长程思远先生亦说苏祖馨"是一个赫赫有名的抗日战将"。

2015年,中国人民抗日战争胜利70周年之际,海峡两岸同时给苏祖馨颁发了纪念章,台湾地区领导人马英九给苏祖馨颁发了"抗战胜利纪念章"一枚,以昭尊崇,并附有纪念章证明书,编号10410010665。中共中央、国务院、中央军委给苏祖馨颁发了"中国人民抗日战争胜利70周年纪念章"一枚,编号2015189852,是中华人民共和国对国民革命军中将苏祖馨抗战功绩的最高褒奖,是苏祖馨为其后人赢得的最大荣耀。

注:本文大部分资料为苏祖馨之子苏尚坚提供,在此表示感谢!

2019年5月28日—6月3日初稿于市政协文史委办公室
2019年6月7日二稿于市政协文史委办公室
2019年6月7日三稿于市政协文史委办公室
——发表于2019年9月19日、10月10日、10月17日《新滁周报》专版。

凤阳与离蚌埠

洪武七年(1374年),明太祖割临淮县的太平、清洛、广德、永丰四乡设立凤阳县。蚌埠原是淮河边上的小渔村,也是码头,称为埠头,因采集交易贡品蚌珠形成集市,又称蚌埠市,为数县交界地,元代隶属于钟离县广德乡,明代隶属于凤阳县广德乡。民国三十六年(1947年)元旦,中华民国政府在安徽省设立第一个地级市蚌埠市,蚌埠从此脱离凤阳。改革开放后,蚌埠不断向东发展,凤阳不断向西发展,凤阳距离蚌埠越来越近。于是,凤阳就谋划隶属蚌埠,似乎水到渠成,没有悬念。

但是,据我所知,凤阳离蚌埠市不是越来越近,而是越来越远了。

2015年11月8日8时40分左右,家中座机响了。

"师兄,我是张言平。"原来是明光市常委、办公室主任打来的,"你在干吗?打十几遍手机怎么不接?"

"今天是周日,在睡懒觉。"我仍旧睡意蒙眬,"手机调成静音放在书房了。你有事吗?"

"市长叫我联系你,赶快起来!车子马上到你家楼下接你,省里有重要领导要听你汇报。"

"汇报什么?"

"朱元璋出生地问题。对于你不是问题,你在车上认真构思,准备一下,要准确、简明、扼要。"

原来是政治任务!我赶忙穿衣洗漱,早饭没顾上吃,就以最快速度下楼。公务车早已等在楼下。我在车上询问驾驶员,省里来的是什么级别领导?他说是王学军。时任中央委员、中共安徽省委书记、安徽省人大常委会主任、党组书记,当然是重要领导了!

到了明光广大物流园,张主任对我做了简单介绍,刚才,王书记视察明光市规划馆时,询问朱元璋怎么出生在明光,余市长回答了,他还有疑问。滁州市委李书记叫余市长安排专业人员来汇报,我第一个想到了师兄,但你的手机一直无人接听,还是常委办小贺(贺建莹,时任市委常委办副主任,我的学生)想到打到你家座机试试,果然在家。他把我带到余市长跟前,余市长把我介绍给李书记。李书记对我说,你就跟我一起乘坐一号中巴车,王书记一有空,我就安排你汇报。

王书记一行上午视察了明光的广大物流园、龙利得印刷包装装潢有限公司、安徽浩森消防科技有限公司等单位,深入到车间参观,观看表演,听取汇报,还参观了滁州市生产的长丰猎豹、嘉远电动微型汽车、永强全地形汽车、扬子客车与北汽福田联营的新能源客车等新产品,还乘坐车辆观看明光市城市建设,时间安排得满满的,直到中午12时20左右到明光今世缘大酒店就餐时,仍没有时间听我汇报。

那天多云,很冷,我早上没吃饭,衣服穿的也很少,有点发抖。我请求回家,张主任要求我留下,不能走,先到五楼吃饭再说。五楼是自助餐,记者、滁州市工作人员、明光市领导及工作人员都在五楼就餐。我到五楼几分钟,就有人喊我到七楼陪领导吃饭。七楼安排三桌,东边一桌是省里领导,西边一桌是滁州市领导,中间一桌只有五人,南首是王书记,王书记右边是滁州市委李明书记,左边是滁州市张祥安市长,北首是安徽省委副秘书长、办公厅主任闵光辉,他右边是明光市余成林市长。我去后,李明书记安排我坐在他右边。

"王书记,这就是他们安排的那位明史专家贡发芹。"李书记把我介绍给王书记,"他能讲清楚朱元璋为什么出生在明光。"

"王书记好!"我马上解释道,"我不是什么明史专家,只是一个明史爱好者而已。"

"喔。我们边吃饭边聊。"王书记很亲切地看着我,"你给我谈谈,朱元璋为什么出生在明光,不是说朱元璋是凤阳人吗?"

"朱元璋是凤阳人,我没有异议,但不能否认朱元璋出生在今天明光,出生地与籍贯不是一回事。"我说,"海协会首任会长汪道涵是明光人,没有人异议,但他出生在芜湖,他父亲汪雨相那时在芜湖甲种农校任教。汪道涵五六岁时才回明光读书,他是明光市人,但不出生在明光。朱元璋是凤阳人,但他出生在明光。"

"嗯。你说得不无道理。你说朱元璋出生于明光,有历史依据吗?"

"有。首先,我们必须明确,朱元璋出生于元天历元年九月十八日(1328年10月21日),朱元璋出生时没有凤阳地名;洪武六年(1373年),朱元璋为扩大自己丰沛之地设立凤阳府,开始直属中书省,永乐元年(1403年)改属南直隶;清顺治二年(1645年)凤阳府改属江南省,乾隆二十年(1755年),凤阳县属安徽省皖北道;辛亥革命后,凤阳府撤销。洪武七年(1374年),朱元璋为了保护皇陵,从临淮县划出四个乡设立了凤阳县,洪武十九年(1386年)将虹县(今五河、泗县一带)南八都并入凤阳县,乾隆十九年(1754年)将临淮县并入凤阳县。讲凤阳要弄清是哪个凤阳,明初凤阳府、明末凤阳府、清代凤阳府?洪武初期凤阳县?洪武中期凤阳县?清代凤阳县?今天凤阳县?概念都不一样啊!明初凤阳府领五州十九县,泗州就隶属于凤阳府,泗州属地盱眙县当然隶属于凤阳府。元朝也没有明光这个地名,明光历史上一直是泗州属地盱眙县西部太平乡(明初改为灵迹乡),民国二十一年(1932年)从盱眙县分出设立嘉山县,1994年撤县设立明光市。凤阳、明光地名均出现在朱元璋登基建立大明王朝之后。朱元璋自己表述为钟离之东乡,即钟离东面的乡村,就是现在的明光市明街道办事处赵府(元代叫赵郢)。"

"有哪些志书史料记载呢?"

"有很多志书史料。永乐年间的《皇明小史摘抄》,嘉靖年间的《泗志备遗》,明正德年间的《南畿志》《盱眙县志》,明万历年间的《帝里盱眙县志》,明泗州知州曾惟诚《帝乡纪略》,明郎瑛的《七修类稿》,明文林的《琅琊漫抄》,明代跃龙冈碑刻,清代所有的《泗州志》《盱眙县志》等等,有几十部。凤阳明代以后出了十六本志书,无一记载朱元璋出生在凤阳,相反,有的还明确记载朱元璋出生在明光。"

"这么多呀?你都见过?"

"我绝大多数都见过,我在一档和图书馆都查阅到了,还复印了。"

"这么多都是明代当朝记载。永乐年间，朱元璋才驾崩几年，朱元璋的儿孙都还健在。嘉靖年间、正德年间，距离洪武也不过百年左右，应当不会有假，造假是要杀头的。"王书记很肯定地说，"就是今天，也没有人敢假造伟人出生地。谁敢说毛泽东出生在湖南韶山以外的地方？谁敢写入志书？"大家一致赞同王书记观点。

王书记又问："你们建那个山门，拉那么大院子是做什么用的？"

我回答："那是明光市新一届市委市政府领导的一个大手笔。原来朱元璋出生地二郎庙和跃龙冈在'文革'期间被毁坏了，后来竖了一块新碑在麦田里。新一届市领导将跃龙冈周围七十二亩土地征收下来，拉上围墙建好山门，正在规划建大型旅游景点。尿布滩只有大约五亩土地被辟为农田，有关部门多年谋划将撂荒地作为旅游景点，一直没有成功。新一届市领导将尿布滩周围一百一十八亩土地征收下来，铺好通道，进行了绿化，也正在规划建设。"

"那好呀！"王书记饶有兴味，"赶快建起来呀，早一点发挥旅游效益嘛！"

余市长接过话头，详细介绍了这两块土地征收目的、设想，市里准备将这两个地方打造成明光明文化展示区，将其作为明光市建设滨湖花园度假城、山水田园生态市战略目标构想中的重要一环，早已列入旅游规划项目对外招商，目前正在积极推进之中。

"那就赶快做起来呀！"余市长的汇报，王书记很满意，"你们这里作为朱元璋出生地，有明代当朝史志记载，完全可以大胆进行旅游开发呀。"

原来王书记听我汇报，不是为了澄清朱元璋出生地问题，而是考虑如何以朱元璋出生地为契机，如何发展明光市经济，如何推进明光的明文化、旅游、房地产发展，借历史为现实社会服务，借文化为经济服务。

"蚌埠龙子湖旅游房地产做得就很好。他们说朱元璋小时候放牛在湖里洗过澡，才取名龙子湖的。朱元璋究竟在没在湖里洗过澡，那鬼知道啊！"说完王书记自己笑了，大家也笑了。

我见气氛很和悦，就说："蚌埠房地产做得好，把凤阳人都吸引到蚌埠买房了……"

"发芹，你不了解情况。"李明书记打断我的话，"蚌埠龙子湖周边房地产项目做得确实不错。但是我做了详细调研，凤阳到蚌埠购房的只有三个小群体，一是小年轻混得好的,看中了蚌埠教育资源,在蚌埠购房为了孩子上学,蚌埠中小学教育明显优于凤阳;一是经济条件好的老年人,看中了蚌埠养老医疗资源,购房为了养老就医,蚌埠医疗技术,凤阳是不能比的;还有一部分是有钱人炒房的。这三个小群体数量很小,对凤阳几乎没有影响。相反,我跟德成(按,指时任凤阳县委书记米德成,现任滁州城市职业学院党委书记)谈过了,要设法把蚌埠人吸引到凤阳买房。蚌埠房价八九千一平米,凤阳三千多,那些刚就业的年轻人,靠自己在蚌埠很难买起房子,来凤阳首付十来万就可以住上一百多平米房子,当然很划算。关键是搞好两地交通问题,蚌埠东海大道直通凤阳,还要修筑更加宽广的通道,互通公交车,确保两地公交车通行时间半个小时以内或者二十分钟左右。这点距离和时间对大城市上班族来说可以忽略不计,很多城市上班都在一个小时以上。"

王书记连连点头:"这个想法很好,尽早谋划。"

"王书记,我还有一个思考。"李明书记非常郑重地说,"我来滁州时间虽然不长,但我认真调查研究过,定凤嘉是一家。"

王书记问这话怎么讲。

李明书记说:"就是定远县、凤阳县、嘉山县是一家,是不可分割的整体。嘉山县就是明光市。古人智慧不得了,他们划分行政区域时主要依据河流走向、山脉走向和风的走向,是非常科学的。凤阳现在要是划到蚌埠,明显是不适合的……"

"喔!"王书记意味深长地说,"我知道了,我知道了!"

汇报到此结束。其实我的汇报早该结束了,只是我不瞅眼色而已。我被李书记打断后一直在洗耳恭听,我一直思考我错在哪里?到此我才恍然大悟! 原来,李书记叫人安排我汇报朱元璋出生地问题只是一个借口,他的真正目的是在这里——代表滁州市委表态,凤阳不可以划归蚌埠管辖!

饭局很快结束,那天是立冬,明光市接待处正、副处长(也是行管局正、副局长)崔玮、张莺莺亲自参与服务,特别是午饭快结束时上了饺子,受到了王书记的赞许,说立冬吃饺子,考虑很周到。

后来,我一直在思考这个问题,凤阳划归蚌埠,应当说没有希望了。王书记视察明光之前,关于凤阳划归蚌埠、寿县划归淮南等区划调整呼声很高。二十多天后,2015 年 12 月 3 日,国务院(国函[2015]206 号)批复同意将六安市寿县划归淮南市管辖。2016 年 1 月 14 日,安徽省第十二届人民代表大会常务委员会第二十六次会议听取了省人民政府《关于安庆市铜陵市六安市淮南市部分行政区划调整的实施情况的报告》。至此,凤阳没能划进蚌埠,尘埃落定。

明眼人一看就知道,不同意凤阳划进蚌埠,不是李明书记的个人意见,而是中共滁州市委的决策。这个决策不会变。

2018 年 4 月 2 日—4 日初稿于市政协文史委办公室

著名中国古典文献学专家——杜宏春

对很多人来说,中国古典文献学是一个非常陌生的学术概念。它是指综合运用版本、校勘、目录、注释、考证、辨伪、辑佚、编纂、检索等方面的理论与方法,科学地分析、整理、研究中国古代文献,进而探讨古代文献的产生、分布、交流和利用的规律,并对古代文献分析、整理、研究工作的规律与方法进行总结的学科。时下甘于寂寞、默默坚持中国古典文献学研究的人寥寥无几,我的同学杜宏春却是这个领域的翘楚,且成就斐然,已成为国家教育部哲学社会科学重大项目首席专家,乃滁州学人楷模也。

杜宏春,男,安徽省滁州市明光市人,1965年9月生,博士研究生学历,文学博士学位,聊城大学运河研究院教授、博士生导师。

杜宏春出生于明光市(原嘉山县)古沛镇的农村,入学后学习一直刻苦认真,小学、初中阶段成绩均在班里名列前茅。1981年,他初中即将毕业之时,父亲因糖尿病病故,家中的生活重担全部压到他稚嫩的肩上,他被迫辍学。从此,上大学成了他人生的最大梦想。这一年的秋天,家乡女山湖东岸的苏巷镇戴巷初级农业中学缺少英语教师,因学校偏远,无人感兴趣。经任当地大队书记的亲戚引荐,杜宏春到戴巷中学担任了一名英语代课教师,为今后的发展创造了机会。

1983年,明光市教育局鉴于乡村中学教师师资短缺现状,与当时蚌埠教育学院合作,在明光市开办中文、数学各一个函授班,鼓励乡村中学教师报考。杜宏春毫不犹豫地抓住了这个机遇。那时学习权利是受到严格限制的,参加高校函授学习也是需要批准的,没有单位领导签字同意,你连参加函授招生报名考试的资格都没有。我那一年中等师范毕业,分配工作之前,冒名中学教师,在一个同学报考蚌教院中文函授班的介绍信上添加了自己的名字,中文函授考试顺利通过,于是我和杜宏春成了同学,并始终保持密切交往。

这一届函授比较特别,教学非常认真,使用的多是中文本科教材,毕业证书上注明时间是3年,实际上我们学习了3年半时间,每次面授时间都很长,晚上也上课,大家如饥似渴,因此都学到了很多适用的东西。最重要的是学费已由教育局承担,每次面授吃住开销都由教育局解决,书费、资料费、面授差旅费及到滁州、蚌埠考试差旅费,教育局均下文由所在学校报销,面授期间享受公假待遇,这在明光教育史上绝无仅有。我是冒名初中教师,只享受了部分待遇。我那时中师毕业月工资34.5元,外加5元粮食补贴,生活很清苦;杜宏春每月只有16.5元代课费,还要抚养幼小的妹妹,艰难可想而知。

中文班学员近80名,年龄大多在30岁至40岁之间,当然40岁以上也大有人在,50岁好像也有几个。我和杜宏春属于20岁以下的小年轻,虽然人数较少,但我们很容易处得来。函授期间,杜宏春就对《说文解字》特别感兴趣,从头至尾,一个字一个字研读,书翻烂了就再买一本,继续研读,手不释卷。函授时教我们古汉语的高学钊老师,学识渊博,是中国现代语言学奠基人、北大王力教授(主编的四卷本《古代汉语》是中文本科教材)的高足,与当时中央电大古汉语主讲教师、北大郭锡良教授(主编的三卷本《古代汉语》也是中文本科教材)是研究生班同班同学。高老师为杜宏春解答了许多汉字问题。当时我们不太理解,后来才知道,这无疑奠定了杜宏春研究中国古文献的基本功。

1991年底,安徽省进行了民办教师最后一次核编考试,杜宏春因有大专文凭,免试由代课教师转为正式编制民办教师,调回家乡古沛中学任教,并成立了家庭。1995年底,安徽省民师开始分批转正,杜宏春又一次因为大专毕业,第一批免试直转为公办教师,从此工作得以稳定,生活有了保障。可见,虽然是函授学习,也是我们人生中的一次重大机遇。但杜宏春教学之余,一直坚持自学,曾到上海、浙江等地谋求发展,始终没有放弃学习。功夫不负有心人,2004年,接近不惑之年的杜宏春终于考取了兰州大学历史系研究生,师从王传明教授攻读中国古典文献学硕士,主要研究内容为古代文学、古典文献、清代历史与文献,实现了一名初中原始学历进入985高校读研的非凡梦想。

2006年，杜宏春回到家乡明光过春节，他找到我，说想提前毕业，请我帮忙。我说我虽然后来又到安徽教育学院进修了本科，但已放弃中文专业，改修法律，现在大部分时间都用到律师业务上了，学术上无能为力。他说："你研究吴棠的成果可以提供给我做硕士论文。"是的，那时我业余时间在研究中国近代历史人物吴棠，他是明光市老三界（清安徽省盱眙县三界市）人，几乎被历史遗忘，是我从故纸堆里将他扒了出来，让他走进人们的视野。为此，我已自费6万余元到北图、上图、南图、川图等30多家图书馆查阅了资料，正在编著《吴棠史料》、撰写《吴棠评传》等书。后来，也曾有许多亲友索要我的文稿、资料做硕士、博士论文，都被我婉言谢绝了。但杜宏春是一个例外，作为一个与我友情深厚的同学，我非常钦佩杜宏春孜孜不倦、坚持不懈的治学精神，也理解他当时所处的困境，从情感上讲，帮忙义不容辞，于是我当即就答应了他的请求。但作为律师，我提出一个书面约定，我将已发表的2万余字《吴棠传略》、约2万字《吴棠与捻军》、1万字《新老三界》、0.6万字《吴棠发迹记》、《吴棠手迹两篇注释》等文章和即将编入《吴棠史料》一书中的4万余字《"天下治平第一人"——晚清封疆大吏吴棠》《吴棠简介》等文稿，以及搜集到的《盱眙吴公小像》《盱眙吴氏孝敬堂族谱世系总表》，吴棠《望三益斋诗文钞》杂体文卷二、卷四等关于吴棠的材料，无偿提供给杜宏春撰写硕士论文使用。但杜宏春必须确保在我的《吴棠史料》《吴棠评传》书稿正式出版之前，不得发表或出版有关吴棠的文章和书稿，否则，要在全国四家省级以上报刊上公开道歉，并赔偿我的损失。杜宏春当即答应了我的要求。事后，杜宏春回校后利用半个月时间，对我的文稿及资料进行梳理整合、补充了相关背景资料，撰写了8万字的硕士论文《吴棠年谱》，提交学校，申请提前毕业。兰州大学在已下发文件同意5名硕士研究生提前毕业情况下，又单独下发文件同意杜宏春提前毕业。据杜宏春事后给我介绍，论文答辩时，5名答辩老师都说，没听说过吴棠，也查不到吴棠资料，他们对他的硕士论文几乎没有提出什么问题，只是说论文对吴棠评价有点高了，然后一致通过。杜宏春顺利提前毕业，取得硕士学位。

杜宏春原打算到上海就业，但求职并不十分顺利，于是选择到新疆石河子大学谋求发展。这是一所2004年新组建的综合性大学，后来进入了211序列。学校文学艺术学院2006年面向全国招聘4名中文教师，要求博士毕业。杜宏春不符合条件,但他决定碰碰运气。他坐了两天多火车到达了石河子大学,参加面试的为 10 名博士,每人说课 20 分钟,杜宏春没有参加面试资格。面试结束时,他缠住了校长向本春,要求给他一次面试机会,向校长不同意。但杜宏春坚持说:"我坐了三天三夜火车,抱有十二分诚意,你们难道就不能给我 20 分钟时间吗? 就 20 分钟,对你们来说 20 分钟一眨眼就过去了,对我来说,20 分钟能让我进一步了解自己,让我三天三夜的辛苦得到一个明确的说法,起码我没白来一趟,希望能让我没有遗憾地离开这里,就这一点卑微的请求,不能满足我吗?"向校长被感动,临时决定给杜宏春一次面试机会。说课时向校长坐在最前排,边听边记,很感兴趣。突然,杜宏春停了下来,向校长问怎么回事,杜宏春说 20 分钟时间到了,校长说:"继续继续,你把话题讲完,不受时间限制。"杜宏春又继续讲了近 30 分钟,说课完毕。向校长召集应聘人员说:"大家各自返回,等候学校复试通知,没接到复试通知的请另谋高就。杜宏春等一下,20 分钟后给予明确答复。"很快,校长秘书出来招呼杜宏春:"你可以跟我到人事处签订合同,留下来了。"就这样,杜宏春成了新疆石河子大学教师。后来,他经常说运气眷顾了他,实际上是他不放弃、努力争取的结果。不久,杜宏春先后承担了石河子大学高层次人才科研启动项目"礼记思想的现代价值研究(项目编号:RCS200732)"、新疆生产建设兵团社科基金项目"《礼记》与建设兵团和谐社会之关系研究(项目编号:08BSK13)"、新疆生产建设兵团社科基金项目"陶模奏议遗稿补证(项目编号:13YB09)"、石河子大学高层次人才科研启动项目"陶勤肃公奏议整理与研究(项目编号:RCSX201211)"、国家社科基金后期资助项目"刘锦棠别集辑笺(项目编号:14FZS033)"等课题研究工作,历任石河子大学文学院讲师、副教授、兵团屯垦戍边研究中心研究员。2007 年,杜宏春被评为石河子大学文学艺术学院十大新闻人物,2008 年被评为石河子大学 SRP 计划优秀指导教师,2014 年获得硕士研究生导师资格。

2009 年,杜宏春考取中央民族大学,攻读中国古典文献学专业博士。读博期间,杜宏春继续从事吴棠研究,除到中国第一历史档案馆从馆藏录副奏折、朱批奏折中抄出 180 多万字的吴棠奏稿,并与《上谕档》和《清实录》及《望三益斋诗文钞》等典籍进行了核对之外,又申请中央民族大学资助,前往台湾,历时半年,将被运往台湾"故宫博物院"的《军机及宫中档》和台北"中央研究院"近代史所档案馆藏《总理衙门档案》等原始资料中120多万字吴棠奏稿抄回大陆。同时校证吴棠《游蜀疏稿》一书,撰写了《游蜀疏稿校证》一书作为博士论文,以此获得文学博士学位。

但杜宏春一直遵守我们之间2006年签订的协议,信守承诺,没有发表或出版有关于吴棠的文章和书稿。因我工作任务太多太重,35万字的《吴棠史料》一书于2008年出版后,原计划的55万字的《吴棠评传》完成不到10万字就被迫搁浅。杜宏春一再催促我尽快完成,以便他出版吴棠研究成果。2014年,我得知中科院研究人员借助我的《吴棠史料》作为基础资料之一研究吴棠获得博士学位后,我便电话通知杜宏春,关于吴棠研究的论文可以发表了,成果可以出版了,不需要继续信守当年的承诺了。杜宏春非常高兴,并一再表示对我的理解和感谢。很快,50万字的《游蜀疏稿校证》一书,2014年12月由商务印书馆出版发行,获石河子大学第五届哲学社会科学优秀成果一等奖。随后,杜宏春研究成果丰硕,不断有学术著作出版,2015年10月,60万字的《陶模奏议遗编补证》由商务印书馆出版发行,获石河子大学第六届哲学社会科学优秀成果一等奖;2016年1月,180万字的《吴棠行述长编》(上、中、下)作为国家古籍整理出版专项经费资助项目由黄山书社出版发行,当年在第三十二届全国出版社社长年会暨2016年度优秀古籍图书评奖会上荣获全国优秀古籍图书奖二等奖;2016年6月,38万字的《伊犁将军马、广奏稿校笺》由中国社会科学出版社出版发行,获国家民委第四届民族问题研究优秀成果三等奖;2016年7月,40万字的《马亮集辑笺》由商务印书馆出版发行;2017年3月,88万字的《瑞洵集辑笺》由黄山书社出版发行,获2017年度全国优秀古籍图书奖二等奖;2018年7月,55万字的《散木居奏议校证》由商务印书馆出版发行;2019年11月,100万字的《刘锦棠奏稿校证》由中华书局出版发行。另外,由杜宏春点校的300多万字精装10卷本《吴勤惠公奏议》(吴棠,谥号勤惠)、80万字的《吴棠文集》(上、下)正在商务印书馆编校之中,很快就要面世。这两部书的出版将是滁州市历史文化事业上一件空前的盛事。同时他还在《名作欣赏》《西华师范大学学报》《聊城大学学报》《石河子大学学报》等学术刊物上发表《论杜牧诗文的人文精神》《漫谈〈礼记〉的饮食文化》《论李清照诗词的生命意识》《论李煜词的文化内蕴》《〈诗经·小雅〉重言与远古时代精神》《新启蒙运动的现代思考》等具有较高文献价值学术论文 30 多篇。

因家人不太适应新疆生活,杜宏春申请调回内地,世界级名牌高校北京大学主动联系商调,并开出优厚的接收条件,这正是杜宏春梦寐以求的。但国家教育部有规定,北大、清华等知名大学不得从中国西部等地区引进尖端科技人才。最后,杜宏春只好望北大兴叹。2018 年 3 月,杜宏春调入山东省属重点综合大学聊城大学,任聊城大学运河研究院教授、研究生导师,先后为本科生、研究生开设古代文学、古代汉语、古典文献学等课程。到目前为止,杜宏春已主持完成国家社科基金 3 项、国家古籍整理出版专项基金 3 项、全国高校古委会项目 4 项(含重点项目 1 项),教育部社科基金 2 项(含重大项目 1 项)、其他省部级课题国家民委社科基金 2 项、中央社会主义学院统一战线高端智库重点项目 1 项、新疆兵团社科基金 3 项、新疆维吾尔自治区和新疆兵团重点文科基地招标项目 2 项(含重点项目 1 项)等,参与完成省部级项目 2 项。目前,杜宏春正在主持中央社会主义学院统一战线高端智库重点项目"新疆巡抚潘效苏治疆文献整理与研究(ZK20180206)"。多年来,杜宏春不辞辛劳,成就卓越,为中国古典文献学研究做出了突出贡献。

作为教育部哲学社会科学重大项目首席专家,教育部学位中心通讯评审专家,国家社科基金通讯评审专家,杜宏春时刻关注家乡滁州市文教事业。2018 年滁州吴棠故居复建成功,布展时,杜宏春主动将《游蜀疏稿校证》《吴棠行述长编》等研究成果捐献给吴棠故居布展领导小组,还曾于 2019 年 3 月 27 日、2019 年 11 月 6 日分别接受家乡滁州境内高校安徽科技学院人文学院和滁州学院文学与传媒学院邀请,为家乡学子作了"国家级课题申报技巧谈"等专题学术报告,受到滁州学界的热烈欢迎和好评。大家一致认为,他是滁州学子的榜样。

2020 年 5 月 21 日初稿于市政协文史委办公室
——发表于 2020 年 6 月 4 日《新滁周报》专版。

年轻的文史大家窦忠如

唐代古文运动倡导者韩愈有句名言："弟子不必不如师,师不必贤于弟子。"这句话我体会尤为深刻。作家窦忠如是滁州明光市走出的全国知名的文史大家,他虽是我的学生,但他远远"青出于蓝而胜于蓝",作为老师我很惭愧,但也引以为自豪。

大约10年前,我在办公室接到一个北京电话,自称是我的学生,在全国政协工作,叫我到北京找他,他会全程为我服务,发表文章、出书也都可以找他,他说他已出版文史作品四五十本,请我看看,给予指正。我开始很是怀疑,是不是冒名做广告的,因为经常有人冒充同学、亲戚、朋友、学生之类向我推销文化产品。但他说我在明光苏巷中学教他语文,又说谁教他数学、谁教他物理、谁教他英语,我就觉得不会有假,经再三回忆,确有这个学生,他叫窦忠如。当时他才30多岁,就已经是中国著名青年传记文学作家,更是皖东大地出版著作最多的学人了。

窦忠如,其自我简介,先为:1973年生,字子徽,号嘉山,安徽省嘉山县人;现为:字子徽,号嘉山,斋号谦润,安徽滁州人。我猜想:字子徽,意为自身安徽省子弟;号嘉山,意为自己出生于嘉山县,嘉山县虽于1994年撤县设市,但他出生时还是嘉山,尊重史实;安徽省嘉山县人,系说明籍贯;现在加斋号谦润,既是自谦,也是品格追求,是否与字子徽有关联,还不太清楚,徽有美好之意,也是人品修炼目标;安徽滁州人,仍是说明籍贯,嘉山县为滁州属地,改为明光市后由省政府委托滁州代管,嘉山人或明光人,当然也是滁州人。

1991年,窦忠如自明光市苏巷高级职业中学毕业后即参军,一直在河北保定第38军服役。在部队他考取军校洛阳解放军外国语学院,获军事学学士学位,后考取中国人民大学历史系研究生,获历史学硕士学位之后,仍回第38军服役。

1991年至2000年,窦忠如在部队一直从事军事新闻报道和宣传工作,期间发表作品庞杂,约千件百万字。自1998年起,窦忠如开始从事中国历史、文物、考古、收藏、世界文化与自然遗产及相关近现代人物传记方面的研究与传播,作品涉及许多专业领域,曾主持、参与多种相关图书的策划出版工作,均相当成功,并获得好评。

2004年,已是校官的窦忠如复员回地方,按规定可安置到安徽省、河北省石家庄市或保定市的宣传部门工作,组织上让他选择,他选择货币安置。组织上要求他转业后3年内不得到外企、私企就职或自谋职业,因为曾经的工作涉密。窦忠如说我什么都不做,组织关系、户口关系转回老家安徽省明光市苏巷镇牛郢村(原大郢乡窦郢村),归隐田园,潜心研习传统文化,矢志读书,著述怡性。他拟定了一个计划,联合相关人员撰写《中国·世界遗产探秘丛书》,为每个中国的世界文化遗产撰写一本100万字的推介书稿,精装彩印,55卷,把中国的世界文化遗产推介到国外。

2007年1月,窦忠如为中国近代建筑之父梁思成撰写的人物传记《梁思成传》一书由天津百花文艺出版社隆重推出,得到了罗哲文先生的高度关注。罗哲文是中国古建筑学家,国家文物局古建筑专家组组长,中国文物研究所所长,中国文物学会会长,全国历史文化名城保护专家委员会副主任,中国长城学会副会长,中国紫禁城学会名誉会长,全国政协委员,梁思成先生的高足。罗哲文阅读过《梁思成传》后给予了高度评价:"世面上关于恩师梁思成先生的书刊文字有很多,但作为全面记述他一生的传记还不曾见到。翻阅忠如同志的《梁思成传》,没想到忠如同志不仅笔墨流畅朴实,文采飞扬,而且对梁先生的性格和情怀把握得极为到位、准确,特别难能可贵的是从事军事新闻出身的忠如同志,竟然将梁先生深邃宏大的建筑思想阐述得浅显明白,而又不乏自己独到的见解,由此可见忠如同志为了这部传记所耗费的心血。"为此,罗哲文联合两院院士吴良镛、两院院士周干峙(曾任建设部副部长)、中国城市规划学会会长郑孝燮等4名全国政协委员向全国政协办公厅推荐,将窦忠如的《梁思成传》列为礼品装入全国政协春节团拜会礼品袋赠送给所有参会人员,连续4年。"20世纪,有人因出身闻达天下,有人因感情爆得大名,有人因专业研究有着长远的影响力。而梁思成,是将三者合为一体的人。"《梁思成传》一书采访50余位相关人,参考200余种书,阅读1000余万字资料,还原真实本色、永不沮丧失望的梁思成,重新发现梁思成。书中大量披露梁启超的家书、林徽因的通信及晚年再娶之谜。该书受到冯骥才、冯其庸、铁凝、舒乙、吴良镛等顶级文化名流联袂推荐。因该书4次重印、2次再版,窦忠如也因此走进公众视野,逐渐为社会熟知。

全国政协最高级别文史刊物《纵横》,其负责人多为挂名,年龄偏大,精力有限,工作存在很大困难。2009年,全国政协办公厅决定遴选执行社长兼执行主编,负责《纵横》杂志社日常工作,要求有文史专长,富有热情,年龄在50岁左右,能力较强的人。罗哲文联合吴良镛、周干峙、郑孝燮等全国政协委员推荐了窦忠如,他年龄虽不足40岁,但经验丰富,文史功底深厚,创作成果丰富,足以担当重任。全国政协办公厅经深入了解后,非常看好窦忠如。当时窦忠如在集中精力撰写《中国·世界遗产探秘丛书》,才完成4卷,第5卷正在进行之中,于是以才疏学浅、不足以独当一面为由,一再婉言谢绝此事。但全国政协办公厅没有放弃,而是先后6次派人登门邀请,最后一次是办公厅主要负责人出马并承诺:恢复窦忠如公职和职位;在北京二、三环地段提供约90平米住房,享有永久居住权;将其爱人安置到全国政协文史馆上班;为其小孩在住所附近选择最好学校就读。窦忠如面对如此礼遇,没有退路,只好从命。担任全国政协《纵横》执行主编一段时间后,窦忠如被安排到全国政协直属的中国文史出版社任第八编辑室主任,后来升任中国文史出版社编辑部主任,中国文史出版社机关党委书记。其间,经中国作家协会主席铁凝介绍,窦忠如加入中国作家协会、中国报告文学学会。

窦忠如多年来始终笔耕不辍,勤奋努力,创作成果丰硕,先后在海内外出版了《王国维传》、《梁思成传》、《世间绝唱:梁思成与林徽因》、《罗哲文传》、《王世襄传》、《王国维画传》、《合璧——梁思成传、林徽因传》(窦忠如、张清平著)、《奇士王世襄》、《北京清王府》、《雾开清西陵——中国最后一处帝王陵墓群写实》、《寻找辉煌——红军团历史寻访记》、《大匠踪迹——中国近现代经典建筑掠影》、《纷纭庐山》、《庐山国家公园》、《朝拜"三孔"》、《魅力苏州园林》、《神秘布达拉》《绿色痕迹》等作品,出版了丛书:"中华之谜丛书"5卷——《国宝流失之谜》《国宝传世之谜》《国宝盗案之谜》《国宝消亡之谜》《国宝回归之谜》,"中国·世界遗产探秘丛书"4卷(中文繁简体两种版本)——《迷失——周口店》《守望——紫禁城》《追忆——明清皇陵》《悲欢——颐和园》,"中华古建名胜丛书"3卷——《中国名楼》《中国名匾》《中国名关》,"汉唐文化丛书"1卷——《惊世奢华——解读满城汉墓》,"中华文物传奇书系"——《书法传奇》《名画传奇》《陶瓷传奇》《青铜传奇》等,合计50余部。其中多部著作相关内容被各类学术论文征引及书刊转载、评介。《迷失——周口店》《守望——紫禁城》《追忆——明清皇陵》《悲欢——颐和园》与《中国名匾》等书受到中国科学院院士阳含熙、中国文物学会会长罗哲文、国家历史文化名城保护专家委员会副主任郑孝燮诸位先生鼎力推荐;《中国名匾》收录了自唐代开始,历经宋辽金元明清、民国时期和新中国成立以来的知名牌匾,精湛的书法艺术和书写的内容相映成趣,是难得的学习资料。"中华文物传奇书系"——《书法传奇》《名画传奇》《陶瓷传奇》《青铜传奇》等深度揭示200件国宝级文物辗转传承的奇闻秘史,获得铁凝、冯骥才、陈建功、郑欣淼、李学勤、耿宝昌、刘庆柱等联名推荐,深受读者青睐。

　　窦忠如传记作品情趣盎然,独具特色,其中《王国维传》以崭新的人文视野,凝重的历史笔触,从新旧世纪之交的广阔背景上,再现了两千多年封建社会最后一位国学大师王国维在短暂而又辉煌的50年跌宕人生中,经历的时代风云、世变沧桑。全书记述了王国维怎样从清末"诸生"、寒门"布衣",通过"独学"成为融汇中西、学贯古今的一代大师;并从宏观与微观的结合上,比较全面而翔实地展示了他作为新文艺理论的先导、新史学的开山和甲骨"四堂"、清华"四大师"之一的学术巨子,对近代中国文化学术多方面建树及世界性贡献;同时,从思想上揭示了他在帝制到共和的大变局中,追求、苦恼、矛盾、徘徊,最后"自沉"的悲剧性结局。作者以严谨细致但不失激情飞扬的文字,对国学巨人王国维的短暂人生进行了理性而客观的记述和解析,掩卷遐思,令人如沐惠雨,又似有钟吕之音震颤心鼓,共鸣不绝。

　　《梁思成传》是一部感人至深的文学传记。作品真实地展现了梁启超之子、20世纪中国知识分子杰出代表、世界伟大的建筑大师、中国古建筑研究领域的著名学者、解放后致力于保护古建筑的旗帜性人物梁思成波澜起伏的生命历程,以及他与20世纪"第一美女和第一才女"林徽因的爱情和婚姻故事,语言平实而不乏精妙,理性述说而满含深情,结构宏大而细致入微,情节跌宕而激流奔涌……写得不仅用心、用情,而且更为用理、用智,令人感慨万端。《世间绝唱:梁思成与林徽因》由梁思成、林徽因爱徒、著名文物学家罗哲文题字、作序,得到了郑孝燮、吴良镛、罗哲文、周干峙诸名家一致赞许和倾心力荐。该书讲述了,无论是梁思成与林徽因,还是林徽因与徐志摩、金岳霖,抑或是梁思成与林洙,他们之间缤纷多彩的爱情、恋情、友情、婚姻,都因为他们各自充满魅力的生命而隽永长存……《世间绝唱:梁思成与林徽因》一书确实是世间绝唱。

《罗哲文传》刻画了国家文物局古建筑专家组组长、中国文物学会名誉会长、中国著名古建筑学家罗哲文的智慧人生。

业界普遍认为窦忠如55万字的《奇士王世襄》最具学术价值和文学特性。《奇士王世襄》为窦忠如积十年时间而著成,真实地记录了一代奇人的人生之路。数百张弥足珍贵的照片,立体再现了王世襄多彩多姿的人生传奇。该书的出版,引起了爱好王世襄的人们的极大关注,在出版界引起了新的轰动。此前,中国作协副主席、书记处书记兼中国现代文学馆馆长陈建功已赞誉窦忠如为"中国最具独立精神和践行能力的学者型青年传记文学作家"。收集、阅读相关传主的所有资料是传记文学最大的难点,即所谓"砍柴还须十年功"。窦忠如选择文物与民俗大家王世襄作为传主,因王世襄一生经历与学识的复杂与驳杂,所付出的努力则需更多。曾有人冠以王世襄放鸽家、斗虫家、驯鹰家、养狗家、摔跤家、火绘家、烹饪家、美食家、书法家、诗词家、美术史家、文物鉴定家、民俗学家、漆器家、明式家具家、中国古典音乐史家和"中国第一玩家"等众多头衔。面对如此浩繁的材料,为了建构、还原传主的物质空间与精神时间,作者建构了自己的"三重证据法",传记中,有日记摘录、档案选用、图片采用、学术摘要、口述材料、田野调查等等,正如傅斯年先生所说,需要"上穷碧落下黄泉,动手动脚找材料",几乎接近了历史学家的考证功夫。这部砖头式的传记著作的一个显著特色是,全书图文并茂,材料翔实,引证可信,而且具备学术实证性的解读。香港版繁体字《奇士王世襄》配以金丝楠木盒包装,在海外售价达5800美元一本,依然十分抢手。2014年,《奇士王世襄》一书获得中宣部、中央广播电视总台"中国好书"奖,名列文学类第2名,此后又获得"中国大众好书"奖,"中国影响力图书"奖。2018年,《奇士王世襄》一书入选"第五届中国传记文学优秀作品(长篇)"。该奖项从1995年起,每6年评选一次,以思想性与艺术性高度统一为评选原则,旨在表彰中国优秀的传记文学作品,推动和繁荣当代中国传记文学创作。《奇士王世襄》一书获得此奖乃实至名归。

窦忠如的散文作品也有一定的影响力,其中《王国维的最后时光》排在"中国2008年随笔佳作"第1位。

窦忠如10多年来,领衔编辑文史类图书近1500部,多次应邀做客央视及香港凤凰卫视等主流媒体,向国人解读王国维、梁思成等历史名人。目前窦忠如正在承担新版《明实录》出版工程和卷帙浩繁的"中国民间文学大系"图书出版工程的编辑工作。作为中国知名的年轻的文史大家,窦忠如是滁州人的骄傲。

2020年4月10日于市政协文史委办公室

——发表于2020年4月16日《新滁周报》专版。

一代学界大师、巨匠的心灵史
——皖籍作家窦忠如不同凡响的人物传记《奇士王世襄》

皖籍中国作协会员、"中国最具独立精神和践行能力的学者型青年传记文学作家"窦忠如（1973年生，字子徽，号嘉山，安徽省明光市苏巷镇人）55万字的长篇章回体人物传记《奇士王世襄》一经北京出版社在2014年8月第二十一届北京国际图书博览会上隆重推出，在社会上产生了强烈的反响。

《奇士王世襄》立体再现了奇人王世襄多彩多姿的传奇人生。

王世襄（1914年5月25日—2009年11月28日），号畅安，汉族，北京人，祖籍福州，1914年5月25日生于北京一个仕宦家庭。高祖王庆云系道光九年（1829年）己丑科进士，官至四川总督、工部尚书；曾祖父王传璨，福州府学附生，曾任刑部主事；祖父王仁东，曾任内阁中书，江宁道台；大伯祖王仁堪系光绪三年（1877年）丁丑科状元，曾任苏州知府，卒于任上；父亲王继曾曾是清廷军机大臣张之洞幕僚，改任清廷赴法国留学生监督，民国元年（1912年）任北洋政府外交部政务司司长，并先后出任中华民国驻墨西哥公使兼理古巴事务，民国十三年一月任北洋政府国务院秘书长，资深外交官。出生在这样一个家庭的王世襄受到了中西文化的良好熏陶，成就了他奇特的一生。

官宦子弟王世襄幼年顽皮出奇，自曰："……而我则顽皮淘气，不肯念书，到处惹祸，如上房、打狗、捅马蜂窝等，亲友都讨厌我。"晚年仍作诗自遣："髫年不可教，学业荒于嬉。"然而，王世襄不管怎么玩，都不能违背母亲金章规定的原则："凡对身体有益的都准玩，有害身体的则严加管教，绝对不许可。"所以，王世襄玩出了自己的境界，玩物不丧志，竟然玩成了"京城第一大玩家"，玩成了大雅，玩成了文化，玩出了一门"世纪绝学"，玩成了中国著名的文物专家、学者、文物鉴赏家、收藏家。新中国成立后,王世襄成为国家文物局中国文化遗产研究院研究员,中央文史研究馆馆员,第六、七届全国政协委员,国家文物鉴定委员会委员,被人们称为京城奇士。王世襄先生学识渊博,对文物研究与鉴定有精深的造诣。王世襄先生研究的范围很广,涉及诗歌、音乐史、书法、绘画、雕塑、烹饪、民俗、建筑、火绘、收藏、鉴定、驯养等方面。他对工艺美术史及家具,尤其是对明清家具、古代漆器和竹刻等,均有深刻研究和独到见解。他注重长期的实践考证,积累了丰富的第一手资料,写出了专著10余部,论文90余篇。其中在家具方面的专著有《髹饰录解说》和《明式家具珍赏》等。后者阐述了明代家具的制作工艺、榫卯结构基本结合的分类、家具用材的选择、装饰的技法工艺等,自1985年9月出版发行后,引起了很大反响和重视,已被译成英、法、德等多种文字版本。王世襄先生兴趣广泛,喜爱古诗词,在家具、髹漆、竹刻、传统工艺、民间游艺等诸多方面的研究上均有论述,并都有深刻见解。

王世襄一生最自豪的一件事是,抗战胜利后任国民政府教育部"清理战时文物损失委员会平津区助理代表",北上开展追还被敌伪劫夺的文物。1946年12月,他主动请缨,赴日本追还被日本劫夺的原中央图书馆所藏善本图书107箱3860部34970余册,亲自从日本横滨随船押运到上海,由郑振铎派员接收。两个月后,王世襄就任故宫博物院古物馆科长及编纂。奇士干成一桩千古奇事。

窦忠如自1998年开始从事中国历史、文物、考古、收藏、世界文化与自然遗产及近现代人物传记方面的研究与传播,作品涉及许多专业领域,曾主持、参与多种相关图书的策划出版工作,创作成果丰硕,先后在海内外出版了《梁思成传》《王国维传》《罗哲文传》《世间绝唱:梁思成与林徽因》《中华古建名胜丛书》《中国·世界遗产探秘丛书》《中华之谜丛书》等50余部作品。

2007年,中国著名建筑学家梁思成的弟子、享有"京城第一大玩家"美誉的中国文物大师、93岁高龄的王世襄先生看到窦忠如的《梁思成传》一书后,在第一时间通过国家文物局古建筑专家组组长、中国文物学会会长罗哲文先生联系,主动约谈了窦忠如,对当时还不到35岁的窦忠如撰写的《梁思成传》褒奖有加。当时因王世襄年事已高,组织上给他安排了一位生活秘书,并规定每天接待来访以10人为限,每人10分钟。那天,王世襄与窦忠如一见如故,谈话非常投机,10分钟之后,秘书前来提醒,王世襄说:"请大家等等。"又过了10分钟,秘书走过来还没开口,王世襄就说:"请大家再等等。"半个小时,秘书再次催促,王世襄说:"请大家改日再约,今天我只接待小窦先生。"半天时间不知不觉过去了,王世襄提出请窦忠如来写他的传记,并解释说,此前已有许多全国著名作家向他提出来过,他都没答应:"他们文笔没有丝毫问题,但对文物透彻了解的不多,你才是最佳人选。"这一提议正中窦忠如下怀。随后,王世襄先生不断接受窦忠如访谈,提供身边资料,提供自己朋友、同事等访谈线索给窦忠如,使得窦忠如掌握了许多别人掌握不了的核心和关键资料。在掌握全面丰富资料的基础上,窦忠如经过8年精心筛选、提炼和着意打磨、修饰,终于成就了55万字的巨著《奇士王世襄》一书。著名作家王波认为,作为中国文史出版社编辑部主任、机关党委书记的窦忠如治学严谨,不但多次拜访当面讨教,还采访老先生的许多友人,收集几百幅和先生相关的图片,立体展现了老先生多姿多彩的人生传奇,特别是通过一代大家王世襄老先生从事学术研究的现实生活,将王世襄对中国历史的痴情、对祖国母亲深深的爱恋和作为中国民族大家庭一员对祖先伟大成就的无上自豪感,活灵活现地显现在笔端,栩栩如生地刻画出一代巨匠王世襄老先生的情感世界、精神家园,不由得让人深深地叹服,不但是真、美、全的人物传记,而且堪称一代学界大师、巨匠的心灵史。

《奇士王世襄》刚刚面世时,就产生了非凡的社会反响。首版软精装8000册被抢购一空;二版函封精装上下册,次月即开始印制;三版金丝楠木盒珍藏品紧张设计之后很快出版;香港版、台湾版很快授权出版,美国版翻译授权之后顺利面世。随着影响不断扩大,其他国家文字版本也随之而来。

2014年8与30日下午,北京出版社与北京市龙顺成中式家具有限公司等多家单位联合在第二十一届北京国际图书博览会现场举行了窦忠如《奇士王世襄》一书首发式,邀请了国家文物界许多顶级名流莅临现场,他们对《奇士王世襄》一书给予了高度评价。

罗哲文之子,时任中国民间文艺家协会常务副主席、分党组书记,书法家罗扬先生在首发式上叙述了他们父子与王世襄先生的交往经历、先生教他捉蝈蝈的细节和先生玩蝈蝈的境界,认为:"《奇士王世襄》一书融史料性、学术性、文学性、可读性、可视性于一体,用神来之笔再现了奇士王世襄坎坷曲折而又辉煌丰富的一生,既有李白的浪漫文采,又有司马迁的严谨风格。实在不可多得!"

老舍之子、中国老舍研究会原会长、中央文史馆馆员、中国现代文学馆原馆长、中国博物馆学会副会长、著名作家、博士生导师舒乙先生,在首发式上深情地回忆了王世襄与他们父子之间的数十年的交往,介绍了中国现代文学馆收藏王世襄散文《秋虫六忆》等文章手稿过程和王世襄做菜绝活,认为王世襄是中国文化巨人,诗词歌赋、琴棋书画无所不通,代表了中国文化的方方面面,最后肯定窦忠如《奇士王世襄》一书:"窦忠如《奇士王世襄》一书真是了不起!这是一本好书,文笔好,装帧好,都是一流;一本大书,分量特别大,大气磅礴,张弛有度;这是一本好看的书,精选了大量的精美图片,许多是第一次面世,图文并茂,不容易,非常难得!"

中国高级建筑师、达沃斯巅峰旅游景观设计中心总策划师、北京旅游学院旅游科学研究所名誉所长、著名旅游专家杨乃济教授与王世襄是世交,他在首发式上回忆了王世襄先生收藏明式家具的情况和王世襄先生赠他小马甲的曲折过程,做出了这样评介:"窦忠如《奇士王世襄》一书生动地刻画了可贵的文物大师王世襄先生形象,方方面面都写全了,非常完整,让我们看到了一个既大俗又大雅,既大土又大洋,既大文又大野的现实生活中的王世襄,令人耳目一新,叹为观止。"

1947年就认识王世襄先生的国家文物局顾问、国家鉴定委员会常委、中国文物学会名誉会长、中国历史文化名城专家委员会委员、中国文物法规制定的起草者和执笔人、中国著名文物专家谢辰生先生,在首发式上回忆了王世襄先生追还国家文物情节。1946年12月至1947年2月,王世襄先生被派赴日本任中国驻日本代表团第四组专员,交涉追还战时被日本劫夺的善本书等文物事宜,1947年初追还被劫夺的原中央图书馆所藏善本图书107箱,由日本横滨押运到上海。谢辰生作为国民政府教育部清理战时文物损失委员会接收敌伪文物负责人郑振铎的秘书,受郑振铎派遣前往上海接收了这批珍贵的文物。这是抗战时期被日本劫走的众多文物中唯一被追回的一批文物。谢先生认为:"王世襄这一贡献不得了,别人没有做到,只有他做到了。王世襄先生是个好人,是个奇才,是个爱国者。窦忠如《奇士王世襄》一书生动地描写了王世襄先生热爱祖国、热爱中国文化遗产的优秀品德,符合当今宣传主流,是一本难得的好书,应当大力推介。"

故宫博物院研究员、故宫博物院学术委员会委员、国家文物鉴定委员会副主任委员、国家文物局咨议委员会委员、中国古陶瓷学会名誉会长、中国历史博物馆顾问、首都博物馆顾问、炎黄艺术馆鉴定委员会会长,享有"中国古陶瓷第一人"美誉的93岁耿宝昌先生与王世襄先生曾经是同事,在首发式上回忆了"京城第一大玩家"王世襄是怎么玩的,"奇士王世襄"的奇特之处,认为窦忠如《奇士王世襄》一书生动地再现了王世襄先生"不仅是京城第一大玩家,而且是中国第一大玩家。玩家会玩,玩出了特有的套路,玩出了高雅的境界;玩家并不是纯粹停留在玩上,而是在玩中研究,玩出了学问功夫,玩出了文物的价值,研究出了文物的文化底蕴和深沉内涵","《奇士王世襄》一书是窦忠如继《梁思成传》之后又一大贡献,将引领传记文学领域一大潮流。应当特别感谢作者窦忠如!祝贺窦忠如!"

整个首发式现场座无虚席,引来许多人站着围观旁听,比预定结束推迟了一个多小时,非常成功。此后《奇士王世襄》一书先后得到了中国文联主席、中国作协主席铁凝女士,中国作协副主席、书记处书记兼中国现代文学馆馆长陈建功先生等名家的高度赞赏。

2014年,《奇士王世襄》一书获得中宣部、中央广播电视总台"中国好书"奖,名列文学类第2名,此后又获得"中国大众好书"奖,"中国影响力图书"奖。2018年,《奇士王世襄》一书入选"第五届中国传记文学优秀作品(长篇)"。该奖项从1995年起,每6年评选一次,以思想性与艺术性高度统一为评选原则,旨在表彰中国优秀的传记文学作品,推动和繁荣当代中国传记文学创作。足见《奇士王世襄》是一部不同凡响的人物传记。

想了解一代学界大师、巨匠王世襄的心灵史吗?请阅读传记名作《奇士王世襄》一书。

2014年9月1日初稿于市政协文史委办公室
2020年7月9日二稿于市政协文史委办公室

他乡采石

隋唐大运河开辟中国古代高速时代

国人都知道，21世纪以来，中国高速公路、高速铁路建设突飞猛进。到21世纪20年代末，中国将全面进入高速时代。那么，有人不禁要问，中国古代有高速吗？我的回答是：有。几年前游杭州，行程一路高速，待到游杭州大运河时，我就跟同伴说，大运河是中国古代的高速公路、高速铁路，这里就是古代高速的起点。大家一致赞同。

其时，我只知道京杭大运河是中国也是世界上最长的一条人工运河，是苏伊士运河的16倍。它北起北京，南至杭州，流经天津、河北、山东、江苏、浙江四省两市，沟通海河、黄河、淮河、长江和钱塘江五大水系，全长1794千米，是中国重要的一条南北水上干线，水运大动脉，肩负着南北大量物资的运输交换，对中国南北地区之间的经济、文化发展与交流，特别是对沿线地区工农业经济的发展和城镇的兴起均起到了巨大的推动作用。

其实，京杭大运河只是中国大运河的一个重要组成部分，我们现在所说的京杭大运河最终形成于元代，是在隋唐大运河基础上整修的。元世祖忽必烈在1289年下令开凿会通河。这条河北始临清，南到东平路（今山东境内）的安山，又从北京到通县间开了一条通惠河，与原有的河道沟通。这样一来，由杭州到北京，就可以不用绕道洛阳。而隋朝开掘的部分河道由于北宋南迁、黄河泛滥，年久淤塞，未加清理，逐渐废弃了。元朝开凿的河道，称之为京杭大运河，是元朝以来以北京为首都后裁弯取直改道后形成的。

2015年初秋，我有幸参加了濉溪县文联举行的"安徽作家看濉溪暨濉溪县文学研讨会"，并参观了柳孜运河遗址。这次参观使我对中国大运河、隋唐大运河有了全面的理解。

中国大运河（Grand Canal）是中国古代劳动人民在中国东部平原上创造的一项伟大的水利工程，是世界上最长的运河，也是世界上开凿最早、规模最大的运河。大运河已有2500多年历史，分为三个时期：第一个时期是春秋末期吴王夫差首次在扬州开挖的邗沟，沟通了长江和淮河。第二个时期是隋唐大运河，南至杭州，北至北京，形成了一条以隋代东都洛阳为中心的、将中国五大水系连成一体的全国运河系统。第三个时期就是元代形成的我们今天所说的京杭大运河。这条运河较隋朝大运河有大幅度东移，依然是连通北京和杭州，长1794千米，比隋朝大运河缩短900余千米，也就是我们现在所看到的大运河，是元明清三个朝代漕运（主要负责朝廷公粮运输任务）的主要途径。明清两代朝廷在运河经过的今淮安（原名楚州，曾与杭州、苏州、扬州并称运河上四大州，繁盛一时）专门设立了以整修、疏浚运河为主要任务的河道总督府和负责漕运的漕运总督府等中央机构。清道光末年间试行海运或折征银两，京杭大运河不再是国家经济的大动脉了，山东、河北段部分地方渐渐淤塞。同治四年（1865年），漕运总督吴棠（1813—1876年，今明光市三界镇人）疏浚运河，采办4万石米粟接济京师成功，运河漕运再次恢复，得到清廷嘉许。宣统三年（1911年），津浦铁路全线通车，京杭大运河漕运使命彻底结束，但仍在分段通航。

柳孜运河遗址让人们对隋唐大运河有一个整体认识，它就像一个"人"字，洛阳至扬州段为"人"字的一撇，称通济渠；洛阳至北京段为"人"字的一捺，称永济渠。

通济渠流经地点和线路一直是一个历史悬案，这也就难怪人们一直对隋唐大运河的概念比较模糊了。柳孜考古弄清了这个问题，人们因此对隋唐大运河有了较为清晰的认识。

隋唐大运河是中国运河形成的最重要阶段，以洛阳为中心，南起余杭（今杭州），北至涿郡（今北京），始建于隋炀帝大业元年（605年），隋朝开凿全长2700千米，跨越地球10多个纬度，纵贯中国最富饶的东南沿海和华北大平原，地跨今北京、天津、河北、山东、河南、安徽、江苏、浙江8个省、直辖市，通达黄河、淮河、长江、钱塘江、海河五大水系，在中国的历史上产生过巨大的作用，是中国古代劳动人民创造的一项伟大的水利建筑工程，也是世界上开凿最早、规模最大的人工运河。

决策者就是隋炀帝杨广。近1400年来,坊间盛传隋炀帝开凿大运河是为了满足一己之欲——下扬州观赏琼花。这纯粹是杜撰。实际上,隋炀帝开通运河产生了久远而积极的影响。它为以后的历代所用,成为中国古代南北交通的大动脉,促进了南北经济文化的交流,泽被至今;对巩固统一和社会经济的发展都发挥了重要作用。然而,开凿运河必然带来沉重的徭役负担,导致阶级矛盾激化,这也是隋朝开始动摇的起因。同时,隋炀帝利用大运河,组织到江南巡游,一路上劳民伤财,宴饮玩乐,奢靡无度,可能也有寻花问柳之举,这就进一步加剧了当时的阶级矛盾。人民的对抗情绪逐渐上升,成了隋炀帝反对派们怂恿老百姓挑起事端、发难朝廷的主要借口,成为隋朝迅速灭亡的原因之一。

可以说,后世对隋炀帝开凿大运河的诟病不亚于对秦始皇修筑长城的,但是,无论如何,隋炀帝开凿大运河都是功在当时、永利后代之举,应当予以充分肯定。

隋灭陈完成中国统一,人民得到安定的社会环境从事生产劳动,社会经济逐渐恢复。隋文帝于584年命宇文恺率众重开漕渠,自大兴城西北引渭水,略循汉代漕渠故道而东,至潼关入黄河,长150多千米,名广通渠,604年改名永通渠。隋炀帝杨广即位,为巩固国家统一,更好地控制江南地区,使长江三角洲地区丰富的物资为中央政府掌握,更由于隋中央政府对江淮经济的依赖,隋炀帝下令开凿大运河,始于公元605年。公元604年,隋炀帝杨广离开京都长安,到洛阳考察,605年即力排众议,下令着手两项重大工程:一是将首都由长安迁往洛阳;二是征调民工百万,由杰出工程专家宇文恺主持,开凿大运河,主要是开通通济渠和永济渠。

通济渠于公元605年开凿。通济渠在黄河南岸,分为东西两段。西段在东汉阳渠的基础上扩展而成,西起洛阳西面,以洛水及其支流谷水为水源,穿过洛阳城南,到偃师东南,再循洛水入黄河。东段西起荥阳西北黄河边上的板渚,引黄河水进入淮河的支流汴水,经今开封市及杞县、睢县、宁陵、商丘、夏邑、永城等地,再东南,穿过今安徽宿县、灵璧、泗县,以及今江苏的泗洪县,至盱眙县注入淮水。两段全长近1000千米。施工时虽然也充分利用了旧有的渠道和自然河道,但因为有统一的宽度和深度要求,因此主要还要依靠人工开凿,工程浩大而艰巨。中唐著名诗人白居易曾写过一首名作《长相思》："汴水流,泗水流。流到瓜洲古渡头,吴山点点愁。思悠悠,恨悠悠。恨到归时方始休。"就是抒发倚楼女子接急切思念的从通济渠上顺流归来的心上人的感受。汴水就是通济渠的一部分,泗水是淮河东面一大支流,沿泗水行船可达山东临沂。汴、泗二水在徐州府城东北汇合,流到与扬州一江之隔的瓜洲(今镇江)。

永济渠于公元608年开凿,利用沁河、淇水、卫河水源,引水通航至天津,继溯永定河,通涿郡(今北京)。

公元610年,开凿江南运河,开通镇江至杭州段,长400千米。这样,从首都洛阳到江都、到浙江杭州全长1700千米的河道,可以直通船舶,畅行无阻。至此,以首都洛阳为中心,以通济渠、永济渠为"人"字状两大撇捺延伸,并通过邗沟和江南河,沟通了海河、黄河、淮河、长江、钱塘江五大河流。北通涿郡(今北京),南达余杭(今杭州),主航道全长2700千米,沟通中国南北和东部、中部的水运大动脉已经形成。这条水运大动脉中位于洛阳盆地的洛河,有着特别重要的意义,它是这条大动脉的核心,隋都洛阳最重要的交通枢纽,同时也是千年古都洛阳之御河。在大运河修筑成功和此后发挥作用的500余年时间内,它成为沟通沿线政治、经济、文化的重要纽带,堪称世界第八大人工奇迹。

到了武则天大足元年(701年),在洛阳立德坊南营建新潭:"天下舟船所集,常万余艘,填河路,商旅贸易,车马填塞。"那时,"半天下之财赋,悉由此路而进",在洛河上是"漕船往来,千里不绝"。大运河的通航,促进了中国南北经济的沟通和交流,促进了沿岸经济的繁荣和城市的兴起。

隋唐大运河,沟通了中国大地的东西南北,实现了中国历史上第一次真正的融会贯通和大一统格局。在古代,陆路长途迁移,只能靠骑马、坐牛车和步行,要跋山涉水,行动十分艰难和缓慢。但是人类早就有认识,水是可以利用的,可以坐船过河甚至跨海,既快捷又能载重,比走旱路要方便许多。把人和物放在船上,或人划,或扬帆,或做水闸提升下降,可以日行数十里甚至百里,真是一种人类交通方式的飞跃。船大,可运兵,可运马,可运粮食,可运草料,可运煤炭,可运石材,花样多了,大大拓宽了人类的活动空间,以至可以组织起有效的大规模的国家行为。不过,中国地势西高东低,河的流向基本上是自西向东,南北则不行。隋炀帝决定挖凿南北大运河,干脆把东西南北都用水连起来,组成纵横交错的水网,把五大自然水系变成一个大水系,岂不是一盘大活棋？前无古人,后启来者。

想一想吧,古代1吨物资,使用牛车、马车,从杭州翻山涉水,需要三个月才能运到北京,代价可想而知。选择京杭大运河船运200吨物资,一个月左右就可以顺利抵达北京。京杭大运河的水上交通运输能力是旱路的几百倍,高速高效,更是旱路无法比拟的。京杭大运河交通运输的优越性可想而知,在中国古代绝无仅有。

有了大运河,隋炀帝可以把整个中国国土真正地完整地纳入自己的王权范围,宛如揣在自己的怀中,牢牢地属于自己。在过去的历史上,还没有一位帝王这么做过,这是空前的。另外,一下子诞生了几十座沿河的繁荣城市。先有河,后有城镇,后者因河而生,因河而旺,纯属拔地而起,一代比一代繁荣。大运河造就了当时的中心大都市:运河沿岸逐渐形成了杭州、苏州、无锡、镇江(造船工业基地)、扬州(对外贸易港口)、江都、楚州(今淮安)、洛阳、长安、涿郡(今北京)这样的大都市。"上有天堂,下有苏杭""欲把西湖比西子,淡妆浓抹总相宜""暖风熏得游人醉,直把杭州作汴州""江南园林甲天下,苏州园林甲江南""姑苏城外寒山寺,夜半钟声到客船""吴都十万户,烟瓦亘西南""故人西辞黄鹤楼,烟花三月下扬州""十年一觉扬州梦,赢得青楼薄幸名""天下三分明月夜,二分无赖是扬州""春风十里扬州路,卷上珠帘总不如"等等,这些不胜枚举的经典名句都源于隋唐大运河。

隋唐大运河把中原文化带到了北方,带到了南方,也把北方草原游牧文化、南方鱼米桑茶水乡文化带到了中原,实现了中华文化的多元化、互补化和共同繁荣化。几大水系的串通,促进了民族之间的融合与交流以及中外的国际交流。大运河仿佛为丝绸之路插上了翅膀,一方面把地中海周边和中亚的文化和中国内陆的文化连接了起来,辐射开来;另一方面,把北方的少数民族文化和中原汉族文化链接了起来,促进了中华民族大家庭的生成、巩固和壮大。华夏两大文化的交流融合,因隋代大运河的挖凿而在后代大放异彩,结出具有深远影响的丰硕成果。隋炀帝开凿的大运河迎来了唐代的开元之治和北宋的经济繁荣,奠定了唐文化在世界上崛起的基础。隋朝虽短,可是换来了唐朝的长治久安。隋代大运河基础打得好,唐朝在政策上稍作调整,立刻结出好果,无意中为辩证法增添了辉煌的一例。隋炀帝开凿大运河,这是古代一个国家综合国力强大的象征,统一的象征。这条黄金水道在巩固国家统一、繁荣沿岸经济、促进南北交流和沿岸城市兴起与发展等方面立下了不朽功勋,特别是在隋、唐和北宋时期,在中华民族发展史上立下了不朽功勋。在洛河沿线留下的丰富的遗存,见证着昔日的繁荣和历史的厚重,见证着辉煌灿烂的中华文明的无穷魅力。

可以说,隋唐大运河的作用不但超过"丝绸之路",而且对人类的贡献不逊于万里长城。国家文物局考古处处长宋新潮在谈及隋唐大运河时自豪地说:"中国有两项伟大的人工工程,一是长城,秦始皇的防御工程;二是大运河,隋炀帝的交通运输工程,也是任何一个国家都比不上的人工运河工程,是中华民族的象征,理应列入世界文化遗产。"

隋炀帝即位在公元605年至618年,在位14年。他在位期间做的一件大事,就是举全国之力挖凿大运河。这是他的雄才大略,为国家为民族为历史做出了惊天动地的大业,立下了不朽的伟绩。这是我们今天应当形成的共识。

1999年在安徽省淮北市濉溪县百善镇柳孜村开始第一次隋唐大运河遗址考古挖掘,挖出了一处石质的码头遗址,一座沿运河南岸东西走向顺河而建的石造码头展现在人们面前。整座码头为长方形,长14.3米,宽9米,高5.5米,东西南三面采用由上而下的飞檐砌法,两侧用夯土护堤,临水面石壁陡高,便于靠船装卸。经考察,此码头为北宋时期的货运码头。这是我国隋唐大运河考古的首次发现。在此次考古挖掘中,挖出了一段运河部分河床,下面有八艘唐代沉船,其中有三艘沉船较为完整,1号船为木板结构,长2.6米,宽1.92米,尾舵呈扫把状;2号船为一巨型整圆木雕琢而成的独木舟,长0.6米,宽1.1米,出土时舱内有唐代釉陶制泡菜坛等文物;3号船为木板结构,长23.6米。因在沉船埋藏的土层中发现青釉、三彩瓷器和唐代"开元通宝"钱币等器物及残件几十吨,其中罕见的瓷器珍品有1200件,被确定为唐宋全国各大瓷器窑口的遗物,沉船的年代被专家认定为唐朝。此次发现的沉船位置均在古河道南侧河底,且均向北侧倾斜。专家推测是黄河泛滥河水冲翻所致。在运河内发现如此多的沉船在我国尚属首次。还有,大运河经过这次考古挖掘又获得了一个新的称谓:瓷器之路。此次考古挖掘被确定为1999年十大考古发现之一。2001年,柳孜码头遗址被国务院确定为"全国重点文物保护单位",文物精品进入了淮北市博物馆,陈列在一个专门的分馆里。类似的考古挖掘 2007 年在安徽省宿州市也有过两次。柳孜隋唐大运河遗址考古重大发现为这一千年古运河路线之谜揭开了谜底,证明了通济渠的走向。2000 年 4 月 8 日,中国国家文物局副局长郑欣淼在柳孜实地考察后,向世界郑重宣布:"柳孜隋唐大运河遗址的考古发掘是中国运河考古的重大成果,证明了大运河的流经路线,填补了中国运河考古的空白。"柳孜大运河遗址是中国大运河遗址的典型代表,既是濉溪县重要的人文景观,又是难得的文化资源,濉溪县乃至淮北市的文化底蕴因此而增添了浓重的一笔。

中国大运河包括京杭大运河、浙东大运河和隋唐大运河沿线河道遗产 27 段,以及运河水工遗存、运河附属遗存、运河相关遗产共计 58 处遗产,现存河道总长度 1011 千米。其中包括濉溪县隋唐大运河桥梁遗址,隋唐大运河柳孜遗址段"一点一段"。2014 年 6 月 22 日,在多哈举行的第 38 届世界遗产大会上,正式通过了中国提交的"大运河"申遗申请,"大运河"作为文化遗产正式列入我国第 46 个世界遗产名录,标志着中国大运河从此成为全世界、全人类的共同文明财富。

由于隋唐大运河在濉溪县百善镇展露了它的真容,让人们认识到它是中国古代地地道道的国家生命线。它的出现使中国古代交通运输为之一变,是中国古代交通运输史上的一场巨大革命,从此开辟了中国古代高速时代。

      2015 年 9 月 12 日初稿于市政协文史委办公室
      ——发表于 2015 年 11 月《濉溪文艺》(2015 年 1、2 期合刊)。

光耀叶赫那拉家族四个朝代门楣的女子们

叶赫那拉氏,亦称叶赫纳喇氏、叶赫纳兰氏,原系明末海西女真扈伦四部之一叶赫部的氏族。满人入主中原以后,设八旗,分上三旗(镶黄、正黄、正白)和下五旗(正红、镶白、镶红、正蓝、镶蓝)。叶赫那拉氏属于下五旗中的镶蓝旗,位于满洲八旗末尾。后来之所以能升为上三旗中的镶黄旗,居满洲八旗首位,显赫四个朝代,全靠叶赫那拉氏中几个女子。最让叶赫那拉氏家族扬眉吐气的叶赫那拉·惠征的长女叶赫那拉·杏贞(1835年11月29日—1908年11月15日),就是人们熟知的慈禧太后。

清咸丰二年(1852年)二月,叶赫那拉·惠征(1805—1853年)家喜事连连。初六日,惠征被调任安徽徽宁池广太道,驻地芜湖。该道辖五府一州,即安庆府、徽州府、宁国府、池州府、太平府和广德直隶州,下辖共计28个县,兼管芜湖关税务,职权远远高于一般的兵备道、海关道,且地处江南富庶之乡,不仅是个要缺,还是个肥缺,这次调动意味着惠征进一步得到了皇帝的信任和重用。咸丰二年二月十一日由敬事房口传,奉旨:……兰贵人、丽贵人著于五月初九日进内……惠征的女儿叶赫那拉·杏贞成为皇帝的妻子,排在第三名。

惠征命运不佳,上任刚一年,安徽省府安庆就被太平军攻下,芜湖岌岌可危。惠征携海关公款逃往江苏镇江避难,很快被革职,咸丰三年六月初三日(1853年7月8日),病故于镇江。

杏贞是惠征的长女,乳名兰儿,入宫赐封兰贵人,她非常给父亲惠征争气,进宫次年晋封懿嫔;又过三年生皇长子爱新觉罗·载淳(1856年4月27日—1875年1月12日),即同治皇帝,晋封懿妃;次年晋封懿贵妃。咸丰十一年七月十七日,咸丰帝爱新觉罗·奕詝驾崩后,孝钦显皇后与孝贞显皇后两宫并尊,称圣母皇太后,上徽号慈禧。当年九月三十日,慈禧发动辛酉政变,诛杀肃顺等顾命八大臣,夺取政权,垂帘听政,成为晚清最重要的铁腕政治人物,实际统治晚清朝政半个世纪。

咸丰十一年十二月十八日,皇太后慈禧发布上谕,将家籍抬入上三旗中的镶黄旗,从此,叶赫那拉氏家族开始显赫晚清四个朝代。

叶赫那拉·婉贞(1841—1906年),慈禧胞妹,由咸丰帝指婚,嫁给了道光皇帝第七子醇亲王奕譞——咸丰皇帝的胞弟,成为嫡福晋,即光绪皇帝爱新觉罗·载湉(1871年8月14日—1908年11月14日)的生母。醇亲王奕譞曾奉恩辅国,管理海军衙门,总理节制沿海水师,是光绪初年军机处的实际控制者。自是,叶赫那拉氏家族三代皆与皇室联姻。

叶赫那拉·桂祥(1849—1913年),慈禧大弟,三等承恩公,满洲镶黄旗副都统。桂祥有三个女儿,长女为多罗顺承质郡王爱新觉罗·讷勒赫嫡福晋。讷勒赫,满洲镶蓝旗人,先后任"鸟枪管理大臣"、阅兵大臣;宣统三年(1911年)任正白旗满洲都统。他还曾任禁烟大臣。次女叶赫那拉·静芬(1868—1913年),由慈禧钦点,嫁给光绪皇帝,封为隆裕皇后,住进东六宫之一的钟粹宫。因光绪帝只宠幸珍妃,隆裕与皇帝之间感情并不好,但有姑母慈禧太后做后台,至光绪驾崩,无人撼动其皇后地位。慈禧太后病重之前,召集亲贵大臣,以光绪帝同父异母弟弟爱新觉罗·载沣之子爱新觉罗·溥仪为嗣,经张之洞恳请,慈禧答应溥仪继承同治,兼祧光绪,封载沣为监国摄政王,规定国家政事均由摄政王裁定,遇到重大事件则必须取得皇后懿旨。溥仪登基后,尊隆裕皇后为"兼祧母后",并尊她为"隆裕皇太后"。宣统三年,辛亥革命爆发,十月十六日,载沣奉隆裕太后懿旨辞去监国摄政王的职位,垂帘听政的隆裕太后成为即将终结的大清王朝事实上的最高统治者和终极责任人。同年十二月二十五日,隆裕太后率宣统皇帝溥仪在养心殿正式发布清室退位诏书,这是清王朝颁发的最后一道诏书。民国二年正月十七日,隆裕太后在西六宫之一的长存宫病逝,享年46岁,上谥曰孝定隆裕宽惠慎哲协天保圣景皇后。中华民国政府以国丧规格处理丧事,与光绪帝合葬崇陵(河北易县清西陵)。三女叶赫那拉·静荣(1866—1933年)是爱新觉罗·载泽(1868—1929年)夫人。载泽是清康熙皇帝爱新觉罗·

玄烨六世孙,愉恪郡王爱新觉罗·胤裪五世孙,满洲正黄旗人,婚后封镇国公,不久担任满洲正蓝旗副都统,光绪三十四年(1908年)加贝子衔,历任度支部尚书、督办盐政大臣、度支大臣、袭爵三等承恩公、镶黄旗副都统,是晚清宗室大臣,出洋考察五大臣之一,立宪派的重要人物。

叶赫那拉·照祥,慈禧二弟,其女为贝勒爱新觉罗·载漪(1870—？年)夫人。载漪是康熙帝第一子爱新觉罗·胤禔的玄孙奕瞻之子,原名载楫,光绪四年(1878年)过继给道光帝第九子孚郡王爱新觉罗·奕譓为嗣,改名爱新觉罗·载漪,封授多罗贝勒。光绪二十三年(1897年)因不满慈禧专权,为光绪帝鸣不平,与妻子不和,引起慈禧震怒,被革去贝勒,交宗人府永远圈禁。光绪二十七年(1901年)二月,朱批加恩将载漪释放,不准回孚郡王府。光绪三十四年(1908年)十二月十日,再降懿旨,将载漪接回孚郡王府。载漪以头等侍卫、头品顶戴终其生。

叶赫那拉·桂祥有子叶赫那拉·佛佑,佛佑之女嫁爱新觉罗·溥伦(1869—1927年)为夫人。溥伦,清宗室,袭封贝子爵位,时称"伦贝子"。他是贝勒爱新觉罗·载治的第四子,过继给道光皇帝第一子爱新觉罗·奕纬为嗣孙。其父载治是乾隆十一子成亲王永瑆之曾孙,世袭镇国将军、辅国公,兼理民政部总理大臣。溥伦曾被推荐为同治帝首选继承人,因慈禧看中姨侄爱新觉罗·载湉,致溥伦与帝位失之交臂。但慈禧太后后来最器重溥伦,尤其是慈禧太后指派溥伦率团代表清政府参加光绪三十年(1904年)在美国圣路易斯举办的世博会,使溥伦青史留名。慈禧驾崩后,溥伦任资政院总裁、农工商大臣,是宣统年间皇族内阁重要成员之一。

胡思敬在《国闻备乘》一书中认为:"载泽、溥伦皆缘妻宠,出而任事。载泽尤横,以其夫人与隆裕为同胞姊妹,时往来宫中,私传隆裕言语,以挟制监国也。"

叶赫那拉氏一门两皇后两福晋三夫人,几个女子光耀了叶赫那拉家族咸丰、同治、光绪、宣统四个朝代门楣,在历史上留下了浓墨重彩的一笔。

2018年4月27日—28日初稿于市政协文史委办公室

清正廉直的大清"财长"王茂荫

一、《资本论》中提到的唯一的中国人

同治六年八月十七日（1867年9月14日），伟大的革命导师马克思第一次揭示人类历史发展规律的巨著《资本论》第一卷在德国汉堡正式出版，这是人类社会思想史和国际共产主义运动史上划时代的重大事件。该书第一卷第一篇第三章第83个注脚译文为："清户部右侍郎王茂荫向天子上了一个奏折，主张暗将官票、宝钞改为可兑现的钞票。在1854年4月的大臣审议报告中，他受到严厉申斥。他是否因此受到笞刑，不得而知。审议报告最后说：'臣等详阅所奏……所论者专利商而不便于国。'"马克思之所以能够知晓并在《资本论》中专门提及这件事，是因为他看到了《帝俄驻北京公使馆关于中国的著述》一书，当时驻大清京城的俄国使节将这件事写进了该书之中。咸丰八年（1858年），德国人卡·阿伯尔和弗·阿·梅克伦堡将该书译成德文，在德国出版发行，马克思在写作《资本论》过程中参考了这本书。可以看出，马克思对王茂荫的货币主张是赞同的，他在《1857—1858年经济学手稿》中就这样说过："如果纸币以金银命名，这就说明它应该能换成它所代表的金银的数量，不管它在法律上是否可以兑现。一旦纸币不再是这样，它就会贬值。"这个认识很有可能就是受王茂荫观点的启发。

巨著《资本论》传入中国后，人们发现一共提到了680多位世界名人，而王茂荫是该书中提到的唯一的中国人。不过《资本论》译者关于"王茂荫"名字开

始译为"万卯寅""王猛殷""王孟尹""王茂荫"等,其中陈启修翻译的《资本论》中为王茂荫。1936年经郭沫若先生对《东华续录》等典籍的研究、考证,撰写《〈资本论〉中的王茂荫》和《再谈官票宝钞》等文,分别发表在上海左翼文艺刊物《光明》1936年第2卷第2号和第3卷第1号上,才确定《资本论》中提到的唯一的中国人为王茂荫。国人知道王茂荫名字载入《资本论》,是在《资本论》出版70年之后,王茂荫从此闻名中外。

《资本论》中提及的王茂荫之事发生在咸丰四年,王茂荫时任户部侍郎兼管钱法堂事务,从二品。清代中央只设六部,户部执掌全国疆土、田地、户籍、赋税、俸饷及一切财政事宜,职权远远高于今财政部长,兼有生态环境部部长、自然资源部部长、人社部部长、民政部部长、农林部部长、粮食部部长、税务总局局长、供销总社理事长、公安部户籍管理局局长等官员之职。户部侍郎掌稽核版籍、赋役实征等会计、统计工作,钱法堂执掌货币流通、铸钱和宝泉局。户部侍郎兼管钱法堂事务相当于当今财政部部长兼央行行长、国家税务总局局长、国家统计局局长,称王茂荫为大清"财长",实至名归。

二、晚清著名的清朝货币理论家、财政学家

王茂荫(1798—1865年),字椿年,号子怀,清嘉庆三年(1798年)诞生于安徽歙县南乡杞梓里一个徽商家庭,兄弟四人,居长。4岁丧母,全赖祖母方氏抚育成人。髫龄入私塾,朝往暮归,读书刻苦用功。后就读于县城紫阳书院,得主讲钱伯瑜先生真传。道光十一年(1831年),王茂荫以监生资格应京兆试,得中举人,次年会试,连捷成进士,并备官户部。此后长达15年,王茂荫一直在户部任"主事""行走"一类的微职闲官,直到50岁那年才升补为户部贵州司员外郎,改江西贵州司员外郎、陕西道监察御史,后历任太常寺少卿,太仆寺卿,左副都御史,户部、工部、兵部侍郎,吏部右侍郎等职务。其中咸丰三年(1853年)十一月擢升为户部右侍郎兼管钱法堂事务,成为清廷主管财政货币事务的官员之一,并因此成就了王茂荫一世英名。

清咸丰朝实施过两次引人注目的货币改革措施,即发行钞币和铸大钱。王茂荫是咸丰朝行钞的第一个倡导者,铸大钱的坚决反对者。道光二十年(1840

年)鸦片战争之后,出现银贵钱贱现象,清廷高层很多人主张铸大钱,有"当五""一十""二十""五十""一百"五种,直接导致通货膨胀。咸丰元年(1851年),王茂荫就给皇上上了《条议钞法折》,提出九条货币发行办法:一、拟钞之值;二、酌钞之数;三、精钞之制;四、行钞之法;五、筹钞之通;六、广钞之利;七、换钞之法;八、严钞之防;九、行钞之人。咸丰二年(1852年),清廷开始实行铸大钱。针对铸大钱的论调和铸大钱所造成的恶果,咸丰三年十月初九日(1853年11月21日),升为大清"财长"不久的王茂荫开始发威,他给咸丰皇帝上了《论行大钱折》,力批铸大钱错误:"钞法以实运虚,虽虚可实;大钱以虚作实,似实而虚。"即纸币虽无价值,但若能兑换并且发行量有一定的"定数",它就代表一定的实际价值;而大钱本身虽有一定的价值,但因它不足值,故而它的面值是虚的,坚决反对"铸大钱"。咸丰三年(1853年)正月,王茂荫上《再论铸大钱折》,对清政府所采取的发钞票、铸大钱等通货膨胀措施再次提出异议,认为:"若奸人以四两之铜铸两大钱,即抵交一两官银,其亏国将有不可胜计者","设奸人日销以铸大钱,则民间将无制钱可用,其病民又有不可胜言者"。可惜,王茂荫的这一中肯的正确的主张依然没有得到朝廷重视和采纳。同年二月,咸丰准添铸了"当百,当五百,当千"的大钱,结果在流通中造成极大混乱,加之上述发行的不兑现的"宝钞",使通货膨胀愈演愈烈。咸丰四年(1854年)三月,王茂荫针对银票、宝钞和铸大钱所造成的剧烈贬值和混乱,给咸丰皇帝上了《再议钞法折》。《条议钞法折》的主要目的是既要有助于解决财政困难,又想避免严重的通货膨胀。《再议钞法折》则主要是为制止已经发生的严重通货膨胀,被认为是王茂荫的第二个货币改革方案。其主要内容包括四项建议:一、允许钱钞兑换现钱;二、允许银票兑换现银;三、允许各商店用钞换银;四、允许典(当)铺款项出入搭用钞币。咸丰皇帝看了《再议钞法折》后大为不满,认为王茂荫所言是贵民而贱官,不以国家政事为重,加上户部军机大臣审议结论中也指责王茂荫是"所论专利商贾而不便于国,殊属不知大体",从而导致咸丰皇帝下旨"严行申饬",将王茂荫调离户部,任兵部右侍郎,从此,基本上结束了其主理财政货币的事务。

但是,王茂荫的思想主张集中体现在他的货币改革方案和货币理论上,被学术界评价为"我国封建社会货币理论的最高成就"。

三、一生自省自律为官清正廉直

王茂荫进士及第后回乡省亲之时,祖母曾谆谆告诫:"吾始望汝辈读书识义理,念初不及,今幸天相余家,汝宜恪恭尽职,毋躁进,毋营财贿,吾与家人守吾家风,不愿汝跻显位,至多金也。"王茂荫始终铭记于心。

作为大清"财长",王茂荫权力炙手可热。他居官京城30余年,历道光、咸丰、同治三朝,处晚清浑浊的官场之中,坚持廉洁自律,始终两袖清风,为官如此,实在难能可贵。史料记载他:"性清淡,寡嗜欲。京宦三十载,恒独处会馆(即歙县会馆,今宣武门外。王为安徽歙县人)中。自本简约,粗布粝食,处之宴如。"同乡晚辈鲍康在《王母洪夫人寿序》写道:"康昔官中书时,每造先生宅,饫聆高论,见先生萧然一室,别无长物,公余之暇,手一卷自娱。京宦三十年,未尝携眷属,闻夫人仅一至京邸。"可谓"清节"毕现。咸丰八年(1858年)七月至同治元年(1862年)四月,王茂荫因病"开缺"期间,他移居至北京东城玉清观,没有薪水,于是受聘主讲潞河书院,靠每年300金膏火为生。为此,他每月坚持前去授课,与诸生朝夕相处,循循善诱,认真修改试卷,诲人不倦。尽管艰难如此,他仍坚定拒绝亲友资助,绝不降低做人标准。

王茂荫认为一个人在食不果腹、衣不遮体时,能够做到"渴不饮盗泉水,热不息恶木阴"才是君子。所以他后来一再告诫子孙,将来"家产薄、家口多,衣食难度"时,谨防"见利忘义"。他对子女要求甚严,"鲜以锦衣戏采为重",日常生活简朴,始终教诲子弟交游重人品,正确对待财利:"凡人坏品行,损阴骘,都只在财利上,故做人须从取舍上起。富与贵,是人之所欲章,所以从此说也。此处得失厉害关头,人心安得无动?惟当审之以义,安之以命。我命中有时即不取非义亦有,命中无时即取尽非义,终归于无。看着当下取来,虽见为有,不知非灾横祸出而消耗之,必且过于所取。须以当下之不取,为消将来之横祸,则此心自放得下。古云:漏脯充饥,鸩酒止渴,非不暂饱,死亦随之。当时作此想,则自然不敢妄取。"王茂荫认为获取不义之财如同饮鸩止渴,还可能遭遇飞来横祸,颇具远见。

王茂荫认为:"莫看眼前吃亏,能吃亏是大便宜。此语一生守之用不尽。"所以他宦游京城一生没有因显贵而巧夺豪取为家中添置一瓦一垄。但他对乡党经常慷慨解囊，在所不惜：每年都资给里党中孤苦者；亲友借贷，也竭力以付；乡间葺祠宇、通道路、修堤、造桥，凡遇善事，他无不量力相助，欣然乐为。30年为官虽积有俸银一千两，但并不置任何田产，而是命令长子王铭诏存于其岳父处，只做他们兄弟四房子孙读书费用，并留下遗嘱："吾以书籍传子孙，胜过良田百亩；吾以德名留后人，胜过黄金万镒。"同时作"家训和遗言"道："我之奏疏，词虽不文，然颇费苦心，于时事利弊，实有切中要害处，存以垂示子孙，使知我居谏垣，蒙圣恩超擢，非自阿谀求荣中来。他日有入谏垣者，亦不必以利害之见存于心，能尽此心，自邀天鉴。"还告诫子侄："日后子孙非有安国定邦之才，不必出仕，只可读书应试，博取小功名而已。"这不是一般的封建社会的"省部级"大员所能做到的。

王茂荫任吏部侍郎时，选任官吏重人品，曾举荐过众多人才，其中，安徽盱眙人（今安徽明光市）吴棠，经王茂荫举荐，从一个七品知县一路晋升至四川总督、成都将军，成为与曾国藩、李鸿章等人齐名的晚清名臣。但王茂荫与吴棠素昧平生，只闻其名，从未谋面。同治三年（1864年），王茂荫继母在江西吴城去世，王茂荫依制奉讳返乡守孝，途经淮阴，头品顶戴、漕运总督吴棠接待了布衣身份的王茂荫，分别时还赠些银子，以谢当年举荐之恩。他未予接受，坦然地说："保举，公也；涉于私，则不足道也。"他特别重视衣食无忧时，必须做到坚持操守、淡泊名利、不取不义之财。

王茂荫一生以清正廉直著称。鸦片战争之后，大清"盛世"不再，内忧外患，吏治腐败，国力衰弱，大厦将倾。王茂荫处在这样的官场环境之中，清廉自守出污泥而不染，着实不易。其为官最为可贵之处在于始终莅职勤勉，殚精竭虑，一心为国家"保富民、恤商民、护国本、革颓风、振人才"，夙夜勤政，不辞艰辛。王茂荫在任曾上一百多个奏折向皇上建言，除主张钞币兑现抑制通货膨胀，反对铸颁大钱侵害商民之外，还曾建言杜渐奔竞钻营之风以肃吏治，力荐人才为国效忠，革君心，纾民困，崇儒、修学、慎刑、理财，等等，"其言也，无一非国计民生之言"。王茂荫一心为民为国，敢讲真话，力持正论，甚至犯颜直谏，其关于论钞法利病的奏疏，主张通商情，利转运，被咸丰皇帝斥之为"专为商人指使"，遭严旨切责，并被调离户部一事迹载入《资本论》，就是他的重要币制改革主张正确，引起了马克思的高度关注。王茂荫反对户部卖官,认为:"此举无益于目前而徒贻讥于后世。"咸丰五年(1855年)二月,国事艰难、内忧外患之际,王茂荫得知咸丰皇帝耽于逸乐,纵情声色,将国政抛诸脑后,准备临幸圆明园"办公"游嬉。而朝中大臣们对此虽都有意见,却无人敢直言劝阻。唯有心急如焚的王茂荫不怕得罪皇上,当即上了《请暂缓临幸御园折》,极言在这"国计艰虞、民生涂炭"的时候,皇帝不应该"事于游观"等六个"不可",坚决给咸丰的游兴当头一棒,触到了咸丰的"痛处"。咸丰恼羞成怒,以"道路传闻,率行入奏,殊非进言之道","著交部议处,原折掷还",从此不再重用王茂荫。但王茂荫泰然处之,没有丝毫后悔之意。

《清史稿》这样评价王茂荫:"京师用不足,大钱钞票,法立弊滋。王茂荫屡进谠言,均中利害,清直为一时之最,宋晋亦其次也。"

吴大廷在《王侍郎奏议》序言中这样评价王茂荫:"直声清节,上自公卿,下至工贾隶圉,啧啧皆赞其贤。先生孑然一身,清俭朴约,非如世之娇激以沽名者。恪恭尽职,直言敢谏。"

所以,晚清之时,王茂荫清操之名,无人能出其右。其后人因此镌刻"敢于直谏之家"青田石大印置于其灵右,以示子孙,并不过誉。

同治元年(1862年),王茂荫上书同治皇帝陈述政事,说:"我观测天象,勤恳治国。议政王责任重大,应该专心理政,制定理政纲领,谏官应该多包容。"顺天府事务繁忙,顺天府石赞清不能够兼顾各方事务。同治皇帝称赞王茂荫:"直言敢谏,志虑忠纯。"清同治四年(1865)六月,王茂荫在籍病故后,同治皇帝谕旨给予"廉静寡营,遇事敢言,忠爱出于至性"评价。朝野赞声鹊起,有"三代帝师""四朝文臣"之称的大学士祁寯藻挽联赞曰:"谏草逾万言,每读焚余心事,光明照青史;交情获三益,最伤别后手书,感恻念苍生";时任钦差大臣、兵部尚书、两江总督曾国藩挽联赞曰:"七旬耆宿,九列名卿,谁知屋漏操修,尚同寒士;四海直声,卅年俭德,足令朝廷悲悼,何况吾曹";曾国藩代作《皇清诰授光禄大夫吏部右侍郎加二级谕赐祭葬先考子怀府君行状》、李鸿章所作《诰授光禄大夫吏部侍郎王公神道墓碑铭》,更是记录了王茂荫清正廉直修身报国的一生,值得称道。朝野上下没有忘记王茂荫,给予了王茂荫应有的中肯评价。王茂荫的弟子歙人徐景轼评价王茂荫更是非同寻常:"世但知公之忠,而不知忠本于孝;世知公之能忠能孝,而不知其忠孝之克全者。"就是说世人都认为"自古忠孝无两全",而王茂荫一生却做到了忠孝两全,绝对是整个大清凤毛麟角之人!所以,王茂荫以"清操,海内推为巨人",是徽州清官之最,乃为公论。

一代大清"财长",清正廉直,名副其实,值得后人世代推崇。

2018年5月10日—12日初稿于市政协文史委办公室

王茂荫拒绝"奔竞"

贡发明　贡发芹

所谓"奔竞",是指为功名利禄奔走争竞,用来形容一味追名逐利的人。类似我们今天所说的"跑官""要官",指一些人通过拉"关系",走"后门",处心积虑地谋取官职和权力的行为。群众中流传着"要想有进步,常去组织部;要想被提拔,常去领导家"的俗语,就是对当今官场上某些人热衷于"奔竞"的真实写照。

"奔竞"不是当今官场的创新和发明,而是古已有之。正面的例子有"毛遂自荐",但更多的是反面的例子,《南史·颜延之传》有"外示寡求,内怀奔竞,干禄祈迁,不知极已"之评论。官场上的攀龙附凤,拉帮结派,团团伙伙,结党营私之风由来已久,就是说为了个人名利、权力,采取以行贿等为主要手段的跑官要官行为不胜枚举,在晚清时代尤为突出,腐败至极,属于官场公开的秘密。

晚清权臣肃顺就是一个喜爱"奔竞"的人。咸丰十年(1860年),肃顺被授御前大臣、内务府大臣,以户部尚书协办大学士,署领侍卫内大臣,统领行在一切事务。咸丰十一年(1861年)七月,咸丰帝驾崩前,肃顺受命为赞襄政务王大臣,在顾命八大臣中最具实权。是年十月二日夜,肃顺在护咸丰帝梓宫回京途中,行至密云,被慈禧太后谕旨秘密逮捕,随后被斩于菜市口。这个被惩处的"咸丰三奸"(载垣、端华、肃顺)之一的肃顺曾权倾一时,在朝中结党营私,拉拢了不少当朝大臣。王茂荫官户部右侍郎兼管钱法堂事务时,曾被肃顺列为重要拉拢对象。当时居住歙县会馆的王茂荫险些被肃顺拉拢上贼船。

肃顺拉拢王茂荫的经过,光绪举人徐珂在其笔记著作《清稗类钞》中以《王茂荫不附肃顺》为题做了明确记述:"歙县王子怀,名茂荫。咸丰初,为御史,抗疏直言,于国家大计多所建白。未几,荐升户部侍郎,遇事力持正论,朝贵为之敛迹。时肃顺柄国,颇忌惮之,遣客通殷勤。王意颇动,订于某日偕谒。客待于外堂,车驾矣,衣冠而出。过厅事东偏,有巨镜,忽对镜立,瞻顾一周,拈须自语曰:'焉有堂堂王子怀,而为权臣屈节者乎!'遽谢客。客还报,肃恚甚,将谋所以中伤之,乃引疾归。"关键时刻,王茂荫猛醒自悟,站稳立场,拒绝肃顺拉拢,虽掉了官职,但保持了晚节,可谓适得其所。

王茂荫如果当时入了伙,依附肃顺,则不但晚节不保,自毁一世英名,还可能累及子孙后代。歙县贡生洪澧于《秋树轩见闻录》中记载肃顺与王茂荫情形:"未几,肃顺败,查抄信札。门下附和者多得罪,而子怀先生独免。同治朝,官至吏部侍郎。观此,足见人生利达,并不关乎奔竞也。""人生利达,并不关乎奔竞",洪澧之感悟,还是颇具见地的。"人生利达",不但"并不关乎奔竞",还可能毁于"奔竞"。

王茂荫乃謇谔之士,以"恪恭尽职,直言敢谏"著称。同治元年(1862年)三月,因病开缺六个年头尚未正式复出的王茂荫给大清新皇帝同治上了《条陈时务折》,就治国理政提了五条建议,其中一条仍然是"奔竞之风,宜杜其渐"。因此受到同治皇帝赞许:"直言敢谏,志虑忠纯。"

虽然王茂荫拒绝"奔竞"一事已过去160余年,王茂荫拒绝"奔竞"的正确选择仍然值得我们今天官员效仿、学习和推崇。曾经一段时间,官场上"搞任人唯亲、排斥异己的有之,搞团团伙伙、拉帮结派的有之,搞收买人心、拉动选票的有之,搞封官许愿、弹冠相庆的有之……"就是"奔竞"思想作怪,必须坚决禁止!

2018年5月15日初稿于市政协文史委办公室
——发表于2018年10月30日《江淮时报》。

曾国藩劝人熟读七部书

曾被称为晚清"中兴第一名臣",也被捧成"千古第一完人"的曾国藩,逝后赠封谥号文正公,是整个清代八个获得文正谥号大臣中最负盛名的一个,俗呼曾文正。其幕僚薛福成(1838—1894年),在其《庸盦笔记》一书中记载了这样一段逸事——《曾文正劝人读七部书》:

> 曾文正尝教后学云:六经以外,有不可不熟读者,凡七部书,曰《史记》《汉书》《庄子》《说文》《文选》《通鉴》《韩文》也。盖《史记》《汉书》,史学之权舆也。《庄子》,诸子之英华也。《说文》,小学之津梁也。《文选》,辞章之渊薮也。《史》《汉》时代所限,恐史事尚未全,故以《通鉴》广之。《文选》骈偶较多,恐真气或渐漓,故以《韩文》振之。

"六经"是指经过孔子整理而传授的六部先秦古籍:《诗》《书》《礼》《易》《乐》《春秋》,是两千多年封建时代士子入学必读的六部儒家经典,是圣贤之书,历朝历代不改。"六经"之外为什么还要熟读七部书呢?曾国藩给出的理由是:《史记》《汉书》是史学的开始和发端、英华和精粹。《庄子》在儒家之外诸子百家著作中构思最为宏大,想象力最为丰富。《说文》是奠定文字学、音韵学、训诂学等基础学科的渡口和桥梁。《文选》是中国古代诗文精华总汇。《史记》《汉书》受时代局限,可能记录史事不够全面,所以用《通鉴》来扩大视野。《文选》所选录的文章骈偶语言过多,容易丧失真元之气,养成华而不实的文风和习气,流于浅薄,所以应该同时读《韩文》以纠正。七部书各具长处,互为补充,一书一个境界。

曾国藩劝人熟读七部书虽一以贯之,但也是经历发展过程的,提法小异大同。

道光二十四年(1844年)三月,曾国藩在"致温弟沅弟"的信中,附录了他开的"熟读书"书目:《易经》《诗经》《史记》《明史》《屈子》《庄子》《杜诗》《韩文》。

咸丰六年(1856年),曾国藩在家书《谕纪泽》信中告诉儿子:"余生平好读《史记》《汉书》《庄子》《韩文》四书……"

咸丰九年,曾国藩致函儿子曾纪泽,详细地列出了自己看重和喜爱的书:"余于《四书》《五经》以外,最好《史记》《汉书》《庄子》《韩文》四种,好之十余年,惜不能熟读精考;又好《通鉴》《文选》及姚惜抱(姚鼐,室名惜抱轩,世称惜抱先生、姚惜抱)所选《古文辞类纂》,余所选《十八家诗钞》四种……"

曾国藩的意思是做学问首先要以文章思想内容为重。之所以要熟读七部书,就是因为它们在思想内容方面都是古今绝妙佳作。曾国藩还曾说:"六经外有七书,能通其一,即为成学。"意思是说,在六经之外,上面这七部书能精通其中之一,就足以成就一番学问。可见七部书的重要性,也是曾国藩看重这七部书的真正原因所在。

薛福成最后还说:"人诚能于六经而外,熟此七部书,或再由此而扩充之,为文人可,为通儒可,为名臣亦可也。"即熟读这七部书,可以成为人人羡慕的文人雅士,社会崇敬的名家大师,国家器重的名宦大臣,其作用可想而知。

作为中国近代政治家、理学家、文学家,湘军的缔造者和统帅,曾国藩在学问和功业方面的成就,备受后世推崇。曾国藩在读书、修身、治家方面的心得,也一直很受人们的重视。尽管很多人非议曾国藩不无道理,但曾国藩劝人熟读七部书,从学习角度来讲,一步一个脚印,循序渐进,互相参悟,对于我们今天治学仍具有指导意义。

2018年6月29日于市政协文史委办公室
——发表于2019年11月15日《江淮时报》。

李鸿章人生的一大遗憾

安徽合肥人李鸿章(1823—1901年)是洋务运动的领袖、晚清重臣,官至直隶总督兼北洋通商大臣,授文华殿大学士,位居首辅,出将入相,左右晚清政坛三十余年,是中国近代史上举足轻重的人物。他人生中有一大遗憾——没有人呼他老师。

李鸿章很想当老师,他想当的不是一般的老师,而是举人之师,进士之师,天下官员之师,甚至皇帝之师。他自称曾国藩(1811—1872年)门生长,希望像曾国藩一样弟子盈门,桃李满天下,到哪都有人恩师长恩师短的,受人崇敬,师道尊严。

实现这个愿望大致有两个途径。

一是担任翰林侍讲以上官员。清代沿用明代制度,设置翰林院,主管编修国史,记载皇帝言行的起居注,进讲经史,以及草拟有关典礼的文件。其长官为掌院学士,以大臣充任。翰林院的最高长官,主管文翰,并备皇帝咨询,实权已相当于丞相。属官如侍读学士、侍讲学士、侍读、侍讲、修撰、编修、检讨和庶吉士等,统称为翰林。清代,进士及第后全部进翰林院学习三年,然后进行散馆考试,分出等级,请旨皇上,放任地方知县以上官员或朝廷七品以上京官。翰林院侍讲学士以上官员,有机会给进士们授课,传道授业解惑,自然成为进士们的老师。道光二十五年(1845年),李鸿章应顺天乡试中举,当年参加会试,考中进士,入翰林院时,父亲李文安(1801—1855年)安排投翰林院宿儒曾国藩门下受业。曾国藩原为翰林院检讨、侍讲,此时已升侍讲学士,两年后又升为内阁学士加礼部侍郎衔。不过李鸿章作为超品官员,三品内阁学士不在他眼里,他看中的是翰林院大学士一职,但慈禧太后不看好他。这个途径显然走不通。

第二个途径就是担任主考官、总裁官,掌衡文取士大权。清代选拔官员的考试主要是乙等乡试和甲等会试两种。乡试取举人,会试取进士,考中者均要进行拜师活动,称主考官、总裁官为坐师,称同考官、副总裁官为房师。担任一次会试总裁,就有两三百个进士称自己为老师,三年后就有两三百个弟子在全国各地任知县以上官员或朝廷七品以上官员,说不定能出几个甚至更多的封疆大吏和大学士、六部尚书、侍郎一类官员,实在是人生一大荣耀。一步到位,能担任会试总裁当然好,但李鸿章有自知之明,希望从乡试做起,退而求其次。乡试主考官,一律由进士出身的一、二品京官出任,这是清初制定的基本原则,也是自明嘉靖以来的惯例。每省各放二人,一正一副。唯江苏、安徽合考于江南,两省共放二人。湖北、湖南初为湖广,甘肃附于陕西,前皆合闱,雍正元年(1723年)批准两湖分闱,光绪元年(1875年)议准陕甘分闱,始行分别简放正副主考。清代乡试录取名额以顺天乡试为最,二百名,江南次之。顺天就是京师,朝廷达到一定级别官员的子弟均可以占籍参加顺天乡试,也可以回原籍参加考试,简放乡试主考官以顺天最为体面。

据晚清大臣陈夔龙(1857—1948年)在《梦蕉亭杂记》中记载,李鸿章最喜欢操衡文之权柄。任总理衙门大臣时,同文馆学生年终考试,中文课的试卷太多,请其帮助校阅,李鸿章闭门三天,亲自检阅,点定甲乙等次,认真的程度不难想象。光绪二十三年(1897年),举行顺天乡试,李鸿章渴望一任主考,以遂平生心愿。

七月下旬,李鸿章亲自登门拜访署刑部侍郎内阁学士瞿鸿禨,对瞿说,听说内定顺天乡试主考有你我,我数十年戎马倥偬,文墨荒疏,不知能不能胜任。你年轻学富,久掌文衡,是科场熟手,到时候要偏劳,主持一切。瞿对这位阁师的话不胜诧异,又不便说什么,只得点头答应。岂知八月初,朝廷公布各省学政,瞿外放江苏学政,证明李鸿章的消息不尽确切。八月初六公布的四名顺天乡试主考官,也是榜上无名。原来李鸿章把传言当真,足见渴望过度了。陈夔龙说此事是瞿鸿禨跟他口述的。当时大家都感叹不已,衡文与否,全在天命。所谓天命就是皇命,当时光绪皇帝被幽禁瀛台,皇命就是慈禧太后之命。

李鸿章虽然进士出身,且荣膺首辅,但老佛爷不会忘记他是数万淮军首领、北洋水师创始人和统帅,手握重兵,执掌外交,再让他出掌衡文大权,身边再罗列成百上千个桃李,文武集于麾下,大清的江山还要不要了?而翁同龢这类人物,屡掌文衡,却不让参与军事,这就是皇权在一个人身上的平衡,有"文"而无"武",有"武"而无"文",文武分治,达到综合平衡。李鸿章虽然被慈禧太后视为"再造玄黄之人",与曾国藩、张之洞、左宗棠并称为"中兴四大名臣",日本首相伊藤博文视其为"大清帝国中唯一有能耐可和世界列强一争长短之人",还有人将李鸿章与普鲁士(德国)宰相兼外交大臣俾斯麦、美国总统格兰特并称为"十九世纪世界三大伟人"。拥有如此权势,绝对不能再分权给他,让李鸿章担任翰林院大学士成为帝师,又手握兵权,会严重威胁到慈禧太后垂帘听政。因此,李鸿章无论如何是不可能出掌衡文大权的。

李鸿章当老师的愿望只能落空了。此乃李鸿章人生一大遗憾!

2016 年 8 月 1 日—2 日初稿于市政协文史委办公室
——发表于 2016 年 8 月 19 日《江淮时报》。

再识民国"六不总理"段祺瑞

我是读了鲁迅先生《记念刘和珍君》一文,才知晓段祺瑞这个名字的。"段政府就有令,说她们是'暴徒'!但接着就有流言,说她们是受人利用的。惨象,已使我目不忍视了;流言,尤使我耳不忍闻。我还有什么话可说呢?……"这些经典语句,我至今都是倒背如流。因此,我一直认为是段祺瑞命令卫队枪杀了北师大刘和珍等爱国学生,一手制造了"三一八"惨案,他是一个地地道道的刽子手。

但我的认识与客观事实是有些出入的。后来我了解到了事实真相,1926年3月18日爆发了"三一八"惨案,军警枪杀刘和珍等爱国请愿学生的时间发生在段祺瑞执政期间,震惊中外,是段祺瑞人生的最大污点。"三一八"惨案直接导致了段祺瑞执政府的垮台,皖系北洋军阀集团也因此不复存在。由于鲁迅先生《记念刘和珍君》一文被选入高中课本,每一个读过高中的人都深刻地记住了段祺瑞这个恶名。诚然,不论是什么情形,发生这样事情,作为国家元首都是难辞其咎的。不过,至今还没有发现翔实可靠的证据证明此事是段祺瑞指使或者默许的。惨案发生后,他随即赶到现场,向死者长跪不起,之后又做出严厉处罚凶手的指示,并决定终生食素以示忏悔,至死都没有食言。可惜,我的老师没有告诉我们这些,我当教师时也没有将这些告诉我的学生。

其实,段祺瑞一生并非一无是处。梁启超对他的评价是:"其人短处固所不免,然不顾一身利害,为国家勇于负责,举国中恐无人能比。"中华人民共和国成立初期,章士钊和毛泽东谈起段祺瑞,毛泽东呵呵一笑说:"有功有罪,已经化敌为友了嘛。"

段祺瑞(1865—1936年),原名启瑞,字芝泉,晚号正道老人,安徽肥西县人,民国时期政治家,皖系军阀首领,"北洋三杰"(王士珍、段祺瑞、冯国璋)之一,号称"北洋之虎""六不总理"。他还是中国现代化军队的第一任陆军总长和炮兵司令,担任过中国第一所现代化军事学校保定军校的总办。他帮助袁世凯练北洋军,而后以此纵横政坛十五载,一手主导了袁世凯死后北洋政府的内政外交,有"三造共和"的美誉,后来因宠信徐树铮,迷信武力统一,为直系击败而下野。后来,他曾借助与张作霖和孙中山的三角同盟而短暂复出,但因失去实际权力而成为摆设;还曾六次主政民国政局,1916年至1920年先后任中华民国代理国务院总理、政事堂国务卿、国务院总理,1924年11月中旬,冯玉祥、张作霖、段祺瑞在天津举行会议,决定组织中华民国临时政府,以段祺瑞为临时执政。11月24日,段祺瑞就职典礼在北京铁狮子胡同陆军部旧址执政府办公处举行。《中华民国临时政府制》乃将总统、总理合一,规定临时执政兼有二者之权力,至1926年4月20日,段祺瑞为该时期北洋政府的实际掌权者。

有史家这样评价段祺瑞,一生清正耿介,颇具人格魅力。事实上,段祺瑞为人确有不少优点,不贪污肥己,不卖官鬻爵,不抽大烟,不酗酒,不嫖娼,不赌钱,赢得了"六不总理"的美名。特别是他爱国拒绝当汉奸一事,值得后人称道。他的清廉拒贿更是令人敬畏。

段祺瑞一生没有购置过一处房产和地产,甚至连合肥老家也没有一处住房。这在民国初年的军阀政客中是绝无仅有的。他在北京一直是租着房子生活,直到袁世凯以送套房子给他养女的名义(段在原配夫人吴氏过世后,娶了袁世凯的养女张氏为妻),送给了段家一栋房子。这栋房产的原房主是与袁世凯打牌输了40万大洋,才把房子抵押给袁世凯的,可没给房契。等袁世凯一死,房主的儿子拿着房契来找国务总理段祺瑞,要收回房子。段祺瑞见人家手中有房契,二话没说,带着一家人搬了家。他们一家在这栋房子只住了两年。后来段祺瑞到天津、上海,都是租房而住。段祺瑞的父亲段从文是一个老实巴交的农民,一生种田,段祺瑞一直保持农民本色,勤俭节约。下台移居天津后,段祺瑞想方设法节省开支,家里的每一笔开支他都要亲自过问。他的一日三餐基本都是米粥、馒头、素菜,四季衣着全是布制,仆人的数量也一降再降。由于人手不足,他和夫人、姨太太们经常要亲自做些简单的家务。1926年6月,段祺瑞欠黎元洪7万元，后因无力偿还被黎告上法庭。段祺瑞虽然输了官司，却获得了人格上的大胜，因为此事足可说明段祺瑞在执政期间清廉如水！他若是贪婪，凭他手中的权力，不要说一栋房子，拥有百栋大宅院也不在话下，何至于一生租房居住？不要说7万元，获取7亿元，70亿元也不在话下，何至于欠账成为被告？另外，段祺瑞为官清廉还表现不以权谋私上。段祺瑞家规很严，夫人和姨太太都不允许干预公事。段的一位姨太太想替老妈子的亲戚谋个差事，段祺瑞一听就气歪了鼻子（段祺瑞在生气的情况下鼻子会歪），怒斥道："你想买官吗？得了人家多少钱，快说！"并一再声明卖官鬻爵的事情自己绝对不会做。其子段宏业，吴氏所出，从小寄养在亲戚家，十几岁才回到段祺瑞身边，由于此前缺少良好的教育，所以文化水平不太高。段祺瑞的下属有不少人劝段给其子在军政部门安排个职位，段死活都没有答应，他认为年轻人应当依靠自己，不应当依靠老子，应当从最底层做起，一步一个脚印，不能没有历练就从政做官。其胞弟段祺甫来京求长兄给自己谋个一官半职，被段祺瑞一口回绝，对他说："你不适合做官，还是给你一笔钱，回家做个买卖吧。"让其自食其力，养家糊口。

  作为一国军政首脑，段祺瑞的权力达到了顶峰，可谓是威震朝野、权倾一时，给他送礼行贿的人自然成群结队，挖空心思。但段祺瑞从来不"笑纳"，"雅贿"也好，"俗贿"也罢，一律拒之门外，不讲丝毫情面。大家都知道无论采取什么手段，段祺瑞都是"油盐不进""不解风情"；不管是什么人给他送礼，他都概不接受。只是逢年过节时，按照习俗，给段祺瑞送礼的人更是络绎不绝，段祺瑞只是偶尔遇见亲近的下属和友人送来礼物、却之不恭时，才会在礼物中挑选一两样最不值钱的东西留下，余者则悉数退还。封疆大吏江苏督军齐燮元很想巴结段祺瑞，他不相信段祺瑞不收礼，认为要么是礼太轻了，段不屑一顾；要么是送礼方式不够"艺术"，段面子上过不去，不好接受。他多次行贿段祺瑞都没有成功，于是他就和段玩了一次"雅贿"，送给段一件镶嵌着种种珠宝玉石的屏风，五光十色，非常珍贵，价值不菲。家里人都喜不自禁，乞望段能收下它。谁知翌日一早，段只瞧一眼，就立即派人将屏风还给了齐燮元，完璧归赵。东北王张作霖曾经给段送来一些东北特产，其实并不值钱，目的只是套近乎，但段死活不肯收，最后在张作霖副官一再恳求下，才勉强收下两条江鱼。只有一次例外，段祺瑞将别人送的礼物照单全收，那便是冯玉祥送来的一个大南瓜，因为段非常喜欢，又实在没有办法把南瓜再切一半还给冯玉祥。

  1934年春，段祺瑞胃溃疡发作，引起胃部出血，被送进医院。他的体质日衰，家人劝他开荤，以加强营养，但被他拒绝："人可死，荤不可开，我已承诺终生忏悔，不可变改。"1936年11月2日段祺瑞病逝时，因其一生廉洁朴素，身无余财，还留下一大笔的欠款，再次被人告上法庭，令人嘘叹不已。作为一个军阀出身的人，能做到如此清廉拒贿，在物欲横流、无官不贪的民国时期，他是个官场的另类，实在是难能可贵。作为唯物主义者，应当一分为二看待历史人物段祺瑞，还他一个公道。

  2016年8月29日—30日初稿于市政协文史委办公室

乐观谦逊古难求

——拜访中国古陶瓷大师耿宝昌先生散记

我早期任中学教师时的弟子窦忠如的新书《奇士王世襄》问世,举行首发式,邀请我参加,我很欣慰,提前赶到京城。

王世襄先生与中国古陶瓷大师耿宝昌先生有过多年工作交往,忠如决定邀请耿老参加《奇士王世襄》一书首发式。

2014年8月29日上午,忠如给耿老送请柬,邀我一道。我欣然前往,因而慕名拜访了享有"中国古陶瓷第一人"美誉的耿宝昌先生。

耿宝昌先生是中国古陶瓷界十分了不起的人物。他是中国著名文物鉴定专家,擅长古陶瓷研究、鉴定。1922年生于北京,祖籍河北束鹿(今辛集市,归石家庄市管辖)。1936年在北京"敦华斋"做学徒。1946年自己开了一家"振华斋"古玩铺。1956年应聘到故宫博物院工作,历任修整组技工、副研究员、研究员等职。1960年毕业于文化部六联干部学校。1986年,将自己精心收藏的瓷器、铜器等文物22件捐献给故宫博物院。曾先后应邀到文化部文物局、南京博物院、国家文物局、扬州与泰安培训中心任教,任辽宁大学、吉林大学、河北师范学院历史系兼职教授,受聘为北京大学考古学系硕士学位研究生导师、台北中国文化大学史学系博士生导师和马来西亚中央艺术学院客座教授。曾赴法国、加拿大、美国、英国、日本、荷兰、葡萄牙、比利时、马来西亚、新加坡、巴基斯坦、阿曼、阿拉伯联合酋长国等国及香港、台湾地区,进行考察、鉴定和学术交流。有专著《明清瓷器鉴定》上下两册,主编《中国鼻烟壶珍赏》《中国文物精华·陶瓷卷》《中国美术大全·元明清陶瓷》《中国陶瓷图典》《故宫博物院藏明初青花瓷》《故宫博物院藏珍·青花釉里红三卷本及紫砂卷》《孙瀛洲的陶瓷世界》,发表中外陶瓷文章60余篇。长期从事中国古陶瓷及其他古代工艺品的研究,重点研究历代陶瓷。撰写的《明清瓷器鉴定》为国内首部古陶瓷研究鉴定学论著。现为故宫博物院研究员、故宫博物院学术委员会委员、国家文物鉴定委员会副主任委员、国家文物局咨议委员会委员、中国古陶瓷学会名誉会长、中国历史博物馆顾问、首都博物馆顾问、炎黄艺术馆鉴定委员会会长,1991年享受政府特殊津贴。

10时许,我和忠如自中华门进入北京故宫,右拐,过小桥,达故宫西北角故宫博物院古器物部办公区。这个区域比较神秘,游人不得涉足。我们在一栋古建筑的耳房里见到了世人仰慕的中国古陶瓷泰斗耿宝昌先生。

门是敞着的,忠如敲门问好,只见一位满头银发的老者从座椅上慢慢站起来,热情邀请我们进屋。忠如主动上前搀扶,并对我说:"贡老师,这是耿老。"又对耿老说:"这是老家来的我的中学老师。"于是,我与耿老互致问候。路上,忠如跟我说,耿老今年已93岁了,我估计已老态龙钟,风烛残年。但事实上并非如此,眼前的耿老鹤发童颜,满面红光,皮肤白皙,目光有神,思维敏捷,声音洪亮,身体健朗,行动自如,慈祥睿智,风度翩然,看上去只有70岁左右,可见养生有道,身体状态良好。耄耋之年,仍然坚持每天上午上半天班,坚持阅读报刊,坚持研究写作,真是难能可贵。

在耿老让座声中,我仔细打量了耿老的办公地方。耿老的办公地方十分简陋,这是一间搭在正房北头的耳房,偏在一隅,长约6米,宽约6米,高约2.3米,门在西头,门东有一扇窗户。室内紧挨门东是一个长方形矮凳,凳子上堆满一尺多高的报纸,紧挨着报纸的北墙窗子下面是一张带有抽屉和柜子的油漆过的保持木质原有色彩的长方形桌子,这就是耿老的日常办公桌。耿老就坐在办公桌前的带有半圆形靠背的木椅上,这张木椅非常古朴,也非常陈旧,好像漆过好多次,但依然痕迹斑斑,椅子两边的倚架磨损严重,凹下去至少有半厘米,已被用旧布包裹起来,便于耿老双肘搁放而不致伤到皮肤。座椅的东边倚架上靠着一根紫黑色近似龙头形的简易拐杖,细而发亮,可能是枣树料自制的。拐杖的东面堆放着1米多高的报刊、纸盒、手提袋、木牌、木板等各种杂物,几乎占据小屋近三分之一空间。椅子的后面是一个约有百年历史的黑色旧式站柜,柜中整齐有序地陈列着各种各样陶瓷制品,价值如何,我这个门外汉没有丝毫鉴赏能力,无从知道。站柜后面靠在后墙上的是一排简易组柜,柜子里摆满了各式各样图书,以历史、工具书方面为主。西面靠墙的也是一个门朝东的简易站柜,柜子里也摆满了图书,以陶瓷、文物方面为主。西面站柜到耿老座椅之间摆放着两个简易座椅,为耿老待客的坐具。这就是耿老办公室的布局和陈设,简洁而有秩序。

因其中一张椅子上堆放着一大沓新到的报刊,只有一张椅子可以坐人,我和忠如互央,但无法落座。耿老看到主动起身欲亲自挪走报刊,忠如忙上前止住,并按耿老意思,将报刊挪到门旁方凳之上。于是三人落座,开始交谈。

忠如递上刚面世的新作《奇士王世襄》一书,因该书用薄膜封装,忠如想为耿老拆开,但耿老坚持自己拆开。55万字,其中600多张图片,耿老从头翻到尾,然后转过身说:"很好!很厚重!又是一大贡献呀!"

然后,大家话题围绕王世襄先生展开。忠如询问耿老与王世襄先生交往的时间。耿老说认识王世襄是在"文革"之前,有一些来往,"文革"开始后,很长时间,跟王世襄在故宫做事,受他指导,对他的为人有了进一步了解。但王世襄的名字早就知道了,他是唯一帮助国家追回抗战被日本劫走文物的人,让人敬佩。

我在一旁插话道:"王世襄先生放弃外国优厚聘请,坚持回国工作,他的爱国行为首先值得肯定。"耿老说:"是的。他当时旅居美国,已在美国工作很长时间,有许多外国大学重金聘请他,他坚持回国参加祖国建设。不过回国后,他并不顺利,甚至被故宫开除过,一生非常曲折坎坷,但他并不后悔,这就难能可贵。王世襄的爱国之举值得充分肯定。"

随后,话题又回到明天的《奇士王世襄》一书首发式上。忠如告诉耿老,明天出席首发式的除了耿老,还有中国民间文艺家协会常务副主席、党组书记罗扬先生,中央文史馆馆员、中国现代文学馆原馆长舒乙先生,达沃斯巅峰旅游景观设计中心总策划师、北京旅游学院旅游科学研究所名誉所长杨乃济教授,国家鉴定委员会常委、中国文物学会名誉会长谢辰生先生等人。耿老问:"冯老呢?"他指的是中国人民大学国学院名誉院长、曾担任过中国人民大学国学院院长、中国文字博物馆馆长、中国红楼梦学会会长、中国汉画学会会长、《红楼梦学刊》主编等职务的冯其庸先生。忠如回答说:"冯老前两天不小心从床上跌了下来,脸部擦破一点皮,打电话来说不能参加了,等中国作协举行研讨会时,他一定到场。"耿老表示惋惜。谈到冯先生年龄时,耿老说冯老小他两岁,今年91岁。忠如说都是高寿,老寿星。耿老说:"算不上,前些年的一次全国政协会上,有几个老先生遇到一起,说91岁不算老,78岁小弟弟,60岁娃娃满地跑。在他们眼里,60岁才是小娃娃呢。93岁算不上寿星。"忠如说:"罗老(指罗扬父亲、原国家文物局古建筑专家组组长、中国文物学会名誉会长罗哲文先生)与冯老是同年出生的,可惜罗老已走了一两年了。"我以为耿老会忌讳这个话题,哪知耿老一点都不回避,爽朗而又微笑应道:"那是人生自然规律,我也会有这一天的。"其乐观豁达的人生态度,令人肃然起敬。

接下来,忠如征求耿老意见:"耿老,我想趁早写写您。"可是耿老的回答大出我们意外:"不急。我一生没有做什么,没有什么可写的。你还是抓紧时间写写冯老、谢老他们,他们贡献大,有的写。"忠如忙说:"您老过谦了,您老是中国古陶瓷界第一人,怎么没有什么可写呢?"耿老笑道:"那是别人架的,不值一提,不值一提。"很多人都希望有人帮助自己作传,流芳后世,但耿老作为中国古陶瓷泰斗、闻名中外的文物鉴定大师竟然认为自己没有什么可写,其谦逊精神,令人感动!

因怕耿老过于劳累,忠如递上首发式请柬。耿老仔细阅读后逐条核对落实。忠如关切地询问:"明天下午三点,您老中午捞不到休息,身体可以吗?"耿老回道:"可以。放心。没事。"果断简洁。问及届时要不要派车接送时,要不要来人带路时,耿老说:"不用,我的车子有导向。"忠如纠正说:"是导航系统。"耿老很快接话:"对对对,是导航,这个东西管用,小年轻的驾驶员都会用。"看来,古文物专家还很容易接受新事物。

考虑到耿老谈话时间不宜过长,我们提出告辞,耿老起身坚持要送到门外,被我们婉言谢止,我们遂与耿老就此道别。

我们在与耿老交谈时,门外已有一中年人在等待拜见,我们刚出来,那人就进门了。看来,耿老够忙的。

出了故宫古器物部,原路返回。经过难得一见的古建筑部、古书画部等办公区,忠如一一为我作了介绍,并提议带我去拜见故宫博物院院长、副院长,被我婉言推辞:"我对文物一窍不通,没有研究,也没有兴趣,与他们没有共同语言,就不打搅他们了。"随后,我们走出故宫。

  路上,我一直在回味耿老的谈话。一位93岁高龄的老人,仍然坚持每天上半天班,坚持读书看报,坚持学习写作,这种"活到老,学到老"的精神令人钦佩。从容淡定面对人生,直面死亡这一话题,一点都不回避,其乐观豁达的态度令人景仰。只谈别人成就,不谈自己贡献,作为中国古陶瓷界泰斗,竟然称自己一生没有做出什么,其谦逊品格堪称学界楷模!

  现实生活中,那些每天怨天尤人,抱屈不断,无所事事,为蝇头小利、丁点声名争来争去的人,如果以耿老为镜子,认真照照自己,内心难道不感觉惭愧吗?

2014年8月29日下午初稿于北京花园桥地铁站旁7天旅馆连锁店

滁州也有"三家村"

中学时学过一篇杂文《事事关心》，作者马南邨，老师介绍，他原名邓拓，是"三家村"之一。这是我第一次接触到"三家村"这个名词，但印象并不深刻。

五六年后，我担任初中语文教师，为学生讲析《事事关心》课文时，认真拜读了邓拓的代表作《燕山夜话》和相关资料，才真正记住了"三家村"一词的来历：1961年夏，北京市委理论刊物《前线》请邓拓、吴晗、廖沫沙合作，开辟杂文专栏，以歌颂正义光明、匡正时弊为宗旨。三人各选土木，文责自负。栏目定名为《三家村杂记》；署名吴南星（吴晗的"吴"字，邓拓笔名马南邨的"南"字，廖沫沙笔名繁星的"星"字）。当时，邓拓任北京市委书记处书记，分管思想文化战线工作，兼中华全国新闻工作者协会主席，是著名的新闻工作者、政论家、历史学家、诗人和杂文家、书画收藏家；吴晗任北京市副市长，兼中国科学院哲学社会科学部委员、中国科学院历史研究所学术委员、北京市政协副主席、北京市历史学会会长，是人物传记《朱元璋传》、历史剧本《海瑞罢官》的作者，著名的社会活动家、现代明史研究的开拓者和奠基者之一；廖沫沙任北京市委统战部长，同时任北京市政协副主席兼秘书长，是著名的作家、杂文家。三人都是当时北京也是全国文化界名流、代表人物。"三家村"对中国文化的贡献永远被世人铭记。从此，"三家村"一词深深地印在了我的脑海里。

位于皖东的安徽历史文化名城滁州也有"三家村"，我记得是20世纪80年代安徽省文联原党组书记兼副主席、省作协原副主席、《清明》原主编、著名作家鲁彦周先生在首届"醉翁亭散文节"上提出来的。黄山书社原社长、安徽省民间文艺家协会原副主席孔凡仲先生也曾在一次会议上倡导过"滁州三家村"说法，获得了大家的认同。后来有人又进一步明确了他们的"职位":"村长"姬树明,"副村长"吴腾凰,"社员"俞凤斌。还有人戏言:有了梧桐树才能招来金凤凰。"滁州三家村":姬树明是"树",俞凤斌是"凤",吴腾凰是"凰",树是凤凰栖身之所,树保护了凤凰,这可能不是巧合。他们的工作时间呈阶梯形:姬树明先生1949年,吴腾凰先生1964年,俞凤斌先生1974年(之前已在原嘉山县乡下一个扫盲组锻炼过一年)。孔凡仲先生认为从三人年龄悬殊来看,称为老、中、青三代也不为过。我也基本赞同这个观点。

"滁州三家村"是滁州文化界一道亮丽的风景线,是滁州地域文化的旗帜,引领了滁州文化70年。当然,还有花纯儒、缪文渭、郭瑞年、白振亚等人,但姬树明、吴腾凰、俞凤斌三人是黄金搭档,文化成果也最为丰硕。

姬树明,1931年生,安徽省凤阳县人,著名作家、书法家、地方文化使者。曾任小学教员,省文化局电影组干事,报社编辑,滁县行署农业局农业科副科长、水利局计划科副科长、文化局群众文化科科长,《滁州报》副总编,《滁州日报》总编辑,滁州市老年大学常务副校长,书画联谊会会长,书画函授院常务副院长,滁州老年文化艺术学校校长。现为中国民协会员,安徽省作协、书协会员。有著作《江淮丘陵大寨花》《凤阳民间故事》《历史名人咏滁州》《欧阳修与滁州》《幽芳窈然丰乐亭》《学书浅说》《心语》《往事悠悠》《简注三字经》《论老年大学》《姬树明书法集》《姬树明书法作品集》《残月庐文迹》等;合著《朱元璋故事》《古今妙联趣事》《刘伯温与朱元璋》《琅琊山》《吴敬梓的传说》《朱元璋的传说》《洪武奇观》《说凤阳》《滁州古诗选读》等。个人获得过首届"安徽省老作家贡献奖",《吴敬梓的传说》获全国文联民间文艺三等奖。

吴腾凰,1938年生,安徽蒙城人,中国著名传记文学作家。曾任滁州文化局编剧、创作员、副局长,滁州市文联文协秘书、副主席、主席,滁州市政协常委及文史委员会主任,滁州市文联名誉主席,滁州市作协名誉主席,安徽省文联委员,安徽省作协理事,副研究员。现为中国作协会员、中国民协会员、中国太平天国研究会理事、捻军研究学会特聘理事。有著作《蒋光慈传》《郭沫若与读书》《爱的三绝唱》《吴月庄升腾的一颗红星——吴兴娴传略》《欧阳修的故事》等;合著《蒋光慈与宋若瑜》《蒋光慈与读书》《蒋光慈评传》《美的殉道者——吕荧》《李香君传》《朱元璋的传说》《吴敬梓的传说》等。《爱的三绝唱》获安徽省社科类三等奖,《郭沫若与读书》《蒋光慈与读书》分获2000年中国图书奖、冰心儿童文学奖。

俞凤斌,1952年出生,安徽省全椒县人,中国著名民间文艺家,著名明史研究专家。曾任滁县行署广播电视局副局长,滁县行署文化局局长,滁州市文化局局长,滁州市文化局、新闻出版局(版权局)局长,滁州市委宣传部副部长,中国民协常务理事,第二、三、四届安徽省民协副主席,第四届安徽文联副主席,滁州市首届作家协会主席(任职13年),滁州市新闻工作者协会主席,创办滁州市民间文艺家协会并任主席(任职18年)。现为中国民协会员,安徽省作协会员,安徽省民协顾问,滁州市作协名誉主席、民协主席。有著作《读史阅人录》《马娘娘传奇》《说不尽的朱元璋》《中国帝王之最》等;合著《朱元璋故事》《古今妙联趣事》《刘伯温与朱元璋》《琅琊山》《吴敬梓的传说》《朱元璋的传说》《洪武奇观》《说凤阳》;主编《滁州民间故事集成》(8册)、《中国民间故事全书·安徽·滁州卷》(7卷)、《腰铺记忆》、《滁州风韵》。2010年获得中国民间文学集成贡献奖。

从三人的简历中可以看出,他们是滁州文化界的时代高峰。他们也是我几十年来仰慕的旗帜。他们三人都是从民间文艺创作和地方文化研究开始的,姬树明先生、吴腾凰先生20世纪70年代就加入了中国民协,俞凤斌先生20世纪80年代初也加入了中国民协。他们为滁州文化走出滁州、走出安徽做出了重要贡献。因为有了他们"三家村",滁州的历史文化、孝文化、明文化(包括朱元璋文化和凤阳中都城文化)、亭文化(包括琅琊山文化)、儒林文化、山水文化、旅游文化、红色文化、创新文化才得以彰显、传承、发扬、光大,才得以名扬神州、名扬世界,才更好地为滁州地方经济社会发展服务。要知道,在民众中间传播明文化,他们的《朱元璋故事》《朱元璋的传说》《洪武奇观》远比吴晗《朱元璋传》、陈梧桐《洪武皇帝大传》等学术著作要给力得多。

20世纪80年代初期,作为一名狂热的文学爱好者,我非常熟悉"滁州三家村"的名字,但一直无缘结识他们。姬树明先生代表了滁州地方文化最高峰,我至今还没有结识他,乃一大遗憾。前几天一个朋友告诉我,姬老跟他说知道我,也许是姬老应付我的朋友,也许知道是近两年的事。不过我个人一直认为我是姬树明先生的再传弟子,因为吴腾凰先生、俞凤斌先生都认为他们是姬树明先生的弟子,我是吴腾凰先生、俞凤斌先生的弟子,这样我也就与"滁州三家村"的领军人物姬树明先生攀上了"关系"。至于姬老认不认我这个再传弟子,那是他的事了,我是一直以再传弟子引以为自豪的。

吴腾凰先生代表了滁州传记文学最高峰,其传记成果在安徽省乃至全国都占有重要的一席之地。他是我的老师,这是我们俩和全社会广泛认可的。20世纪80年代末,我为寻求人生出路开始自修法律,不久取得律师资格,于是就将文学搁在了一边。多年后则对历史产生兴趣,因为一篇研究近代历史人物吴棠的文章引起了时任滁州市政协常委、文史委主任吴腾凰先生的注意。吴老最近在一篇文章中叙述了我们的交往过程:"我认识他是20多年前,那时我任滁州市政协文史委主任,编辑《皖东文史》时发现了一篇研究晚清封疆大吏吴棠的稿件,作者就是贡发芹。我曾两次专程到明光会见他,均未如愿,那时他是明光二中教师兼律师,出差办案了。后来我在家中约见了他,交谈中发现他思维敏捷、勤奋博学、研究深入、为人谦逊,是可造之才。为此我一直关注贡发芹的吴棠研究进展。1998年,我临退休之前又专程去了明光,那天晚上明光市委、市政府、市政协八九个领导陪我吃饭,我特地邀请贡发芹同桌。酒桌上我作为前辈首先敬了后学两个酒,在场的领导很是惊讶!我说:'贡发芹是明光的一位不可多得的专业人才,你们千万不要把他埋没了。'也许我的话起到了一定的作用,贡发芹很快被推荐为市政协常委,并任命为兼职文史委副主任,几年后破格调入政协任办公室副主任,又过3年升任政协常委、文史委主任。很快,贡发芹就把明光政协文史工作做成了安徽的亮点。经组织推荐,2016年贡发芹被聘为安徽省文史研究馆特约研究员,既是滁州在职干部中的唯一一位,也是省文史馆研究员中最年轻的一位。这让我非常欣慰!"这就是我结识吴腾凰老师的过程。

后来,吴老一直关心鼓励、支持指导我从事明光籍近代历史人物吴棠研究,为此,我曾自费6万余元,查阅了中国第一历史档案馆和中国国家图书馆及苏皖川豫等地30余家图书馆,为撰写《吴棠评传》积累了众多珍贵的第一手历史资料,编著出版了35万字的《吴棠史料》一书。书中近90%史料为当时第一次公之于世,为被世人遗忘的晚清皖东唯一的封疆大吏吴棠走进滁州公众视野做出了不懈努力。随着滁州吴棠故居修复并对外开放,滁州文化人不知道吴棠的已经很少了。这与吴老的教导、鞭策是分不开的。我每次到吴老府上拜访,多是其老伴、滁州市南谯区人大常委会原主任王玉珍阿姨开门,她看到我就会喊道:"腾凰,你心爱的学生贡发芹看你来了!"我听了非常亲切,感到心里暖暖的。吴腾凰先生曾一再跟我说,他关心支持后学,提携后侪,谆谆教诲,循循善诱,都是受姬树明老师的影响。

俞凤斌先生,代表滁州民间文学最高峰,他的民间文学成就在安徽省也是数一数二的,在全国也非常著名。他主编的《中国民间故事全书·安徽·滁州卷》属于国家文化遗产抢救工程,领跑安徽省。他的《读史阅人录》内容厚重。他主编的《腰铺记忆》一书是古镇文化的样板。他还有许多工作都具有开创性。他在为姬树明《残月庐文迹》一书作序时详述了他弱冠之时拜姬树明先生为师,跟随姬老师50年的学艺历程,真挚感人。我一直呼俞凤斌先生为老师,他好像始终没有当众正式收我为徒,也许是我学识太浅,不够资格。不过自本世纪初与他交往以来,他一直对我关爱有加,是他推荐我加入中国民协、推荐我为安徽民协理事(已三届);他主编《中国民间故事全书·安徽·滁州卷》(7卷)丛书时,分配我为42万字《中国民间故事全书·安徽·滁州卷·明光卷》主编;他主编《滁州风韵》一书,我未出丝毫之力,仍将我列为编委,等等。他的关爱我一直铭记在心,他虽没有正式收我为徒,但我永远尊他为师。

滁州有个"三家村",其成员因年龄关系,均已先后退休了,但他们几十年来携手合作,发掘滁州地方文化的做法,坚持不懈的韧劲,甘于奉献的精神,值得总结和推广。基于我与"滁州三家村"的关联,我愿意为发扬"滁州三家村"的精神,传承滁州"滁州三家村"的精髓,弘扬"滁州三家村"的文脉,为滁州成功申报中国历史文化名城不遗余力。

      2020年7月15日—16日于市政协文史委办公室
        ——发表于2020年7月23日《新滁周报》。

丰乐亭公园浮雕内容辨正

陈文国　贡发芹

丰乐亭建于庆历六年（1046 年），为时任知州欧阳修亲自修建。丰乐亭景区曾因欧阳修兴盛一时，但千年以降，除丰乐亭、保丰堂、危楼、芥舟等建筑和部分碑刻，大多遗迹早已破败不堪。故琅琊山管委会对丰乐亭景区进行了为期三年的综合整治，于 2014 年 10 月 1 日完成并正式对外开放。丰乐亭景区入口有一座小广场，周围立有 15 块雕刻欧阳修在滁州施政期间所做大事的浮雕。其中一块名为"柏子赛龙"，浮雕内容为：远处两艘龙舟在奋力竞渡，近处则有欧阳修及四位滁州百姓驻足观赏，一个孩子似乎还在为龙舟选手呐喊助威。

我们认为该浮雕设计者对"赛龙"一事有较大误解，试辨正如下。

欧阳修在滁州有《柏子坑赛龙》诗，应即该浮雕所本。诗曰：

嗟龙之智谁可拘，出入变化何须臾。
坛平树古潭水黑，沉沉影响疑有无。
四山云雾忽昼合，鳖起直上拿空虚。
龟鱼带去半空落，雷輷电走先后驱。
倾崖倒涧聊一戏，顷刻万物皆涵濡。
青天却扫万里静，但见绿野如云敷。
明朝老农拜坛侧，鼓声坎坎鸣山隅。
野巫醉饱庙门闑，狼藉乌鸟争残余。

庆历六年，滁州旱情严重，可参是年欧阳修所作《大热二首》。身为知州的欧阳修深感百姓疾苦,遂前往柏子龙潭求雨,《柏子坑赛龙》即为求雨后所作。该诗描写了柏子龙潭周围的景物,并幻想出龙腾雨降的场景,最后描写了老百姓祭祀以及乡野巫师酒足饭饱之后的狼藉场面。

据文献记载,滁州最早于北宋初年祭祀龙潭龙神。《滁阳志》卷九:

> 柏子龙潭庙(在城西南三里,柏子坑侧),旧名会应。宋元符旧《志》云:乾德四年,知州高保绪建祠,绘五龙像。元丰二年,郡守吕希道奏赐今额。大观二年,祷雨应,五龙神各封王爵。元因之。我朝太祖高皇帝甲午夏七月,驻驿于滁,丁旱暵,躬祷,甘澍大作。洪武六年,有旨创建祠宇,改封为柏子龙潭之神。十九年,命崇山侯工部侍郎刘仲廉、董役起庙及浚龙潭,潭周为楼,极其壮丽,有御制碑记及祭文。

由《滁阳志》可知,宋太祖乾德四年,滁州始祭祀龙神于龙潭。此后,宋元明三代皆祭祀不绝。明太祖朱元璋早年驻兵滁州时,曾亲往求雨。明朝建立以后,他还赐建御碑,并命令工部扩建龙潭庙。

但是,包括《滁阳志》在内的所有地方志文献及欧阳修所有滁州诗文,都没有一笔一墨涉及赛龙舟之事。而且据文献记载及相关历史资料,柏子龙潭面积不大,不足以划船,更不用说进行两艘以上的龙舟竞渡了。《滁阳志》卷十二陈琏《谒柏子潭记》:

> ……行可三十步至碑亭,亭三楹间,地据高爽,或云即时若亭故址。亭中竖石碑一,云龙蟠首而龟为趺,书太祖皇帝御制《祭柏子潭神龙文》及御制《神龙效灵碑》。奎光昭回,上烛霄汉,四方来游观者莫不稽首碑下。自亭下西去不十步,至圈门,门高七尺,阔五尺,门之屋长二十五尺。由圈门下至平地,即龙潭也。潭四方,砌以巨石,东西六十尺,南北如之,护潭石阑盾四十有六。潭中央石柱一,出水可高五六尺,刻云气承珠状,工极精致。潭之深可三丈许,下有泉脉,四时不涸。……

陈琏为明永乐年间滁州知州,《谒柏子潭记》详细描写了柏子龙潭周围景物。据该文可知,龙潭四周皆为六十尺。明代一尺约合现在三十二厘米,六十尺约为十九点二米。也就是说,龙潭在明代初年疏浚之后,边长也不足二十米,其面积实在无法进行龙舟竞渡一类的活动。

那么,"赛龙"之"赛"究为何义?蒋礼鸿先生对此有精当考据。《敦煌变文字义通释·释事篇》"报赛、保塞"条:

报答、填偿。《父母恩重经讲经文》:"今既成人,还须报赛。莫学愚人,返生逆害。"指报答父母的恩德。"赛"古作"塞",是用相当的价值填偿的意思。填偿须用资财,就改为从贝的"赛"。古代酬答神的福佑叫"赛",或作"塞"。例如《韩非子·外储说·右下篇》:"秦襄公病,百姓为之祷。病愈,杀牛塞祷。"《史记》封禅书:"冬赛祷祠。"司马贞《索隐》:"赛音先代反。赛谓报神福也。"《汉书·郊祭志》作"冬塞祷祠"。颜师古注:"塞谓报其所祈也。先代反。"司马贞和颜氏音义相同。变文的"报赛"为报答父母,实则和报神的意义无别。

看来"赛"就是"用相当的价值填偿、报答",它的对象可以是一切对人们有恩德的人或神,其具体行为一般为以物品祭祀。"赛龙"即为"报答龙神"之义,报答的方式为用贡品祭祀等等。欧阳修诗中"明朝老农拜坛侧,鼓声坎坎鸣山隅。野巫醉饱庙门闶,狼藉乌鸟争残余"四句,即描写了这种祭祀活动。

我们遍考欧阳修文集中与"赛"有关的诗文,无一例外皆为"报答、祭祀"之义。欧阳修同样作于滁州的《田家》诗:

绿桑高下映平川,赛罢田神笑语喧。
林外鸣鸠春雨歇,屋头初日杏花繁。

"赛罢田神"就是祭祀完田神。

《春日词》五首之一:

宫坛青陌赛牛回,玉琯东风逼晓来。
不待岭梅传远信,剪刀先放彩花开。

"赛牛"即为祭祀春牛,就是打春牛。

《集古录跋尾》之《后汉北岳碑跋》：

> ……其文断续不可次序，盖名言珪币牲酒、黍稷丰穰等事，似是祷赛之文。

"祷赛"明显为祈祷、祭祀之义。

《集古录跋尾》之《后汉无极山神庙碑跋》：

> ……常山相巡、元氏令王翊各以一白羊赛，复使高与迁俱诣太常、为无极山神索法食。

"以一白羊赛"即为用一只白羊祭祀。

另欧阳修还有《北狱庙赛雨祭文》及《汉高祖庙赛雨文》两篇求雨文章，后者亦作于滁州，这里的"赛雨"皆为祭祀雨神之义。《北狱庙赛雨祭文》有"吏之所以食民之赋而神之所以享民之祭祀者，吏以刑政庇民而神能以祸福加之也"之句。《汉高祖庙赛雨文》有"谨以清酌庶羞之奠，致祭于汉高皇帝之神"之句，皆可资佐证。

估计丰乐亭公园浮雕设计者习见赛龙舟，而不知"赛龙"的确切含义，故致此误。其实"赛龙舟"应该读为"赛龙之舟"，而非"比赛龙舟"。比如龙舟活动非常盛行的湖南汨罗市，竞渡前必先前往屈子祠朝庙，将龙头供在祠中祭拜，披红布于龙头上，再安龙头于船上竞渡，既拜龙神，又纪念屈原。而广东龙舟，在端午前要从水下起出，祭过在南海神庙中的南海神后，安上龙头、龙尾，再准备竞渡。有的地方直接在河边祭龙头，杀鸡滴血于龙头之上，如四川、贵州等个别地区。

浮雕虽然花费了设计者的脑力、施工者的体力，但这与浮雕内容的不真实相比，就显得不那么重要了。我们希望滁州市有关部门可以联系设计者重新设计，换掉这块浮雕。

另外，同为丰乐亭景区的新建幽谷泉石碑，"山谷"之"谷"不应写作"禾穀"之"穀"。此文字为欧阳修所作，但非欧阳修所书，落款"欧阳修题"亦不恰当。

希望有关部门在以后的文化建设中多听取文化研究学者的意见。

滁州，我对你还有更高的期待

滁州是江淮之间一座小城，有古驿道、古关隘、古战场、古寺庙，历史底蕴深厚，人文荟萃。滁州现在定位为南京都市圈、合肥都市圈核心圈层城市，长三角城市群成员城市，南京市江北门户，国家级皖江示范区北翼城市，皖东区域中心城市，江淮地区重要的枢纽城市，发展前景广阔。但总体上滁州还是因欧阳修而闻名的，欧阳修是滁州历史上最著名的文人，是唐宋散文八大家中宋代散文的宗师；欧阳修留下了天下名亭醉翁亭、丰乐亭，其中醉翁亭居中国四大名亭之首；欧阳修留下了千古名文《醉翁亭记》《丰乐亭记》，其中《醉翁亭记》不仅是欧阳修绝作，更是世代文章范本，"后来古文时文多祖之"，为历代学生课本必选篇目，天下文人学子必背美文。

古滁州城三里三百二十步，面积不足四分之一平方千米。唐武德初年，罗城内设子城，城周长一里一百六十步，上有女墙。唐武德三年（620年）筑二门：东门行春，西门鼓角。唐永徽年间（650—655年）拓建四门：东曰通淮门，南曰济江门，西曰朝天门，北曰望泗门。城周长七里二百五十百步，各筑月城。西涧水入城，始筑上水关，拱圈三洞，半城墙半桥，上可行人。北宋庆历七年（1047年），欧阳修知滁再拓建罗城。

明代滁州城南面增建长廊，城周长达九里十八步，面积一平方千米多一些。此后几经兵燹，殆至民国，滁州范围没有较大扩充。今滁州北站（原滁州火车站）、汽车站均在老城东北一角。

新中国成立后，滁州城不断南扩，越过体育路，越过明光路，越过天长路，但城区面积没有突破十平方千米。改革开放后，滁城开始南进，越过了琅琊大道。

琅琊大道是滁州改革开放后的标志性建设项目,后来几经改建,路两边的香樟树是最好的见证。后来滁州城又越过了凤凰路、清流路。20世纪末21世纪初,滁州开始建设国家级经济技术开发区,城市继续南进,越过了会峰路(上海路),面积超过了三十平方千米。21世纪初,滁州开启了大滁城建设,即以滁州主城区为中心,以来安、全椒、乌衣为三个副中心,以琅琊山风景区为依托,做到"一年全面启动,两年拉开框架,三年初具规模,五年展现新貌",打造经济繁荣、山水相连、生态优美、宜人宜居的新滁城。具体建设区域为:琅琊老城改造、琅琊山风景区、琅琊新区(城北新区)、南谯新区、城南新区(含政务新区)、城东新区(滁东新城)。向北越过津沪线、清流河,越过世纪大道、铜陵西路、安庆西路,至宁洛高速,至来安;向东北越过津沪线、清流河,越过菱溪路,越过上海北路、杭州北路、苏州北路、滁州大道,至大王,至乌衣;向南到达滁州高铁站,越过十字、腰铺,到达全椒,建设了苏滁现代产业园、城南科技工业园、滁州产业新型工业园、南谯工业开发区。经过弯道超越,今天大滁城框架基本形成,面积正向一百平方千米挺进。近十年来,每年以五六平方千米的速度推进,大滁城建设日新月异,可谓大胆,滁人拍手称快。

每天,我站在清流河畔的新居楼上,近瞰清流河与彩虹桥,向西北远眺明光路大桥,向南远眺会峰路大桥,经常浮想联翩。我的意思是,如果大滁城建设再大胆一些如何呢?建设一个超大型的独具特色的城中旅游项目可以吗?请看我的想法。

营建天下独有的面积最大的城市园林公园。将菱溪路以西、扬子路以南(或者淮河路以南)、明光路以东、创业路以东、清流路以北的区域全部征收下来,这个区域大约二点三至三平方千米,都是工厂、矮房,征迁起来比较容易,如有土地指标置换,相比建筑密集区域来说,征收费用应当是很低的。当然,还可以越过以上四至,将面积扩大至五六平方千米。然后在这个区域建造一个全国乃至全球最大的城市园林公园。超常规划,创新设计,集江南私家园林和北国皇家园林之长,建成宫、殿、亭、台、楼、阁、厅、堂、庑、厢、馆、舍、室、斋、寝、府、邸、宅、院、庭、屋、宇、廊、舫、桥、榭、轩、辕、坛、塔、寺、庙、庵、观、陵、祠、阙、刹、村庄、城堡、驿店、牌坊、照壁、屏风、萧墙、黉门、庠序、考棚,等等,竭尽所有。搭配上园庭场苑,梅园、兰园、竹园、菊园,以及桃花、樱花、杜鹃、月季、紫薇、芙蓉、蔷薇、桂花等花园,配上小品:窗、户、厦、柱、杆、栏、槛、池、涧、溪、泉、谷、隈、坞、岗、岭、滩、涂、假山、洞穴等,集天下园林之大成,改"江南园林甲天下,苏州园林甲江南"为"滁州园林甲天下"。对上述建筑进行科学释义,对比差别,增长游客见识。

每一个建筑都讲究来龙去脉,有典故有出处,宫是明皇宫,殿是太祖殿,真正的皇家气派;亭是四个:可以取名欧阳亭、弃疾亭、阳明亭、敬梓亭,仿造中国四大名亭,结构上加以创新,规制上大于它们,也可以是李白的短亭,柳永的长亭;台是姜子牙或是严子陵的钓鱼台;楼可以是钟鼓楼,也可以是王之涣的"更上一层楼"、白居易的"月明人倚楼"、苏东坡的"楼外楼"、李清照的"月满西楼"、蒋坦的"夕阳红半楼"、王凤生的"江声帆影楼",可仿照中国四大名楼鹳雀楼、黄鹤楼、岳阳楼、大观楼(或滕王阁),大胆创新,气势上超越它们;斋是张溥的"七录斋"或是刘鹗"抱残守缺斋"、曾国藩的"求阙斋";室是刘禹锡的"陋室"或是王相的"香远益清之室"、梁启超的"饮冰室";轩是归有光的"项脊轩"或袁枚的"所好轩"、姚鼐的"惜抱轩";柱是毛泽东的"擎天"柱;栏是辛弃疾"拍遍"栏;池是王羲之的"墨"池;溪是沈括的"梦溪",等等,将每一个建筑都与历史传说、文学典故、民间习俗有机结合起来,游客看万般景,读万卷书。

可以创建几个中国或世界第一,最阔的坛、最美的亭、最高的阁(可以取名琅琊阁)、最大的钓鱼台、最长的回廊(墙面刻上唐诗三百首、宋词三百首、元曲三百首的历代最著名的书法作品)、层数最多的塔(十三层或十五层)、件数最多的碑林(摹刻上历代书法家名帖),等等,让游客有看头,有收获,不虚此行。

建造一些特色馆舍,复建南太仆寺、古滁州府衙、古清流县衙,建滁州历史博物馆,滁州名人馆,清代儒林博物馆,江淮农耕文明博物馆,江淮文化博物馆,江淮戏曲博物馆,江淮民俗博物馆,江淮婚俗博物馆,江淮植物博物馆,江淮农具博物馆,中国名亭、名阁、名楼、名廊博物馆,中国古代马政博物馆,中国龙舟博物馆,中国古代家具博物馆,中华服饰博物馆,中国工匠馆,中国度量衡博物馆,中国金丝楠木博物馆,中国古代建筑构建博物馆,等等,让游客大开眼界。

充分利用这一区域中的清流河,并向两端延伸,在河上营建廊桥:设置诗经廊、楚辞廊、孔子廊、孟子廊、老子廊、庄子廊等;索桥:藤索桥、绳索桥、铁索桥、滑索桥等;拱桥:建一个圆形过山车道,或是摩天轮,半圆在水上,半圆在河底

（隧道），作为一个娱乐项目；圆桥：四个支点在清流河两岸，形成一个平放在清流河面上的超大型天桥，游客步行一周，别有情趣；多层桥：五层、六层或更高；变形桥：龙形、虎形等十二生肖形及鸟形、虫形、蝴蝶形、蜻蜓形等；沿河修建十里水车长廊，在河上建跨河大铁塔；向上延伸至西涧湖，开辟江淮植物园；向下延伸至会峰桥甚至更远，打造水上乐园，等等。还可以设计出更加奇特的项目，让游客知道什么叫创新。

以上是我站在滁州清流河畔新居中经常产生的联想，我认为不是异想天开，不是空想妄想，而是紧密联系现实的。只有想得到，才能做得到；想到了，即使现在做不到，将来能做到；想不到，绝对做不到。敢想是敢做的前提，只有敢想，才能敢做。滁州，你胆子可以再大一点吗？大一点不但完全可以实现我的想法，还能远远超出我的想法，这是一个空前绝后的特大型旅游项目，这个项目假如实现，对滁州的经济快速发展，对滁州旅游业的促进，肯定大有裨益，特别是对滁州后世的影响将不亚于欧阳修、醉翁亭、《醉翁亭记》。大家有支持我的联想的吗？请为我点个赞吧！

2017年4月11日于市政协文史委办公室

——发表于2017年4月20日《新滁周报》。

清流河畔观清流

我的新居位于清流河畔,是观览清流河的最佳点位。

清流河五孔桥至外环路南500米之间河段两岸已由滁州市人民政府进行高规格科学规划,斥巨资打造成了清流河沿岸带状公园,东西长6.3千米,面积约265公顷。其中明光桥至会峰桥清流河河段犹如一个不太规则的弧形,中间河面上近年新建的彩虹桥位于弧的顶部。彩虹桥的两端为拱形吊梁,平行立在空中,上下为吊索,中间用钢杆勾连,形似双道彩虹,桥因以得名。我家居的商住楼距离彩虹桥下的清流河边最近,直线距离180米左右,因此最适合观览清流。

清流河亦名乌衣河,一般认为名出于唐景龙三年(709年)设置的滁州清流县。《明史·地理志》载:滁州"有清流山,清流关在其南,清流水出焉"。明《滁阳志》载:"清流河,源出清流沛。"清流沛之上是发源于滁州西20千米外野孔山的胡家庄涧。具体一点就是,滁州西南有清流山,山南有清流关,关下清流溢出,汇西源白茆河(大沙河)、中源盈福河、东源嘉山百道河于沙河集附近,为清流河之始;出滁城,过乌衣古镇,至来安汊河集,注入滁河,为清流河之终,主干总长84.1千米。古时河水清澈,流过清流县城关(今滁州老城区),河因水清而得名,或因县而得名,或二者兼而有之,然无明确记载。不过可以肯定,滁州现在的清流关、清流路、清流公园、清流街道及清流水韵、清流人家小区等名称,均与清流河密切关联。清流河是滁州地地道道的母亲河。

自古以来,清流河均是绕滁州城而过,中唐韦应物名篇《滁州西涧》诗中的西涧就是在滁州城西关注入清流河的。"西涧春潮""清流瑞雪"都名列古滁州十二景。不过西涧已由小河改造成人工湖了,取名西涧湖,现为滁州城生活饮用水水源,春潮带雨之景作为历史记忆已无法再现,野渡横舟的氛围也只能见仁见智了。改革开放之后,滁州城市建设驶入了快车道,突飞猛进,日新月异,在持续南进之外,也在不断东扩,快速辐射,早已强势越过清流河,规模宏大的滁州经济开发区、苏滁产业园正在滁州城东蓬勃发展。现在的滁州城东高楼林立,工厂密布,商家云集,人气旺盛,已是"城乡统筹、产城一体、以人为本、宜居宜业"的好去处。如今的清流河几乎是从滁城中心穿过,是系在滁州腰间一条温润的玉带,理所当然受到政府的高度重视和市民的关爱呵护。恢复清流河原有生态义不容辞,刻不容缓。

　　我的印象是,清流河原来是清的,后来不清了。源于时代变迁,时乱水浊;源于斗转星移,自然风化;源于山洪暴发,泥沙俱下;源于季节更迭,春汛夏梅;源于水利建设,山河改造;源于社会转型,工业污染;源于习惯行为,垃圾乱扔;源于忽视懈怠,整治不力,等等。我的感觉是现在清于从前了,秋冬清于春夏了,枯水清于潮涌了,晴明清于阴晦了。清的关键原因是政府治理,社会清明,市民文明,经济发达,生活富裕,人们有愿望、有能力、有条件利用自然、改造自然、优化自然、美化自然了。浊水化清流,是历史的必然选择,是时代的迫切需要,是社会的长足进步,是民众的美好心愿。

　　我的住宅距地面高度约50米,自南而北依次为客厅连着阳台、主卧、书房、卫生间、次卧、厨房、衣帽间,每一处都有窗户,光线充足明亮,最重要的是从每扇窗户都能观察到清流河,距离又近,方便俯瞰和远眺。白天夜晚,晴日雨时,春夏秋冬,风霜雪月,驻足室内,只要有兴致,每时每刻都可以观览清流,这是我选购该房的主要原因。白天,我可以根据两岸楼房和树木的倒影是否清晰,判断清流河水的清澈度;晚上,我可以根据清流河上近年建造的彩虹桥倒影是否真切,判断出清流河水的清澈度。

　　夜幕降临,车流密集的东西走向的清流路与南北走向的菱溪路这两条滁州城的主干道上华灯初放,两道彩色"河流"在我的住宅楼下交会,汇聚成一道北起扬子路、西至紫薇路的L形彩色"河流"。伫立窗前,明光桥至会峰桥之间的清流河夜色尽收眼底。远处亮闪闪的灯光和黑幽幽的水色好像蕴藏着无穷的秘密,令人心旌摇荡,遐想不已。近处的彩虹桥景致最令我迷恋。彩虹桥上的路灯、桥边邻水处的白炽灯、川流不息的闪闪车灯,互相交织闪烁,光彩夺目。桥面灯火阑珊,宛若白昼。桥两边拱形吊梁内部吊索上布满霓虹灯,形成半月形瑰丽画面,不断变换底色和图案,气象万千,五彩缤纷,光芒四射,一片灿烂。倒映在水中的图卷,笼罩在薄薄的轻雾之中,更是如梦如幻,如诗如画,情景交融,美不胜收。彩虹桥不限于跨越清流河部分,它还向西延伸,越过创业路、京沪铁路、来安路,至紫薇路,部分为三层立交。桥上灯光不停变换,错落有致,富有层次感、迷离感、梦幻感。特别是西部桥边的烟草大楼、邮电大楼的夜晚霓虹璀璨,相互辉映,更是美轮美奂。市民已形成共识,清流河上的彩虹桥夜色已是目前滁州一道亮丽的风景,代表了滁州的繁荣和昌盛。夜晚信步彩虹桥,你会切身感受到滁州今日的辉煌,如在梦里穿梭悠游,迷失归途,情动于中,不能自已。

要问滁州改革开放变化有多大,到我家楼下看看清流河上双向八车道的彩虹桥就知道了。彩虹桥边上有一座双向两车道的清流河老桥,在清流河上会峰桥和明光桥未建之前,出入滁州东北两个方向的车辆只能从清流桥上经过,白天夜晚,桥上车辆始终川流不息,十分繁忙。这座桥始建于20世纪80年代,当时称清流河大桥,不但极大地方便了车辆和行人出入滁城,沟通了滁城与外界的联系,而且有力地促进了滁州的经济社会发展。但与现在的彩虹桥相比,那是小巫见大巫,只能称作小桥了。要问滁州这些年来有多大变化,我可以这样回答你,清流桥代表了20世纪80年代滁州,彩虹桥代表了21世纪近几年的滁州。相对于身边的小桥,彩虹桥之大代表了滁州现在面积之大,彩虹桥之美代表滁州当今城市形象之美。都说"醉美滁州",我以为醉在清流河的秀丽水光,美在彩虹桥的缤纷夜色,醉美在清流河公园的五彩景致。清流桥与彩虹桥见证了改革开放四十年的滁州变迁。

当然,观览清流得深入河畔,亲临水边。时下已是枯水季节,天空湛蓝,秋高气爽,正是观览清流河的绝佳时机。但见清流河在夕阳照耀下,波光粼粼,格外柔静。此时漫步清流河两岸塑胶步道,悠然自得,心情与水面一样,平缓舒畅,特别清逸。真是秋到江淮草未凋,风景这边独好!空心莲子草十分霸气地占据河边水面,依然郁郁葱葱,充满盎然生机,青嫩碧绿,强力地扑入你的眼帘,冲击你的视觉。岸边的再力花似芳华少女,亭亭玉立于水际,翩翩起舞,令人怜爱之心油然而生,你甚至会产生冲动,情不自禁地张开双臂,渴望拥其入怀。垂柳婆娑,蒲苇摇曳,芦荻曼舞,青藤缠绕;香红蓼肆意盛开,粉色小花鲜丽精致,唐菖蒲花繁叶茂,蓬勃向上别有趣味。茅草、芦苇、白芨、聚草、小飞蓬、拉拉藤、猫狗草、革命草、双穗雀稗、长叶剑蓼以及各种不知名的野花野草等野生植物穿插其间,各具情态。置身河畔,仿佛走进田野,回归山林,融入自然,赏心悦目,逸兴遄飞,怀梦之情,得无异乎? 不过河面过于静默。没有精美的画舫浮游水上,没有柔曼的笙歌飘飞波心,到底还是有一丝儿寂寥,一点儿缺憾,还不能真正抓住游人的心,不能牵住游人的魂,不能激起游人如痴如醉的浪漫情怀。

河畔岸线逶迤,两边各自延伸百米至三百米不等处,就是近年人工建造的清流河公园部分了。这个悠长的带状公园,植有香樟、银杏、国槐、枫树、梅树、乌桕、松树、海桐、水杉、冬青和紫叶李、琅琊榆、广玉兰、合欢树及湖北海棠、黄山栾树等十几种树木;有桃花、樱花、山茶、蔷薇、鸢尾、蜀葵、木槿、滁菊、紫薇、火棘、桂花、忍冬和栀子花、迎春花、映山红、夹竹桃、木芙蓉、常春藤、扶芳藤、沙地柏、银边草、美人蕉、百日菊、秋葵花及北美车前、红叶石兰、日本珊瑚、红花槛木、瓜子黄杨、齿果酸模等上百种花草,四季绿树成荫,花香袭人,实在是滁人观光休闲的好去处。

自然景致与人工绿化已有机统一,相互映衬,相得益彰,形成的风情万种的清流河带状公园,蜿蜒穿过滁州城,是滁州作为园林城市的重要标志。步行绕公园一周就需要四个小时左右,仔细观赏则需要更长时间,但移步换景,顾盼生辉,怡然自得,乐在其中。清流河公园已是城市的一叶绿肺,每天供给滁州充足的氧分,让滁州天更蓝,水更绿,空气更加清新,日月更加和美,有力地提升了滁州市民的幸福指数和生活质量。

以上是我观览清流的感受,也许扯远了,还得回到清流河本身。眼前的河水清净平静,近岸河水清澈见底,但一米之外还不能直视无碍,也不能见到水中游鱼、水底细石。清流之水,可以放心濯我足、濯我手、濯我缨,但还不能掬其入口,这说明清流河还没有晶莹剔透、纤尘不染,没有清净到人们的理想境界。据我目测,眼前的清流河的水体清澈度尚未达到百分之九十,与广大市民的愿望还是有一点距离的。这是现阶段人民日益增长的美好生活需要和不平衡不充分的发展之间的矛盾。看来,清流河百分之百清澈与人民对物质文化百分之百满意都还有一段很长时间和距离,但我相信,这两个愿望最终都会实现。

兼葭苍苍,清流汤汤。清流净化了滁州,滁州扮靓了清流。为此,我会继续观览清流,清流河水质越来越清应当不容置疑。

山隐隐,水悠悠,山清水秀映清流。清流两岸花草茂,花香草绿树深稠,树梢翠鸟鸣啾啾,滁州山水凤回眸,清流河畔观清流!

2019年10月15日—20日初稿于市政协文史委办公室
2019年10月21日—23日二稿于市政协文史委办公室
——发表于2019年12月19日《新滁周报》。

故园抛砖

发掘地域脉蕴精髓　创建明光文化品牌

明光系"明皇故里,生态酒乡",是共和国年轻的县级城市之一,充满了生机和希望。弘扬地域文化,发挥传统优势,明光可以创建自身的文化品牌。

一、地理特征明显,自然基础良好

明光地理特征明显,充分利用区位基础、人文积淀、自然资源、产业基础、生态魅力等优势,可以更好地发掘地域脉蕴,繁荣地方文化。

1. 区位优势明显。明光位于长淮下游,皖东北缘,江淮分水岭之上,地处凤滁之间,形扼江淮之胜,介于南京、合肥、徐州三大都市圈中心地带。东临江苏盱眙县,南与来安县、滁州市南谯区、定远县接壤,西迄凤阳县,北隔淮河与五河县和江苏泗洪县相望。行政区域介于北纬32°27′—33°13′与东经117°56′—118°25′之间,南北长87.6千米,东西宽68.4千米,总面积2335平方千米。京沪铁路、宁洛高速、徐明高速、104国道、307及309省道穿城而过。104国道绕城线拉开了城市发展的框架,女山湖特大桥飞架查家渡,停靠动车的明光火车站重建即将完工,合(肥)青(岛)高铁(设明光西站)、明巢高速已经开建,合(肥)淮(安)铁路、明(光)盱(眙)高速、明光至定远高铁站快速通道、257省道、泊岗淮河特大桥、明光通用机场正在筹建之中,规划中的蚌宁城际列车将穿越明光城,池河——女山湖航道、千里淮河航道可以通江达海。明光系南北枢纽,苏皖通衢,水陆交通便捷,发展前景看好。

2. 自然资源丰裕。明光半处长江水系,半居淮河流域,各种地貌齐全。南部为山区,冈峦起伏,别具神韵的老嘉山原生态森林公园,郁郁葱葱的70万亩公益林,冈峦起伏的50万亩山场,视野开阔、一望无际的近6万亩的省级自然生态保护区黄寨牧场,风光旖旎的八岭湖景区,水光秀美的跃龙湖、栖凤湖、石坝水库、燕子湾水库都集中在这里。中部微丘、平原交错,蜿蜒曲折的池河从城西北绕过,河上的九道湾回肠荡气,安徽省单体第二大淡水湖女山湖烟波浩渺、水质清纯,省级地质公园女山形成于150万年前的地球造山运动,神奇娟秀。北部属于湿地,主要有省级女山湖自然湿地保护区和潘村凹平原,千里淮河流经这里近60千米,40万亩水域主要集中在这里。明光气候温和适宜,四季交替分明,雨水充沛适时,空气湿润洁净,花草枯荣有致,现已创成国家园林城市、省级文明城市、卫生城市、生态文明示范市。

3. 人文积淀深厚。明光历史悠久,上溯远古,地属淮夷,祖先迁居于此,男耕女织,世代繁衍。夏、商、周分属扬州、徐州、青州。春秋战国,分属吴国、楚国,居于"吴头楚尾"。汉初置县盱眙、淮陵,先后更名淮陵、睢陵、池南、化明、招义,宋改招信,治今女山湖镇。元中期并招信入盱眙,明属凤阳府,清属安徽省直隶泗州。民国二十一年(1932年)析盱眙、来安、滁县、定远四县交界之地置嘉山县,治老三界。1994年,国务院决定撤销嘉山县,设立省辖县级明光市,省政府委托滁州市代管,现辖17个乡镇、街道办事处,人口65万。明光名人辈出,有"帝子之乡"和"灵迹村"之美誉。清康熙《泗州志》载:"明光山,西南一百二十里,泗州志云系明太祖诞生之处,昔年常见五色云气,故名。"元天历元年九月十八日(1328年10月21日),大明王朝开国皇帝朱元璋出生在泗州盱眙县太平乡赵郢村二郎庙,就是现在的明光办事处赵府村。另外,明光还是明代开国功臣、第三名将李文忠世居之地,清代皖东地区唯一的封疆大吏吴棠家乡,是海协会首任会长汪道涵故里。

4. 产业形成规模。明光经开区生机盎然,正在加快创成全省水性涂料特色产业基地、绿色水性涂料园区,倾力打造"中国水性涂料之都"。凹凸棒黏土矿,全球稀有,已在涧溪镇建成凹凸棒新材料产业园;铸石玄武岩,全国之冠;干酵母,世界一流。农业产业化初具规模。明光、涧溪明绿享誉全国;三界、管店花生产销两旺;明东、古沛甜叶菊冠压群芳;自来桥冬瓜、红薯和古沛西瓜品质一流;女山湖的鱼虾河鲜、芡实菱角等水产品品质俱佳,绿色环保。中国名牌农产品"女山湖"牌清水大闸蟹已成功进入钓鱼台国宾馆,畅销海内外。明光酿酒历史悠久,获中国驰名商标认定,有巨大开发利用空间。"明绿"牌绿豆、"女山湖"大闸蟹、"明绿御酒"、甜叶菊为国家地理标志保护产品。稻虾连作、甜叶菊、艾草、银杏等特色农产品生产发展即将突破20万亩。工农业产业均形成规模,已成为浙商(省外)投资潜力城市、全省粮食生产先进县等,各项发展实力雄厚。

5.生态独具魅力。明光生态自然环境良好,不断优化,山清水秀,风光旖旎,没有受到工业污染,"二水三山四分田,一分宜居好庄园",获评"中国最佳乡村养生度假旅游城市"称号。明光人文生态和谐,宜居宜业。人民生活美满,安居乐业,务实奋进,包容自强,勤劳本分,心地善良,民风淳朴,热情好客,社会安宁,风气优良。明光政治生态优越。全市上下同心同德、自我加压、干事创业、科学施策、创新发展,"说干就干,干就干好,干必干成"。政府机关服务意识强,各单位办事效能显著,热情周到,真诚友善。生态魅力凸显,富有发展潜力。

6.文化持续繁荣。明光是全国科技先进市、文化先进市、体育先进市,确立了"城乡、产城、空间"一体化的新型城镇化建设理念和"生态秀美、经济强好、城乡靓新、政治清明、社会阳光"的"美好新明光"发展目标。城市绿化、亮化、美化,别具地方特色。文化中心、青少年活动中心、抗日民主政府纪念馆、金虹岭灵迹文化园等数十个文体场所已投入使用,女山湖千年古镇创建,明文化休闲旅游中心抹山景区中的尿布滩景点、跃龙冈景点、明文化旅游风情小镇、体育中心等文化基础建设均已完成,文化氛围愈来愈浓。省级示范中医院创成三甲中医院,是安徽省县级中医院标杆。城市管理科学化、智能化正在逐步完善,有利于促进明光文化繁荣。

二、保存城市文脉,培育特色文化

明光近几年的发展思路是打造"滨湖花园休闲度假城",建设"山水田园宜居生态市",在保存城市文脉、培育特色文化上做了有益的尝试。

1.城市建设不断完善。明光发展坚持规划引领,完善了城市空间发展战略规划、城市总体规划、市域城乡统筹规划和控制性规划等,形成了总体规划、专项规划、控制性详规和修建性详规四级规划体系,是唯一获得全国优秀城乡规划设计奖三等奖、省二等奖的县级城市。规划了"一核、两线、三区、四星、十字廊道"的发展布局,大力实施"一年打基础,三年见成效,五年大发展"的工业强市战略,以城区为核心,以南部老嘉山为核心景点的 X 形旅游线、北部女山湖为核心景点的 O 形旅游线为"两线",大力发展北部现代农业区、中部产业集聚区和南部生态经济区三大经济板块,着力将潘村、女山湖、涧溪和张八岭建设为 4 个卫星城镇,统筹建设 9 个中心集镇,着力建设 35 个中心村,全力打造"南京北郊的滨湖花园度假城,城乡一体的山水田园生态市"。每项规划都承载着文化内涵,很好地保存了明光历史文脉。

2. 环境品质不断提升。明光注重环境品质提升工作,坚持精致打造"中心路历史文化街区"活动,按照"城市园林化、道路林荫化、庭院花园化"的绿化工作思路,开展了拆违建绿、拆墙透绿、见缝插绿等专项行动,成效显著。先后新建了嘉山公园、明湖公园、九道湾公园、龙庙山公园、梅园、莲园等 20 多个城市公园,体现了"护绿、增绿、管绿、用绿、活绿"理念。城区绿地面积达 1081 万平方米,绿地率达 37.95%,绿化覆盖率达 42.47%,人均公园绿地面积达 17.44 平方米,荣获"安徽省美丽乡村建设先进市"称号。省市森林城镇、森林村庄、生态镇、生态村、绿色社区随处可见,中心村建设有序推进。环境品质不断提升,城乡秀美宜人,适合融入更多的文化元素。

3. 旅游文化正在形成。明光乡村、生态、文化旅游潜力巨大,有千年古镇女山湖、省级优秀旅游乡镇张八岭、省级特色旅游名村岭北村。张八岭镇内的八岭湖大型综合生态旅游区面积约 5000 亩,围绕"皖东第一漂"核心项目,集休闲、旅游、疗养、度假、运动、保健、娱乐、观光、购物于一体。旅游区森林茂密,属于天然氧吧,游人一见钟情,流连忘返。女山地质公园拥有我国仅存且完好的休眠火山口之一,正在营造水域景观、山岳景观、地质景观和民俗风情,全力打造女山休闲度假旅游景区,使其成为长三角区域中融生态、休闲、度假、科普于一体的旅游胜地。明光作为明文化发源地,有 1 万余亩抹山明文化旅游资源正在开发。抹山已融入明光北城,山下有大片自然湿地、风光绮丽的卧龙湖及朱元璋的诞生地抹山寺、尿布滩、二郎庙和跃龙冈等明文化遗迹,是布展明文化、促进明文化旅游的好去处。

4. 文化研究蔚然成风。近些年,明光文化产品层出不穷,先后出版了《明光史话》、《故园乡愁》、《明光文史》(第 8、9、10 辑)、《汪雨相传》、《抗日战争中的汪道涵》、《明光历史文化集存》、《吴棠史料》、《明光出了个朱元璋》、《故事全书·明光卷》、《那山那水那人》、《明光风》、《凤凰栖息的地方》、《家园》、《帝乡散记》、《帝乡散忆》、《明光政协史》、《岁月如歌》、《老蚕艺文精粹》、《明光政协文史目录》等书籍 100 余种,让更多的明光人、更多的外地人了解明光。有关方面还成立了明光市地情人文研究会、历史文化研究会,创办了《人文明光》《历史与文化》等综合性文史刊物,文化研究蔚然成风,很好地宣传推介了明光。一个县级市具有如此丰硕的文化成果,全国少见,对弘扬明光的地域文化特色提供了巨大支撑。

三、弘扬地域文化,打造明光品牌

明光历史文化源远流长,地域特色明显,在深入发掘研究的基础上,加以传承、弘扬、发展、光大,可以打造成明光自身的文化品牌。

1. 深入研究历史文化。明光历史文化源远流长,文脉保存基本完好,有许多闪光点得到弘扬传承,还需要进一步组织专业人员,认真挖掘,着重研究朱元璋、李文忠、吴棠、汪道涵等历史文化名人,及时出版研究成果,让明光文化特色更加发扬光大,走出明光,走向全国甚至世界。

2. 彰显城市特色文化。明光市在"美好新明光"建设规划中,已做了准确定位:生态休闲旅游城市。把"旅游"当作"美好新明光"建设中体现文化特色的落脚点,保护青山绿水,美化自然生态、田园风光。大力发展生态文化旅游产业,对明光现有 X 形线和 O 形线旅游资源进行有机整合,连点成线,形成板块,形成旅游精品,彰显城市特色文化。

3. 展示民俗风情文化。中心路老街改造建设已初步完成:作为具有清末民初时代特色的商业风情街,展示明光特有的历史人文底蕴,呈现江淮小镇的建筑韵味,恢复历史记忆。还要进一步修复路两边的古旧建筑,像汇源巷内汪家炮楼及老宅等,多与明光古镇历史及老明光胡、李、汪、秦四大家族有关,有传说,有故事,有典故,有来历,富有文化内涵和品位。修缮后,精心布展,用心打造,着意包装,注入历史韵味、文化气息,浓缩明光特有风情、特色文化资源,作为研究明光民俗风情的素材。

4. 突出地方宜居文化。明光的公园、街道、小区、绿地、公共设施等在规划建设中均着重表现了宜居主题,今后街道小区、公园、绿地、文化设施建设还要突出这个主题,展示这个主题,在市区每个主题公园的亭台楼阁、桥梁廊柱、花草树木上都加上诗词歌赋、楹联雕刻等明光的文化元素,显示浓郁的明光地方风情,力求让明光之外的人一踏上明光土地就留下深刻印象,受到文化熏陶。明光自然村庄人居环境整治形成的"陆郢模式""腰庄经验""尹集做法"等创新理念已获得农业农村部肯定,并在安徽省推广,显示了宜居文化魅力。

5. 展示城市主题文化。一尊好的雕塑能象征城市精神,对整个城市起到画龙点睛的作用。可以将我们的历史文化、明文化、酒乡文化、大闸蟹文化、生态文化用雕塑来烘托渲染,直接传递主题文化特色等信息。现在路边公园已经布置了许多雕塑石刻,但特色还不够明显,应当再布置一些人物雕塑,如朱元璋、汪道涵;文化雕塑,如明光人文精神;生态雕塑,如大闸蟹、梅鱼、花生、冬瓜等,形成城市主题文化色彩。

6. 创新现代理念特色。城市文化在保存文脉的基础上必须不断吸纳新的元素,融入现代理念,在不断创新中前行,才能彰显文化的活力、魅力和实力。因此,城市建设既要保持和传承好城市的文化特色,又要善于在传承的基础上更好地加以创新,创造融历史文化、明文化和现代文明于一体的明光现代文化,在创新中形成明光品牌,提升明光文化品位。

7. 凸显绿色生态文化。明光气候湿润,地理区位优势明显,生态环境优越,适合发展绿色农业,已经建立众多的农业生态园,但多以垂钓、休闲、餐饮、游览、采摘、养殖为经营项目,缺少品位,文化气息不浓。应当注入文化内涵,如帝都生态园,名字就富有文化内涵,这样提升传统农业发展空间,发挥经济效应。用生态文化吸引城乡居民游"绿水青山",寻"快乐老家",忆"游子乡愁"。

8. 保护历史名人文化。明光市老城区分布有许多历史遗存。对李氏宗祠、汪道涵故居、南大寺、中心路炮楼、明光民国老火车站及周围街区、老市政府大院等历史遗存,应当积极进行抢救,与曹国长公主遗址公园、道涵公园、汪雨相公园、抹山明文化生态公园互相辉映,充分发挥明光名人效应,让名人文化深入人心。

9.呈现地理乡愁文化。明光池河大道、嘉山大道、抹山大道、龙山路、女山路、嘉山宾馆、明湖学校等,是以市内山水命名,洪武大道、灵迹大道、李文忠路、吴继光路等,是以历史遗迹命名,都具有明光地域文化特色。今后对道路、建筑、小区、景点应当有针对性地命名,突出乡愁文化内涵,让市民记得住乡愁、留得住乡愁。

10.维护本土特色文化。要彻底唤醒明光市民热爱本土文化、保护本土文化、传承本土文化、推介本土文化的意识。编成乡土教材进行推广,让市民对明光的本土历史文化内涵有更深的了解,以形成全社会共识,使"美好新明光"建设理念更加富有明光本土文化内涵。把明光本土文化当作明光市的名片打出去,让外界知道,明光有文化,明光是文化明光。

如此,明光则具备了自己的文化品牌。

2020年3月22日—28日草于市政协文史委办公室

查家渡上飞彩虹

如今车辆自由来往古代要津查家渡已经如履平地,因为查家渡上已飞起了一道巨大的彩虹,明光市又多了一道标志性建筑。这是明光人民奉献给新中国成立七十周年的一份不可多得的厚礼。

查家渡是古代池河中游招濠古道上的要津,从招信县城(今明光市女山湖镇)至濠州(今凤阳县临淮镇附近)必经此渡。古代隔河千里远,河流是阻碍交通和两岸人员往来的主要原因之一,涉水只能靠船渡。池河上查家渡就是因官家驿邮和商旅行者跋涉池河所需而设置的。

这里的池河是广义上的池河,被誉为淮南巨川,北魏郦道元《水经注》有记载,为中国古代独流入海四大河流之一的淮河下游南岸最大一条支流。它发源于安徽省定远县西北西卅店镇大金山(凤阳山主峰,峰顶高程332米)村北东麓(一说肥东县青龙厂,一说凤阳山南麓),是千里淮河八大支流之一。人们现在看到的池河,流经皖东定远、凤阳、明光(原嘉山县)三县市,于苏皖(江苏省盱眙县、安徽省明光市)交界的洪山头注入淮河,全长248千米,流域面积5015平方千米。人们习惯上将池河主要分为两段,源头大金山至明光市抹山北端山脚下称池河,抹山北端山脚下至盱眙县洪山头称为女山湖。上段又分为:源头大金山至定远池河镇段有陈集河、马家涧、桑家桥涧、杨家涧、程家涧等许多个名称,池河镇至明光市抹山北端山脚下称池河,这中间定远三和集、凤阳梅市至明光张家湾(简称张湾)段又称许家河,张湾至明光抹山北端山脚下段又称明光河;明光境内的马岗至抹山北端山脚下段还俗称九道湾。下段又分为:抹山北端山脚下至王摆渡称为女山湖,王摆渡至女山湖镇(原旧县镇)称为荷花池,出女山湖镇至盱眙洪山头又分为七里湖、猫耳湖。

查家渡就位于广义池河上下两段分界处,西北岸是桥头镇境内的查渡口,东南岸是今苏巷镇的焦家冈,所以,人们更多地说查家渡是女山湖上要津。北岸自古就有服务业设施,供给行人。元至元二十八年(1291年),招信县治废,并入盱眙县和虹县(今泗洪),招濠古道作为官道功能逐渐废弃,少人问津,但渡口依然存在。

查家渡属于古道要津是有依据的,明代诗人张禴就有诗咏此渡:

查家渡漫兴

龙山南望数峰青,柳压长堤水抱亭。
渡口风声杂鸟语,似言民瘼不堪听。

清光绪辛卯《盱眙县志稿》记载:

查家渡　渡在焦家冈下。南北两岸阔六七里。康熙五十九年,知县金运溥捐大船二以济。今废。

近代皖东基础教育家汪雨相在他的《嘉山县志》手稿中多处提及此渡:

查家渡　在县北偏西查家埠,距治(按,时治在今三界镇老三界)八十里。《盱眙县志》:查家渡在焦家冈下。《乾隆志》:南北两岸河阔六七里,自女山湖折绕末山,风涛甚险。康熙五十九年,盱眙知县金运溥捐设大船二以济。今废。又南岸焦家冈《东岳大王双庙碑记》曰:"□尝考,《盱眙志》载有查家埠,其渡口至南岸焦家冈,系南北往来之所。因县主经过,无处安寓。康熙庚子年,蒙县主金独力在焦家冈河口设立大王庙一所,又买香火院田种十二担,庄房二所,田房坐落河北长山岭地方,彼时交住持僧应守香火。又造渡舡二只,以济往来行人。迄今多年,淮水泛涨,河道广阔,上至三和,下连玉环山。庙宇亦被冲倒,神像残坏,住持僧通庆坐视不忍,自道光二年,请县示移建庙宇,蒙县主周金批,移建改为十方。僧遵示,请焦家冈东岳庙山主会同遵示,改为十方,公议大王庙院田庄房并东岳庙合为一院,众姓捐资,移建大王庙,与东岳庙答应(应为'搭山')合为一院,当即起盖,装修神像,焕然一新。本议勒石,后因歉年未果。今仍会同公议捐资勒石于东岳庙,以垂千古不朽。大清道光二十三年八月二十日焦家冈施主公立。"(《嘉山县志》手稿第六卷《山脉水系·水系·桥渡》第五十九页)

泰山庙　在查家埠堡查家渡口北,焦城湖西山嘴上。

有田约种一石余。民国九年呈准拟作学产。有大钟一口,文曰:直隶凤阳府泗州盱眙县灵集(应为"迹")乡查家埠奉神纠首蒋应祥、沈仁、徐梦跃、朱应奉,乡绅徐倌、李士选,生员杜廷试、徐有悦、徐梦辰,信士杜廷美、徐文化、朱文秀、周福李、蒋守德。天启元年正月十五日。施供□玉三宫玄帝梓潼火星庙众□□□神。钟一口,祈保各家平安吉祥如意。有小钟一口,铸文莫辨,仅见"风调雨顺,国泰民安"。下有杜文盛、陈彦章、刘尚晋、朱尚武、张廷□、张应春、张应鹏、张应十、胡天化、马川公、韩丘、杜来福、赵万、徐□□、杜文解。天启六年。(《嘉山县志》手稿第十三卷《古迹·第四第五区寺庙》第四十二页)

塌山寺　固讹名泰山庙,在县治北偏西二十四度,距治七十里,查家埠堡焦城湖西岸塌山上。有田约二石。民国九年八月呈准拨作学产。有古钟一口,重千斤。昔有古鼎一尊,今仅见人面三鼎足,各高九寸,围七寸,其上残字四行,有"举吴仲臣臣仲义"七字。有磬文曰:保安信士胡汝赞妻钱氏,男胡槐、胡楠,孙性法,大明国直隶凤阳府泗州盱眙县淮陵乡第二居住。天启七年仲冬月造,金火匠丁继万。按,塌山地居灵迹乡第七都中。玩此磬铸文,乃赤山庄胡汝赞所供奉。或为后人移来于此欤?(《嘉山县志》手稿第十三卷《古迹·第四第五区寺庙》第四十四页)

双庙冈　内有碑记,文曰:大清道光二十三年八月二十日,焦家冈施主公立。□尝考,《盱眙志》载有查家埠,其渡口至南岸焦家冈,系南北往来之所。因县主经过,无处安寓。康熙庚子年,蒙县主金独力在焦家冈河口设立大王庙一所,又买香火院田种十二担,庄房二所,田房坐落河北长山岭地方,彼时交住持僧应守香火。又造渡舡二只,以济往来行人。迄今多年,淮水泛涨,河道广阔,上至三和,下连玉环山。庙宇亦被冲倒,神像残坏,住持僧通庆坐视不忍,自道光二年,请县示移建庙宇,蒙县主周金批,移建改为十方。僧遵示,请焦家冈东岳庙山主会同遵示,改为十方,公议大王庙院田庄房并东岳庙合为一院,众姓捐资,移建大王庙,与东岳庙答应(应为"搭山")合为一院,当即起盖,装修神像,焕然一新。本议勒石,后因歉年未果。今仍会同公议捐资勒石于东岳庙,以垂千古不朽。殷家冈,东西张二庄,焦家二庄,朱家冈,何家营,大小好塘,大小和尚塘,大小山塘,共塘六面,水旱种六拾担,具田坐落长山岭地方。徐观章、徐有康、□广盛,此八字模糊。有钟一口,文曰:南赡部洲大明国中都直隶凤阳府泗州盱眙县灵迹乡第七都焦城保溪南庄居住信士朱胜、黄荣□人等各发虔心,喜施钟一口,东岳庙神前供奉,求保一方各家人口平安,吉祥如意。信士殷强□、王复、朱岳、黄友名、朱□、陆宁、王銮、汪珠、殷仪、焦大纪、焦贯、黄自然、张本、张达、黄经、曹琰、殷大器、黄汉、焦仲、戴自立、焦佑、刘终、王仲文、刘科、焦伶、焦价、王澄、王仲国、王促伍、严章、汤儒、张意、徐泰(太)、焦还、朱子贤,化主王才、朱岭、殷富、陈良道、朱陞、姜相、姜梅、姜梓、殷枝、陈实、陈佾。□万历十六年十一月喜造。匠人石昆。(《嘉山县志》手稿第十三卷《古迹·第四第五区寺庙》第四十五页)

据上面记载,清康熙十九年(1680年),北方大水,黄河夺淮,水漫泗州城,洪泽湖水位猛涨,倒灌至池河中上游,河面增宽。据此,人们因池河流过抹山,抹山以上段水面狭窄,称河,即池河;抹山以下段水面宽广,称湖,即女山湖。抹山北首有一个焦城遗址,焦城遗址以下湖面向东伸入陆地数千米,称焦城湖,整个湖面阔六七华里。焦城湖西北角有一个高地,叫焦家冈,20世纪70年代围湖造田,在抹山北首与焦家冈之间筑起了一道堤坝,就是焦城圩圩堤,焦城遗址焦城湖因此变成了焦城圩。现在3500亩焦城圩里全部种植荷花,已成为当地著名的风景,每当荷花盛开之际,游人如潮,络绎不绝。

查渡口至焦家冈之间的女山湖湖面处于一个瓶颈地带,相对于下游的女山湖大湖面,此处湖面尚较狭窄,古人就选择在这里设置了渡口。但也有一个不足之处,就是下游水面风大浪急,风险较大。史载,康熙五十九年(1720年),盱眙县知县金运溥置大船只"以济",说明官府也非常重视此津渡。

查家渡一名查家铺,又名查家埠。埠,指停船的码头,靠近水的地方;也指有码头的城镇,至少是一个乡下水边小集镇,有商旅过往、停留、住宿并进行物资交易的地方。光绪《盱眙县志稿》记载:"查家埠,在县城西北一百一十里。旧通驿递,有官渡,久停废,仅为渔舟停泊处。"先前,为方便来往人员停歇落脚,查家埠设有街坊、客店、商铺多处,一时商贾云集,人气很旺。宣统三年(1911年),津浦铁路通车,查家渡趋向冷清。民国二十四年(1935年)五月,盱凤公路特别是临(淮)嘉(山)线修通后,查家渡开始衰落。民国二十七年(1938年)一月,日军侵占明光,明光港沦陷,津浦铁路、盱凤公路被日军控制。铁路运输中断,海盐内销转由航运,查家渡代之而兴起,成为明光至王摆渡(女山东北3000米处)50千米女山湖湖面上唯一的渡口,成为盱眙、嘉定等县的食盐集散地。民国二十八年(1939年)春,原国民党嘉山县第三区区长蒋鸿飞等率百余人逃避至此渡,并开设盐行,剥削盐商。新四军二师四支队挺进皖东抗日,战地服务团团长汪道涵同志曾两次至查家渡宣传中国共产党抗日民族统一战线政策,查家渡遂成为抗日游击根据地,成为沟通盱眙、嘉山、凤阳、定远等抗日根据地的交通要津。南北商旅多取道此渡,往来商旅逐渐增多,络绎于途,渡船由1只增至13只,女山湖上下游来往运输船舶路过查家渡时都会停泊此地,河下商船两三百只,行人摩肩,有"小南京"之称。这件事引起了盘踞明光市的日军注意,民国三十三年(1944年),日伪军袭击了查家渡附近地区,纵火焚烧民房达230间,损失惨重。从此,查家渡走向衰落,沦为乡间野渡。新中国成立后,盱凤公路通过距离查家渡上游15千米明光城下的池河,在那里设置了轮渡,取名公渡。改革开放后,104国道从公渡旁的池河上架桥贯通明光城,查家渡彻底停运。

104国道的池河大桥原为双向两车道,兼309和307省道同行,通行能力明显不足。20世纪初,在原大桥左边修建了复桥,原桥双车道入城,新桥双车道出城。104国道经过明光城,先沿池河大道行驶,后改沿明珠大道行驶,再改沿嘉山大道行驶,均存在诸多不便,为此政府和交通部门再次谋划了104国道绕城改线。这一次绕城改线是一次精心规划的大手笔,与历史名渡查家渡发生了诸多关联。

时光转到2016年9月,列入"十二五"计划的28.9千米的104国道明光绕城线正式开工建设,开始围堰打下第一根桩基。绕城线跨过女山湖面,设置女山湖特大桥一座。该桥是继宁洛高速女山湖特大桥之后的第二座横跨女山湖湖面的公路特大桥,起点、终点分别位于明光市苏巷镇的焦冈村与桥头镇查渡村境内,正好位于原来女山湖的查家渡的古渡之上。该女山湖特大桥全长1966米,桥面宽32米,行车道宽15.75米,桥面为一级公路路面,设计时速为80千米每小时,总投资约2.45亿元,由中交第一公路工程局有限公司承建,包括主桥、引桥、给排水等部分工程,有桥墩60座,桥台2座,设计双向六车道,主桥钢梁结构,引桥统一采用30米预制箱梁,全桥共计预制箱梁580片,上部结构采用预应力砼小箱梁,先简支后连续。经过一年多的紧张施工,2018年1月17日,第一片预制箱梁开始架设,当年春节前预制箱梁将全部架设完毕。2019年3月17日,交付验收,经反复检测,大桥各项数据均符合质量评定标准,已具备通车条件,一条巨龙已经稳稳地从焦冈跨向对岸的查渡口,真是振奋人心。104国道绕城线即将正式通车,它拉开了明光市的城市框架,完善了区域交通体系,有力地促进明光沿线资源开发,不断推动明光市第三产业加速发展,对明光北部的交通畅通、经济发展都起到至关重要的作用。前景振奋人心,意义自不待言。

  古老的查家渡天堑变通途,这是明光改革四十年的巨大成就之一,是明光市人民交给新中国成立七十周年的一份完美答卷。明光人的千年愿望,一朝变为现实。一桥飞架东西,女山湖上再次出现一道亮丽的风景——查家渡上飞彩虹!

    2018年1月19日—21日于市政协文史委办公室
    2019年4月17日修改于市政协文史委办公室
  ——发表于2018年第2期《立德》、2018年第4期《凤阳文学》(总第37期)。

透析明酒

"千里长淮多琼浆,杯中好酒数明光""大江南北走一走,好喝还是明光酒""一杯老明光,几代不了情""日月之光,安徽明光"。的确如此,明光酒是明光最负盛名的特产,明光也因之成为江淮地区著名的生态酒乡。安徽明光酒业有限公司是国家大型一档企业、中国白酒百强企业、中国酿酒工业协会理事单位。长期以来,明光人以明光酒为荣。酒以地兴,地为酒名,名副其实,相得益彰。处在千里长淮和九曲池河流域的明光,自古就是酒的产地,明光境内的酿酒历史源远流长。

明酒何以产明光,明光何以产明酒?名酒何以产明光,明光何以产名酒?我们来透析一下。

地下水源优良。"水为酒之血,酒品高下,结穴在水",好水才能酿出好酒。明光处在中国南北分界线之上,江淮分水岭之上,"郯庐断裂带"之上,山区向平原过渡的微丘地段之上,坐落于长约250千米的池河中游东岸。南沙河、冷水涧在明光城南与淮河流域八大支流之一池河交汇。特殊的地理环境,天然造就了当地地下岩石稀少、以泥沙为主的地质结构,雨水容易渗入地下,经泥沙层层过滤,储存地下,水质纯净,水资源优质丰富,口感佳,含有对人体有益的多种稀有元素。江淮之水从分水岭周边群山渗透地下,经岩层过滤,携带着大量人体所需的微量元素,经过层层渗透,才形成绝佳的明光地下水脉。明光酒厂酿酒所用之水,均取自深达263米的深井之中,幽幽活水,饮之如饴。正是这源头的深井活水,成就了老明光品味绝佳、醇香独特的口感。津浦铁路修建、池河水系治理之前,明光的酿酒地集中在望横街两侧。明光城之东,即使在枯水季节,也有清泉涌出,顺冷水涧缓缓西流;涨水时候,形成一片汪洋,平湖泛月。20世纪80年代扩建明光酒厂时,稻田之下的地下水仍然旺盛。2000年,明光酒厂的深井水送至合肥等国家检测站检测,水质全部符合标准,没有污染。这是明光盛产美酒的重要水质条件。

发酵泥土特别。明光东南端江淮分水岭之处的土壤厚度均在100厘米以上,土壤中七分为土,三分为沙,七分土中又有两分极为珍稀的黏土。正是这样独特的土壤,加上天赋的阳光、温度、湿度等气候特征,使这里的原粮生长期相对较长,成熟后颗粒更加结实而饱满。这样的原粮正是酿酒的绝佳原料。独特的生态原粮,成就了老明光白酒醇曲的醇美本色。明酒发酵池系就地开挖,土质构成、保温性能、保湿性能等条件较好,适合酒糟发酵。从冷水涧旁挖取的淤泥含有丰富的对人体有益的矿物质,土沙搭配均匀,黏度适中,酸碱适度,无须调制,直接就可以覆盖在酒糟之上,既能适当透气,又能将其中蕴含的有益元素渗进酒糟之中,确保酒糟在最佳状态下发酵出优质好酒。这种发酵泥土,为明光独有。

生态环境绝佳。世界六大蒸馏酒的诞生地,均分布在北纬25°—40°之间,中国的两大名酒带"川贵名酒带"和"江淮名酒带"正处于这个位置。只有这样的地理坐标才能满足酿制绝佳白酒所需要的自然生态。老明光白酒基地位于北纬32°,与林东水库相邻,处于江淮名酒带的核心腹地。这里是江淮分水岭的源头,为群山环抱的开阔之地。池河流域位于江淮分水岭北侧,具有北亚热带向暖温带过渡的、不同于别处的气候特点,四季分明,光照充足,梅雨显著,降雨集中,雨热同季,易旱易涝。该区域年平均气温为14.8度—15.0度,多年平均风速3.2米—3.5米每秒,多年平均蒸发量为1114.0毫米,干旱年份蒸发量较大,1966年、1967年分别为1343.9毫米、1328.4毫米,多年平均无霜期约220天,多年平均最大风速10米—12米每秒,风向冬季偏北风,夏季偏南风,春秋两季是风向转向季节。根据多年年降雨量资料分析,明光多年平均降雨量为915毫米,最高年降雨量1542.3毫米(1991年),最低年降雨量583.6毫米(1978年)。多年平均年径流量为7.03亿立方米,年径流深203毫米。年平均相对湿度为75%。常年平均气温15.2度,年最高气温41.5度(1966年8月8日),最低气温零下18.3度(1969年2月6日),常年最冷月平均气温为1.4度,最热月平均气温27.7度。上述适宜的气候条件,形成明光特有的空气条件和绝佳的生态环境,空气温度适宜,湿度较大,蕴含各种有益元素。独特的地势、阳光、水域、土壤、温度、湿度、原粮等绝佳的生态环境,使这里成为颐养成酒微生物种群的天堂。微生物丰富,便于酒菌生长、酒醅发酵、酒曲形成。

物产资源丰富。明光的地势南高北低,境内南部为低山区,占总面积的35%,中部为丘陵,占总面积的50%,北部为平原,占总面积的10%,湖泊占总面积的5%,是国家商品粮、小杂粮基地县。历史上,明光地区盛产高粱、绿豆。首先,民国时期乃至以前,明光高粱产量排在水稻、小麦之后,位列第三。这是因为明光地处池河下游、淮河中下游,地势南高北低,淮河洪水泛滥时沿池河倒灌,池河两旁均为滩涂湿地,且有"三年两头涝"的记载。在这种水害环境中,明光地区的人们为顺应自然,就选择在行洪区边缘的高地或丘陵地区的坡地种植耐涝的高粱。当时高粱也是高产作物,单产远高于水稻、小麦,而且高粱秆还是盖房的主要材料和生活燃料。所以明光及其周边地区历史上盛产高粱,为明光酿酒提供了主要原料。其次,历史上,明光地区绿豆种植面积仅次于高粱,产量位列第四。高粱和绿豆是"远亲",同样是水害把它们联系在一起。洪水退后往往已是晚秋时节,这个时候最适宜种植绿豆,漫山遍野撒绿豆;而洼地退水时,水退到哪就直接将绿豆种撒到哪(此种植方法叫"水沾绿豆")。由于绿豆生长期较短,属晚秋作物,在水害年份里还是人们充饥度荒的主粮。明光绿豆简称"明绿",粒大、皮薄、色泽光亮,用"明绿"酿造的明绿液酒,为国内特有。除了高粱、绿豆之外,明光南北还盛产水稻、小麦、大麦、豌豆、山芋等作物,这些自然资源,奠定了明光酒业天然而独有的酿酒基础。

酿酒技艺精纯。老明光传承900年御贡美酒的秘方古法,运用纯正手工制曲、百年老窖发酵、七蒸九酝精酿、择优量质摘酒的酿造工艺,依托陶壁海存与封坛陈藏的二次陈藏,瑾丰三度古法的控制标准,共同形成老明光特有的酿酒工艺,从而成就了老明光酒醇美绵香的绝佳品质,口感特别,回味悠长,滴滴不舍。

酿酒人才集聚。明光酿酒业集中了众多酿造高手。有资料可查的是,明光自明朝起就产生了一些大地主、特大地主。在封建社会,一般地主家庭都有糟坊(现在称酒厂、公司),还兼粮行。在漫长的封建社会,皖东、苏北水害频仍。

康熙年间,黄河夺淮,水漫泗州城,泗州城周围居民纷纷渡淮南逃。此后淮水经常肆虐,皖东、皖北、苏北的灾民被迫逃往高地,直至解放初期,北乡人逃荒至明光及各乡镇的仍较为普遍。而有一技之长的"酒把式"则投向明光城区,集中到明光各家酿坊。明光酒厂现健在的离休老厂长朱玉南、离休老工人吕玉章等都是北乡人。新中国成立以来,明酒集团拥有马宣太、赵玉龙两位一代国宝级纯手工酿造大师,拥有以马年良、马宣太(1956年获得"全国五一劳动模范"称号,受到毛泽东主席亲切接见)、王克俭、赵玉龙(2014年安徽白酒行业唯一一位"全国五一劳动奖章"获得者)为代表的马氏酿酒家族和以鲍继昌、王锡斌、王静(中国白酒行业为数不多的顶级专家、国家高级白酒评委、国家高级品酒师、国家高级酿造师、中国酒业首席质量官)为代表的江淮第一酿酒世家——鲍氏酿酒家族,拥有多名国家级白酒评委,数百名酿酒技师和实力雄厚的管理人才队伍、科技人才队伍,形成了强大的"酿酒专家团",在安徽省酿酒技术大比武大赛中,连续10届荣获优异成绩,其中2010年、2011年连续荣膺团体总分第一名。2007年,老明光品牌荣膺"中国驰名商标"称号;2010年定量荣获包装"C"标志认证;同年酿酒基地明绿六组荣膺全国"工人先锋号"称号。

水路交通便捷。明光古代主要靠水路运输,从明光集边上的池河渡口出发,乘船可以到达淮河、洪泽湖、长江等水域,水运方便,通江达海,槽坊搭船可以将自家酿的酒远销四面八方,同时又可以从四面八方购回酿酒所需原料,一举两得,快捷省事。陆路主要是古代招濠驿道。该驿道东西走向,起于招信县城(今女山湖镇),经二十里铺、桑家集(桑大郢),至焦家冈,渡焦城湖(女山湖湖面其中一段)达查家埠,过蒲子岗、爱棠集、司巷境内梅城寺,进入濠州。另有江淮中道经过明光。古代江淮中道又称泗浦古道,古泗州至浦口、金陵(今南京)的道路,是一条商道,纵贯明光市境内,由五河县淮河南面的井头进入明光境内,经古沛、蒲子岗、王家巷,至红庙集渡池河,再经蔡家庵、映山集、罗家岭、丰山集、杨公庙、老三界、严家集、张八岭,进入滁州,最后到达浦口、六合、南京。明光属于江淮中道要隘,商业繁盛,交通方便。宣统三年(1911年),津浦铁路修通,在明光设立三等车站,明光交通更加便捷。明光当地酿酒槽坊较多,形成了一定规模的市场,主动前来采购的商贩也越来越多,"生意越挤越红火"。水陆交通便捷、公铁交通互补,是明光酒业兴盛的重要原因。

历史、气候、地理、环境、物产、交通等因素成就了明酒。明酒是名酒,名酒产明光。

以上透析,您满意吗?欢迎方家指正!

2019 年 8 月 12 日

龙兴之地——明光北城

明光城市总体规划(2011—2030)理念为"东进、北扩、西连、南限"。城市建设发展重点集中在北城。

明光北城:明光历史龙兴之地

元天历元年九月十八日(1328年10月21日)大明王朝开国皇帝朱元璋就出生于泗州盱眙县太平乡赵郢(明初更名盱眙县灵迹乡赵府村,即现在明光市明光街道办事处赵府社区后府)。明万历三十年(1602年),盱眙知县王某某在朱元璋出生地立了一块碑——"跃龙冈"碑,万历四十一年(1613年),盱眙知县许经世在"跃龙冈"碑旁又立了块碑——"孕龙基碑",即"圣祖灵迹碑",并请当时名冠天下的才子翰林院修撰李维桢撰了碑文《圣祖灵迹记》。据该碑文记载:"高帝,先世家句容;熙祖,迁今泗州孙家图(按,应为'冈');仁祖,迁今盱眙太平乡,其旁有二郎庙。高帝笃生之夕,火光属天,邻里骇瞩。至旦迹之,则庙徙百步。浴庙西河,忽有红罗浮至,取以为褓。乡人名其地为红罗障。自是,涧水俱香,产草状如丝缕,色如茅蒐,非常所有。五色云时盖其上,故名山曰明光,涧与寺曰香花,乡曰灵迹。而所谓孕龙基者,方丈之内,土石赤色,不生他草木,盖二百余年。"该记载与明正德《南畿志》《泗州志》《盱眙县志》,明嘉靖《泗志备遗》,明万历《帝里盱眙县志》,明郎瑛《七修类稿》、王文禄《龙兴慈记》、文林《琅琊漫抄》、林时对《荷闸丛谈》、泗州知州曾惟诚《帝乡纪略》等史料记载是一致的,清代以后的《江南通志》《泗州志》《盱眙县志》《凤阳县志》《嘉山县志》等数十种志书等均重申了这一观点;也与朱元璋自撰《朱氏世德碑》、危素《皇陵碑》、朱棣《孝陵神功圣德碑》、官修《明太祖实录》部分内容相印证。清康熙二十七年(1688年),莫之翰《泗州志》记载最为明确:"明光集,西南一百二十里,明太祖诞生。""明光山,县西南一百里,《泗州志》云系明太祖诞生之处。昔年常见五色云气,故名。"龙兴之地,即首善之区,物华天宝,钟灵毓秀,紫气氤氲,吉祥宜居。

明光北城:明光地理文脉所在

每个城市都有自身的文脉,据以区别其他地方。明光北城是明光地理文脉所在。

明光北城作为大明王朝开国皇帝朱元璋的诞生地,是明文化的发源处。二郎庙遗址,也是跃龙冈碑遗址、孕龙基碑(即圣祖灵迹碑)遗址,已征地72亩,拉好围墙,建好山门,院中立有新跃龙冈碑;传说中的朱元璋母亲陈氏晾尿布的地方已征地118亩,开辟了游览通道。以上两处均在规划建设明文化旅游景点。具有600多年历史的明代佛教圣地抹山寺已恢复成景区,寺内两株600年朴树生命旺盛。一年一度的抹山庙会已形成规模,成了明光非物质文化遗产。

商代文化遗址珠墩(即尿布滩)、南北朝古城遗址焦城圩、招(信)濠(州)古道遗址、元代古渡遗址红庙、明代古镇遗址红庙集(今红庙圩)、香花涧遗址(包括香花寺,即今东风湖),还有明代龙泉寺、龙神寺等遗址,均在这个区域。

地理文脉是一个地方的灵魂,是人们赖以生存的根基。明光的人文历史,即明光的地理文脉,基本上集中在明光北城。有文脉就能广集人脉,聚天地之灵气,有人脉灵气就有发展希望和动力,就有梦想,就会令人神往。生活在明光北城,享受明光文脉,融入天人合一之境界,是明光市民的最佳选择。

明光北城:明光最佳宜居之处

明光城市发展趋势和亮点均集中在北城。这里不光有历史有文化,更是有山有水,有湿地有平川。揽山入城,引水入城,是当代城市建设最新潮最流行理念。

　　这里的东风湖水源富有特色。东风湖,笔者以为就是香花涧,原先来水全部向西注入池河,1958 年在接近池河 500 米处拦河筑坝,形成湖面,改名东风湖,富有时代气息。它的三个水源,一是自刘岗经洪塘冲曲折西流 11 千米注入东风湖;一是自上苗、上黄,经下黄西流 4 千米注入东风湖;一是自龙庙山经南郢西流 4 千米注入东风湖。三个发源处到达池河边上里程均超过 5 千米。水往东流是自然现象,水往西流属于特例。谶语云,水往西流十里将出真龙天子。朱元璋出生在东风湖南边的赵府,正好是一个应验。这里有抹山依靠,有池河、东风湖水滋润,环境优雅,自然属于风水宝地。

　　孔子曰:"知(zhì)者乐(yào)水,仁者乐(yào)山;知(zhì)者动,仁者静;知者乐,仁者寿。"("智慧的人喜爱水,仁义的人喜爱山;智慧的人懂得变通,仁义的人心境平和。智慧的人快乐,仁义的人长寿。")

　　明光北城属于智者喜爱之地,仁者乐居之处,当然是市民向往的家园。这里集宜居、休闲、康养、旅游于一体,也是置业的最佳选择,居住生活在这里,自然吉祥如意、和谐美好。

明光北城:明光最新发展理念

　　2020 年 8 月 19 日,明光市委十四届十一次全会成功召开,市委书记王珏代表市委作了《在市委十四届十一次全会上的报告》。报告第二部分"关于下阶段重点任务"共八项,第七项为"以更高标准提升城市品质,全力以赴争创'全国文明城市'":

　　一要打造精致秀美的"魅力之城"。围绕打造"四季有绿、四季有花、四季有香、四季有声"的公园城市,坚持精心规划、精致建设、精细管理,全力做好"水"文章、厚植"绿"的底色、彰显"文"的内涵,加快推进岐阳大道南公园、池河和东风湖海绵湿地公园等重点项目建设……让我们的城市抬头见绿、处处见园、城在园中。

　　二要打造文明宜居的"幸福之城"。……北城区要坚持产城一体融合发展,加快推进"一校两中心"等教育、文体服务设施建设,全力打造生态宜居新城区。

三要打造包容开放的"活力之城"。坚持以经营城市的理念做好城市经济文章，……使城市既有烟火味，更有健康味、文化味。……引进一批品牌化、特色化消费业态，推动城市颜值与品质双提升，努力让城市更有温度、生活更有温情、市民更有温暖。

上面三项明光城市重点建设新理念，基本上集中在明光北城。精致秀美的"魅力之城"、四季有"绿、花、香、声"的公园城市，重点在明光北城，"水"的文章、"绿"的底色、"文"的内涵，集中在明光北城。特别是"加快推进岐阳大道南公园、池河和东风湖海绵湿地公园等重点项目建设……让我们的城市抬头见绿、处处见园、城在园中"，既让市民充满期待，又实实在在。文明宜居的"幸福之城"已将明光北城建设具体化。包容开放的"活力之城"，规划中的24平方千米的明光北城活力无限。最好的教育、最佳的生态、最美的环境，先进的医疗、先端的康养、鲜明的风格，生活在公园里，生活在山水中，生活在画卷上，只有明光北城具备这些条件。

龙兴之地——明光北城；明光北城——龙兴之地。

2020年8月29日—30日于市政协文史委办公室

明光老城区改造刍议

一、明光老城区的历史由来

明光原是淮河八大支流之一池河右岸的一个小渔村,明初以后,住户逐渐积聚,成为明光集。康熙初年集市初具规模。因多次水灾、火灾,明光集兴盛后又衰落,衰落后又兴盛,几经沧桑,迨至清末民初,进入鼎盛时期。宣统二年(1910年)四月,津浦铁路南段浦口至临淮关之间率先铺轨通车,明光集开始繁盛,成为远近重要的商贾云集之地、商品集散中心。

明光集后来发展为明光镇。《盱眙县志》载:"明光集,在县西南一百二十里。旧有营汛,明太祖诞生于镇北跃龙冈,名山曰明光,见《圣祖灵迹碑记》。集在山之阳,因以名集,今曰镇。"汪雨相《嘉山县志稿》载:"明光镇,西濒池河,通小汽船,津浦铁路经之。人烟繁盛,为全县之首镇,今第三区署在焉。""全县之首镇",指的是民国二十一年(1932年)嘉山县成立时,人口10000余,那时嘉山县城在今天的老三界。

明光镇先后演变为明光市、明光区、明光镇、招信镇、明光街道办事处。1938年成为汪伪嘉山县城,1945年9月成为国民党嘉山县城,1949年1月21日成为嘉山县人民政府县城,1994年8月28日成为明光市人民政府所在地,也就是现在的市区明光城。

明光城是一个移民小城。全县移民,第一次是在1949年底至1951年,由209862人(1932年建县时83293人),增至241389人;第二次是在1962年至

1963年，由295186人增至331644人，主要都是外地人口流入。县城移民，第一次是在1949年底至1951年，县城人口由10000余人增至近20000人，以外地人口流入居多。此后主要由本市乡村流入城市，1982年县城人口46547人（不含街道办事处），1990年县城人口60608人，2010年县城人口124011人，2014年县城人口120327人（不含明东、明南、明西三个街道67925人），另有农村进城购房生活但户口未迁入市区人口30000余人，暂住人口20000余人（经开区工人、各中小学农村学生及家长）。

明光城历经民国初期、民国后期、1949年至1979年、1980至1994年、1995年至2002年、2003年至2012年、2013年至2016年几个时期，其中2013年至2016年城市建设总量是过去100年的总和。这样就出现了新城与老城之分。

明光老城有广义和狭义之分。

广义明光老城：嘉山路以南、明珠路以西、火车站以北、金达路以东区域为老城，嘉山路以北、明珠路以东区域为明光新城。

狭义明光老城有主城与副城之分：池河大道以南、育才路以西、火车站以北、车站路以东区域为老城主城，车站路20世纪90年代之前名曰西环路，即环绕明光城西之路；韩山路南端两边、交通路以东的明光老火车站周边地区为老城副城。连接主副两城之间的道路原为青石板铺就，取名大马路，20世纪经过改造，现在叫人民路。

现在我们所说的对明光老城区的改造，主要指的是狭义明光老城。明光历史文化底蕴主要体现在这个区域，也包含文化内涵较少的广义明光老城。

二、明光老城区的改造建议

明光老城区改造建设已经刻不容缓，但涉及特色街道街区的改造建设，需要慎重。为此，笔者从历史文化角度提出一些个人看法。

（一）改造一条古街道

明光市老城的古街道就是明光现在的中心路以及路两旁的数十个巷道。中心路老街是就老明光的心脏，就是老明光的浓缩，就是老明光的历史，就是老明光的乡愁。中心路老街道路已于2014年改造完毕，两边建筑具有保留、恢复、修缮、改造的必要。中心路南始望横街,北至老汽车站步行街,门牌编号1至382号,东侧为单号,西侧为双号。其辐射的小巷有近40条,有编号的巷子20余条,其中李巷与胡巷一直保存至今。巷大成街的依次有惠利街、方家巷、人民路、女士街、学堂路(学堂巷)、汇源巷。

中心路老街改造建设应先定位:具有清末民初时代特色的商业风情街,保留徽派与淮派相结合的建筑风格,展示明光特有的历史人文底蕴,呈现江淮小镇明光别具一格的建筑韵味。不要简单模仿,要突出自身个性特色,突出明光地域特色。

再构想:

彰显江淮特色。中心路老街保存下来的老建筑就是老明光城的骨骼,有力地支撑着老明光城的历史。这些建筑大致是清末民初时期的,从斑驳的马头墙可见其曾经的繁华。再现中心路的历史景象,尽现明光深厚的人文底蕴和城镇的发展历程。在改造中心路时,应以这些留存的老建筑为蓝本,尊重老明光城的历史,展现独特的江淮小镇特色,而不是复古重建,要因地制宜,是修缮改造,而不是大拆大建。结合现已改造完工的中心路大理石路面,对街两侧建筑进行一定程度的还原,尊重历史,还要超越历史,使其成为老明光城的一个响亮的符号,一张别致的名片,既要脱俗,又要创新,既是明光的,更是中国的,让外人路过这里,过目不忘,永远记住明光,记住唯一的明光。

恢复历史记忆。民国初期,中心路老街因路面铺的是花岗大理石,世人称其为花石大街。据李国民先生修订的《岐阳李氏九修宗谱》记载,民国前期中心路南段名为曹府街路。因这里主要居住的是朱元璋二姐朱佛女(封曹国长公主)和姐夫李贞的后代,所以街名由皇帝的敕封演绎成曹府街。几经沧桑,当初的名字与建筑不复存在了。但现存的街两旁的建筑群足可以证明其街已有百年以上的历史了。中心路在近百年的时光里,格局几乎没变。俯瞰整个中心路,你会发现它像山脊梁一样。因为中心路就是沿着山脊而修筑成的。因此,横接或交叉中心路东西向的路或巷皆以中心路为制高点形成坡度。曹府街路很有历史内涵,应当恢复,还有望虹街(今望横街)、南斗街等老街老巷也应恢复旧时名称。

呈现旧时风情。中心路的走向和两旁的建筑大多保留原有样子,只不过有的年久破损，不能遮风挡雨，被主人用现代的建材在其基础上重新修缮了，与老街原有情调、色调格格不入，整修困难较大。整条街要统一规划、统一风格进行维修，去掉乱七八糟的现代元素，外墙统一风格，装饰统一格调，店招统一格局，色彩和谐搭配，修旧如旧，高低有致，整齐划一。古迹南大寺、李氏宗祠等已消失，挑水巷等老巷已被数字取代，田海山、一品香等老字号已失传，等等，都应当予以恢复，力争再现清末民初地方风情、繁华景象。

修复古旧建筑。中心路两边的古旧建筑很多，像汇源巷内汪家炮楼及老宅等古旧建筑，多与明光古镇历史人物李文忠、李泽同、汪雨相、汪道涵有关，与老明光胡、李、汪、秦四大家族有关，有传说，有故事，有典故，有来历，富有文化内涵和品位，是今天明光市民重要的乡愁资源。修缮后，精心布展，用心打造，着意包装，注入历史韵味、文化气息，浓缩明光地域风情，可以作为旅游景点对外开放，供游人游览观赏。

扩大改造范围。中心路老街改造应当将池河大道以南、育才路以西、火车站以北、车站路以东都包括进去，将汇源巷、方家巷、菜市巷、牛市巷、三星街、梅井巷、四眼井巷、学堂巷（今学堂路）、公安路（可改名）等重要街巷也列入改造范围，尽一切可能，恢复这一区域清末民初老明光城的风貌。

改造整治同步。中心路老街改造要坚持整治、改造、新建、管理相结合，做到与路面改造同步、与配套设施完善同步、与环境卫生治理同步、与公共秩序整治同步，通过对中心路老街小街小巷的综合整治，达到路面平、管道通、道路洁、街道畅、秩序好、路灯亮、设施全、杆线整、绿化齐、环境美，达到耳目一新的效果。

上述构想部分已经开始实施，中心路仿古一条街正在建设中之中，有关方面正在把明光中心路打造成明光历史文化街区，但改造过程中不尽如人意，应当多征求有关方面专家及市民意见，力争精益求精。

（二）复原一座古寺庙

明光老城有福慧寺、地藏庵、观音殿、东岳庙、泰山宫、白衣庵、都土地庙、福星庵、准提庵、观音阁、关帝庙、玄帝庙、龙王庙、石梁寺等佛道建筑，城边上有二郎庙、香花寺、香灵寺、玉皇庙、大王庙、龙神祠等佛道建筑。这些市民休闲、祈福的处所，现在都已全部不存在。其中老明光城南岐阳李氏宗祠内，有明代银杏两株,西侧为明清时李氏捐建的一座寺庙福兴寺,一称福慧寺,又名南大寺,民国时期兵燹被毁,后改为公所,"文革"期间彻底消失,遗址在现在的菜市街南端。"福慧闻钟"为李泽同吟咏明光十六景之一:"禅房寂落认遗踪,银杏婆娑影正浓。百八蒲牢声久寂,苔莎半蚀梵王钟。"明光现在许多人都记得南大寺,复建南大寺很有必要,可以彰显中华传统文化的多元性。

(三)修建一片老街区

中心路之外,明光最有特色的老街区应当是副城区的明光老火车站周围街区。

明光是京沪铁路线上的一个重镇,通火车的历史已有百年。现在的火车站是1974年修建的,是明光第三代火车站。明光最早的火车站建成于宣统二年(1910年),由英国人参与设计建造的,在老火车站的旧瓦堆里就发现过"chinmenco;金门厂"字样的瓦片。经改扩建后,火车站已经很难找到最初的样子了。鲁迅在1913年6月21日的日记里记录由北京返绍兴探亲,途经明光站,看到一位列车员在火车未停稳时跳车摔到车下被碾断小腿一事。鲁迅看到的是最初的明光站,也是老明光城历史上最鲜明的标记。

明光人一般都知道明光还有一个老火车站,在老道口北侧。穿过老道口就是火车站的货场,当年是火车的站台。与站台相隔的还有一条重要的水上交通线,发源于肥东,流经定远,穿过老明光城边的池河,在此处设有渡口码头。这里水陆交通交汇,南来北往的货物由此中转集散。紧挨货场便是当年的顺河街了,由名称便可知,这条街是依附于池河而生存的。顺河街从老道口西下,行不足百米就到了池河边,然后沿池河北折——因为池河经老明光城这段是成弧形的,老火车站就在这弧线的切点上。顺河街的走向自然也就成了弧形了,但因街两面房屋的建造,使顺河街曲曲折折。此街形成的历史应该更早些。解放后,这里建起了粮站、油料厂、盐业公司等。这么多以运输而发展的部门聚集在这里,可想而知这里的繁忙情景。这里曾经建有三个码头,新中国成立后又在西边建了一个解放码头。通过这些码头把沿河各地的物资经明光老火车站再南运北输。这里的明光老火车站,是在第一代火车站基础上扩建的,俗称老火车站,是明光第二代火车站。老火车站至今还保留着,其建筑规模大体还算完整,现为铁路工人的住房。

人民路过韩山南路后,即渡口西路,拐弯处的津浦饭店还在,以北改造。津浦饭店西边的火车站工会长方形小楼,保存完好。老火车站的门牌号就是渡口西路38号,离韩山南路不足百米,如果你稍加留心,就会发现墙上那依稀可见的火车头形的标识。对着渡口西路有一屋脊切面,俗称屋山,上面也有火车头的标识,而且黄漆隶书体的"候车室"字样还很清晰,这就是当年的候车室。西部分是售票室,沿渡口西路而建,现因铁路职工住家的需要改搭建了。候车室的大门还保留着,进了房子里,就到了当年的后院。后院当年是车站广场。正对着候车室的有一面二层楼房高的墙,保存完好,像高大的屏风一样立在门口,这里的人叫它语录墙,是"文革"时期建的专门用来写毛主席语录的。

沿着渡口西路再向前走几米,是几栋青砖灰瓦的瓦房。墙面青砖间的白石灰勾缝还很清晰,整个墙面没有粉刷,还是当年的模样,蚌建1—8号等门牌依旧挂在墙上。绕过老火车站的候车室,是一幢坐北朝南的青砖灰瓦的房子,系日本鬼子修建,三八墙依然结实,冬暖夏凉。这幢房子共六间,当年是日本鬼子的办公房。对面有几间与此格局一样的房子,是行李房。穿过走廊,铁路边上有一圆形且面上带有方孔的水泥建筑物,是日本人当年修建的碉堡,是日军侵华留下的罪证。

这一街区富有民国中后期特色,应当恢复,再现当年风情。可以考虑将这里建成火车站历史博物馆,打造成特色旅游街区。

(四)保留一处老院落

明光最有意义的院落就是老市政府大院,具有保留价值。

老市政府大院位于广场路北侧,因不断扩建、改建、增修,20世纪80年代末,基本定型为一个近似于长方形的四合院。大院东西长约100米,南北宽约160米,西北角市纪委楼房院落与档案馆楼房院落伸出长方形之外,西南角凹进院内10多米。市府大院占地面积约43亩,建筑面积约10000平方米。

20世纪70年代之前,市府大门为简易的混凝土框架,偏在大院的西南角,即今俊和律师事务所的西边。院内主干道在池塘西侧,道路两侧高大的梧桐树依然存在。20世纪80年代,市府大门改建到东围墙边上,先为框架式大门,几年后又改建为4层楼房,一、二层是出入空间,大门外是广场路;6层主楼建于1986年,1987年启用,是当年明光市标志性建筑。大楼前为一椭圆形水塘,塘中建有水上会议室。大楼后有数排办公用房及十数间车库,分别建于20世纪50年代、60年代、80年代、90年代。原大院内有乔木、花灌木近30种360余株,大院花草繁茂、绿树成荫,十分雅静。2013年元月,市委、市政府从大院迁出,现前院辟为停车场,后院暂时闲置。

明光老市政府大院,是明光具有一定规模、保存完整的当代建筑群,历经了60余年风雨,作为明光2013年之前的首脑机关和政治、文化、经济核心,在明光行政历史文化上享有特殊的地位,见证了明光一代又一代公务员的人生轨迹,凝聚了明光几代执政人员的深厚情感,是许多明光人怀旧的最佳去处,是许多明光人寻找往日记忆的最好地方,具有保留的必要。百年之后,人们要寻找新中国成立后几十年里县级政府首脑机关的模样,这里是范本。

以上只是我个人对明光市老城区特色街道街区改造建设的一些想法。改造建设不只是为了再现老明光,不只是给市民品味乡愁,不只是供游人休闲观赏,其宗旨是凝聚老明光人气,繁荣经济,重现昔日辉煌。改造要围绕明光经济发展这一主题开展,依托街道街区特有的资源和优势,发展具有明光特色的旅游产业、文化产业、商品零售业、餐饮业、服务业,让这些产业综合交叉,相得益彰,力争解决千人以上就业问题,让明光老城发挥应有的经济价值和社会价值。

当然,以上这些想法属于个人一孔之见,既不成熟,也不全面,仅供参考,欢迎方家批评指正。

2016年4月27日—28日初稿

2016年8月15日二稿

——发表于2016年11月《人文滁州》(第11期),收入中共明光市委员会2016年第5期《直通车专报》,收入2017年4月中国文史出版社《中国政协理论和实践汇编(2016年度)》一书、2018年2月中国文史出版社《明光政协史》(2卷)一书。

关于明光明文化研究情况的调研报告

明光明文化概念已提出很长时间了,到目前为止,尚无权威明确的界定。由于人们广为传言的明文化即明代文化,那么明光明文化即可以概括为明光的明代文化。

朱元璋是大明王朝的开国皇帝,所以,有了朱元璋就有了明代文化;元天历元年九月十八日(1328年10月21日),朱元璋出生于今安徽省明光市城北明光街道办事处赵府村(元代泗州盱眙县太平乡赵郢),所以,明光是明代文化的发源地。与安徽徽州文化、皖江文化、淮河文化相比,大明文化属于正统历史文化,更是明光文化的根本。根据我们的调查了解,明光的明文化研究情况如下:

一、明光明文化研究的内容和方向

1. 研究明光明代开国皇帝朱元璋出生地历史文化。研究与明光有关的元末及明代的历史人物:扬王陈公(朱元璋外公)、朱五四、陈氏(朱元璋父母)、朱元璋、曹国长公主朱佛女、李贞、李文忠(朱元璋二姐、二姐夫、外甥)、太原长公主汪小姐、汪清(朱元璋长姐、姐夫)、严小姐(朱元璋情人)、李文忠后裔李景隆、李增枝、李濂、李性嗣、李宗邦、李庭竹、李言恭、李宗城、李邦镇、李泽同等。

2. 研究与明光有关的历史。研究元末江淮流民史、朱家迁徙流浪史、朱元璋出生史、朱元璋在明光生活史、朱元璋登基后明光社会经济发展史、明光元末和明代社会状况、风俗民情等。研究朱元璋登基后与明光的关系:泗州盱眙县太平乡改灵迹乡、龙庙山更名明光山、赵郢升为赵府、钦赐明光集等。

3. 研究朱元璋出生地历史遗迹。研究遗迹：抹山、尿布滩、香花涧、二郎庙遗址、抹山寺遗址、鲁山白云寺遗址、跃龙冈、孕龙基、孕龙基碑亭、赵府明代古井、抹山明代古井古树等；研究碑刻：跃龙冈碑、孕龙基碑、圣祖灵迹碑、新跃龙冈碑；研究建筑：横山法华寺古塔等元代及明代风格建筑、民居等。

4. 研究朱元璋出生地相关史料记载。主要有《明实录》、《明史》、明《泗州志》、明《泗志备遗》、明万历《帝里盱眙县志》、清康熙《泗州志》、清乾隆《盱眙县志》、清同治《盱眙县志》、清光绪《盱眙县志稿》、民国《盱眙县志》、汪雨相《嘉山县志》手稿、明解缙《天潢玉牒》、明文林《琅琊漫抄》、明泗州知州曾惟诚《帝乡纪略》、明郎瑛《七修类稿》、明王文禄《龙兴慈记》及《滁州志》、《来安县志》、《凤阳县志》、《定远县志》等。

5. 研究朱元璋出生地逸闻典故。朱元璋出生于明光，十一岁之前生活在明光，有很多民间故事，如祖坟选址、摸山、二郎庙、尿布滩、香花涧、红罗嶂、明光、红庙、赵府、官山(牧羊山)、鲁山、斩龙涧、牛头拐、金牛脚温泉、茅草杀牛、插秧的来历、金口玉言、拜王封将、十山九个头、凤凰井与陈塘埂、吟诗骂秀才、骂死土财主、红镶边稀饭、明光梅大井、顺帝惊梦与三洗濠州、珍珠翡翠白玉汤、朱元璋卖乌梅、朱元璋选都逸事、刘伯温斩洪山、千里送鹅毛等。这些民间故事集中在明光、抹山、津里、官山等地，在明光全境及周边地区广为流传，妇孺皆知，有一定的历史研究价值。

6. 研究明代文物。明光馆藏和民间收藏的明代文物有一定的研究价值。

7. 研究明光明代皇亲国戚历史文化。研究明光明代皇亲国戚历史记载，详见朱元璋出生地相关史料典籍中这方面记载。研究明光明代皇亲国戚墓葬：官山扬王墓、包集太原长公主墓(汪小姐墓)、大李曹国长公主墓(曹国坟、曹姑坟)、古沛严小姐墓等。研究岐阳王李氏家谱及李氏发展源流、李氏家史、李氏后代人物、李氏著述等。研究其他相关联的人物、事件、文物。

8. 研究明代文化对明光的历代影响而产生的衍生文化。研究朱元璋的奋斗精神、民本思想、治国理念(如发展农业、节俭治贪、加强法治、严刑峻法等)、安邦策略、发展生产、阜民之财等对出生地明光的影响。研究明代文化在明光历史上的传播和发展。研究今天明光文化中的明文化因素。

二、明光明文化研究取得的成果

1. 出版了专门的书籍。明光市政协编撰了《明光出了个朱元璋》，由中国炎黄文化出版社公开出版，是明光研究明文化的专门成果。此外，还有《明光文史》一至八辑(主要是第八辑)、《嘉山烽火》、《明光历史文化集存》、《汪雨相传》、《抗战中的汪道涵》、《明光民间故事》、《中国民间故事全书·安徽滁州·明光卷》、《吴棠史料》、《帝乡散记》、《那山那水那人》等公开出版物20余本，非公开出版物100余本。这些书中都有大量的明光明文化研究成果。

2. 发表了专门文章。在全国各地报刊发表了《明光文化三十年——明光文化出版物的回顾和展望》、《繁荣明光地方文化的几点思考》、《弘扬明光文化特色 打造生态文化旅游》、《历史遗迹说明朱元璋出生在明光》、《朱元璋出生地几种说法之浅见》、《对朱元璋出生地几种说法的个人理解》、《朱元璋出生地之争：谁把史学引向歧途？——答陈怀仁先生》、《还历史真实面目 平息六百年争议——简析〈明光出了个朱元璋〉一书》、《关于朱元璋出生于明光的四个问题之探讨》、《皖东地区及有关专家对朱元璋出生地的看法》、《关于〈泗州志〉"明光山"记载没有根据的问题分析》、《让更多的人了解明光》、《也说朱元璋与明光》、《明光明文化旅游规划及发展前景》等30余万字的学术论文及涉及明文化的各类文章。

3. 举办了相应的明文化研究活动。2008年10月20日，明光市委宣传部召开了纪念朱元璋诞辰680周年座谈会，邀请了滁州等地明史专家及明史爱好者参加，收到了良好的社会效果。2009年5月26日，明光市政协举办了《明光出了个朱元璋》一书首发式暨首届明光朱元璋出生地研讨会，来自厦门大学、扬州税务进修学院、盱眙、滁州等地80多人与会，有力地宣传、推介了明光。其他一些涉及明文化的活动也收效良好。这些活动有力地推进了明文化研究活动有序开展。

三、开展明光明文化研究的建议

明光明代文化具有巨大的发展空间,在此基础上,对开展明光明文化研究提出如下建议:

1. 理清思路,认真规划。聘请专家对明光明文化进行科学规划,普查明光明文化资料,保护明光明文化资源,挖掘明光明文化优势,奠定明光明文化基础,努力打造明光明文化品牌,让更多的人了解明光,了解明光明文化。

2. 成立专门研究机构。成立明光市明文化研究会、明光市朱元璋出生地研究会等。专门研究朱元璋、研究明文化,同时也研究明代开国将领、岐阳王李文忠,晚清封疆大吏吴棠,晚清戍边将领金运昌,近代学人李泽同,同盟会首批会员汪雨相,海峡两岸对话新纪元开创者、海协会会长汪道涵等明光历史人物和文化。

3. 发展明代遗迹旅游文化。重点规划,打造抹山景点旅游。引池河穿城,揽抹山入市,拟建万亩田园生态休闲度假庄园,打造千顷文化创作拍摄影视基地。于明太祖诞生地赵府之北复二郎庙原貌于孕龙基,塑朱元璋铜像于跃龙冈,筑十万平方米大明历史发源地超级文化广场,至抹山明代皇家园林,有巨型高架桥相接,到山上有象征明代寿数二百七十七级玉阶相连,阶上立金碧辉煌明故宫,宫后砌九层庄严大明塔,桥下设滨河神秘自然湿地风光带,置香花湖水上大型游乐园,湖北开大明朝皇都风情街,湖南辟尿布滩灵迹民俗村。让抹山旅游文化成为明光支柱产业。修复、开展扬王墓及官山景点旅游、太原长公主墓(汪小姐墓)景点旅游、大李曹国长公主墓(曹国坟、曹姑坟)景点旅游活动。

4. 开发利用明光明文化。要进一步开发利用明光明文化,让明光明文化发挥旅游功能,产生旅游效益,也就是经济效益。建造明文化浮雕幕墙、明文化博物馆,开发明代生活用品等旅游纪念产品。组织相关人员创作明光明文化题材文学作品,主要是长篇小说和电影、电视剧剧本,如《少年朱元璋》等。

5. 联合打造明文化旅游产品。明光是朱元璋出生地,可以与盱眙明祖陵、凤阳明皇陵、南京明孝陵联合起来,打造朱元璋祖父安葬地、朱元璋出生地、朱元璋父母安葬地、朱元璋本人安葬地于一体的旅游线路,形成一个完整的理想的明文化旅游产品。

综上,在明确明光明文化概念、对明光明文化准确定位的前提下,研究明光明文化,弘扬明光明文化,打造明光明文化,发展明光明文化,推介明光明文化,拓宽明光明文化领域,提升明光明文化价值,让明光明文化发挥应有的社会效益和经济效益,很有必要。明光明文化研究潜力巨大,前景广阔。

2013 年 6 月 27 日于市政协文史委办公室

关于女山湖千年古镇申报工作情况的调研报告

江家海　贡发芹

5月20日，明光市政协党组副书记、副主席（主持工作）江家海带领政协副主席高房玺、秘书长刘胜田及政协文史委部分委员到女山湖镇开展千年古镇申报工作调研活动，市民政局、女山湖镇领导陪同参加了调研活动。调研组实地察看了申报实物景点，召开了座谈会，听取了民政局和女山湖镇的汇报，进行了交流座谈。现将调研情况报告如下：

一、申报情况

1. 申报缘起。2014年，安徽省民政厅、住房和城乡建设厅、旅游局、文物局、地方志办公室曾联合下发《关于开展安徽省千年古镇、千年古村落地名文化遗产认定工作的通知》，在全国率先开展千年古镇、千年古村落地名文化认定保护工作，旨在提高地名文化遗产的社会认知度、知名度，传播地域特色文化，为我省经济社会发展和文化旅游建设打造知名品牌，增强文化软实力。对照文件，明光市只有女山湖镇符合。滁州市各县市区一、二批没有申报，第三批开始鼓励申报，申报成功的是定远炉桥、南谯乌衣。明光市女山湖镇历史悠久，文化底蕴深厚，决定申报第四批千年古镇。

2. 千年来源。南北朝时，南朝宋武帝永初元年（420年）在女山湖镇侨置睢陵县，为女山湖镇建县之始，属南徐州盱眙郡。北魏改睢陵为睢阳，属济阴郡。北齐文宣帝天保元年（550年）改名池南县。南陈武帝永定元年（557年）复名睢陵县。北周大成元年（579年）改名招义县，属扬州。隋开皇元年（581年）废济阴郡，复招义县，属濠州；大业元年（605年）改称化明县，属钟离郡濠州。唐武德二年（619年），士人杨益自据为化州，四年归国，七年废化州，复招义县，仍属濠州。宋置招义县,乾德四年(966年)改属泗州;太平兴国元年(976年)改招义为招信县。从招信县名确立计算,至今为1042年,完全符合千年古镇要求。女山湖镇是名副其实的千年古镇,而且是富有特色的江淮下游千年水乡古镇。

3. 资源丰富。女山湖镇位于安徽省明光市东北部,三面环水(北面女山湖、东面淮河、南面七里湖),三桥出入,一岛称奇,独具江北水乡特色,位于南京—滁州城市旅游区边缘,旅游资源相当丰富,历史悠久,文物古迹众多,省级文保单位多集中在这里。女山湖镇以水乡生态资源丰富著称,禁采黄沙之后,湖区水质一天比一天好,清纯明净、没有污染、水草繁茂、水生动植物丰富,盛产大闸蟹、鱼、虾、螺、蚌、菱角、芡实等60多种水产品。尤其是"女山湖"牌系列水产品自投放市场以来,市场占有率逐年提升,其中"女山湖"牌大闸蟹被评定为"绿色产品",畅销海内外。女山湖镇因此享有"安徽渔业第一镇"的美誉。女山湖镇先后荣获安徽省社会主义新农村建设示范镇、扩权强镇试点镇、安徽省旅游乡镇环境优美镇、全国重点镇、中国历史文化名镇、全国特色景观旅游名镇等荣誉称号,被誉为"皖东明珠"。

4. 申报现状。2016年10月初,女山湖镇千年古镇申报事宜,经市领导批转市民政局、女山湖镇办理。有关部门牵头成立了申报领导小组,民政局、女山湖镇均安排领导专门负责此事,安排专职部门承办此事,开展调研走访,深入挖掘女山湖独有的历史人文资料;收集征集整理了相关文保建筑、非遗文化图片;多次邀请市内专家学者前往实地考察,现场研讨,并组织相关人员前往滁州南谯区参观学习,在此基础上,民政局和女山湖镇共同编制了32页(不含封面、封底4页)彩色《女山湖千年古镇——女山湖地名文化调查资料》,图文并茂,简洁直观。同时填报了《安徽省地名遗产——千年古镇申报推荐表》,已上报到滁州市民政局,申报已告一段落。目前在等待滁州市上报省里,等待省里组织专家组实地考察论证,最后决定是否授予千年古镇称号。

二、存在问题

通过调研、听取汇报,民政局、女山湖镇在女山湖千年古镇申报工作上做了大量工作,做出了很大努力。但申报工作仍存在诸多不足,主要表现在:重视程度不够,投入经费不足,推介宣传不力,史料挖掘不深,古迹遗址保护不够完善,申报材料不够全面,没有史料出处,没有收集复印史料等。

三、意见建议

1. 高度重视,统筹到位。女山湖镇若成功申报千年古镇,不光可以获得奖励,而且可以让女山湖永远受益。但这不光是民政局的事情,不光是女山湖的事情,也是明光市的事情。我们要明确这是一件好事,民政局、女山湖镇和市政府应当高度重视,举全市之力和资源,把好事做好。事实上,好事做好不是一件容易的事情。到目前为止,具体申报工作仅有民政局地名办、女山湖镇文化站及相关分管领导在做,仅限于收集一些资料,编制了一本《女山湖千年古镇——女山湖地名文化调查资料》而已,而且资料大多数是由我提供的。主要领导较少重视、过问此事,没有为此事开过协调会,没有专题研究过此事。再者,没有形成申报方案,没有操作规程,没有时间节点,没有召开申报领导小组会议,没有报告市分管领导,没有请示市领导统筹申报事宜,没有形成合力,没有安排申报经费(只有民政局为此垫付了几千元),申报困难没有办法解决。应当高度重视,统筹到位,合力推进,入市重点项目序时督办,跟踪办理,紧抓不懈。

2. 深入挖掘详尽史实。古招信县也就是今天的女山湖镇,是南宋抗金前沿阵地,相传宋仁宗于嘉祐年间曾携带《水陆》古画108轴和全部藏经(宋本)驻跸招信县大寺,超度阵亡将士亡灵,入秋回銮前将《水陆》赠予大寺,并在墙上题写"嘉祐禅院"四字,从此大寺更名嘉祐院,沿用至今。宋史记载,招信刘位、刘纲父子是抗金名将。刘位曾是淮上豪强,曾在招信抵御山东强盗张文孝,朝廷诏淮南两浙宣抚使司统制军马知滁州,后改升滁濠州镇抚使兼知滁州,后为守滁州,战死,赠武功大夫,诏封建宁节度使,建庙滁州,名"刚烈"。其子刘纲在韩世忠手下抗金,曾知滁州,领文州刺史知扬州,主管淮东安抚使公事,淮南西路副都总管,武康军承宣使知庐州,移知扬州。古招信是宋金交界地、古战场,这个定位要准。史载招信县尉孙荣曾率百人弓箭手在招信阻止金人五六千铁骑突袭扬州,拖延金兵大半天时间,为宋高宗由扬州撤往镇江争取了时间。这些都说明女山湖镇历史底蕴深厚,需要深入挖掘。要放到全镇范围,不能仅限于零点五平方千米古镇小范围。申报材料没有史料出处,连光绪年间《盱眙县志稿》都没有复印,仅有的资料很粗糙,需要充实完善,需要论证打磨,需要精益求精。材料印制要更加精致。

3.加强宣传,高位推进。从去年到现在,申报千年古镇事宜一直没有在任何媒体上报道过、宣传过、推介过,对内对外均没有组织过发布会、推介会等活动,没有营造申报氛围,看不到任何宣传气氛,没有印制任何宣传物。申报没有工作计划,没有工作流程。虽然做了不少工作,但非常笼统,不够细致周密。没有安排陈列室,没有布展资料,没有准备音像资料。景点、实物、文物等方面看不到千年古老元素。应当准备翔实的文字、视听、史料、实物、景点、布展等申报材料,供省里专家组实地考察、调研,最终开展专家论证、复核、评估和认定等工作。这项工作要比去年申报散文之乡要困难得多。散文之乡,一个部门直接申报,门槛较低;千年古镇,五个部门,层层申报,门槛很高。应当作为市里重点工程高位推进。

4.加大投入,保护开发。申报千年古镇不仅要提供软件材料,即《女山湖千年古镇——女山湖地名文化调查资料》,还需要硬件材料。目前女山湖镇申报软件材料也不够,音像材料,陈列布展,都没有,这些需要投入;硬件材料更需要投入,实物、景点建设明显不足,文物遗迹修复保护、复古建筑、故遗产开发利用等等,都需要投入。千年古镇要有古的东西展示出来给人看,必须加大投入保护。还要认真规划开发,在这个基础上发展利用古镇资源。

总之,申报千年古镇准备要充分,要尽一切努力,争取一次性申报成功。

以上调研情况特此报告,不妥之处,敬请批评指正。

2018年7月24日贡发芹初稿

2018年7月26日贡发芹二稿

——收入2019年4月中国文史出版社《中国政协理论和实践汇编(2018年度)》一书。

后　记

明光市政协副主席　吕锦宏

《史林拾荒》一书即将付梓,这是继《明光史话》之后的又一本明光市政协文史专辑,是明光市政协文化文史工作的又一项新成果。可喜,可贺!

《史林拾荒》是明光市委批转的《政协明光市委员会2020年工作要点》确定的今年主要的文史工作,为此成立了编委会,市政协党组书记、主席张言平任主任,各位副主席和秘书长任副主任,市政协专职常委、机关各委室负责人、相关工作人员及文化文史和学习委员会相关成员任委员,指定市政协文化文史和学习委员会主任贡发芹具体负责此项工作。

《史林拾荒》是一本关于明光的社会科学普及读物,选录贡发芹主任近几年搜集整理研究撰写的43篇文史稿件,分为帝里流韵、淮右风云、他乡采石、故园抛砖四个部分,基本上是明光文史资料工作的新成果,绝大部分文稿在报刊上发表过,不少是先前明光文史征集研究没有涉猎的课题,具有相当宝贵的地方史料价值。该书的出版将推动明光市政协文史资料工作迈上一个新台阶,将在一定程度上提升明光地域文化的品位、丰富明光地域文化的底蕴,对繁荣明光的文化事业、增强明光人自身的文化自信、发挥政协文史"存史、资政、团结、育人"社会作用、打造明光"山水田园生态休闲旅游宜居"城市,更好地建设美好新明光,产生一定的积极影响。

因时间仓促,资料有限,疏漏之处在所难免,恭请方家批评指正。

另外,安徽文艺出版社编辑张磊先生认真审阅了书稿,市政协文化文史委成员原明光市党史办主任王业有先生、教体局原人事科长韦学忠先生不顾年高暑热,认真校阅了书稿,在此一并感谢!

2020年12月8日